湖南林下经济研究与实践

梁忠厚　魏甲彬 ◎编著

中国林业出版社
China Forestry Publishing House

图书在版编目(CIP)数据

湖南林下经济研究与实践 / 梁忠厚, 魏甲彬编著. --北京:中国林业出版社, 2020.6
ISBN 978-7-5219-0505-2

Ⅰ.①湖… Ⅱ.①梁… ②魏… Ⅲ.①林业经济-研究-湖南 Ⅳ.①F326.276.4

中国版本图书馆 CIP 数据核字(2020)第 036460 号

中国林业出版社

策划编辑:吴 卉
责任编辑:张 佳
电　　话:010-83143561

出版发行:中国林业出版社
邮　　编:100009
地　　址:北京市西城区德内大街刘海胡同 7 号
印　　刷　河北京平诚乾印刷有限公司
版　　次　2020 年 8 月第 1 版
印　　次　2020 年 8 月第 1 次
字　　数　520 千字
开　　本　787mm×1092mm　1/16
印　　张　19.5
定　　价　65.00 元

凡本书出现缺页、倒页、脱页等问题,请向出版社图书营销中心调换
版权所有　侵权必究

湖南林下经济研究与实践

编写委员会名单

主　编：梁忠厚　魏甲彬

副主编：李　琳　罗雅琴

编　者（按姓名笔划排序）：

伍维高（湖南环境生物职业技术学院）

刘慧娟（湖南环境生物职业技术学院）

李　翔（湖南环境生物职业技术学院）

李静纳（湖南环境生物职业技术学院）

杨万里（怀化市林业局）

郭　锐（湖南环境生物职业技术学院）

黄通灵（湖南环境生物职业技术学院）

廖文婷（湖南环境生物职业技术学院）

前 言

林下经济是在可持续发展理念指导下，以林地资源、林下空间和森林生态环境为依托，通过林下种植、养殖、相关产品采集加工、森林景观利用为主要形式，开发利用林地资源和林荫空间的复合生产经营活动，达到经济社会发展与森林资源保护双赢的一种生态经济发展模式，是实现生态林业民生林业战略构想的有机载体，在充分利用林业资源、生态建设、促进农民就业增收、优化林区经济结构、巩固集体林权制度改革成果、促进林业可持续发展、助力精准扶贫和乡村振兴等方面具有重大的战略意义。

截至 2017 年，湖南省从事林下经济的农户近 700 万人，经营林地面积 3025.96 万亩*，我省地处云贵高原向江南丘陵，南岭山脉向江汉平原过渡的中亚热带，山地丘陵遍布，气候温和，雨量充沛，优良的自然条件、丰富的林地资源，发展林下经济具有巨大的潜力，前景非常广阔，因此大力发展林下经济是湖南，也是我国山区、林区经济发展的重要途径。

发展林下经济，壮大"金山银山"。林下经济充分利用资源，有利于提升林业在贯彻可持续发展战略中的重要地位，较好地协调了生态、经济之间的关系，促进了森林资源的保护和增长，通过发展林下经济，使农民认识到必须保护好森林资源，才能获得稳定的经济收益，促使他们在从事林下种植业、养殖业的同时，能够自觉地植树造林、爱绿护绿，实现生态林业、民生林业的协调发展。充分挖掘林地资源，相当于扩大了农业用地面积，有效缓解耕地保护压力，符合国家发展循环经济、建设节约型社会的要求，有利于增加森林生态系统生物多样性和增强水土保持及涵养水源能力，发展林下养殖，把部分禽畜由村内转移到林间，林地为禽畜提供生存空间，禽畜为林木提供有机肥料，有利

---

* 1 亩≈666.67 平方米。

于改善人居环境，促进环境友好型社会和社会主义新农村建设。林下经济属于典型的绿色、低碳、循环经济模式，有利于巩固林业在生态建设和应对气候变化中的首要地位。发展林下经济促使农民对林地"精耕细作"，提升森林资源的数量和质量，丰富生物多样性，有力地推进生态建设，实现绿色增长。同时在不增占地的情况下，林下经济发展模式多、品种多、收益快、就业容量大、从业门槛低、广大农民易于接受，有利于将资源优势转化为经济优势，拓宽贫困山区农民就业、创业渠道，走出一条不离乡能就业、不砍树能脱贫致富的发展之路。通过发展林下经济，提高林地单位面积产出，起到近期得利、长期得林、远近结合、以短补长、协调发展的综合效应，使林区综合效益得到不断提高，有利于提高农民的育林、护林积极性，稳定农村林地家庭承包经营制度，更好地保护生态建设成果，全面巩固集体林权制度改革成果。还可为社会提供丰富的可再生资源和产品，延伸林业产业链，不仅顺应了林下经济产业的发展要求，符合林业健康发展的要求，也是深入贯彻习近平总书记"绿水青山就是金山银山"的理念，落实湖南省委省政府的决策部署，发挥生态资源优势，打通"绿水青山与金山银山"的双向转换通道，为我省高质量跨越式发展，提供有力支撑。林下经济发展至今，虽取得了一定的成果，呈现出"从小到大，从单一到多元，从规模扩张到质量提升"的发展趋势，但仍存在许多问题亟需解决，需要我们积极探索与研究。

本书的编撰一方面是为了适应当前社会发展的需求，在广泛调研基础上，结合企业发展、社会发展和乡村振兴战略的需求，另一方面也是为了适应当前湖南省林下经济发展的需求，从实践层面来看，林下经济资源利用效率相对较高，而且有着极强的生命力，同时具有极强的可持续性，再加上经济收入种类整体较多，可以显著提高林下经济的发展效益。书的内容选取源于第一线生产又高于生产，通过充分的企业调研，多年从事林下经济的工作归纳总结，尤其寻求在林下经济理论上有所突破，林下种植养殖品种尽可能广，真正做到实用性、区域性、创新性、指导性和理论性相统一，符合现代林下经济发展的特点和要求。

本书共分三个部分，第一部分绪论，包括林下经济概述、中国林下经济发展简史、湖南省林下经济建设现状等内容；第二部分湖南省林下经济实践技术，包括林下经济产业模式、林下植物种植技术、林下动物养殖技术、森林康养产业等内容，涉及适宜湖南地区林下栽培经济植物115种，动物养殖4种，吸纳最新森林康养研究成果；第三部分后记为湖南省林下经济基础展望。本书不仅可作为林业或相关专业教学、培训教材，亦可作为林下经济生产者、经营者、管理者及各级农林业技术人员的参考用书。

本书编写过程中，得到湖南省林业局、湖南省科技厅、湖南省市场监督管理局、衡阳市科技局、湖南环境生物职业技术学院的高度重视与大力支持，同时得到怀化市林业局、衡山锦盈农业开发公司、衡阳新丰生态农业有限公司、芷江苗溪生态农业科技有限公司、通道黑老虎中药材合作社、芷江侗族自治县宏源优质桃类专业合作社等单位大力支持与帮助，为本书的编写提出了宝贵的意见，在此一并表示衷心的感谢。本书涉及面广，实践性强，有一定的理论研究，由于时间仓促，水平有限，书中难免有错误、疏漏之处，敬请读者批评指正。

编 者

2020 年 1 月

目 录

前言

第一篇　林下经济概论

第一章　林下经济概述 ······ 3
　1.1　林下经济的概念 ······ 4
　1.2　林下经济的基础理论 ······ 6
　1.3　林下经济的研究概况 ······ 15

第二章　中国林下经济发展简史 ······ 25
　2.1　中国林下经济萌芽期 ······ 25
　2.2　中国林下经济奠基期 ······ 28
　2.3　中国林下经济转折期 ······ 31
　2.4　中国林下经济壮大期 ······ 31

第三章　湖南林下经济建设 ······ 35
　3.1　湖南林下经济发展历程概述 ······ 35
　3.2　湖南林下经济建设现状 ······ 35
　3.3　新时期湖南林下经济建设的机遇与挑战 ······ 38
　3.4　湖南林下经济发展的原则 ······ 41

第二篇　湖南林下经济实践技术

第四章　林下经济产业模式 ······ 45
　4.1　林下种植型 ······ 45
　4.2　林下养殖型 ······ 48
　4.3　林下产品采集加工型 ······ 49
　4.4　森林旅游型 ······ 50

第五章　林下植物种植技术 ················· 52
5.1　林药种植技术 ····················· 52
5.2　林菌种植技术 ····················· 212
5.3　林蔬种植技术 ····················· 227
5.4　林粮种植技术 ····················· 232
5.5　林茶种植技术 ····················· 244
5.6　林花种植技术 ····················· 252
5.7　林果栽培技术 ····················· 260

第六章　森林康养产业 ····················· 280
6.1　湖南发展森林康养的机遇及优势 ············· 280
6.2　森林康养的目的与意义 ················· 282
6.3　森林康养发展的总体要求 ················ 283
6.4　森林康养的作用 ···················· 284
6.5　森林康养基地建设 ··················· 285

后记　湖南林下经济发展趋势展望 ················ 297

参考文献 ·························· 298

第一篇

林下经济概论

第一章

林下经济概述

近年来，因投入少、见效快、易操作、潜力大等独特优势，林下经济得到快速发展，发展林下经济逐渐成为缩短林业经营周期、提高林地产出、增加农民收入的重要途径。

2012年，国务院办公厅发布《关于加快林下经济发展的意见》，提出把林下经济发展与森林资源培育、天然林保护、重点防护林体系建设、退耕还林、防沙治沙、野生动植物保护及自然保护区建设等生态建设工程紧密结合。此后数年，全国林下经济稳步发展，产值规模不断扩大，已成为地方政府尤其是林业重点地区推进精准扶贫、促进农民增收的重要抓手。据初步统计，截至2018年年底，全国林下经济产值约为8155亿元，占全国林业总产值的10.7%。林下经济产值过百亿的省（自治区）有13个，浙江、江西、广西名列前茅，产值均超过千亿元。林下经济受到各级政府的高度重视，发展规模稳步增长，发展类型多样，产品种类更加丰富，为地方经济增长做出了重要贡献。

林下经济的发展过程中，林下经济示范基地发挥了重要的带动作用和示范效应。截至2018年年底，全国各类林下经济示范基地总数已超过7000个，国家林业和草原局（以下简称国家林草局）2013年以来遴选国家林下经济示范基地550个，其中贫困地区基地371个。2019年3月，国家林草局公布第四批国家林下经济示范基地175个，其中以县为单位7家、以经营主体为单位168家。在基地的示范带动下，全国林下经济参与农户达7000多万户，极大地带动了农民就业，增加了农民收入。

林下经济模式正不断创新，由传统的林下种植养殖业，逐步向林草模式、林药模式、林油模式、林粮模式、林牧模式等多种模式转变，向规模化、多元化发展。以林下经济产品综合利用为主要内容的林下经济快速发展，森林康养模式、林家乐模式、休闲度假游模式等产业新业态不断涌现。从直接购买林下种植养殖产品转变为全方位体验森林环境、享受森林食品正成为新的趋势。

2012年，国家林业局先后印发《关于贯彻落实〈国务院办公厅关于加快林下经济发展的意见〉的通知》和《关于〈国务院办公厅关于加快林下经济发展的意见〉有关工作任务分工的通知》，对林下经济发展进行全面部署。2019年，国家林草局印发《关于促进林草产业高质量发展的指导意见》，指导新时期林下经济进一步发展。为实现林下经济示范基地高质量发展，下发了《关于加强林下经济示范基地管理工作的通知》，建立了示范基地建设管理情况年度报告制度，正在研究部署示范基地动态管理机制。

目前，全国已有20多个省（自治区、直辖市）出台指导意见或行动方案，从资金、税费、基础设施等多方面对林下经济产业进行全面引导和扶持。26个省（自治区、直辖市）出台了林下经济发展规划，从空间布局、发展重点等方面进行规划引导。林下经济正在形成中央、地方、部门上下联动、协同推进的发展局面。北京市政府印发了《关于完善集体林权制度促进首都林业发展的实施意见》。全市形成了林药、林花、林菌、林粮、林游等十大林下经济发展模式，带动 1.43 万人参与林下经济发展，户均增收约 1.6 万元。全市共有国家级林下经济示范基地 8 个，经营面积 1.26 万亩，产值超过 1 亿元。江西省政府先后出台《关于加快林下经济发展的行动计划》《关于进一步促进全省森林药材产业发展的通知》。2018 年，江西省财政新增林下经济补助资金 1 亿元，2019 年，已安排林下经济补助资金 2 亿多元。目前，江西全省林下经营规模约 3865 万亩，林下经济总产值超过 1500 亿元。福建省政府出台《关于进一步加快林业发展的若干意见》《关于推进林业改革发展加快生态文明先行示范区建设九条措施的通知》，2018 年省财政安排 7000 万元专项资金用于扶持林下经济发展。各级林业主管部门通过科技对接、组织培训、重点扶持和发掘特色，助推林下经济向规模化、市场化发展。截至 2018 年年底，全省林下经济利用面积 2987 万亩，实现产值 638 亿元，参与发展林下经济 140.4 万人。

1.1　林下经济的概念

近年来，"林下经济"术语高频出现。山区林区发展林下经济，农民"不砍树能致富"，这种林业的新业态生命力旺盛。但是，对于什么是林下经济，不同立场的人则有不同的看法和侧重点，大致可以划分为两类看法：一是政府政策文件中所提出作为发展林业经济的林下经济概念，二是学术研究上对其进行定义的林下经济概念。

首先，林下经济是集体林权制度改革后涌现的新生事物，是我国政府首脑亲自倡议的林业经济现象，其发展意义、内涵与学术定义有很大区别。国家林草局局长张建龙在《中国集体林权制度改革》一书中回忆：2007 年除夕，时任国务院总理温家宝在辽宁省委书记李克强、省长张文岳的陪同下到清原满族自治县六家子村郭金华家慰问，了解村民如何承包山林，首次提出了林下经济概念。2011 年，国家林业局在广西召开全国林下经济现场会，温家宝做出批示："加快发展林下经济，既可促进农民增收，又可巩固集体林权制度改革。" 2012 年，国务院办公厅印发了《关于加快林下经济发展的意见》。2014 年，国家林业局印发《全国集体林地林下经济发展规划纲要（2014—2020 年）》。林下经济提出后，中央多个文件予以强调，各地纷纷出台扶持政策和发展规划，开展典型示范，农民耕山致富的积极性有效激发，林下经济蓬勃发展。

林下经济显然不同于传统意义的林下种植养殖。在相当长的历史时期，农民在林下从事种植、养殖，以增加收入，俗称"林农间种（养）"，一些林农以为它们就是"林下经济"的代称。这是以偏概全的误解。2012 年 7 月 30 日，《国务院办公厅关于加快林下经济发展的意见》开宗明义地指出："近年来，各地区大力发展林下种植、林下养殖、相关产品采集加工和森林景观利用等为主要内容的林下经济……"这个界定，建立在广泛深入调查研究基础上，征求了中共中央组织部、科学技术部、原农业部、原国家旅游局等 21 个中央国家部门有关部门意见，所给定的林下经济内容大大超出了"林农间种（养）"的含义。在传统的林业统计里，相关产品采集加工属于林木的经济利用，森林景观利用归类于森林旅游，都没有算入"林下"，所以，林下经济比"林农间种（养）"的外延大大扩展了。在传统的林业经济里，"林农间种（养）"只是"木头经济"的补充，是农民实现以短养长赚取"外快"收入的途径，而林下经济是集体林权制度改革后，农民依托森林生态环境，充分利用林地资源,开发林地多种用途,实现不砍树能致富的新经济形式,农民对"林下"的依赖、付出和所得明显增加,林下经济比"林农间种(养)"的内涵也大大扩展了。

林下经济内涵有别于传统的森林分类解释方法。时下通行的林下经济内涵,主要依据是国务院办公厅文件所界定的四种主要形式。但也有例外,如江西省林下经济内容还包括油茶、花卉等;陕西省还包括干杂果经济林、生漆、油桐、蚕桑、特色园艺产业、高新技术林业产业等;甘肃省林下经济模式有生态经济兼用林、特色林果产业、林下种植业和养殖业、森林旅游、林下产品加工等。这些例外,让一些习惯于传统森林分类的人常发生误解,觉得林下经济混淆了传统的森林分类法,但严格意义上讲,这些例外并没有违背国务院办公厅文件的界定。国务院办公厅文件所列举的是林下经济主要内容,一个"等"字留有无限空间。而且,森林分类本来只是依据不同原由而进行类别区分。我国现行《中华人民共和国森林法》的分类,所依据的是森林在国民经济中发挥的作用,故有用材林、经济林、防护林、薪炭林、特种用途林之分。如果按森林的自然属性分类,森林应该划分为针叶林、阔叶林、竹林、灌丛之类。因此,林下经济算是一种新分类法,其内涵和分类与传统的森林分类法并无矛盾。

林下经济是内涵丰富的林业新经济形式。目前,一些学者也将林下经济与非木质林产品等同,还有一些学者将其看作林农复合生态系统,都有一定道理及局限。社会对林下经济所形成的共识包括:林下经济是农民集体林改后的重要收入来源,是不砍树的林业经济,主要特征是依托森林环境和林地资源开展复合经营,生产出来的多属非木质林产品。而权威的解读则是原国家林业局局长贾治邦2011年在全国林下经济现场会上的论述,他说:"我们所讲的林下经济,主要是指以林地资源和森林环境为依托,发展起来的林下种植业、养殖业、采集业和森林旅游业,既包括林下产业,也包括林中产业,还包括林上产业。林下经济具有发展模式多、就业容量大、从业门槛低的显著优势,是林地承包到户后农民发展林业的首要选择和重要内容。"这一表述,至今依然为国家林业主管部门领导所沿用,还被中国林学会制订《林下经济术语》的团体标准所采纳。因此,为了促进林下经济健康发展,帮助农民"靠山致富",各地有必要制订林下经济产品"清单",明确发展重点。

其次,基于我国各地区林地情况的差异,林下经济的发展模式各有不同,因此依据研究对象和研究角度的不同,对林下经济的理解亦不尽相同。在这里仅介绍有代表性的林下经济概念如下:

稷明普认为林下经济是"生态—循环—立体型经济",以维护和改善生态环境为前提的绿色可持续发展循环经济的模式,能实现林业经济和生态环境效益的双赢。

赵运林阐述林下经济是以生态学、经济学和系统工程为基本理论,充分利用林下自然条件,借助林地的生态环境,在林冠下选择适合林下生长的动植物和微生物(菌类)种类,进行合理种植、养殖的生产与经营系统。

综上所述,我们可以将林下经济的概念总结为:林下经济是以生态学、经济学和系统工程为指导理论,充分利用林下自然环境,借助林地生态环境,在林冠下选择适宜林下生长的动植物和微生物(如食用菌)种类,进行合理种植、养殖的生产经营系统。

1.2　林下经济的基础理论

1.2.1　生态学理论

1. 生态系统原理

生态系统是指一个物理意义上的整体系统，它不仅包括各种生物，而且包括了我们称之为生物群环境的全部物理因子（最广泛意义上的生境因子）。生态系统通常由生产者（自养生物，把光能转化成化学能）、消费者（一、二、三级消费者，即植食性、肉食性、大型肉食）、分解者（微生物，将大分子有机物还原成简单的无机物，释放到环境中，即细菌、真菌和放线菌等）组成。按不同下垫面类型可将生态系统划分为陆地生态系统（森林、草原、荒漠等生态系统）和水域生态系统（淡水、海洋、湿地等生态系统）。生态系统的基本功能是能量流动和物质循环。此外，近些年研究认为信息传递也是生态系统基本功能之一。

（1）林下生态系统与环境因子

在林下生态系统中，主要的环境因子有气候因子，如温度、湿度、光、降水、风、气压和雷电等；土壤因子，岩石风化后在生物参与下所形成的生命与非生命的复合体，包括土壤结构、土壤有机成分和无机成分的理化性质及土壤生物等；地形因子，如地面的起伏，山脉的坡度和阴坡阳坡等，这些因子对植物的生长和分布有明显影响；生物因子，包括林木、林下系统内生物之间的各种相互关系，如捕食、寄生、竞争和互惠共生等；人为因子，把人为因子从生物因子中分离出来是为了强调人的作用的特殊性和重要性。

所有这些环境因子均参与林下生态系统构成，对林下生态系统结构与功能的发挥，以及林下经济模式构筑的方式起深刻影响，是林下经济研究的重要对象。

（2）林下生态系统的结构

指林下生态系统的分布即物种的互相搭配、密度和所处的空间位置及时间排列。空间分布可分为垂直方向和水平方向。在林下生态系统垂直方向间有垂直结构，又称立体层次结构，包括地上空间、地下土壤和水域的水体层次。垂直高度越大，空间容量越大，层次越多，资源利用率越高。但垂直空间的利用并非是无限的，它受到生物因子、环境因子和社会因子等的影响和制约。水平方向的水平结构是指林下经济系统的生物平面布局，可分为带状间作、团状混交、均匀混交（密集式和稀疏式）、景观布局、等高带混交和镶嵌式混交种植等多种类型。带状间作包括林作模式、林花模式等，如杨树下种植桑树、枣树下种植小麦等；团状混交，或称丛状混交，如海南、云南等地橡胶林下种植茶叶；其他还有等高带混交种植、坡地林下带状种植、坡地梯田田埂种植林木等经济林，田面种植林下生物、丘陵山地带状种植、山体上部水源涵养林种植林下作物、山体中部及下部种植果树，果树下种植作物等。

林下经济系统中林下生物组分的种植安排在时间序列上有不同形式，如轮作、连作、短期间作、间断间作、套种和复合搭配式等。轮作是在林下种植一种作物后，第2年改变种植种类；连续间作是指林下种植多年生植物，如橡胶下间作茶树、杨树下间作桑树等；短期间作多指林木幼年期采取林下间作，待林木盖度增大后不再进行林下种植；林下套种是指在二年三熟地区，农田林网或宽行林带下套种小麦、玉米等；复合搭配型是在一年两熟区，为了提高林下作物复种指数，如在播种春小麦时留出西瓜种植行，4月中下旬套种西瓜，6月上旬小麦收获后种上秋玉米,西瓜成熟后种白菜,这样一年可四熟。

(3) 林下经济生态系统的群落结构

生物群落是指在一定的空间范围内,共同生活在一起的植物、动物、微生物之间,其与环境之间,以多种方式联系和发生作用,具有一定的外貌、结构和特定功能的生物集合体。群落的三个基本特征是组成群落生物的数量和种类、群落中种群的生态结构、不同种群结构之间相互影响的动态特征。结构上,林下经济的生态系统正是在对自然植物群落模仿过程中得以发展的。在林下生态系统中,有乔木、灌木、草本植物、蕨类植物、地衣苔藓及真菌类生物等,有多种动物、昆虫和微生物,从而构成了一个复杂的食物网。外貌上,生物群落处于不断地运动和变化之中,基本的形式有季节性变化、年度变化和演替。季节性变化方面,植物群落随季节不同,在外貌变化上形成一定外貌(群落的外部景观,由优势植物的生活型和背景决定)和季相(群落季节性变化产生的外貌特征)。年度变化是由于任何地方年与年之间的气象或水文条件都不完全的相同,降水丰富和干旱少雨的年份可能周期性地出现,使得植物的生长发生周期性的变化。特定功能是群落季相的变化和林下经济生态系统的结构变化,影响功能变化。

2. 林下生态系统中物质与能量循环原理

(1) 能量循环

生态系统最初的能源来源于太阳,太阳光照到地球表面上,产生两种能量形式:一种是热能,它温暖大地,推动水分循环,产生大气和水的循环;另一种是光化学能,成为地球上一切有机体进行生命活动的能量的来源。

林下生态系统中林木及林下植物为第一性生产,林下养殖的动物为第二性生产,从而合成如肉、奶、蛋、皮毛等动物性产品。

(2) 物质循环

生态系统中的物质循环,也叫生物地球化学循环,是指生态系统从大气、水体或土壤中获取各种营养物质,通过绿色植物的吸收,进入生态系统,被其他生物重复利用,最后又归回到环境中的过程,其特点是物质总在循环,且物质是不灭的。

林下生态系统中物质循环的类型主要有碳循环、氮循环、水循环、有毒物质循环等。

(3) 平衡调节

生态平衡是指生态系统发展到成熟和稳定的阶段时,它的生产、消费和分解之间、物质和能量的输入和输出之间,接近于平衡状态,此时生态系统中的生物组成和数量比例没有明显的变动,是一种动态的和相对的平衡。

林木与林下作物(微生物、动物)是开放的人工生态系统,它也遵循生态系统的基本规律因而林下经济必须以生态系统原理为指导,要求:

①林下经济的生态系统的生物组分必须与环境条件相适应,生物成分和环境之间必须能进行良好的物质循环与能量流转换。

②林下经济的生态系统的各生物组成之间不是孤立的,是彼此互相联系、互相作用的,要弄清生物成分间的相互关系。在向系统中引入或去除某一生物成分之前要弄清这一组分引入或去除对其他生物成分以及整个生态系统的影响。

③建立物质循环与能量流转过程通畅的有机整体,采取措施强化或加速其流转,加大系

统的生产力。

（4）生态系统中物质与能量循环原理在林下经济中的应用

林下经济种植是受人为影响的生态系统，其物质与能量的循环是时刻进行的。为使该系统保持平衡和高效，应合理运用系统中物质与能量规律：首先，根据生物种群的生物学、生态学特征和生物间的互利共生关系合理组建的生态群，使其在时间、空间上形成多层结构，充分地利用太阳能、水分和矿物质营养元素，保证能量与物质的最大输入；其次，构建合理良性的可循环食物链，使得系统中的物质多次循环利用，提高能量的转换率和资源利用率；最后，适时进行物质投入，保证系统中物质的合理比例，防止有害作用的产生。

①林下经济的种植形式增加生产环，调整系统内部的食物链结构，有效控制系统内部病虫害的发生。如枣牧草形式，害虫的科与种及多样性和均匀度明显大于单作枣园，个体数量显著小于单作枣园，捕食性天敌种类明显多于单作枣园。

②林下牧草种植生物之间互生互利作用（物质的利用）。总体数量、物种丰富度及均匀性都有所增加，多样性提高。有效利用了空间和自然资源，增加了生物多样性，改善相应生态环境，提高了捕食性天敌的种群数量，增加捕食性天敌控制害虫的稳定性和可持续性，提高生物之间互生互利作用，增加边际效益。

③林下种植提高能量的转换率和资源利用率（物质的循环）。如对幼龄果园间作牧草，在苹果园中生草区比清耕区 0~40cm 土壤容重下降 6.5%，种植牧草使土壤结构得到了改善，林草模式其年径流量和冲刷量比纯林种植减少率平均达 37.25% 和 69.4%。苹果园生草能显著地增加 0.20cm 土层土壤有机质，禾本科牧草每年增加 0.1%，豆科牧草增加 0.15%。林草模式增加土壤肥力，提高土壤中营养元素的活性，有利于林木对营养元素的吸收。同时，对间作牧草进行刈割，还可以显著减轻林草对土壤肥力的竞争，促进林木的生长。

④林下种植模式在空间上形成多层的结构（提高能量的应用）。如林草模式中充分利用立体空间，高矮搭配，增加系统内光能利用率，减缓内部环境的变化。苹果—紫花苜组成的系统平均反射率高于单作苹果，平均透射率较单作苹果系统低 2 个百分点。林草模式不仅可以截获和吸收更多的光能，提高对光能的利用率，而且在林草间作区夏季生草区土壤湿度比清耕区高 3%~4%，夏季 0~20cm 土层土壤温度明显低于清耕区，冬季比清耕区温度高 1℃ 左右，生草区土壤温度较清耕区变化平稳，有效缓解了温度的剧烈变化对林草生长的影响。

3. 植物物种之间相互作用原理

生物群落中，植物物种间存在相互依存、相互竞争、相互联系、协同发展的关系。

（1）植物物种间相互作用概念的提出

植物之间表现出的相生相克现象，在植物化学生态学研究中称之为植物化感作用。化感作用是指植物之间（包括微生物）作用的相互生物化学关系，这种生物化学关系包括有益和有害两个方面。

（2）植物间的化感作用

植物主要是通过茎叶挥发、茎叶淋溶、根系分泌以及植物残株的腐解等途径向环境中释放化感物质来影响周围植物生长和发育的。是否显示其化感作用，还需要满足以下条件：

①主体植物释放化感物质使得受体生长发育受到连续、定量影响；

②能从主体植物中分离鉴定得到化感物质，这些化感物质能对在自然生态系统中邻近的

伴生植物产生效应；

③主体植物产生和释放的化感物质在自然条件下能以足够的生物活性浓度到达邻近的客体植物；

④以足够生物活性到达客体植物的化感物质能够被吸收并能够影响客体植物的生理生化过程；

⑤排出客体植物受植物竞争、动物侵害、病菌感染以及物理环境等非化感物质因素产生的影响。

利用物间化感：构建林下的复合群体，充分利用植物的化感作用，强化互补、弱化竞争，将能够产生互补作用的作物组合在同一群体内，如玉米和大豆间作；大白菜、卷心菜与大蒜、黄瓜和萝卜的套种，都会使两者所产生的化感物质促进彼此植株的生长，从而提高经济产量。林下同时种植豆科作物与禾谷类作物，可明显提高林木和禾谷类作物对磷、钾、钙的吸收；宽林带下洋葱和棉花间套种洋葱分泌的挥发气体能抑制棉蚜生长；林下种植大蒜和油菜，大蒜素可使油菜菌柱病大幅度下降；林下种植豆科类植物，豆科类植物根系分泌的氨基酸可被其他作物的根系吸收，而其他作物分泌的无氮有机物质能被豆科作物吸收利用。

避免物种化感：许多植物如豌豆、番茄、黄瓜、西瓜和甜瓜植物根系分泌物均具有自毒作用，即林下种植此类植物后不能在第二茬再种植同样的作物，只能轮作其他作物。二茬的豌豆可减产50%，自毒物质主要是阿魏酸、香豆酸、香草酸、对羟基苯甲酸等。黑核桃树能分泌具有毒性的胡桃醌，当胡桃醌的浓度为 $20\mu g/mL$ 时就能抑制其他植物种子的发芽。黑核桃产生的胡桃醌抑制苹果树，但不抑制梨、桃和李树生长。桉树下不适宜种植亚麻类植物，桉属植物叶中被水冲洗下来的化感物质主要是酚类，它们对亚麻类植物的生长有明显的抑制作用。

（3）物种相互作用在林下经济中应用

植物化感作用是植物通过化学媒介在生态系统中一种自然调控规律，包括植物与植物，植物与微生物之间多种化学关系，这种作用是森林生态系统中普遍存在的一种现象，它对森林群落结构、功能、效益及发展均有重大影响，是自然群落变化的主要影响因子。

①林下经济生态系统的互补与应用包括三个方面的内涵：时间上的互补、空间上的互补和资源上的互补。

②林下经济生态系统的竞争性与应用：

植物竞争是指两个种在所需环境资源或能量不足的情况下，或某种必需的环境条件受限制或因空间的不足而发生的相互关系。

林下经济生态系统的种间的竞争取决于物种的生态习性、生态幅度，而生长速率、个体大小、抗逆性、冠幅和根系的数量与分布，以及植物的生长习性都会影响物种之间的竞争力。

利用物种间平衡制约关系及在物理气候因素上的相互保护关系，提高林下生态系统的稳定性与抗灾能力。

发展林下经济引进外来种要考虑对本土原生种的危害。外来种引进在各地都造成过程度不一的生态、经济灾难。外来种一旦立足则难以控制，外来种可能排挤原生种，使原生种数量减少，甚至灭绝。

4. 生物多样性原理

(1) 林下经济生态系统的生物多样性特征

生物多样性是指地球上所有生物（包括动物、植物、微生物等）所包含的基因以及由这些生物和环境相互作用所构成的物种内、物种之间和生态系统的多样化程度。通常包括遗传（基因）多样性、物种多样性和生态系统多样性三个组成部分。物种目前已被认为是分类等级中最基本的单位，也是生物多样性的一个主要成分。通过物种丰富度、物种丰度（一个地区内某个物种所拥有的个体数）、物种均匀度三种方法来估计生物多样性。

林下生物群落或生态系统的多样性特征主要有四个方面：

①林下生态系统的物种丰富度，即一个地区所有的物种数。

②物种均匀性指各个物种根据其相对丰富度而得到的分布均匀程度。

③结构多样性指生态系统的分层性和空间异质性，物种多样性受营养层次间功能关系的影响。

④生化多样性。在生态系统中，生化多样性的增加，不仅表现在有机化合物多样性的增加，在群落代谢过程中，向环境中分泌或排出的产物增多，还可以通过一些自身合成的化学物质相互影响，或称生化交互作用。在这种作用中起媒介的主要是次生物质。次生物质对其他生物可产生重要的生态学功能，如生物相互竞争时的化学武器；可成为生态系统中蚂蚁、昆虫等社交行为的化学信息；也是生物建立伙伴关系的媒介。

(2) 生物多样性与林下经济生态系统的稳定性

建立林下经济的生态系统时，要采取间作、混种、轮作和立体种植措施，增加物种多样性，引进天敌，开展综合的生物防治，是控制病虫草害、维护系统稳定性的重要措施。

(3) 生物多样性在林下经济中的应用

在发展林下经济中要把握生物多样性中最重要的两个特点：一是我国栽培植物、家养动物及其野生亲缘的种质资源非常丰富。具体表现在我国是水稻和大豆的原产地，品种分别达5万个和2万个。有药用植物11000多种，牧草4215种，原产我国的重要观赏花卉超过30属2238种。我国也是世界上家养动物品种和类群最丰富的国家，共有1938个品种和类群；而且我国有丰富的生态系统，我国具有地球陆生生态系统，如森林、灌丛、草原和稀树草原、草甸、荒漠、高山冻原等各种类型，由于不同的气候和土壤条件，又分各种亚类型599种，海洋和淡水生态系统类型也很齐全。对这两个特点的深刻理解和合理运用势必会使林下经济向有益、有利的方向发展。

1.2.2 经济学理论

1. 生态·效益林业理论

用经济学的观点研究森林经营及林业生产过程中的各种投入和产出、生产成本和效益等经济学问题，期望用最低的成本组合，最佳的资源配置方式，谋取最大的净收益。

2. 森林资源经济学理论

(1) 森林资源经济系统及特征

森林资源是森林生态系统内一切被人所认识的可利用资源的总称，包括森林、散生木

(竹)、林地以及林内植物、动物、微生物、森林环境和森林景观等。

森林资源经济系统是由森林资源系统和经济系统在特定的社会系统里，通过技术中介以及人类劳动过程所构成的物质循环、能量转化、价值增值和信息传递的结构单元。

(2) 森林资源经济系统的效益—成本分析方法

森林资源经济学理论运用边际分析原理对林下经济系统进行效益—成本分析，通过对边际效益（①）和边际成本（②）进行比较：如果系统的①>②，可以增加产量；如果系统的①<②，就要减少产量；当系统的①=②时，利润达到最大化。

该理论针对森林资源的特殊性，要求在林下经济系统生产过程中优化资源配置，最大限度地降低生产成本，获得最优的经济生态效益。强调在经营森林的过程中不能割裂经济效益和生态效益的联系，而应追求二者的综合，即最佳的生态经济效益，认清生态效益和经济效益是一种伴生、互为因果的关系。只有将二者放在同等重要的位置上，在提高生态效益中取得高的经济效益，在提高经济效益中追求高的生态效益，使经济效益和生态效益协同一致，从而取得最佳的经济生态效益，即森林的物质生产和生态环境生产达到最优经济的分配状况——"帕累托最优"。实现森林物质产品和生态环境产品的边际效益和边际成本相一致，以及生产这两种产品的边际交换率和社会消费的边际替代率相一致。

3. 区域经济理论

(1) 区位经济理论

区位经济理论，主要指研究任一地区的经济发展，都有必要首先考虑当地的地理环境、交通条件、气候条件等，并据此放在一个更大的空间范围内（如全世界、全国或一个大的经济区等）进行考察，研究自己所处的位置（区位）、区域经济特征、产业结构、人口状况与周边区域的联系等，合理地制定区域经济发展战略及规划。

(2) 辐射源理论

辐射源理论又称地理中心理论或发展理论，主要研究由人口聚居将形成一个二、三产业比较集中的城市或大集镇，即形成了一个"发展极"（"辐射源"或"地理中心"），其作用将向周边辐射。辐射源理论认为城市或集镇的辐射，总是沿着交通线向四周放射的，随着距离的增大，辐射力递减。据此，发展林下经济的乡镇应根据自身距离城市或集镇的远近，安排自己的发展项目和发展模式。林下经济实际上是包括森林资源、人口、社会、技术和经济在内的区位林业经济。

4. 结构经济理论

结构经济理论是研究宏观经济学和微观经济学常用的理论，适用于林下经济。其主要通过对系统结构的分析、分解、设计和重新组合，使其达到最优化，取得新的系统功能和最优的经济效益。在发展林下经济过程中，通过调整结构，在不增或少增加投资的情况下，利用林木资源和林地资源，产出多种农林产品，满足人类的物质和文化需要，提高经济和社会效益。

5. 双向推动理论

主要是指一个国家或地区在宏观调控上应该采取的战略思想、战略步骤以及战略措施。可采取两类根本性的措施，其一为外力推动措施，其二是内蕴突破措施。

(1) 外力推动理论

农林发展存在受自然条件制约大、土地报酬递减对资金和技术投入的影响大、产品消费弹性小和市场波动性特别明显等先天不足。在这种情况下，需要借用国际、国内成熟经验、发展经济学的理论和措施，推动林业的社会和经济的发展。包括大推进理论、基础结构先行理论、技术"嵌入"理论、梯度推移理论和全方位开发理论等。

(2) 内蕴突破理论

"外因是变化的条件，内因是变化的基础"，采取从内因起动，跳跃式的前进。其中最主要的是人力资本理论。

人力资本理论认为，劳动者是生产力中最积极、最活跃的因素，其素质的高低是决定地区经济发展好坏的根本原因。素质高低，主要表现在商品意识的强弱，包括市场观念的更新，及对提高生活水平预期的动力等。农民是林下经济的主体，需开发农村人力资源，发展林下经济，增加信息量，增强商品意识等，引导农民投入到商品生产这个"大潮流"中去，开发林下经济。

6. 循环经济理论

成功的林下经济系统都是利用了生态学上的规律，以生态系统为基础，通过技术系统的投入，使生态子系统的能流、物流转变成经济子系统的产品物流，最后形成价值流，使在系统的循环过程中，能有更多的能量进入产品物流，形成商品价值流。

例如，桑基渔塘中桑叶供给蚕作饲料产出蚕丝，蚕砂投入鱼塘生产出鱼，鱼粪和塘泥又返回给桑树，这样，使食物链的每一级都有商品的生产，提高了能量向商品的转化率，系统的经济效益也在此过程中得到提高。如果这个系统去掉鱼这一环节，当然也可能形成物质的循环和能量的转换，但经济效益就大大下降了。

提高经济效益的办法就是使能量循环的每一环节都要有更多的部分转化为产品，以提高循环转化效率。所谓循环转化率是指生态经济系统循环过程中完成转化的物质量（或价值量）与参与循环的物质（或价值）总量之间的比例。资源节约型系统不仅循环转化率高，而且还意味着废弃物少，对环境的污染轻、损害小。

7. 市场供求理论

"生产决定消费，消费对生产又具有反作用"。在市场经济条件下，农产品的供应不仅是由土地生产力水平与性质决定的，随着现代科技日益发展，受消费市场需求的制约越来越大。

从供求法则出发，对于林下经济的设计和经营，在提高系统物种多样性的同时，要顺应市场供求形成的价格导向，进行不同作物品种的早、中、晚，林木的短、中、长，以及上、中、下的时空配置，力争向市场提供丰富多样、适合消费者需要的产品。

8. 地域分工理论

地域分工理论要求各地要以市场为导向，遵照地域分工的原则，建立开放式的林下经济系统。各地区由于社会经济条件和自然条件的差异，在选择经营模式的形式、内容和产品结构时都应有所差别，不能强求千篇一律。各地区应该充分考虑本地区的特点，选择一两种优势产品作为主导产品，来带动整个地区的林下经济发展。

林下经济系统开放经营的目的有两个方面：一方面，满足当地的需要；另一方面，以自己的优势产品推向外地。

9. 比较优势理论

（1）比较优势理论的提出

比较优势理论最早由 18 世纪的英国古典经济学家亚当·斯密提出，后经许多现代经济学家的发展和充实，已经从"绝对比较优势"和"相对比较优势"的古典经济学理论，发展到了"资源配置"理论等现代经济学的范畴。

（2）比较优势理论的分析

确定"绝对比较优势"的尺度是"产出—投入"比率，如果甲生产某种产品的"产出—投入"比率高于乙，则甲在这种产品上具有绝对比较优势，而乙则表现劣势。"资源配置"理论揭示了生产要素不同配比之间的效率差别。"绝对比较优势"和"相对比较优势"都有一个共同的局限性，就是只强调了劳动者的生产技术差异而没有涉及资本和土地。

但生产是由劳动力、资本、土地三要素构成的。有些产品生产还需要大量的资本投入，这些产品被称为资本密集型产品；有些产品主要依靠手工操作，需要大量的劳动力投入，这类产品被称为劳动密集型产品。另外，各个地区的生产要素储备比例也各不相同，如有的国家资本实力雄厚，有的国家劳动力相对充足等。"资源配置"理论认为，产品的相对成本不仅可以由技术差异决定，也可以由要素比例和要素的稀缺程度决定。劳动力、资本、土地要综合考虑。

1.2.3 社会学理论

1. 可持续发展理论

（1）持续发展概念产生与发展的历史

1980 年发表的世界自然资源保护大纲（WCS）把保护与发展看作相辅相成、不可分割的两个方面，这一定义虽然经过不断修改，但是却为持续发展的概念奠定了基本的轮廓。大纲提出了生物资源保护的三个目标：①维持基本的生态过程和生命系统；②保持遗传的多样性；③保证生态系统和生物物种的持续利用。

1983 年 11 月成立的世界环境与发展委员会（WCED）指出："持续发展是在满足当代人需要的同时，不损害人类后代满足其自身需要的能力"，但在其对问题认识的深度上则有明显的提高。

1992 年在巴西里约热内卢召开了"联合国环境与发展大会"这次会议，以持续发展为指导思想，从政治平等、消除贫困、环境保护、资源管理、生产和消费方式、科学技术、立法、国际贸易、动员广大群众的参与，特别是妇女、青年和当地群众的参加以及加强能力建设和国际合作方面进行了广泛的讨论，在许多重要的问题上达成了共识，为全世界迎接 21 世纪的挑战作了必要的准备。

（2）可持续发展理论对林下经济的指导

FAO 结合农业部门的特点对可持续发展给出的定义是：

可持续发展要求管理和保护自然、自然资源及进行技术和机构改造使之朝能向保证和持续满足现代和今后人类的需要的方向发展。这样的持续发展（在农业、渔业和林业部门）应该是能保护土地、水、植物和动物遗传资源，防止环境退化，同时又应是技术上适宜，经济上可行并能为社会所接受的（FAO，1992）。

实现农业的可持续发展要从五个方面着手：①对改进部门政策的持续；②群众的参与和人类资源的开发；③复合生产系统的管理和促进农村收入的多样化；④持续利用自然资源基础；⑤节约和持续利用，重点农业投入。

作为一个人口众多、经济相对不发达的国家，我国今后发展道路唯一的选择是寻求人口、经济、社会、资源、环境的协调发展，把近期与长远利用，生态与经济效益结合起来，逐步走上持续发展的道路。这一观点应成为林下经济系统设计、实施、评价和改进的指导思想。

2. 市场经济视角下的生态资本运营观

当今世界经济发展有三个特点：一是经济活动生态化；二是经济目标人性化；三是经济形态知识化（包括信息化）。这三大发展的有机统一，是现代人类存在发展的希望所在。

生态资本包括四个方面：①能直接进入社会生产与再生产过程的资源环境，即自然资源总量（可更新和不可更新的）和环境消耗并转化废物的能力（环境的自净能力）；②自然资源及环境质量变化和再生量变化，即生态潜力；③生态环境质量，是指生态系统水环境质量、大气环境质量等各因子为人类生存和社会生产消费所提供的必需的环境资源；④是生态系统整体的使用价值，如风景及向人们提供美感、娱乐休憩，满足人类精神文明、道德需求等生态服务功能，呈现的各环境要素的总体状态对人类社会生存与发展的有用性。

生态效益与经济效益是相互制约、相互联系、相互促进的矛盾统一体，只要处理得当，两者协调发展，相得益彰。良好的生态效益是经济效益持续发展的基础，良好的经济效益是良好生态效益的必然结果。完全脱离经济效益的生态工程是不会有什么良好的生态效益，也是没有生命力的。完全脱离甚至以破坏生态效益为代价的经济建设，其效益是不会持久的。

1.2.4 林业现代化理论

1. 林业现代化的含义

目前学者对林业现代化含义有以下几种：

①林业现代化是指用现代科学技术和现代工业装备来武装林业，用现代科学管理方法来组织和管理林业，从而使林业劳动生产率大幅度提高，使森林和林业更好地为满足我国广大人民群众不断增长的物质和文化生活需要服务（张建国，1985，1992）。

②林业现代化就是在我国现有的林业基础上，逐步的用现代科学技术和现代工业来装备林业，用现代科学管理方法来管理林业（李克亮，1986）。

③林业现代化建设要包含比较完备的林业生态体系、比较发达的林业产业体系、比较健全的林业保障体系三大方面（黄柏顺等，2000）。

④林业现代化应包含三个层面（谭世明，1997）：即林业经营思想的现代化（由以木材利用为中心转向以生态利用和可持续利用为中心）、林业经营模式的现代化（即实现生产手段、生产技术和经营管理的现代化）、林业经营成效（包括保护性资源经营和生产性产品经营两个方面）的现代化。

林业现代化要以可持续发展理论为指导，以生态环境建设为重点，以产业化发展为动力，以全社会共同参与和支持为保障，实现林业资源、环境和产业协调发展，经济、生态和社会高度统一。在形态上成为科学化、集约化、社会化、持续化。发展过程，是技术、经济、社会条件互相促进又相互制约的发展过程。发展通过进一步优化产业结构和完善生产流通组织制度，不断提高"三大效率"（土地生产率、劳动生产率和林产品商品率）和"三大效益"（经济、社会和生态）。

2. 林业现代化理论的选择

第1次现代化的主要动力是技术创新、资本积累和政治民主，主要特征是经济发展是第一位的，也就是物质是第一位的。基本目标是加快经济增长，第1次现代化是对大自然的掠夺和征服。

第2次现代化的主要动力是知识创新、制度创新和专业人才，主要特征就是知识化和信息化，知识化和信息化能够扩大人们的精神生活空间，满足人们对幸福的追求和自我表现；知识创新导致科学和技术的结构变化，经济和社会结构变化需要大量的制度创新。基本目标是提高生活的质量，第2次现代化则是对大自然的保护和回归。在可持续发展观的指导下实现人类与自然的和谐发展。

第1次现代化到第2次现代化的转变就是物质化到非物质化的转变。非物质化，并不意味着物质产业不重要，相反物质产业过去、现在、将来都是经济的基础，没有物质基础产业的繁荣和进步，就没有经济的发展。所以，林业不能脱离物质生产，仍然要在第1次现代化理论的指导下，努力提高林业生产能力，繁荣林业经济，推动林业现代化的前进。第2次现代化理论既是对第1次现代化理论在时间上的继承和发展，也是对第1次现代化理论的超越。

1.3 林下经济的研究概况

1.3.1 发展林下经济的意义

张东升和于小飞从生态经济学角度阐述了林下经济发展的意义，认为林下经济发展有利于增强生态系统的稳定性，形成林下经济与森林高效生长互惠互利的良性循环发展模式，实现人类理性"回归大自然"；陈科灶从林地产出率提高、农村剩余劳动力安排、林地生态效益增长等方面分析了林下经济发展意义；除了增加农民收入，张维祥等认为林下经济发展还能够有效吸引社会资金投向林业，推动以木材生产为主要目的的传统林业向现代林业转变，实现林业发展方式的转变；郭宏伟和江机生认为林下经济发展能有效处理好三个关系：林下经济产业发展与生态保护、兴林与富民、利用与保护之间的关系，从而将集体林权制度改革向纵深推进，实现农民增收和生态保护双重林改目标；翟明普认为发展林下经济可以充分利用林下资源，提高单产和土地使用效率，能够增加农副产品种类和数量，调整农村产业结构；实现种植业—养殖业—加工业等产业链延伸，增加农村劳动力就业机会。

可见，现有文献对林下经济发展的意义进行了较为详细的探讨，归纳起来主要有以下几个方面：促进农民增收；增加农村劳动力就业机会；提高林地资源利用效率；推动传统林业向现代林业转变；实现林下资源保护与林下资源开发有机结合；延伸林下经济产业链等。然而，在认识到林下经济发展的有利影响的同时，应当意识到其对林木生长环境可能产生的不利影响，不利影响主要表现在以下几个方面：其一，林菌模式主要在林种空地和疏林地进行，能够明显地抑制矮小灌木林生长；其二，在林中空地、林下和疏林地进行林下家禽养殖时，如果动物粪便不能及时有效处理，容易引起家禽等动物传染病，破坏周边环境；其三，林禽养殖容易导致林木根部大面积裸露，进而影响林木的正常生长。因此，对林下经济发展的意义应当辩证看待，不能因为林下经济发展的经济效益明显就忽略对其不利影响的研究，更不能等到林下经济发展给生态环境造成严重破坏时再研究。

1.3.2 林下经济发展存在的问题

由于中国林下经济发展时间短，再加上国外学者对林下经济研究较少，因此中国各地在林下经济发展过程中没有现成经验可以借鉴，林下经济发展难免会出现一些问题。王焕义等认为林下经济发展主要存在五个问题：农民选择适宜发展的林下经济项目困难、项目启动资金缺乏、林下经营风险防范机制缺失、林下经济产品市场销售渠道单一、基础设施薄弱等。林下经济属集约型经济，需要水利、电力、交通等基础设施配套和完善，而山区这些又是最薄弱之处。除了基础设施投入不足的发展障碍，张维祥等认为林下经济发展还存在农民传统的"木材利用"经营理念没有彻底转变；林下经济经营环境发育不完善，缺乏在建设用地、税收减免等方面的扶持政策；缺乏龙头企业带动等问题。姜国清从资金、技术和管理三个方面阐述了林下经济发展制约因素，认为林下经济技术含量低、管理手段落后、资金缺乏等问题极大地阻碍了当前林下经济发展；除此以外，林下经济规模不大，林下经济产品没有品牌或者品牌单一也影响林下经济进一步发展。邹杰等从五个方面阐述了林下经济发展过程中存在的问题，其中科技力量薄弱、林下经济规模小和龙头企业缺乏三个问题与前已述及的其他文献相同；除此以外，邹杰等还强调，由于缺乏品种研究以及缺少养殖品种的驯化、提纯，林下种植和养殖大部分还是在发展"土"货，从而影响林下产品产量和收入。通过对文献的分析可以发现，学术界对林下经济发展问题部分存在共识，主要表现在：林下资金缺乏、林区基础设施薄弱、缺乏龙头企业带动等方面。进一步梳理可以发现，这些文献在分析林下经济发展问题时，较多地采用定性分析方法，缺少对相关问题定量或实证分析，从而使得林下经济问题的提出缺乏足够的数据支撑。

1.3.3 林下经济发展模式

林下经济在农民增收、林地资源利用效率和林地经济发展方式转变等方面具有重要意义。林下经济要充分发挥这些作用，前提之一是农民和企业选择适宜的林下经济发展模式。在传统的林下种养过程中，农民大多数沿用传统的养殖方式，与林下养殖模式相比，传统养殖模式单一，缺少高附加值。李娅等通过云南省四个典型区案例点的调查，发现有51.5%的农户愿意选择较为传统的林下经济模式，选择林下养殖的占36.4%，选择林下旅游、林下产品经营加工的比例仅为8.3%和3.0%，由此可见，传统单一的种植养殖模式在一定程度上制约了当地林下经济发展。范远江在总结不同林下经济发展模式的基础上，根据林相结构和林下植被情况，筛选出适宜石柱县的林下经济发展模式，即林下种植食用菌、林下地被植物种植、林下养鸡等模式。李金海等结合北京平原区、浅山区、偏远山区的特殊地形和气候，提出林下食用菌、林下中药材和林下生态旅游等林下经济发展模式。杜德鱼结合陕西地理地貌及气候条件的多样性，研究总结出适宜陕西省各个区域的10种林下经济发展模式。

林下经济发展模式研究主要有三个特点：其一，上述文献所提出的林下经济发展模式大同小异；其二，大多数文献仅仅提出林下经济发展模式，既没有对林下经济模式进行比较，也缺乏分析各种林下经济模式对生态环境可能产生的不利影响；其三，缺乏结合当地自然条件和气候等情况对林下经济模式进行研究。

张东升和于小飞认为,在林下经济模式选择时,要注意三个问题:其一,深入了解当地水文、土壤、气候等自然情况,选择适合林下生长的动植物和微生物(菌类);其二,在物种搭配上,遵循循环经济理念,使处于不同生态位的动植物在生存竞争中获得时间和空间上的高效利用;其三,要根据生态容量原理,在生态系统可以承受的范围内探索不同林下经济发展模式的最佳规模。

1.3.4 林下经济发展对策研究

较多学者提出应当出台林下经济扶持政策,这从一定程度上反映中国许多地区还没有出台相应的林下经济发展政策,在制度层面没有得到相应支持。以资金扶持政策为例,各省区如何制定相应的政策,才能有效推动林下经济发展,不仅是各级政府的事情,也是学术界应当重点研究的问题,毕竟各个地方财政实力和各地林地发展状况等方面都存在一定差异。要防止在地方财政紧张的情况下,出台的金融扶持政策无法有效实施而流于形式。因此,学术界和各级政府深入研究有效的金融扶持和资金投入创新政策,既能考虑到各地财政实际情况,又能确保金融扶持政策的顺利实施,这是当前林下经济发展需要重点解决的问题之一。除了政策支持以外,部分学者还提出要培育和壮大龙头企业,以带动区域内更多的农民发展林下经济,实现规模经营。为了实现林下经济规模化经营和可持续发展,引导和发展龙头企业是一个重要途径,以后可以加强研究龙头企业培养和发展问题。

1.3.5 林下经济产业发展研究

作为非木质林产品产业,林下产业在最近10多年才受到中国的重视与发展,整个产业的技术和管理等尚处在探索中。目前,学术界对林下产业研究也较少。于小飞等在介绍分析中国林下产业发展现状和前景的基础上,提出了林下产业发展指导思想,即建设特色林下经济产业体系,形成一定的林下资源主导产业,打造林下产品知名品牌;在此基础上,提出从金融支持、政府投入和政策优惠等方面促进林下产业发展的政策建议。除了定性分析林下经济产业发展现状以外,部分学者应用偏离份额分析法定量地分析了区域内林下产业中具有相对优势的部门。王虎等利用河北省2007与2009年各地区种植业、畜牧业、森林旅游业的相关数据,应用偏离份额分析法,从份额偏离分量、竞争力偏离分量与结构偏离分量三个角度论证分析了河北省各地区种植业、畜牧业以及森林旅游业方面的区位竞争优势和产业结构基础差异性,以此为依据提出河北省各个地区适宜发展的林下经济优势产业。周云珂和刘凯首先按地形及气候特征将四川省划分为三个区域,然后应用偏离份额分析法对四川省林下经济产业结构进行分析,结果表明,四川省各市(州)林下经济相关产业均具有较好发展前景,但不同产业结构基础强弱不同,区位优势差异显著。学术界对林下产业发展研究较少,研究也不够深入,尚处于一个探索阶段,这与亟待壮大的林下产业发展不对称。林下产业发展仍存在许多需要解决的问题,例如,林下产业发展缺乏一个长远的规划;许多区域缺乏对林下特色产业深入挖掘;对林下产业发展前景认识不清等问题都需要学术界深入研究。

1.3.6 林下经济发展意愿及影响因素研究

发展林下经济,必须充分尊重农民意愿,保障农民生产经营自主权。发展什么、怎么发展、发展多少,都要由农民自主决策。不了解农户意愿,而仅凭政府一厢情愿地推动,收效往往不佳。目前一些学者已经围绕相关问题展开研究。李或挥等通过对湖南省安化县农户的调查,应用 logistic 回归模型,实证分析了年龄、受教育程度、林地总面积、启动资金来源等因素对农户发展林下经济的影响程度,并在此基础上提出促进农户参与林下经济发展的政策建议。廖灵芝和李显华通过对云南省大关县 50 户农户、林业局相关负责人进行问卷调查和访谈,应用描述性统计分析方法,得到农户思想禁锢、林地流转等政策未落实、农户投资信心不足等是制约大关县林下经济发展的因素。李娅和韩长志运用半结构式访谈和农户问卷调查等方法,对云南省部分案例点进行实地调研,结果表明,农户发展林下经济意愿强烈,91.3%农户愿意发展林下经济;资金缺乏、技术欠缺、劳动力不足、产品销路等问题在一定程度上制约林下经济发展。张坤等对云南省永胜县进行了林下经济专题问卷调查,结果显示,林业科技服务严重不足、资金短缺、信息获取渠道有限等成为制约当地林下经济发展的关键因素。除了一般性地对林下经济发展影响因素进行分析,部分学者还对林下经济可持续发展影响因素进行讨论分析。韩杏容等采用二元对比法和专家打分法,运用关联树法对林下经济建设项目可持续性的影响因素进行系统分析,并详细分析不同层次影响因素的持续度;研究发现,财政投资、群众经济承受力等是影响桐梓县林下经济建设项目可持续性的关键因素。

现有相关文献中对林下经济发展意愿及其影响因素的研究较少,对林下经济发展制约因素研究相对较多。应该来说,农户发展林下经济意愿及其影响因素与林下经济发展制约因素在研究内容方面存在一定差异。农户发展林下经济意愿及影响因素旨在从农户角度探究其参与发展林下经济意愿,以及部分农户参与意愿较低的影响因素。林下经济发展制约因素与林下经济发展存在问题在研究内容方面基本相同,只是学术界在研究林下经济发展制约因素问题时更多地采用定量研究方法,而对林下经济存在问题大多采用定性研究。考虑到各地区气候、地理特征以及农户特征的差异,在进一步研究中,可以考虑加强对各地区农户参与林下经济发展意愿及影响因素的定量研究,提高农户参与积极性,为各地林下经济发展提供劳动力及土地等生产要素。

1.3.7 林下经济相关问题研究特征及趋势分析

通过对现有林下经济相关问题的研究进行梳理可以发现,现有相关研究具有三个方面的特征。

1. 在研究内容方面

学术界对于林下经济研究尚处于起步阶段,集中体现在林下经济发展意义、存在问题、发展模式等方面。这些研究对于学术界研究林下经济具有一定的借鉴价值,学术界还可以从五个方面深入研究。

(1) 林下经济理论基础研究

学术界对林下经济的应用对策研究较多,而对林下经济理论基础研究较少。张东升和于小飞、翟明普较早也较为全面地从生态学和生态经济学等视角分析了林下经济发展的理论基础,具体包括生态系统原理、生态位原理、食物链原理、循环经济原理等。除此以外,在林下经济概念、林下经济经营与农林复合经营异同点等方面都还需要进一步研究。

(2) 林下经济产业组织模式创新研究

学术界缺乏将林下经济产业和林业专业合作组织等新型农业生产经营组织研究有机地结

合起来。应当围绕林下产品的开发、利用、营销、品牌建设等问题,进一步加强对林业专业合作组织等新型农业生产经营组织研究。以林下产品销售为例,一般而言,农民掌握的市场信息和销售经验都非常有限,再加上农民生产的林下产品没有统一的品牌,如果仅靠农民自己销售,势必在市场交易中处于弱势地位,无法有效地保证价格收益。在林下经济发展过程中,通过林业专业合作组织等专业组织、协会或者龙头企业的带动作用,构建和推广自己的林下产品品牌,提高林下经济的组织化水平、抗风险能力和竞争水平,充分发挥林业专业合作组织或者协会的组织优势,使农户获得合作组织整体收益超可加性所带来的收益,可以从根本上解决分散农民的林下产品卖难问题,从而有效保护农民的利益。因此,加强林下经济产业组织相关问题的研究,深入论证分析不同林业专业合作组织模式以及不同新型农业生产经营组织效率,探究更加适合各地区林下经济产业发展的组织模式,可以为林下经济可持续发展提供理论依据。

(3) 跨学科联合研究林下经济发展问题

林下经济发展涉及生态学、循环经济学、农业科学(农业科学研究、试验)、林产化工、环境科学(环境污染及其防治、灾害及其防治)等多学科。林下经济研究不能总是局限于用经济学或管理学的思维进行研究,应当加强与其他相关学科学者的联合研究。通过对相关文献分析可以看出,现有学者比较倾向从各自的学术视野角度进行论证分析,缺乏对这些方案从效益性、适宜性、推广性和生态性等方面进行全面深入的可行性论证研究。以林下经济发展模式为例,每个领域的学者从各自的研究视野提出专业化的林下经济发展方案,经济管理领域学者根据研究基础提出可能的林下经济发展模式,农业科学领域学者则要对这些模式进行试验研究,而环境科学领域学者要对林下经济发展的环境与生态保护问题进行研究。在此基础上,相关领域专家联合研究,综合论证分析这些方案的可行性和适宜性。唯有此,才能提高研究对策的针对性和有效性。

(4) 林下经济发展模式试验性、适宜性和推广性研究

对于林下经济发展模式,不能仅限于模式基本类型、林下经济模式比较等一般性研究,还应当在考虑生态承载力的前提下,结合当地的地理、气候等条件,加强对林下经济发展模式的试验性研究,不断探索出适合各地实际情况的发展模式。以能源林种植为例,不同地域具体适用什么能源林树种,种植时间,林间距多少适合,部分有效成分较多的植物能否大面积的种在林下?什么时候种?这些实际问题都还需要林业研究人员实地考察实验才能得出相对准确结论。最后,要注意对这些模式进行总结,以便在周边地区以及更大范围进行推广,带动更多农户发展。

(5) 林下经济风险与保险研究

考虑到传统种植或养殖发展风险较小的实际情况,再加上大多数农户属于风险厌恶型,农户往往不愿意发展林下经济。为了提高农户参与林下经济发展积极性,最大限度地降低农户或企业发展林下经济的风险,一方面可以深入田间一线,调查研究如何有效预防和控制林业有害生物、野生动物疫源疫病,从而最大化控制和降低林下经济风险;另一方面,还应当加强对林下经济保险问题研究。对于林下经济发展风险的控制,需要考虑林下产品保险运作方式,即考虑采用商业保险、政策性保险,还是采用两者混合的保险运作方式,还要考虑保费计算、保费补贴等相关问题,这些都值得深入研究。除此以外,还可以考虑从林下经济相

关法律、龙头企业培育与壮大、林下产品产业化、林业与林产化工、林下经济产品营销与流通等方面进行全面深入的研究，以便更好地指导林下经济发展。

2. 在研究方法方面

现有有关林下经济发展意义、发展模式等问题的研究大多数属于定性研究，定量研究尤其是试验研究较少，即使是定量研究，大多数文献也是采用描述性统计分析方法对问卷进行初步分析。在进一步研究中，一方面，应当加强对相关问题的试验研究，不能仅凭学者主观的想象进行分析，提高研究结论的准确性以及政策建议的针对性。以林下经济发展模式研究为例，可以考虑采用试验研究，对林下种植、林下养殖等林下经济模式进行试验对比研究。只有通过综合比较，得到客观数据，让农户切实看到林下经济发展可能带来的成效，才能真正提高农户参与林下经济发展的积极性。另一方面，在定量研究时，除了采用描述性统计等基本统计分析方法以外，还应当结合研究需要采用更高级的统计计量分析方法，比如，应用logistic 回归模型或结构方程模型等计量统计分析方法对农户林下经济发展意愿及影响因素进行分析，而不是仅采用一般性的描述性统计分析方法，从而提高分析结果的相对准确性。

3. 林下经济经营模式对土壤理化性质和碳储量的影响研究进展

森林作为陆地生态系统的主体，在调节全球能量平衡、减缓大气中温室气体浓度和维持生态平衡等方面发挥着不可替代的作用。森林的可持续发展依赖于森林资源的可持续，森林资源的持续依赖于森林的科学经营。森林土壤既是地球系统中生产食品和林木产品等不可替代的自然资源，对保持地球系统生命活性起着重要作用，也是生物圈的关键组成部分，促进了全人类社会和生物圈共同发展。土壤物理性质、有机质和养分含量是衡量土壤肥力大小的指标，也是支撑林业生产所需肥力的关键物质，对植物的生长发育起着重要作用。土壤酶是具有蛋白质性质的高分子生物催化剂，可促进土壤生物化学过程的物质循环与能量转化，主要参与土壤各种化学反应、生物化学过程和物质循环，包括枯落物的分解、腐殖质和有机化合物的分解与合成、土壤养分的固定与释放以及各种氧化还原反应，可客观反映土壤肥力水平高低，同时土壤酶的活性是土壤生物性能最稳定和最敏感的指标，体现土壤微生态环境功能的多样性和稳定性。土壤生物是土壤生态系统的重要组分之一，在有机物分解和环境变化中起着重要作用。森林土壤具有强大的固碳功能，其碳储量占全球碳库的73%左右，在全球气候变暖加剧的背景下发挥举足轻重的作用。

林下经济就是以现有的林地资源和森林生态环境为依托，进行林下养殖和种植以及采集业和森林旅游业等立体生产经营，使农林牧业实现资源共享的生态农业模式，包括林下产业、林中产业及林上产业。林下经济也是替代土地管理的重要方式，可以防止土壤退化，改善土壤微生物多样性，增加土壤有机质、固碳潜力和减缓森林土地转化的影响，尤其是在热带森林地区。近年随着气候变暖的加剧和林业用地日益紧张，林权制度的不断改革，林下经济模式迅速发展。林下经济模式既能完善公益林树种单一的不足，提高生态公益林生态效益，又能够创造一定的收入，提高经济效益。因此，在提倡生态文明建设的背景下，加速林下经济发展，发挥林下经济对气候变暖的作用的呼声日益高涨，林下经济对土壤的影响也成为了国内外生态学家关注的焦点。

目前，林下经济对土壤的影响研究主要集中于土壤物理性质、土壤养分、土壤酶、土壤微生物、土壤肥力和固碳等方面。

(1) 土壤物理性质

土壤物理性质是土壤肥沃度的重要标志，主要包括土壤孔隙度、土壤容重、土壤密度及土壤含水量等。Pang 等在青藏高原地区西双版纳州对橡胶—大叶千斤拔间作系统的研究中发现该地区的土壤容重和土壤总孔隙度均达到良好的结构水平，夏江宝等对黄河三角洲退化刺槐林进行林下经营后也得出相似的结果；马晓刚等在三峡库区四种不同土地利用类型对比研究后，发现农林混作模式改善土壤容重及孔隙度的效果比单一模式效果更佳，赵斯等和Zomer 等得出相似的研究结果；Jiang 等发现橡胶—肾茶和橡胶—砂仁的农林间作系统的土壤容重下降，非毛细管和毛细孔隙度增加，提高了饱和水容量和排水能力，并优化了土壤结构；韦铄星等研究了桉树人工林间种桂牧 1 号杂交象草、山毛豆和柱花草等六种复合经营模式，发现土壤容重、土壤孔隙度及土壤持水量在 0~20cm 土层中改善作用最明显，王来等研究了核桃—小麦间作复合模式也得出相同的结论。此外，树龄以及凋落物对林下经营的土壤物理条件和结构都起着重要作用。总体而言，林农和林禽等模式比纯林对土壤容重、孔隙度及持水量有明显改善作用。

从上述研究中可以得出，林下经济模式相对单一的种植模式对土壤物理性质有明显的改善作用，尤其对土壤表层的改善作用最为明显。此外，不同的林下经营模式对土壤物理性质的改善作用也有差异。

(2) 土壤 pH

土壤 pH 能够直接影响土壤酶参与生化反应的速度，是调控土壤有机质分解转化的一个重要因子。土壤有机质也是团聚土壤颗粒的重要有机胶体物质，对土壤中大小粒级微团聚体含量及土壤结构稳定性具有重要影响。研究表明，土壤 pH 值在不同林下经济经营模式中变化各异。Saggar 等对新西兰辐射松林农复合种植模式的研究发现土壤 pH 值有不同程度的降低，这与杨灿等研究洞庭湖洲滩人工林的四种经营模式及韦铄星等对桉树人工林间种象草的研究结果相似，可能是由于树木对阳离子进一步吸收后，植物根系有更高的矿化速率和净 H^+ 排放的结果。但康伟静等对林鸡模式进行研究发现土壤 pH 值有所上升，王会利等对桉树林下经济的研究也得出相似的结论。不同的研究结果可能与林下种植的植物种类不同有关。

综上所述，林下经济模式及林下植物种类的不同会导致土壤 pH 产生一定差异。

(3) 土壤有机质和碳储量

在国外的相关研究中发现林牧、林畜和林农等模式均可增加土壤有机质和改善土壤肥力。土壤微粒有机质的周围物质是形成大团聚体的核心，也是微团聚体形成大团聚体的重要物质。另外，土壤微生物分泌物和残留物对维持土壤团聚体稳定性和土壤物理结构至关重要。增加土壤微生物生物量碳（C）和微粒有机物质（C）可能有助于土壤团粒结构的形成和维持。王晟强等研究发现，0~20cm 的表层土壤大粒级（0.25~0.05mm）微团聚体含量随种茶年限及土壤有机质含量的增加而显著增加，而小粒级微团聚体（<0.001mm）含量显著降低。杨灿等在洞庭湖地区杨树人工林下种植蔬菜，兰铁等在毛竹林套种姜黄，均发现土壤有机质含量在土壤表层（0~20cm）有所增加。

土壤碳储量随土壤深度的增加而降低。Scheu 等报道了欧洲山毛榉（*Fagus sylvatica*）深层根系的土壤有机碳储存量是表层的 1.55 倍。RASSE 等也认为，利用树木根系储存的有机碳，通过与土壤颗粒的物理化学相互作用，能使土壤深处的有机碳储存比地上部分更稳定，因此根系储存的有机碳可以成为深层土壤中有机碳库的重要来源。此外，Radhakrishnan 等发现林下经营模式中 0~50cm 土层的平均土壤碳储量明显高于次生林和传统农业系统。

大多数研究发现林下经营模式比单一经营模式更具固碳能力，并显著提升土壤中的碳储量。Haile 等提出生长促进假说和光合产物分配格局假说来支持以上观点，并得到有关研究的证实。此外，随着从单一模式向农林复合经营模式的转变，土壤的固碳能力不断增强。如 Haile 等在稜稃雀稗（*Paspalum notatum*）牧场引入湿地松（*Pinus elliottii*）后，牧场的土壤碳储量增加。

Muñoz-Rojas 等评估了 1956—2007 年间安达卢西亚土地利用从荒地向林下经营模式转变引起的碳储量变化，表明土地利用变化导致土壤有机碳损失严重，并且表层土壤有机碳含量会随着森林种植面积的增加而增加。Hombegowda 等研究了天然林和农业的复合类型的土地利用转变方式，也发现森林土地利用向农业系统的转化造成了表层原始土壤有机碳储量的巨大损失。

Sibylle 等认为耕作方式影响碳的储存。土壤表层（0~30cm）平均土壤碳储量值达到 $15mg/hm^2$ 左右；在热带地区林下经营的前 20 年，大约有 50%~75% 的碳被释放到大气中，在温带地区则为 20%~30%。因此，在林下经济的经营模式中应该采用适当的耕作方式保持土壤碳含量，例如，避免燃烧和通过最小或免耕方式控制土壤扰动和减少侵蚀，以防止大量的土壤碳流失。此外，在林下经营模式中，可通过增加返回土壤的碳量和加强土壤有机质以及保持土壤腐殖质免受干扰来增加土壤碳储量。

在林下经营中，林下土壤微生物群落的活动和生物多样性变化可能增加土壤有机碳的固存。Mitchell 等在荒地中加入单一的树种促进土壤微生物群落繁衍和养分循环，改善微生物群落结构和丰富多样性，从而增强土壤碳储存。此外，森林树木种类的变化也会影响地下枯落物碳输入的质量和数量，可能会导致土壤湿度和温度等微小气候条件的变化，因此会影响土壤碳储量的变化。

总体而言，林下经济经营模式可通过增加地上和地下有机物投入量以及改变土壤质地，增加土壤的有机质和提高土壤肥力。目前，由于全球气候变暖等系列问题突出，关于土壤碳储量的研究已成为全球的热点研究课题。林下经济对土壤碳储量的影响，除上述不同的林下经营模式、耕作方式、土地利用方式和微生物等因素外，还可能与立地条件、种植模式和年限有关。此外，虽然林下经济模式对土壤碳储量增加具有积极作用，但是林木和农作物的复合种植会导致后者减产，可能是因为某些种植的树种与作物竞争水分而对作物产生负面影响，或者通过植物的化感作用抑制农作物的生长，目前该方面的研究较少，因此在今后的研究中应更注重对林木和农作物之间竞争作用的深入研究。

（4）土壤氮磷钾

土壤养分是指植物生长过程由土壤提供的必需的营养元素，是评价土壤自然肥力的重要因素。植物生长过程中需要各类养分元素，其中氮、磷、钾是维持植物体内维生素和能量系统的重要组成部分。

与单一传统农业系统相比，林下经济经营模式可通过改变土壤结构，微生物生物量和小气候，增加植物残体和根际分解产物的数量和多样性的方式影响土壤养分循环，因而具有更高的土壤养分。林下经济模式在不同时期的土壤养分含量变化趋势不同。韦铄星等研究发现，与纯林 0~20cm 土层土壤相比，林下经济模式的全氮、速效氮、速效磷和速效钾含量高，而全磷和全钾含量在不同土层均无显著差别；Rivest 等和韦铄星等的研究还发现各类林下经济模式的土壤养分含量随时间而变化。林下经营模式中植物种类会对土壤养分产生影响。在土层垂直水平方面的研究中，韦铄星等和杨灿等发现桉—草模式及杨树与芥菜、榨菜、南瓜和冬瓜四种复合经营模式的不同土层土壤速效钾含量比纯林有所降低，而全氮和速效磷含量均有所提高，且增加量与土层深度的增加成反比，李海玲等在杨农复合经营研究中对土壤氮含量也得出相似结果。但贾树海等的研究却发现枣—谷子、核桃—谷子复合模式中 0~20cm 土层的养分增幅低于谷子纯农地，这可能是由于复合模式所具有的优势，被树木和作物间的竞争作用所抵消。林下经营模式的土层水平方向研究方面，廖文超等发现 8 年生林下经济间作系统的养分含量在水平分布表现为"M"型变化特征，即两个极大值出现在距树行 1.5m 和 3.5m 处，一个极小值出现在作物中心线处。

综上所述，目前对养分的研究大多数主要集中于单一的经营模式和不同的林下经济模式的对比以及土层的水平和垂直方向的对比，但种植年限、期限以及间作系统均会对林下经济的土壤养分造成影响，而目前对这些方面的研究较为欠缺。

（5）土壤酶活性

土壤酶参与地球系统的土壤生物化学过程的物质循环，其活性能反映土壤微生物活性的高低，是衡量土壤生物学活性的指标。土壤脲酶直接参与土壤中含氮化合物的转化，其活性可以评价土壤的供氮能力。磷酸酶主要将土壤中有机磷转化成无机磷，是表征土壤磷素有效化强度的重要指标。章铁等发现栗茶间作模式的脲酶活性及磷酸酶活性均高于栗和茶单作模式，夏江宝等和王群等也得出相似结论，而王群等认为不同林下经营模式脲酶含量差异较大，这可能与人为干扰、不同间作模式和管理措施有关。在土层垂直剖面研究中，大多数研究发现，不同林下经营模式的土壤脲酶和磷酸酶活性均随着土层的深度增加而减少，而刘宁等发现林带不同距离和深度土层的土壤脲酶活性和磷酸酶活性强弱变化趋势不一致，在 4.5m 和 6m 处均有所提高。王群等对刺槐林地不同改造模式的土壤酶活性进行相关性分析发现，磷酸酶与脲酶具有极显著相关。此外，也有研究证明印度的小麦—豇豆轮作系统种植印度黄檀 12 年后，土壤碱性磷酸酶活性显著增加，且土壤酶活性随着印度黄檀种植密度的增加而增加。

过氧化氢酶可以破坏土壤生化反应过程中产生的过氧化氢，其活性的提高可以增强土壤氧化还原能力及好氧微生物的数量，确保土壤微生物的生命活动正常运作。有研究认为，不同林下经济模式的过氧化氢酶活性均优于纯林，且林下经营模式的过氧化氢酶活性一般随土层深度增加而升高。而高祥斌等的研究结果刚好相反，可能是不同经营模式和管理措施等因素造成的。

综上所述，土壤酶活性的差异受林下经济经营模式，套作方式、土层深度和种植年限等因素的影响，且不同的酶及其活性在各种经营模式中有所差异。

（6）土壤微生物

土壤生物是衡量土壤质量优劣最敏感的指标，土壤环境的胁迫和变化影响土壤微生物的种类和数量以及土壤质量。林下经营模式可为植物多样化提供多种微生境，有助于增加土壤生物密度和多样性。土壤生物多样性的变化受多种因素影响，包括凋落物、土壤类型、土壤酸碱度、耕作方式、土壤湿度、土壤碳储量、经营和管理模式等。

曾祥艳等发现养鸡林地土壤细菌数量显著高于对照林地，但与 Saggar 等所研究的结果相反。土壤微生物数量具有表层富集效应，随土层的加深而呈递减趋势，这与 Radhakrishnan

等对印度泰米尔纳德邦农林复合系统微生物多样性的研究结果相近。土壤动物个体数、类群数和多样性也表现为同样的规律。这可能是土壤表层积累了丰厚的腐殖质，提高了土壤有机质含量，因此为微生物的生长提供了充分的养分。另外，土壤表层水热条件和通气状况好，有助于微生物的生长和繁殖，而深层土壤则由于矿物质营养物质短缺和土壤深度压实的影响不利于微生物繁殖。

综上所述，土壤的微生物数量与土壤养分变化规律相似，都是随着深度的增加而减少。但不同的林下经济经营模式的微生物数量有所差异，这可能是由于经营模式各异造成的差异，但目前对于土壤微生物的研究主要依靠传统的手段，今后可运用分子生物学手段更准确地进行分析。

第二章
中国林下经济发展简史

2.1 中国林下经济萌芽期

自原始社会过渡到奴隶社会,农业成了当时主要的生产部门,农林生产也在不断地发展着。我国在4000多年前的夏朝出现了以家庭为单元的私有制农业,为传统农林生产的产生和发展准备了社会经济条件。那时奴隶主用农奴的血汗建筑起自己的庭院,经营桑蚕、林果和畜牧业。《诗经》中就有"无逾我墙,无折我树桑"之句。王室园囿的池沼中还养有各种鱼类。可见,庭院经济在奴隶社会就存在了。当时的菜地称"圃",用篱笆围起来的叫"园",园内既可种菜也可种果树。园囿都置于房屋前后,"宅"在"园"中或者"园"中有"宅"。养禽畜的地方称"囿",囿内有时也种植或保留着一些蔬菜和果蔬,故《复小正》有"正月,囿见有韭,四月,囿见有杏"的记载。

种养结合的庭院经营在春秋战国时期已经有较详细的记载。《孟子·尽心上》(公元前3世纪)云"五亩之宅,树墙下以桑,匹妇蚕之,则老者足以衣帛矣;五母鸡,二母彘,无失其时,老者足以无失食肉矣"。可见庭院经营已经成为当时衣食的主要来源。晋朝,我国南方庭院经营相当盛行,庭院中种养兼营,布置有序,十分讲究,正如陶渊明《归田园居》(公元406年)诗云"方宅十余亩,草屋八九间。榆柳荫后檐,桃李罗堂前,久在樊笼里,复得返自然"。唐宋时代,巴蜀、吴越一带,家家庭院翠竹环抱,柑橘掩映。南方庭院多种桑、梓。此时,浙东庭院蚕织生产已经很普遍。到明清时代,我国农村庭院经营的内容颇为丰富,不但饲养畜禽,种有林木、果树、作物、蔬菜,还有花卉和制豆腐、酿甜酒、编篮子、制斗笠等。

春秋战国时期,间作套种和混作已经萌芽,公元前1世纪的《氾胜之书》就有瓜、韭、小豆之间的间作套种和桑黍混种的记载:"种桑法,……每亩以黍、椹子各三升合种之,黍桑当俱生,锄之,桑令稀疏调适,黍熟,获之。桑生正与黍高平,因以利镰摩地刈之,曝令燥后有风调,放火烧之。常逆风起火,桑至春生。"桑黍混种,当年可收获粮食,同时培养了桑苗,第2年平茬苗苗壮生长,即可采叶喂蚕。用这种方法培育的桑树成为"地桑",它比树桑所长之叶大,质鲜嫩,且采收省时省力。

东汉以后我国北方人口南迁和南方开发人口激增,促进了江南水网农业的发展。人们利用滨河滩地、湖泊淤地与水争地逐渐形成了圩田耕作法和"桑基鱼塘"的生产模式。圩田就是种稻,圩上栽桑,圩外养鱼,形成林-粮-鱼复合经营系统,因地制宜地利用了洼地。汉朝待中习郁在襄阳依照范蠡的作法,凿池培基,池养鱼。基种竹及长楸、芙蓉缘岸,菱茨复水,合理安排了种养业。这可能是我国最早的基塘系统记录。

南北朝时期,林粮混种间作的树种如桑外还有槐、楮、榆等多种。《齐民要术》(6世纪30年代)记载了槐麻混种的方法,当下雨种麻时,"槐籽和麻籽撒之,当年之中,即与麻齐,麻熟刈去,独留槐……明年刈地令熟,还于槐下种麻"。书中还记载了楮麻混作的情形,"耕地令熟,二月楼构之,和麻籽漫撒之,即劳。秋冬仍留麻勿刈,为楮作暖。明年正月初,附地芟杀,放火烧之,一岁即没人"。《齐民要术》还对桑树与粮、豆、蔬菜等间作的经验进行了总结。此时对许多树种和作物的生物学特性已有初步认识,注意到树种间属于作物间的相互关系。如《齐民要术》指出,榆是不适宜林农间作的树种,"榆性扇地,其荫下五谷不植",而茶树耐荫,适合于间种。

唐朝《四时纂要》(10世纪初)记载,"此物畏日",茶树喜荫,幼苗与雄麻、黍等高秆作物间种,茶树得到庇荫,增强了抵抗自然灾害的能力。宋朝《北苑别录·开畲》(1186年)记载了桐茶间种,既有助于茶树夏日遮荫又利于冬季防寒的情况。同时也注意到树木与作物根系的搭配关系。《陈旉农书》(1149年)中"种桑之法篇"云:"若桑圃近家,即可作墙篱,仍更疏植桑,令畦垄差阔,其下遍栽苎:即桑亦获肥矣,是两得之也。桑根植深,苎根植浅,并不相妨,而利倍差。"这是把深根的桑和浅根的苎麻搭配间作,桑麻间种充分利用了地力,而达到"不相妨,而利倍差"的功效。这也是"相资以利用"的一例。据此,可以说,"相继以生成,相资以利用"是传统农林生产的一种理论概括。元朝对树木和作物的生物学特性有了进一步的了解,在《农桑要婴》(1286年)提出"桑田科种田禾,与桑有宜与不宜"。说明传统农林生产的物种并非任意搭配的。根据经验,如种谷或蜀黍会瘦地,生害虫,桑亦不茂;如种绿豆、黑豆、芝麻、瓜芋,其桑郁茂。明朝已经有了果园防护林。故《农政全书》(1639年)记载,"凡作园,于南北两遍种竹,以御风果则大,畏寒者不至冻损"。《农政全书》还有杉木与栗、麦间种,以耕代抚的记载。此时期的古籍中有林草间种的记载。如林中郁闭,不能种豆,但可种耐阴的牧草。《救荒简易书》(1831年)中说:"因……所弊,……若种苜蓿菜必能茂盛。"

到了清朝,传统农林生产与经营更为普遍,不但注意物种组合,经营上也更加精细。《蚕桑辑要》(1831年)和《蚕桑事宜》(清)提出,"桑禾盛时可间种蔬菜、棉花诸物,间种则土松而桑易茂繁,此两利之道也,但不可有碍根条,如种瓜豆,不可使藤上树",可间种的作物,也要精细管理,勿让蔓生瓜豆攀授树上,不然,相夺阳光,就会影响桑树生长。

我国长江下游太湖流域劳动人民因势利导,在水乡泽国条件下发展的基塘生产模式在明清时期有了更大的发展。《策褛上生业》说:农者,"凿池之土,可以培基,……池中淤泥,每岁起之以培桑竹,则桑竹茂,而池水益深矣"。此期间,嘉湖带基塘系统已非常普遍,形成"傍水之地,无一旷土,一望郁然"的景观。太湖流域的基塘系统所经营的内容在明朝已颇为丰富,已形成"桑-蚕-羊(猪)-鱼"复合经营系统,使这一地区的资源合理利用达到了新的境界。《农政全书》就介绍了作羊圈于鱼池岸上,扫基草粪入池,既肥鱼也省饲料和劳力。可谓一举多得的利用畜粪养鱼、鱼牧互促的生产技术。珠江三角洲的基塘系统始于唐朝,到明朝已十分盛行。据明万历《顺德县志》记载,"垦负郭之田为圃,名曰基,以树果木,荔枝最多,茶、桑次之,……圃中凿池畜鱼,春则涸之播秧,大者数十亩"。基上栽种的树木种类也有所增加,有果树、茶、桑树等。清朝基-塘生产模式被普遍采用,形成相当规模的集中分布区。《九江乡志》记载,"濒海地注,粮食惟艰,前人因凿沼养鱼为业;乡扼西，北江下流，地院，鱼塘十之八，田十之二"。乾隆年间，基塘区又进一步扩大。当时的海州、镇酒、金瓯、绿潭、沙头、大同、九江等多以鱼桑为业。《九江儒林乡志》（清）记载，"自乾隆，嘉庆以后，民多改业桑鱼，树艺之夫，百不得一"。这是因为经营桑基鱼塘，效益较好。正如《高明县志》（1894）所云，"将洼地挖深，泥覆四周为基，中凹下为塘，基六塘四。基种桑。塘蓄鱼，桑叶饲蚕，症粪饲鱼，两利俱全，十倍禾稼"。加之康熙年间，广东生丝开始输出国外，促进了桑业发展，至清末，珠江三角洲基塘面积已达6万多公顷（钟功甫，1981）。

基塘农业就是利用基面与池塘构成的水陆交互作用的农业系统，实行种植业、水产养殖业，及加工业相结合的生态型农业。在这个农业系统中，水体和陆面之间进行着复杂多样的能量交换和物质循环，水体资源与陆地资源互相依存和互相制约，彼此联结成一个不可分割的整体。基塘农业是人类征服自然、利用自然、积极改造自然环境的产物。

历史上我国珠江三角洲和太湖地区地势低洼，水患严重。当地的先民们在长期的生产实践中，因地制宜，因势利导；根据地势特点，将低洼地挖深为塘，把挖出的泥土覆于四周为基，塘内养鱼，基面种桑，这样形成一个"基种桑，塘养鱼，桑叶饲蚕，蚕屎饲鱼"的生产格局，形成基塘式人工生态系统。根据基面种植的作物不同，历史上出现过果基鱼塘、桑基鱼塘、蔗基鱼塘等多种生产布局。

从16世纪起，江南农业中出现了一种新的经营方式，即经营者企图把农业与林业等生产结合，变成企业来经营。在太湖地区很早就有关于基塘农业的记载。"吴江县湖边一带，明农者因势利导，大者堤，小者塘，界以理，分以滕，久之皆成沃壤。明清之际，杭嘉湖地区的经营地主，精打细算，实行多种经营，池塘养鱼，池边植桑。"《戒庵老人漫笔》（明）卷四"谈参"条载："谈参者（谭晓，嘉靖时常熟人），吴人也，家故起农。参生有心算，居湖乡，田多洼芜，乡之民逃农而渔，田之弃弗辟者以万计，参薄其直收之。佣饥者，给之粟。凿其最洼者，池焉。周为高腾，可备防泄，辟而耕之，岁之入，视平壤三倍。池以百计，皆畜鱼。池之上为梁，为舍，皆畜豕。谓豕凉处，而鱼食豕下，皆易肥也。滕之平阜植果属，其污泽植犹属，可畦植菰属，皆以千计……室中置数十瓯，日以其入分投之。若某瓯鱼入，某瓯果入，盈乃发之，月发者数焉，视田之入复三倍。"

从上述记载可见，谭氏农场的规模很大，实行多种经营，即把种植业、饲养业等不同生产部门都包括了在内，不仅生产粮食、水果、蔬菜、菇茈菱芡等植物性产品，而且也生产猪、鸡、鱼等动物性产品。更重要的是，这些生产彼此结合，从而产生了更高的经济效益。同时，这些史料也形象地描绘了基塘生产方式的状况，为我们研究基塘农业史提供了重要的参考价值。

珠江三角洲的基塘农业在明初之后发展迅速。清初文学家屈大均（1603—1696年）在其所撰著的《广东新语》一书中曾这样写道："广东农民往往弃肥田以为基，以树果木，基下为池以备鱼，池大的至数十亩。又矶围堤岸皆种荔枝、龙眼……以淤泥为墩，高二尺许，使潦水不及，以葛苔盖覆，烈日不及。"在这里出现了"池内养鱼，堤上植桑，毫无废弃之地"，"桑茂、蚕壮、鱼肥大；塘肥、基好、蚕茧多"的景象。

到了明清之际，以谭氏农场为代表的大经营在江南已罕见农业中盛行的经营形态是以个体农户为单位的小经营。但是上述这种新经营方式却并未随着大经营的消失而不复存在。相反，我们可以从一些小经营中发现这种新经营方式的发展。这种情况可以张股祥在《策邬氏生业》一文中所作的描述为代表。"邬行素是张氏友人,在海宁角里堰附近(距离张履祥所居住的桐乡不远),种田为生,有田十亩,池一方。邬氏殁后,母老子幼,无以为生,张氏为之作策划。"

清代的农林生产与经营的立体结构出现新格局。光绪《常昭志稿》介绍了谭晓兄弟巧妙的立体布局:"凿其最洼者为池,余则围以高塍,辟而耕之,岁入视平壤三倍;池以百计,皆畜鱼,池之上架以梁为茇舍,畜鸡豚其中,鱼食粪易肥;塍之上植梅、桃诸果属;其余泽则种菰、茈、菱、芡,可畦者,以艺四时诸蔬,皆以千计;凡鸟、凫、昆虫之属,皆罗取而售之……于是资日益饶。"这种凿池养鱼,池上加厩养禽畜,地面兼搞多种经营,充分利用地面、水面、空间,使物质合理循环;畜粪养鱼,以鱼促农,农林牧渔相结合的模式是传统农林生产与经营史上有重要意义的范例和创举。

在新中国成立后,我国传统的农林生产仍在发挥着作用,如云南省独龙族人民努力学习农业科学技术,大兴农田水利建设,固定桃地面积,使原始火耕农业逐步向传统农业和现代农业转变,农业生产取得了长足发展。独龙族火耕文化所反映出来的植树造林,恢复生态平衡的环境保护意识,仍具有积极的现实意义。可是随着人口的增长,人们对土地的需求也不断增加,而耕地是有限的,因此,当人口增长到一定程度时,人们还将向自然生态领域索取一定的土地作为耕地,来满足生活需要。人们一方面需要向自然生态领域索取必要的土地,另一方面,又必须维护生态的平衡,才能保证人们生产生活的稳定和持续发展,这时,独龙族所创造的一年种粮,三年植树,轮歇耕作,恢复生态的火耕文化——"免耕法",仍将会为怒江高山农业所继续借鉴和使用。由此看来,独龙族的火耕文化在特定的时间和环境中,对将来的怒江高山农业还有一定的借鉴意义。

2.2 中国林下经济奠基期

我国林下经济开展得较早,最早以林业立体经营形式出现。20世纪80年代初至90年代末,是我国林业理论探索最活跃时期。随着林业生态经济理论逐渐发展系统林业思想逐步形成,林业的多功能和多目标特点得到认识和体现。农村经济体制改革和林业"三定"政策落实以后,随着个体林业的兴起,农林复合经营得到一定发展。这一阶段除一般的林粮间作以外,比较典型的有南方的林渔、林鸭、桑基鱼塘,北方的林参、林蛙、林菌等复合经营模式。这一时期的林下经济开发规模较小,仅仅是一般的林下经济活动,尚谈不上产业化。

农林复合经营(Agroforestry),也有人称之为混农林系统及农林业复合生态系统等,是20世纪70年代出现的一个专用名词。它是一种土地利用系统和工程应用技术的复合名称,是有目的地采用时空排列法把多年生木本植物与1年生作物或牧草等组合在同一土地经营单位,构成一个生产多产品、充分利用土地潜力、保持生物与环境之间、生物与生物之间平衡的高效能复合生态系统。在1966年,前粮农组织总干事、后任国际农林业研究委员会(ICRAF)第一任主席King博士的论文 Agrisilviculture in Tropics 中首次提出了 Agrisilviculture 这一术语,为以后农林系统的研究和发展奠定了理论基础。1978年King博士和他的同事们在对农林系统进行研究的过程中,第1次正式提出了"Agroforestry"这一概念,并下定义为:"Agroforestry(农林复合经营)是一种采用适于当地栽培实践的一些经营方法,在同一土地单元内将农作物生产与林业和(或)家畜生产同时或交替地结合起来,使土地生产力得以提高的持续性土地经营系统。"其后,世界各国从事农林业复合生态系统研究的学者根据本国的具体特点，提出了许多农林复合经营的定义。由于各国（或即使在同一个国家的不同地区）的自然地理条件、气候、人口、自然资源以及生活习惯等因素的不同，所提出的定义各有千秋。国际农林业研究委员会在多年研究的基础上，给农林复合经营的定义是："农林复合经营是一种土地利用技术和系统的复合名称，是有目的地把多年生木本植物（乔木、灌木、棕榈和竹子等）与农业和牧业用于同一土地经营单位，并采取同一种或短期相同的经营方式，在农林业复合生态系统中，在不同组成之间存在着生态学和经济学方面的相互作用。"该定义得到了大多数人的认可。

1978年，国际农林系统委员会（ICRAF）成立之后，促进了全球性农林复合经营研究的开展。

我国在民国时期农林复合经营已有发展，早在20世纪初，农林复合经营研究就由中央大学农学院李寅恭教授提出，他的代表作《森林与农业之关系》（1919年）、《混农林业》（1929年）和《混牧林》（1930年）开创了我国农林复合经营研究的先河。而后，相关研究与发展进展缓慢。

中华人民共和国成立后农林复合经营有了更大的发展。华北人民政府冀西沙荒造林局于1949年组织当地农民营造防护林带和林网，从此拉开了在宏观范围内开展农林复合经营的序幕。1952年1月，东北人民政府做出《关于营造东北区西部防护林带》的决定，规划造林300万公顷。"一五"时期豫东营造沙荒防护林4.6万公顷，保护农田17万公顷。东北西部防护林已初具规模。黄河、淮河等河流中下游配合水利工程造林也取得较好的效果，使全国控制水土流失面积达到69.2万平方千米。河南省在20世纪60年代兰考县桐粮间作的基础上，大力发展多种模式的桐粮间作。70年代在河南及黄淮海地区得到迅速的发展。该地区在桐—粮间作的启发下，杨—粮间作也得到了一定的发展。

自20世纪70年代以来，农林复合经营有了蓬勃的发展，在总结过去经验的基础上，技术也有了很大的提高。1971年全国林业工作会议和1973年全国造林工作会议研究了平原绿化问题，掀起了造林绿化高潮。先后启动了国家级防护林工程——三北防护林工程、长江中下游防护林体系、长江中上游水源涵养林体系、沿海防护林体系、平原绿化工程和治沙工程，这些工程由于其所在的位置和解决的主要问题以及所采取的具体措施各有特色，但他们都是将农、林、牧、水等方面进行综合考虑，把林业生产与农业增产、环境保护、减轻自然灾害等多方面的效益结合起来，把生物技术与工程技术结合起来，其规模范围已超越了县、地、省（自治区）的界限。这些宏伟的生态工程已被列入当今世界规模最大的8项生态工程之中，他们是我国可以引以为荣的伟大计划，是农林复合经营系统在宏观水平上应用的光辉典范。

70年代末，在海南岛和云南南部发展林—胶—茶间作模式，即在橡胶园四周建立防护林带，林带间巷状种植胶树和茶树，对抵御寒风和热带风暴的自然灾害有明显的作用。这个模式在80年代有了很大的发展。在长江中下游丘陵区发展的松茶、乌桕—茶间作和泡桐—茶间作等由于生态经济效益明显，近几年来也有很大的发展。其他地区的农林复合经营也有很大的发展，如东北的林参间作、华北的果农间作，各地林药间作、林草间作等也有很大的发展，这对改善生态环境和提高农民收入均起了很大的作用。改革开放以后，我国农林复合经营发展迅速，在可持续发展的前提下，各地农业生产者和科研人员大胆实践，开展了卓有成效的工作。

1983年，林业部造林经营司撰文指出，在以林为主的前提下，开展多种经营，发展林副特产品生产，实行长短结合，以短养长，以林养林，是兴林致富的重要途径，是关系到林业经济结构改革，提高经济效益，振兴林业，开创林业建设新局面和20世纪末林业产值翻番的一项重大举措。鼓励充分利用林业资源，开展多种经营。指出林业是大自然中最大的"绿色宝库"，不但拥有大量木材资源，同时还蕴藏着丰富的森林植物、动物、微生物等林副特产资源，在人类发展的漫长历史时期，发挥了特殊的作用，是其他自然资源所不能代替的。经营森林，开展多种经营，发展林副特产品生产是当务之急。

1984年，湖北省襄樊市林业科学研究所为解决林业生产周期长、见效慢问题，根据山林面积大，采伐、造林及林牧加工生产中的剩余物——枝丫、边角料、木屑多等特点，改单纯的平面立体农业为综合的立体农业，开展了森林立体生态效益研究，进行了食用菌林下段木、代料栽培试验，提高了采伐、加工剩余物的利用率，变剩、变废为宝。"山上栽海树，等于修水库，雨多它能吞，雨少它能吐"。这是一句流传在内蒙古林区的谚语，是劳动人民长期从事林业生产的经验总结。在大力发展林业的同时，内蒙古林区生产与科研人员还于1985年开展林粮、林草、林牧生产研究，总结出能增加早期经济效益，做到"长短结合，以短养长，以副促林，能合理利用土地、一地多用、一工多效"等优点。

1986年，吉林省汪清县草原管理站根据本县"八山一水一分田"的林区县情，提出"大力开发林下草地资源，发展山区牧业经济"，出现了一批饲养草食兽的专业户和畜牧新村，以林业为基础，敦促饲养业向草地进军，畜牧业进入较大规模生产。1986年，四川省南江县政府制定出山区发展要在"以林为主、农牧并举、多种经营、全面发展"的方针，使农、林、牧、副、渔各业取得较大发展。1986年1月，由中国技术经济学会、河南省农经学会主持召开了农桐间作经济效益座谈会，会议一致认为：分布在我国23个省（自治区、直辖市）的泡桐是平原区主要的速生用材树种之一，农桐间作对改变我国平原农区缺材少林的状况、发展农田防护林体系、保护生态平衡、提高林地收益、增加农民收入等方面具有重要的战略意义。

1986年，在江苏召开了"农林复合生态系统学术讨论会"。

1987年，江苏省兴化县林蚕技术指导站撰文介绍了依据该县湖滩面积大、土壤肥沃，自然条件优越的基础，从1979年开始改造滩地1246hm^2，营造商品基地林1076.3hm^2，进行林农、林牧、林果、林经等综合对比试验，经济效益明显提高，林木生长迅速。由于林、农、牧、果、经济植物相互结合，改善了生态环境，增加了农民的收入促进了种植业、养殖业的发展。

1987年，河南省职业技术学院的研究人员开展了食用菌（草菇、双孢蘑菇、冬菇等）与林、果、经济作物等在不同生育阶段套种的研究，成效显著，其产值比单作高出数倍甚至十几倍，并能使废料还田，为植物添加大量有机质和植物根际有益微生物群体，其方法简单、效益大、宜于推广。

1988年12月，由中国林业科学研究院等单位主持在北京召开了"中国农用林业学术座谈会"，着重交流了近年来我国华北、中原地区、干旱半干旱地区的农用林业系统研究现状和研究成果，并由中国林业科学研究院和加拿大国际发展研究中心（I-1C）共同出版了论文集 *Agroforestry Systemsin China*。1993年，中国科学院、国家计划委员会自然资源综合考察委员会在地理学报上以"人工林复合生态经济系统下稳定农业的范例"为题，介绍了江苏省建湖县多种经营管理局在里下河地区发展林下生产的情况。里下河地区是一个洪、涝、旱、渍和虫灾五害频繁出现的贫困地区。自 20 世纪 70 年代末以来，当地林场利用挖沟筑垛、垛田造林，林下种粮菜，河沟养鱼，实行林、农、牧结合经营，形成了具有良性循环的人工林复合生态经济系统。该系统主要包括了五种经营模式：林—农复合经营型、林—渔复合经营型、林—水生作物—渔复合经营型、林—渔—牧复合经营型和林—食用菌复合经营型。人工林复合生态经济系统原理和生态、经济效益可以分为：筑堤造圩田改变了土体结构，加深了耕作层；改变了四周小气候，提高了光能利用率；多层次和多时序的立体种植提高了产量；促进了系统中的能量和养分的转化及物质循环；降低了土壤养分的消耗和控制病虫害；森林改善了生态环境；提高了经济收入，增加了就业机会。珠江三角洲低洼地，早有桑基鱼塘、林渔复合经营的模式。随着当地经济的发展，目前该地区以蔗基鱼塘、杂基鱼塘（蔬菜、瓜类、豆类、象草等）、果基鱼塘和花基鱼塘为主，尤其是花基鱼塘日益扩大。

90 年代以来，在西南山地、丘陵地区发展的等高植物篱技术——在坡地沿等高线布置灌木或矮化乔木作为植物篱带，带间种农作物，能有效地防止水土流失和提高土壤肥力，取得良好的经济效益、生态效益和社会效益。

1992 年，在南京召开的"国际农林复合经营学术研讨会"等学术界活动极大地推动了我国农林复合模式的科学研究和生产实践。

1994 年，中国科学院自然资源与地理科学研究所研究员、中国工程院院士、中国生态学会理事长李文华等主编了我国第一部全面阐述农林复合经营的专著《中国农林复合经营》一书，从科学研究层面等理论实践的成果对我国的农林复合经营进行了全面阐述。

2.3 中国林下经济转折期

1998 年至 2003 年，是我国林下经济发展的转折期。"南北洪涝灾害"以后，林业的生态作用受到全社会的空前重视，国家启动了天然林保护工程，重点林区传统的"木材经济"受到严格制约，林区过去"依靠木材求生存"的观念和"独木支撑求发展"的经济格局，已不能适应林业发展要求，林区经济开始转轨变型，多种经营和林下经济得到较快发展。这一时期，发展重点集中在东北林区和西南林区。

2.4 中国林下经济壮大期

2003 年至今（2019 年），是我国林下经济快速发展壮大阶段。以 2003 年 6 月《中共中央国务院关于加快林业发展的决定》出台实施为标志，以可持续发展理论为基础的现代林业思想日臻成熟，林业六大工程全面展开，林业产权制度改革进一步落实，非公有制林业蓬勃发展，以工程造林为带动。个体大户造林、企业造林精彩纷呈，林业规模化步伐明显加快，防沙治沙、退耕还林后续产业迅速发展，林下资源产业化开发伴随成长，一批典型模式相继浮出。

"林下经济"一词最早出现在学术期刊上，是在 2003 年第 1 期《林业勘查设计》上发表的黑龙江省桦南县林业局仲崇玺的《对发展林下经济开发北药种植的探讨》一文中。文章介绍了桦南林区地处寒温带，属大陆性季风气候，最高气温 35.16℃，最低气温零下 38.16℃，无霜期短，仅有 117~127d，昼夜温差较大，冷暖时间基本各半，比较适宜北药种植。"天然林资源保护工程"工程实施后，尤其是森林资源管护经营承包责任制的全面推行，为林区变资源优势为经济优势，大力发展林下经济开辟了广阔的空间和舞台。因此，根据桦南林区的自然状况与市场预测，发展北药种植大有可为，在林下经济的发展上，应重点以北药的发展为主，加强中草药基地建设。文章提出了要大力发展林下经济，认为发展北药的前景广阔，一旦百姓认识到北药的价值和掌握培育技术后，草药的种植面积将不断扩大，北药种植也将培育成林区新的经济增长点，以此推动林区经济的发展和加快百姓致富的步伐。文章重点讲述了桦南县林业局在林下种植大力子（菊科）、平贝（百合科）、防风（伞形科）、五味子（五味子科）、刺五加（五加科）、沙棘（胡颓子科）、龙胆（龙胆科）、柴胡（伞形科）等中药材的主要做法与效果。但文章未就"林下经济"的含义等内容进行阐述。林下经济一词的提法源于何处已无从考证，但毫无疑问是源于实践，是广大实践者的创造与共识，并在实践中不断科学化、系统化。

进入21世纪后，林下产业在全国范围内迅速发展，并成为一种发展热点和经济现象，"林下经济"应运而生。

黑龙江日报记者孙景辉等于2000年11月1日报道了黑龙江省苇河林业局发展林冠下经济的情况。报道称，苇河林业局采取科技示范和扶壮龙头企业办法，有效促进了责任区经济迅猛发展。当年责任区内林冠下经济总收入达到2530万元，承包户户均收入1.52万元，比实行森林管护经营责任制前提高近3倍。报道还称，该局科研部门和基层单位2000年选定的科研课题，80%以上是探索林冠下发展种植、养殖业的规律，以便为制订相应生产规程提供依据。该局青山种子园划出11.3 hm² 天然林、人工林和荒山荒坡，分别进行山野菜、山野果、山药材等经济作物移植栽培实验，以期通过实践总结制订出不同林相下栽植各种经济作物的规程，供全局发展林冠下经济借鉴。该局各林场根据本场自然条件特点，普遍建立发展责任区经济实验示范基地，聘请省内专家讲授林冠下经济作物栽培、养殖技术。最早进行森林资源管护经营责任制试点的兴安林场，建立了养牛、养蜂、山野菜繁育等8个示范基地，带动全场林冠下经济发展。2000年前9个月纯收入186.3万元，比1999年同期增长了148%。这是媒体上第一篇介绍"林冠下经济"发展的报道。

2006年6月，北京市为纪念"防治荒漠化国际年"暨第十二个"6·17"世界防治荒漠化和干旱日，相关单位共同组织开展了"发展林下经济，推动新农村建设"系列活动。自2000年以来，北京市结合京津风沙源治理工程，利用防风固沙林和速生丰产林等片林的优势资源，发展林菌、林草、林药、林桑间作和林下养殖，在郊区大力发展林下经济，从单纯的利用林产资源，转向利用林产资源和林地资源相结合的林业产业，使北京林业产业化由传统意义上的木材加工和经济林果业，向现代城市林业产业化内涵的拓展和延伸。

2006年3月28日，原国家林业局在下发的关于贯彻落实《中共中央国务院关于推进社会主义新农村建设的若干意见》的实施意见（林造发〔2006〕150号）中指出，各级林业部门一定要认真学习贯彻中央关于推进社会主义新农村建设的指示精神，充分认识林业在社会主义新农村建设中的地位、潜力和优势。指出我国广大山区、林区、沙区经济社会发展严重滞后，林业在农村经济社会发展中的巨大潜力和优势远未发挥出来。全国山区面积占国土面积的69.2%，5.6亿人口生活在山区；沙化土地占国土面积的18.1%，1.2亿人口生活在沙区；全国有2.9亿 hm² 林地，为耕地面积的2倍多；山区、林区、沙区有丰富的物种资源、丰富的劳动力资源，林产品又具有巨大的国际国内市场空间。林业在建设农业生态屏障、改善人居环境、培育木材后备资源、发展特色林业产业等方面的作用和潜力巨大。要把发展林业产业摆在重要位置，实施"林业富民计划"和"以山补田"战略，通过大力发展速生丰产林、经济林、竹藤花卉、野生动植物养殖、生态旅游、森林食品、农村中小型林产品加工业等，丰富人们的米袋子、菜篮子、果盘子，直接增加农民收入。要大力发展林业产业，提高农民增收能力。鼓励和支持各地利用森林公园、自然保护区、国有林区（林场）、湿地公园等资源，大力开展生态旅游，带动周边农民发展"农家乐"、"观光林业"等森林旅游服务业，扩大农村人口就业、增加农民收入。要积极发展野生动植物养殖等特色林业产业，拓宽农民增收渠道。大力发展山野菜、菌类等森林食品和非木质林产品采集加工业，开发利用林下资源，为农村经济发展和农民增收开辟新财源。

2007年2月17日，国务院总理温家宝在辽宁沈阳、清原等地考察时指出："林权制度改革是土地承包经营在林地上的实践，一定会受到农民欢迎，这一轮承包70年不变。""这里有山有林有水，长远看还是要把山林保护好，发展林业，不光是生态林，还包括经济林、林下产业。还要发展畜牧业，养牛养羊养猪。将来有条件可以搞点'农家乐'，发展旅游业。"2007年3月9日，温家宝在接见海南团人大代表时说："海南要建成'绿色之岛'，绿色，指的就是生态环境，这是海南发展的一个重要条件。无论是旅游还是可持续发展，都离不开生态环境的保护。发展林业可以发展生态林、经济林，还可以发展林下产业，发展珍稀品种。"温家宝总理的讲话，充分肯定了我国蓬勃发展的林下经济这一新的生产方式。

2008年，中共中央国务院下发的《关于全面推进集体林权制度改革的意见》（中发〔2008〕10号）指出新中国成立后，特别是改革开放以来，我国集体林业建设取得了较大成效，对经济社会发展和生态建设做出了重要贡献。集体林权制度虽经数次变革，但产权不明晰、经营主体不落实、经营机制不灵活、利益分配不合理等问题仍普遍存在，制约了林业的发展。这一政策的出台，进一步促进了我国林下经济的发展。

2012年国务院办公厅下发《关于加快林下经济发展的意见》（国办发〔2012〕42号）指出，努力建成一批规模大、效益好、带动力强的林下经济示范基地，重点扶持一批龙头企业和农民林业专业合作社，逐步形成"一县一业，一村一品"的发展格局，增强农民持续增收能力，林下经济产值和农民林业综合收入实现稳定增长，林下经济产值占林业总产值的比重显著提高。我国林下经济发展势头进入新的高峰，各种林下经济基地相继建立，如雨后春笋。

当下，全国林下经济发展势头强劲，全国众多的省、市、县都在大力推动林下经济的发展，出台了关于林下经济开发的实施意见或规划，保障林下经济的顺利开展。

以湖南省为例，2013年湖南省人民政府办公厅湘政办发〔2013〕11号指出，要着力培育一批规模大、效益好、带动力强的林下经济示范基地，重点扶持一批龙头企业和农民林业专业合作社，促进林下资源、技术、资本、市场有机结合，创立特色品牌产品，切实提高林地综合利用率和产出率，增强农民持续增收能力，林下经济产值和农民林业综合收入实现稳定增长，林下经济产值占林业总产值的比重显著提高。力争到"十二五"期末，湖南省林下经济规模发展达到3000万亩以上，年产值300亿元以上。到2020年，湖南省林下经济发展到4000万亩，产值500亿元以上。

2018年，原湖南省林业厅在长沙组织召开《湖南省林下经济千亿产业发展规划（2018—2025年）》（以下简称《规划》）评审会。省林业厅党组成员、副厅长彭顺喜出席评审会并讲话。来自省发展和改革委员会、省财政厅、省农业委员会、湖南农业大学、中南林业科技大学、湖南省林业科学院、湖南省森林植物园等单位的专家和厅计财处、造林处、林改处、产业办负责同志对《规划》进行了评审。专家组听取了《规划》编制单位的汇报，审阅了《规划》文本及相关资料，一致认为，《规划》符合国家发展林下经济的政策要求，界定了林下经济的内涵及类型，阐述了湖南省林下经济产业发展现状，分析了湖南省林下经济产业存在的问题和发展机遇，指导思想清晰，发展目标明确，总体架构合理、体系完整、内容翔实，《规划》的实施将加快林业产业转型升级，促进林业供给侧结构，助力精准扶贫和乡村振兴。

第三章 湖南林下经济建设

3.1 湖南林下经济发展历程概述

湖南省森林资源丰富，自古以来民间就有林下种养的传统习惯。从 2006 年以来，湖南省用 5 年的时间完成了全省集体林权制度改革主体改革，完成了对林地林木产权的明晰和界定，实现了还权还林于林农，为充分调动林农和社会力量发展林业，为保持社会各方持续投入林业，为推进林农增收致富奠定了坚实基础，真正解放和提高了林地生产力。林改为林业发展带来了新的发展模式和发展道路，湖南省林业迎来了加快发展的大好机遇。林下经济的发展和受到各界人士的重视也正是从这时候开始。

2012 年国务院办公厅下发了《关于加快林下经济发展的意见》后，湖南省人民政府办公厅于 2013 年下发了《关于加快林下经济发展的实施意见》，提出：力争到"十二五"期末，全省林下经济规模发展达到 3000 万亩以上，年产值 300 亿元以上。到 2020 年，全省林下经济发展到 4000 万亩，产值 500 亿元以上。湖南省的林下经济发展进入快速发展期，涌现了一批林下经济基地和重点扶持县。截至 2017 年年底，湖南省已创建国家林下经济示范基地 32 个、省级林下经济示范基地 230 个、省级林下经济科研示范基地 5 个。全省集中连片千亩以上的林下经济示范基地面积 70 万亩。

2018 年下半年，原湖南省林业厅在长沙组织召开《湖南省林下经济千亿产业发展规划（2018—2025 年）》评审会，通过了该规划，湖南省林下经济建设全面铺开。

3.2 湖南林下经济建设现状

近年来，在省委、省政府的高度重视以及各级林业主管部门的大力推动下，我省林下经济发展成效显著，涌现出了一批特色的林下经济典型和发展模式，如桂东的罗汉果、靖州的茯苓、新晃的龙脑樟、会同的魔芋、新化的黄精、慈利的杜仲、桑植的厚朴、永州的异蛇等都已形成品牌并在国内乃至国际市场都有较强的影响力和竞争力。靖州县被誉为"中国茯苓之乡"，新化县被称为"湘中药谷"。靖州县种植茯苓 5.2 万亩，产值 3.4 亿元，带动农户 5.7 万人，其中贫困户 3000 户，人均增收 4000 元；会同县种植魔芋 2 万亩，带动农户 1.3 万人，其中贫困户 2500 户，人均增收 1100 元；永州发展异蛇养殖 18.2 万条，产值 2 亿元，带动农户 2600 余人，其中贫困户 120 户，人均增收 4500 元。

根据原湖南省林业厅统计数据，截至 2017 年年底，我省从事林下种植、养殖及采集加工的农户近 200 万户，涉及农户人数近 700 万人；经营林地总面积 3025.96 万亩、总产值 309.44 亿元。其中：

1. 按经营类型划分

林下种植（含相关产品采集加工）经营面积 2199.91 万亩、产值 209.64 亿元，分别占全省林下经济经营总面积、产值的 73%、68%；

林下养殖经营面积 826.05 万亩、产值 99.80 亿元，分别占全省林下经济经营总面积、产值的 27%、32%。

2. 按产业类型划分

按照不同的林下经济产品品种，可将林下经济产业划分为十大类型。截至 2017 年年底，湖南省各林下经济产业类型产值排名如下：

①林药 83.71 亿元；
②林禽林畜 72.04 亿元；
③林果 58.22 亿元；
④林菌 26.46 亿元；
⑤林特产品 23.83 亿元；
⑥特种养殖 14.09 亿元；
⑦资源昆虫 13.67 亿元；
⑧林下农经作物 9.95 亿元；
⑨特色类茶 4.57 亿元；
⑩特用花卉 2.90 亿元。

3.2.1 林下经济基地建设现状

1. 林下经济发展重点县建设现状

截至 2017 年年底，全省已确定浏阳市、炎陵县、湘潭县、衡阳县、新宁县、邵阳县、平江县、鼎城区、石门县、桑植县、安化县、零陵区、双牌县、安仁县、永兴县、靖州县、会同县、新化县、冷水江市、永顺县等 20 个县（市、区）为我省林下经济发展重点县。林下经济发展重点县的林下经济产值 131.47 亿元，占全省林下经济总产值的 42.5%。

2. 林下经济基地建设现状

截至 2017 年年底，我省已创建国家林下经济示范基地 32 个、省级林下经济示范基地 230 个、省级林下经济科研示范基地 5 个。全省集中连片千亩以上的林下经济示范基地面积 70 万亩。

3.2.2 林下经济产品加工园区现状

1. 林下经济产品加工园区建设现状

截至 2017 年年底，全省已建设省级木本药材与特色林下经济产业园 32 个，其中省级木本药材产业园 15 个，特色林下经济产业园 17 个（表 3-1）。

表 3-1　木本药材与林下经济特色产业园名单

市州	名称	类型
长沙市	湖南林盛木本中药材种植特色产业园（宁乡县）	木本药材
	宁乡县龙源湖现代林业特色产业园	林下经济
	湖南省林业科学院林下经济特色产业园（雨花区）	林下经济
岳阳市	岳阳县林园特色林下经济（养殖）产业园	林下经济
	屈原管理区黄栀子高效培育及深加工产业园（屈原管理区）	木本药材
	平江县兰家洞林下经济特色产业园	林下经济
益阳市	安化县山山特色林下经济产业园	林下经济
衡阳市	衡阳木本中药材、经济林产业园（衡阳县）	林下经济
娄底市	新化县唐奇特色中药材产业园	林下经济
	新化县绿源林下经济现代林业特色产业园	林下经济
	冷水江市贵鸿特色林下经济产业园	林下经济
邵阳市	新邵县特色林下经济（玫瑰花）产业园	林下经济
	新邵县常春特色木本中药材产业园	木本药材
	湖南省百山特色林下经济产业园（隆回县）	林下经济
	隆回县鸿利现代林业特色木本药材产业园	木本药材
怀化市	湖南沅江特色木本中药材产业园	木本药材
	溆浦县君健木本中药材特色产业园	木本药材
	新晃龙脑医养健康产业园	木本药材
张家界市	慈利县九姆山林下经济现代林业特色产业园	林下经济
永州市	冷水滩区恒伟特色银杏药材种植及深加工产业园	木本药材
	双牌县阳明山特色木本药材产业园	木本药材
	宁远县康德佳特色林下经济产业园	林下经济
	永州锦溧金槐特色木本药材经济林产业园（永州经开区）	木本药材
	双牌县廖家村林下经济特色产业园	林下经济
	蓝山县郁葱林业林下经济现代林业特色产业园	林下经济
郴州市	宜章县天泉林产品林脂产业园	林下经济
	桂阳县特色林下经济产业园	木本药材
	桂东县盛源木本中草药种植加工特色产业园	木本药材
	安仁县湘众药业现代林业特色产业园	木本药材
湘西州	龙山县恒龙林药产业园	木本药材
	"铁皮石斛+白芨+羊肚菌"森林立体生态特色产业园（凤凰县）	木本药材
	古丈县神土地农副特产制品厂特色林下经济产业园	林下经济

2. 林下经济产品加工利用现状

随着市场需求的增加，林下经济产品的生产及消费数量快速攀升，产品伴随着技术的进步而不断丰富。除了将林药炮制处理形成供配方用的中药饮片外，部分企业还通过技术创新，发展深加工产业。如将茯苓加工成保健品，黄精加工成保健酒，艾叶加工成艾贴及手工皂，山苍子加工制成日化产品等。林下经济产品广泛应用于食用、药用、医疗保健、美容护肤等方面。林下经济产品加工总体处于初级阶段，初加工产品多，精加工产品少，产业链条延伸不够，科技含量不高，附加值挖掘不够。此外，林下经济产品品种杂多、品牌少等情况也十分明显。截至2017年年底，全省林下经济产品加工企业达4500家，大部分规模较小。

3. 林下经济产品市场流通现状

目前，我省林下经济产品市场流通以四种方式为主：一是个体林农种养的林下经济产品以小范围出售为主，一般未跨地区流通。二是主营加工的林下经济产品企业从林农手中收购林产品，经加工制成商品，以直销大型供货商或医院为主。三是自身种养林下经济产品的中小型企业，将产品直接或经加工后，以发往大型超市、医院和电子商务平台销售为主。四是收购种养结合的大型林下经济产品加工企业，通过直销客户或发往连锁专卖店、大中型连锁超市、电子商务平台和团购等方式销售。销售区域从本省和周边省份，逐步拓展到北京、广州等一线城市，部分出口韩国及欧洲等国。

3.2.3 林下经济科研与技术推广现状

2013年，省林业厅成立了以厅长为组长的林下经济科研示范工作小组，整合省林业科学研究院、省林木种苗中心、省森林植物园等单位相关技术力量和科研设施，成立了全国首家省级林下经济科研机构——湖南林下经济科研示范中心，中心以省林业科学研究院试验林场为核心示范区，下设5个推广示范基地。近年来，湖南林下经济科研示范中心紧紧围绕林下经济发展中存在的关键技术问题和重点难题开展攻关研究，在苗木快速繁殖、良品选育、增产加工等方面均有突破，已获省科技进步奖等成果5项、发明专利6项、转化推广成果5项。成功推广林下菌根性食用菌、天麻等繁殖栽培技术10000余亩，在全省辐射建设各类林下经济示范基地约10万亩。各市州林业科研机构林下经济科研工作同样稳步推进，取得了一定进展。如怀化市"马尾松幼林×茯苓复合经营技术研究"在扩大茯苓种植范围、提升茯苓产能以及促进马尾松幼林生长作用显著，为开发林下经济拓展了新的途径。此外，2014年在省经济和信息化委员会、省科技厅、省中医药管理局等相关单位指导下，由湖南农业大学联合省内从事中药材研究的高等院校、科研院所、种植和加工企业、种植专业合作社等89家单位共同发起，成立了"湖南省中药材产业联盟"，通过融合湖南省中药材产业相关资源，协同打造"湘九味"特色药材，提高林下中药材栽培技术、生产加工以及中药资源研发水平。

3.3 新时期湖南林下经济建设的机遇与挑战

3.3.1 湖南林下经济建设的机遇

1. 优越的地理气候条件是发展林下经济产业的有效保障

湖南省地处东经108°47′~114°15′，北纬24°38′~30°08′，属亚热带季风气候，气候温暖，四季分明，光热充足，降水丰沛，雨热同期，严寒期短，暑热期长。全省年平均气温16~18℃，日平均气温大于或等于10℃的活动积温为5000~5800℃，无霜期270~310d，年日照时数1300~1900h；年降水量1000~1700nm。湖南气候条件比较优越，非常适合多种动植物生长，且生长期较长，单位产出率高。

湖南省以山地和丘陵地貌为主，山地占全省总面积 51.22%，丘陵占 15.40%，岗地占 13.87%，平原占 13.11%，水面占 6.39%，海拔从 21m 至 2115m 不等。不同地貌和母质母岩发育的森林土壤类型丰富，垂直分布明显，共有红壤、黄壤、黄棕壤、草甸土、紫色土、黑色石灰土、红色石灰土、潮土 8 个土类 25 个亚类。不同的地貌和土壤类型适宜发展不同的林下经济模式。低海拔的平原和岗地适宜发展林下种植中的林粮、林菜、林茶、林果、林花等林下农经作物、特色类茶、特色水果、特用花卉等林下种植模式，以及林下养殖鸡、鸭、鹅、牛、羊、猪等林禽林畜模式等模式；丘陵和山地是湖南省林下经济发展的主体，林下种植、林下养殖都有得天独厚的条件，尤其适宜发展林下养殖的林蜂、野生动物驯养繁殖等模式，林下采集中林菌、林药、松脂等工业原料。

2. 丰富的生物多样性为发展林下经济提供了坚实的基础

湖南生物资源物种区系复杂、起源古老、孑遗物种多、资源丰富、保护和利用价值高，具有很强的典型性、代表性、多样性和稀有性等特点。列入国家重点保护的野生动植物种类分别为 76 种和 59 种，占全国重点保护野生动植物种类的 20% 以上。

湖南位于中国东部中亚热带常绿阔叶林地带，植被类型多种多样，植物资源异常丰富。全省已知高等植物 248 科 1245 属 4320 种，分别占全国植物科、属、种总数的 70.3%、39.1%、14.7%；木本植物 1997 种 220 个变种，共 2217 种，占总数的 25%；湖南特有植物共计 235 种（隶属于 52 科 110 属）。植物资源种类位于全国第七位，系我国植物区系丰富复杂的地区之一，且木本植物更为集中。

丰富的植物资源为动物的生存繁衍提供了优越的条件，因此湖南动物种类繁多，分布较广，是全国乃至世界珍贵的生物基因库之一。全省拥有脊椎野生动物约 820 种左右，包括鸟类 400 余种，兽类 100 多种，两栖类 40 余种，爬行类 70 多种，鱼类 200 余种，另有 10000 余种森林昆虫；脊椎动物占全国总种数的 25% 以上。在林畜、林禽中，以宁乡花猪、湘西黄牛、湘东黑山羊、石门马头山羊、宁远（九嶷山）兔、武冈铜鹅、雪峰乌骨鸡、桃源鸡、永州异蛇等最为著名。

依托丰富的动植物资源使湖南省在发展林下种植、养殖时可供选择的品种多、门类广，有着鲜明的本土特色。

3. 庞大的林地资源为林下经济产业提供了巨大发展空间

湖南省作为一个林业大省，林地面积 18319.65 万亩，占国土面积的 61.40% 以上。截至 2017 年年底，全省林下经济经营涉及林地面积为 3025.96 万亩，占全省林地面积的 15.5%，已利用的林地面积有限。这一方面说明湖南省林下经济发展还处在一种相对起步发展阶段；另一方面，也说明庞大的林地资源将为湖南省林下经济跨越式发展提供广阔的发展空间。

4. 充裕的劳动力资源为林下经济产业提供了有利保障

林下经济产业既是资源约束性行业，又是劳动密集型产业，发展林下经济既需要有充足的森林资源又需要充裕的劳动力资源。2017 年全省总人口 7318.81 万人，其中农村从业人员 2186.86 万人，农村劳动力 2020.3 万人。充裕的农村劳动力资源，为发展劳动密集型的林下种植、养殖及采集加工提供了有利保障。

5. 政策环境为林下经济产业发展提供了良好机遇

近年来林下经济得到了国家和各级党委政府的高度重视以及社会各界的普遍关注。国务院办公厅出台了《关于加快林下经济发展的意见》（国办发〔2012〕42号），为林下经济产业健康、有序发展指明了方向。2012年、2013年、2016年的中央一号文件也均明确了要大力发展林下经济。省委、省政府高度重视林下经济的发展，出台了《关于加快林下经济发展的实施意见》（湘政办发〔2013〕11号），林下经济工作被列为省人民政府"湘林杯"林业建设目标考核的重要内容之一。《湖南省林业发展"十三五"规划》中明确指出："大力发展林药、林菌、林粮、林果、林草、林茶、林菜、林花、林禽、林畜、林蜂、林蛙、松脂及其他工业原料等多种林下经营，积极培育经营主体，大力推进市场流通体系建设，着力加强科技服务、政策扶持和监督管理，促进农民增收，实现绿色增长。"对林下经济的主要发展模式、主要建设任务提出了要求。这一系列的政策措施为发展林下经济提供了良好的政策保障和发展机遇，创造了良好的发展环境。

3.3.2 湖南林下经济建设的挑战

1. 林下经济产业化水平较低

一是生产标准化程度低：我省林下经济绝大多数是以农户家庭经营为主，采用标准化种植、养殖的不多，对林下经济产品的质量和品质要求不明确，产品质量参差不齐，品质无保证。二是市场组织化程度不高：由于行业协会和合作社偏少，组织管理规范化不够，农户的市场信息不灵通，在种养品种选择上容易出现盲目性和滞后性，销售渠道不畅，效益得不到保障。三是林下经济产品加工业发展滞后：现有涉及林下经济产品加工经营的企业大部分是小作坊式的生产方式，多以原材料初加工为主，设备简陋，技术和工艺落后，经营方式粗放，原材料利用率低，产品增值效益不明显，难以开发具有市场竞争力的新产品，市场竞争力弱。

2. 产业集聚度不高，典型示范带动作用不强

目前湖南省林下经济企业主要集中在林下种植生产领域，绝大部分林下经济企业或大户处于规模小、分布散、发展乱的状态，缺少生产水平高、富有市场竞争力、带动农户能力强、具有一定规模的龙头企业和专业合作社。由于缺乏龙头企业、示范基地、合作社等专业机构的引领和带动，农户难以改变传统的经验理念和经营模式，致使林下经济经营不能达到集中连片、集约经营，难以形成规模效应。

3. 科技支撑不足

很多农户沿用传统的种养方式，对科学种养、种苗培育技术掌握不够，致使产品质量无保证、规模扩大受限制。由于基层林业管理服务机构建设滞后，对林农的技能培训与服务指导跟不上，农户在种养过程中缺乏科学种养技术和管理方法，管理技术水平不高，销售服务等"产后"环节扩展更为薄弱。加工企业的技术创新能力较弱，科技成果转化率低，对新技术、新工艺和集成配套技术的推广应用滞后。

4. 资金投入严重匮乏

发展林下经济需要一定的启动资金投入，一般每亩投入3000~5000元，高的上万元，部分农民受制于资金困难难以进入。林下种养大户虽有扩大规模的需求，但仅依靠自有资金，扩大规模和延长产业链难度也很大。同时，由于抵押物不足，导致农民很难从金融机构获得贷款从事林下经济活动。

3.4　湖南林下经济发展的原则

湖南作为林业大省，林下经济发展已经初具规模，林下经济产业模式多种多样，林下经济产品种类丰富，已取得了一定的经济效益。而林下经济的发展始终依赖于市场，不能盲目扩大规模，要充分考虑当地自然条件与交通水利条件，结合湖南林业经济整体发展状况，因地制宜选择当地最适宜发展的林下经济模式，科学布局，在可持续发展的生态理念下追求经济利益最大化。林下经济的发展离不开生态平衡，谋求经济效益的同时还需重视生态效益，生态是经济的发展前提和动力来源，只有二者的有机深入融合，才能真正实现对自然资源的高效利用和同步发展，才能为市场提供更多绿色、优质的各类农林产品，同时为当地剩余劳动力提供就业机会，致富之路，带动当地经济发展。

3.4.1　指导思想

以邓小平理论、"三个代表"重要思想、科学发展观、习近平新时代中国特色社会主义思想为指导，深入贯彻党的十九大精神，在保护生态环境的前提下，以市场为导向，科学合理利用森林资源，大力推进专业合作组织和市场流通体系建设，着力加强科技服务、政策扶持和监督管理，促进林下经济向集约化、规模化、标准化和产业化发展，为实现绿色增长，推动绿色湖南建设和社会主义新农村建设做出更大贡献。

3.4.2　基本原则

1. 坚持生态优先，确保生态环境得到保护

在确保森林资源、森林环境得以保护的前提下，大力发展林下种植、林下养殖、林下产品采集加工和森林景观利用四大类林下经济，着力抓好林药、林菌、林禽、林畜、森林旅游、林下产品加工六大林下经济产业。

2. 坚持因地制宜，确保林下经济发展符合实际

根据当地的自然环境条件和市场经济条件，合理选择林下经济发展模式，突出当地特色，宜林则林、宜果则果、宜药则药、宜菌则菌、宜草则草、宜花则花、宜游则游，科学规划，分类指导，提高综合收益。

3. 坚持政策扶持，确保农民得到实惠

各级人民政府要把发展林下经济作为农民增收、农业增效、农村发展的重大举措来抓，明确目标任务，完善政策措施；要实行领导负责制，完善激励机制，层层落实责任。要建立扶持林下经济发展的部门协作机制，各级林业主管部门要负责牵头组织协调林下经济发展工作；各级发展改革、财政、科技、水利、农业、扶贫、交通运输、金融等部门要密切配合，主动支持，形成共同扶持林下经济发展的合力。逐步建立政府引导，农民、企业和社会为主体的多元化投入机制。对符合小型微型企业条件的农民林业专业合作社、合作林场发展林下经济，按规定享受国家相关扶持政策。支持发展林下经济的龙头企业申请国家相关扶持资金。对生态脆弱区域、少数民族地区和国家扶贫开发重点地区发展林下经济，予以重点扶持。

4. 坚持机制创新，确保林地综合生产效益得到持续提高

各地要科学确定富有特色的林下经济发展项目，建立一批集中连片千亩以上的林下经济示范基地，积极培育一批典型企业和大户。通过典型示范，辐射带动广大农民积极发展林下经济。大力推广"龙头企业+专业合作社+基地+农户"运作模式，形成专业合作组织、龙头企业带动，千家万户共同参与的林下经济发展局面。各县市区要主抓一批不同类型的林下经济示范基地。

5. 坚持以科学技术为支撑，确保林下经济发展优质和高效

加大科技扶持和投入力度，重点加强适宜林下经济发展的优势资源的研究与开发。加快构建林业产业专业服务平台，实现与农村农业信息化服务平台的互联互通，切实加强业务培训和技术指导。积极搭建农民、企业与科研院所合作平台，加快良种选育、有害生物防治、林产品加工、储藏保鲜等先进实用技术的转化和科技成果推广。积极促进林下经济产品深加工，提高产品质量和附加值。不断延伸产业链条，大力发展林业循环经济。开展林下经济产品生态原产地认定和保护工作。完善林下经济产品标准和检测体系，确保产品使用和食用安全。

第二篇

湖南林下经济实践技术

第四章
林下经济产业模式

林下经济是指以林地资源为基础，充分利用林下的自然环境、土地资源和林荫空间，在林冠下选择适合林下种植和养殖的动植物和微生物（菌类）物种，科学合理地进行种植、养殖的循环经济模式。因此，发展林下经济，需要因地制宜、科学合理地规划产业模式。林下经济的不同模式使林地不仅可以是生态保护带还是综合经济带，能变林业资源优势为经济优势，使林地的长、中、短期效益有机结合，极大地增加林地附加值。目前，我国林下经济产业模式不同地区不同情况有不用的分类方法，按照一般通称，可以对我国常见的各种林下经济复合经营模式进行系统化组合，在系统中再划分经营类型；也可以根据林下（农林）复合经营的功能、成分和经营目标的不同，划分为以下四种类型：林下种植型、林下养殖型、林下产品采集加工型和森林旅游型。

大力发展林下经济能带动经济多元化发展，而复合经营下的农、林、牧、药各业相互促进将有效带动加工、运输、物流、信息服务等相关产业发展，扩宽了就业渠道，增加了农村人口经济收入，也正因为林下经济的如此优势，它才能在实践中蓬勃发展，形成了多种发展模式，并在实践中不断得到发展和完善。

4.1 林下种植型

林下种植型经营模式是最常见也是最成熟的一种林下经济模式，在我国各地区都有广泛应用。林下种植与常规的土地种植不同，种植时需要充分考虑林荫下空气湿度大、氧气足、光照弱、昼夜温差相对较小等特点，选择适宜种植的物种。其优势在于合理利用林下土地资源，充分利用林地的光照、温度、水分、热量资源，提高单位林地面积产出，实现林木和林下作物的双丰收。根据林下种植种类的不同，我们可以将林下种植型经营模式划分为以下八种不同类型：林药复合经营型；林菌复合经营型；林菜复合经营型；林（果）粮复合经营型；林油复合经营型；林茶复合经营型；林花复合经营型和林草复合经营型。

4.1.1 林药复合经营模式

林药复合经营模式即林药间作，是指在林间空地上间种较为耐阴的中药材，特别是那些怕高温、忌强光的药材，其主要的生产形式是林木和药材的间作。疏密有间的森林为林下空间生长的中药材提供了贴近自然的空间，夏天能遮荫，冬天能保暖，为偏阴性中药材提供了阴湿环境，而偏阳性中药材也可以通过林药间作，采取技术措施如适当调整林下空间，扩大林带间距予以解决。

在我国有许多药用植物都生长在森林内，许多药用植物都具有耐阴的特点，有些甚至只能在荫蔽的条件下才能生长。适合林药复合经营的中药材品种很多，如连翘、山桃、山杏、刺五加、五味子、半夏、金银花、西洋参、绞股蓝、人参、西洋参、田七、天门冬、水飞蓟、枸杞、百合、细辛、大黄、红景天、何首乌、丹参、射干、党参、柴胡、板蓝根、甘草、黄连、天南星、灵芝、贝母、白术、薄荷、黄芪、血参、天麻、猪苓、松茯苓、半夏、砂仁、巴戟、草果、益智、石斛、青天葵、灵香草、苦草、千年健、黄姜、桔梗、芍药、白芷、茯苓、山茱萸等。

4.1.2 林菌复合经营模式

林菌复合经营模式即林菌间作，是指充分利用林荫下空气湿度大、氧气充足、光照强度低、昼夜温差小的特点和利用食用菌生长喜荫、喜湿的特点，以麦秸、玉米秸等农作物废料或林下修枝材料为主要原料，在郁闭的林下种植平菇、双孢菇、鸡腿菇、香菇、白灵菇、杏鲍菇、金针菇、毛木耳、黑木耳、灵芝、鲍鱼菇、草菇等食用菌（或药用菌）的种植模式。

森林生态系统中最主要的分解者是林菌类，它可以分解林下枯枝落叶等，促使生态系统中的养分循环，有利于林木养分吸收。此外，林菌中绝大部分野生菌为菌根性食菌，它们大都可与树木形成共生关系。树木把光合作用合成的碳水化合物提供给野生菌，作为其生长的养料，而野生菌通过菌根辅助树木吸收土壤养分和水分，促使树木生长繁茂，有利于森林的生长和生态多样性的维持。

林菌间作生产周期短，从菌棒到收获一般不超过 3 个月，生长周期短的菌类从菌棒到收获最快可达 1 个半月，投资回收快，效益高；林菌模式目前技术成熟，简单易学，一次搭棚下料，可多茬轮种，是荫蔽林地种植的首选模式；林菌模式原料成本低且来源容易，种植后的培养基废料还可作为林地肥料循环利用，符合生态林业发展形势。

4.1.3 林菜复合经营模式

林菜复合经营模式即林菜间作，是指根据林间光照强弱及各种蔬菜的不同需光特性，科学地选择种植种类、品种，发展蔬菜种植，包括森林蔬菜，如香椿、蕨菜等以及林下蔬菜。一般来说，在林木生长初期适合种植蔬菜，也可根据生长季节差异种植蔬菜，利用秋末在落叶树开始脱叶时将菜苗栽入林地，这时尚未脱落的树叶和树枝可以给菜苗保温、遮光，提高菜苗存活率。冬季林下温度相对空地约高 2~3℃，可以保护蔬菜安全越冬生长。林菜复合经营生产的蔬菜具有绿色、有机、无公害、成本低的特点，深受群众欢迎。

适宜林菜模式套种的常用果蔬有大葱、青椒、茄子、卷心菜、黄花菜、蒲公英、马齿苋、南瓜、白菜、芥菜、榨菜、蕨菜、茼蒿、大青菜、冬瓜、土豆、萝卜、野芹菜、番茄、金丝瓜、紫背菜、苦麦菜、香椿、山芹菜等。生态环境不同，培育的植物也有差异，山地经济林以人工培育蕨菜、紫苏、山芹菜为主；一般阳面坡上以培育苋菜、番茄、香椿等为主；半阴坡面上选种黄花菜、蒲公英、马齿苋；阴面坡上选种蕨菜、刺嫩芽等耐阴蔬菜。

林菜模式的经营属于一种劳动密集型产业，从套种、耕抚到采收，均需要大量人工，因而，林菜模式的开展不仅能够改善林下生态环境，促进林木生长，同时又能提供工作岗位解决剩余劳动力，增加农民收入，林下间作蔬菜，也是一种经济效益较高的发展模式。

4.1.4 林（果）粮复合经营模式

林（果）粮复合经营模式即林粮间作，指在幼林幼果地里，利用行间、株间空隙土地，间作低杆农作物、药材、蔬菜等，以耕代扶，疏松土壤，消除杂草，是改善田间小气候，促进林木生长、粮食丰收的立体种植结构模式。

林粮间作一般选择在造林的前1~3年进行，第4年后树木生长成型，林下空间郁闭就不能进行间作了。其特点是将林木与粮食作物进行立体种植，合理利用土地资源，以短养长，保证林粮双丰收，还可以减轻水土流失，不仅节约资源，经济高效，还能保护生态环境。

实行林粮间作的意义是有利于林粮生长，可以充分利用光热自然资源，林木和粮食的根系分布在不同土层，可以充分利用不同的土壤养分；有利于改善田间小气候，使林木与农业作物生长良好，从而具有良好的生态效益和经济效益。间作时应注意以下原则：密植的高产果林不宜间作，已封闭的成熟果林不宜间作。密植高产果林其土地利用系数已非常高，地下根系紧密连接，地面封闭度高，一般不应间作。已封闭的成熟果林，果树一般已成年，枝干粗大，荫蔽严重，间作不利于植物的光合。如江西省兴国县在林果木中间作套种经济作物，如幼龄果木—油菜间作；幼龄果木—花生、大豆间作；幼龄果木套种西瓜；中龄果木—白术、玉米套种。兴国县水保局果园示范点在李、桃、柑橘、枇杷中间套种花生、大豆、红瓜子、绿肥等作物，共栽种23hm²，每公顷投入9000元，当年收入75000元，经济收入非常可观。

林粮间作应用时间长，应用地域广泛，间作技术及方法已趋于成熟，间作可选植物种类非常丰富，如水稻、棉花、大豆、绿豆、玉米、马铃薯、红薯、花生等。一般林间套种常选玉米、水稻、花生、土豆、红薯、魔芋等，林下套种一般选择绿豆、大豆等小杂粮。

4.1.5 林油复合经营型

林油复合经营是指充分利用林下空间间作油料植物的一种间作模式。油料植物对光照要求高，进行间作时应坚持以下技术原则：一是适宜种植原则。要选择郁闭度小、光照较足的地块进行间作种植。栽植2年以上，树体、树冠较大或种植密度过大通风透光不良的通道林地，不适宜再间作。二是油料植物的播种要遵循适期播种原则。

一般林油间作常选用油料植物有：油菜、花生、大豆、芝麻、蓖麻、向日葵等短周期内可出油作物，以及多年生的木本油料植物如油茶、油棕、油桐、核桃等。

4.1.6 林茶复合经营型

林茶复合经营也是一种典型的间作模式，是指充分利用林下空间间作茶树的种植模式。林茶间作不仅有利于提高茶叶产量，降低茶叶粗纤维含量，使得茶叶柔嫩清香，从而提高茶叶的品质，防止茶树冻害和病虫害。

由于茶树喜荫，且在空气湿度高于80%时产量最高品质最好，低于60%时产量低品质差，因此茶树对环境要求相对较高。单一种植茶树的茶园容易出现冻害及病虫害现象，间作套种对于改善园区生态环境，提高茶叶质量和经济效益具有积极作用。林下套种茶树可以为茶树提供相对适宜的生长环境，林下空气湿度大，散射光丰富，小气候条件适宜茶树生长及茶叶品质的提高，但是间作必须选择能与茶树共生互惠、能扬茶树之长、避茶树之短的树种。

目前应用较为广泛的林茶复合经营模式主要按林木类别可以分为用材树种与茶树复合经营型：湿地松、泡桐、香椿、乌桕、香樟；经济树种与茶树复合经营型：油桐、杜仲；果树与茶树复合经营型：葡萄、板栗、银杏。此外，还有柿树、山楂、杨梅、柑橘、梅、梨树等。

4.1.7 林花复合经营型

林花复合经营型即林花模式，是指在林木下方种植花卉，林下空间所形成的自然环境极其适宜花卉的生长，大部分花卉植物喜肥，耐阴，适宜生长在土质深厚的林下，比较常见的林下花卉为兰花、剑兰、春兰。

林花间作也可以分为不同类型：林下种植小苗，例如，杜鹃、矮杜鹃、檵木、红檵木、红叶石楠、四季青等园林小苗；林下扦插育林苗、绿化小苗，例如，四季青、杜鹃、红檵木、红叶石楠、杜英、桂花等幼苗。我国花卉种类繁多，适宜林下间作的花卉种类也多不甚数，例如，二月兰、白车轴草、银叶蒿、毛叶耆草、麦冬、阔叶麦冬、细叶麦冬、紫苑属花卉、百里香、小檗属花卉、枸子属花卉、扶芳藤、金银花、三角咪、玉簪花、波斯菊、紫花地丁、五彩石竹、八仙花、美丽月见草、红叶景天、毛地黄、紫罗兰、矢车菊、鸢尾、马蔺、紫花地丁、金鸡菊、麦冬、萱草、海棠、杜鹃、矮杜鹃、山茶、山茶属花卉、檵木、红花檵木、石楠、红叶石楠、四季青、黄杨、桂花等。

林下种花不仅可以美化林下环境，还能促进林下土壤的物质循环，对森林环境的影响小，花卉的市场经济价值高，收益可观，是最受林农喜爱的间作模式之一。

4.1.8 林草复合经营型

林草复合经营型即林草模式，是指在郁闭度70%以下的林地，种植不同类型的优质牧草的林下经济模式，林下牧草具有营养价值高、草质好、产量高、收获期短、便于管理的特点，不仅可以提高林地的利用率，还可以解决畜牧业饲料短缺的问题，具有一定经济效益。

林草间作大多选在郁闭度80%以下的林地，在林木定植后的1~3年间，可以选植的牧草品种有：紫花苜蓿、苜蓿、黑麦草、红三叶草、白三叶草、鸭茅、无芒雀麦、狼尾草、鲁梅克斯等。

4.2 林下养殖型

林下养殖型是指充分依托林下空间和林地资源，如昆虫、小动物、杂草的林内动物、植物资源，发展养禽养畜及特种动物的复合经营模式，具有立体、高效、循环、生态等特点。林下养殖不仅可以降低饲养成本，还能抑制杂草，减少虫害，增加土壤肥力，但是需要特别注意养殖规模，注意林地的可持续发展。林下养殖产品具有绿色生态无污染、质量高、品质优的特点，市场前景广阔，全国各地都在积极推广应用。根据养殖种类的不同，林下养殖分为：林禽复合经营型，林畜复合经营型以及林蜂复合养殖型。

4.2.1 林禽复合经营模式

林禽复合经营型是指充分利用林下昆虫小、动物及杂草植物多的特点，在林下放养或建围栏养殖鸡、鸭、鹅等家禽的经营模式。林禽复合经营最典型的就是林下养鸡，散养在林木里的鸡等可以自由地觅食，昆虫、野草，只需要添加少量辅助粮食作为饲料产出的鸡肉，鸡蛋都是绿色无公害的，深受市场欢迎，效益可观。这一模式体现了林禽共生、林禽互促的特点，林下生境为禽类动物提供了生存、生长环境，禽类动物也为林木生长提供了肥料，减少了虫害，林禽互利共生的良性循环，投入低、收益高，深受养殖户的喜爱。

适宜林禽模式养殖的主要禽类为常食用家禽，如鸡、鸭、鹅、火鸡、珍珠鸡等。

4.2.2 林畜复合经营模式

林畜复合经营模式也称林—草—牧复合经营模式，是指在保留林下自然生长的杂草或人工种植牧草，在林下放养或圈养牛、羊、兔和特种动物的经营模式。林畜复合经营最常见的是饲养野猪、家猪、牛、羊等，其他还有少部分地区饲养的鹿、马以及一些具有经济价值的野生动物，通常林下不需要精细化人工喂养，投入低，收益好，回报率高。

林畜复合经营模式相比于传统的养殖模式，其主要优势有：林下养殖形成的大量牲畜粪便混合到树叶、草渣中，能够让两者快速进行分解，为土壤补充更多的养分，有利于林木生长，降低化肥等对环境的污染，生产出绿色、安全的食品。林畜模式对林木的促进作用，体现了以林养牧，以牧促林，林牧结合，循环发展的效果。

4.2.3 林蜂复合经营模式

林蜂复合经营及林蜂模式，选择林蜂符合经营模式，只需要在森林当中对蜜蜂进行放养，即可收获具有高经济价值的蜂蜜，同时蜜蜂还能够帮助森林当中的植物传播花粉，从而有效提高森林当中植物的繁殖率，具有较高的生态效益。林下养蜂对森林当中的树种选择有一定的要求，一般情况下，多选用槐树、椴树、柑橘、柚子等树木，不同树种下养殖的蜜蜂所产出的蜂蜜不同，价格也略有差异。

在选择林下养蜂的时候，需要注意对于饲养环境的把握。林峰模式的优点在于对蜜蜂进行饲养的时候，只需要考虑饲养环境及树种的好坏，采用科学的操作方法进行饲养，一般不会对森林资源造成伤害，但是在大规模养殖蜜蜂的时候，很可能会对当地的土蜂造成一定的影响，所以在饲养的过程中，一定要对规模进行控制，避免过量繁殖，破坏当地的生态平衡。

4.3 林下产品采集加工型

林下产品采集加工型是指依托当地的自然资源，通过人工采集的方式采集林下有经济价值的植物，未经加工或者经过整理、加工后，以多性状、多形态、多品质、多层次来满足消费者的不同需求。林下产品采集加工型具有投入成本低，获得经济收益相对较高的特点，但是林产品的工业加工需要一定的技术和大量的前期投入资金，对于农民而言，由于专业技术的缺乏、基础设施条件的不足以及前期投入资金困难，开展林下产品加工难度相对较大。

目前比较常见的投入较低且技术含量不高的采集种类主要有：松脂、油桐籽、乌桕子、棕片、竹笋、香菇、木耳、山野菜、山野果及食用菌等。林下产品加工主要是柳、竹、藤工艺品加工，这类工艺品加工附加值高，一些工艺技艺代代相传，具有很高的传承价值，现广西、四川等地生产的竹藤艺术品已经走俏国内外市场。

4.4 森林旅游型

森林拥有优良的生态环境和丰富的自然景观，在生活水平迅猛发展的时代，森林以其诱人的野趣和独特的保健功能吸引着一大批游人旅客前来游玩，这种森林旅游方式是当下发展最快并且效益最高的一种林下经济模式。具体来说就是指依托一定的地缘优势，通过合理的规划和建设，把部分有游览价值、观赏价值及医疗价值的、可开发的森林资源建设成为森林公园、自然保护区、风景名胜区、植物园、森林狩猎场等景观资源，为旅游消费者提供服务，满足人民群众多层次的生态文化需求，同时获得报酬和利润。由此，根据森林旅游的目的，可以将森林旅游分为：生态旅游、文化旅游和森林康养。

森林旅游模式的优点是可以通过森林旅游模式将森林资源的价值彻底的开发，同时利用这种模式还能够带动当地经济的全面发展，并且不会对森林环境造成破坏。森林旅游模式的缺点是在对森林旅游模式发展的过程当中，森林环境便会随着人流量的加剧，造成一定的污染。所以，在发展的过程当中要加大对这方面的管理力度，达到人与自然和谐相处、共同促进、协同发展的目的。

4.4.1 生态旅游

依托天然的森林资源、水资源、动植物资源等系列生态资源发展的旅游模式可以称之为森林生态旅游。生态旅游以观赏野生动植物资源、风景资源、人文景观资源为吸引点，吸引游客。一方面，可以充分开发利用国营林场森林资源，发挥森林的综合效益，发展壮大森林旅游事业；另一方面，可以促进消费，带动景区及周边经济，切实增加收入。在做生态旅游规划时，一般选择森林的特色景观，如山岳、瀑布、溶洞、古建筑、庙宇、湖泊、古树名木等地设置旅游景点，但对林下经济进行发展需要注意不能破坏森林资源，大规划开发的同时要保证原生态系统可以自我修复。

4.4.2 文化旅游

森林文化旅游指的是通过更深层次的森林文化、精美的森林保健品和土特产等旅游文化资源及旅游商品，打造多样化的森林旅游项目，增加经济收入的旅游模式。发展文化旅游还可以通过利用科考科研形式促进林下经济，组织开展对森林野生动植物、森林生态、地质构造、特殊自然景观，如卡斯特地貌、沼泽湿地等的科学考察与研究，还能开发探险旅游和山地运动，营造浓郁的森林旅游文化氛围，吸引更多旅游者。

4.4.3 森林康养

森林康养是以丰富多彩的森林景观、沁人心脾的森林空气环境、健康安全的森林食品、内涵浓郁的生态文化等为主要资源和依托，配备相应的养生休闲及医疗、康体服务设施，开展以修身养心、调适机能、延缓衰老为目的森林游憩、度假、疗养、保健、养老等活动的统称。在我国森林康养是一个新生事物，在法律和市场层面还存在很多空白，从理论到实践都需要进一步研究、修正和丰富，以促进森林康养真正的发挥其商业价值和社会价值。

森林康养就是让旅游者置身于森林之中，吸收植物释放的负离子、抗生素，促进人体新陈代谢，缓解身心压力，提高身体免疫力，达到养身、养心、养性、养智、养德的"五养"

的疗效。森林中常见的松树、杉树等能扩散出迷人芬芳，旅游者吸入肺腑，能消炎、利尿，达到一定医疗目的。森林康养活动的开展以家庭、公司为单位进行森林野营活动，让旅游者在原始风貌的森林里返璞归真，享受清新的空气、幽静的环境，身心的放松和保健。

森林康养虽然在国内是最近几年刚出现的一种全新的商业模式和业态，但在国外流行已有较长的时间，积累了一定的成功经验。通过对世界各国"森林医疗""森林疗养"项目的研究，积极借鉴其先进经验，扬长避短，探索建立一个符合中国国情的"森林康养"产业发展新模式，是我国大健康产业今后的奋斗目标和发展方向，也是推动我国大健康产业发展的新引擎。

第五章
林下植物种植技术

5.1 林药种植技术

5.1.1 葛根

葛根［*Pueraria lobata*（Willd.）Ohwi］为豆科葛根属植物,其地下根系主要用于加工葛根粉,是食品淀粉中的上品,同时也是一种药食同源的食品,具有清热解毒,生津止渴,滋补营养,养颜护肤,清肠健胃,降压降脂,增强人体免疫力等功效,是民间传统的保健食品。而葛根的地上藤蔓通过加工,能够制作成多种工艺品和生活用品,具有很高的经济价值。

1. 形态特征

粗壮藤本,长可达8m,全体被黄色长硬毛,茎基部木质,有粗厚的块状根。羽状复叶具3小叶;托叶背着,卵状长圆形,具线条;小托叶线状披针形,与小叶柄等长或较长;小叶三裂,偶尔全缘,顶生小叶宽卵形或斜卵形,长8~15(~19)cm,宽5~12(~18)cm,先端长渐尖,侧生小叶斜卵形,稍小,上面被淡黄色、平伏的疏柔毛。下面较密;小叶柄被黄褐色绒毛。荚果长椭圆形,长5~9cm,宽8~11mm,扁平,被褐色长硬毛。花期9~10月,果期11~12月。

葛根块根

葛根花

2. 生态习性

葛根性喜温暖、潮湿,耐热耐旱,对土壤要求不严,但适宜土层深厚、疏松,以腐殖壤土或沙质壤土为好，利于块根膨大。

生于山坡草丛中或路旁及较阴湿的地方，或生于海拔 1000~3200m 的山沟林中。中国大部地区有产，主要分布于辽宁、河北、河南、山东、安徽、江苏、浙江、福建、台湾、广东、广西、江西、重庆、四川、贵州、云南、山西、陕西、甘肃等地。

3. 栽培技术

（1）选地与整地

①选地：选择海拔在 1400m 以下，交通便利，背风向阳、地势平坦、土层深厚、土质疏松、结构良好、排水方便、靠近水源、地块平整、土壤肥沃，富含有机质，pH 值在 6~8，无病源微生物侵染和大量有害虫源的腐殖土或沙质壤土为宜。

②整地：土地选好后于 2 月中旬开始整地起垄，整地前每亩施厩肥 500kg，灶灰 500kg，钙、镁、磷肥 50kg 或施复混肥 200kg。在整地时，与红薯垄一样，垄高 60~70cm，垄长以土地操作方便而定。

（2）育苗技术

①压藤育苗：在葛良种育苗地，利用葛根在 5~8 月易从藤节生长小葛根的特性进行压藤育苗。其方法是：先将葛藤向四周摆布均匀，选择健壮葛藤，每隔 1~2 个藤节压一个藤节，所压藤节用湿润泥土压紧，露出叶片。按此压藤方法，在 5~8 月里逐步向葛藤尖部扩张压藤，每根主藤压藤 3~5 个，当年可长成带小葛根的葛苗。当年 12 至翌年 2 月底均可挖出栽植。

②扦插育苗：进入 12 月上旬后，葛根藤蔓进入休眠期后，选取直径在 0.5cm 以上，生长健壮的中下段藤蔓，剪取健壮的芽节，作为插穗，芽节上端保留 5cm，下端保留 6cm。上端使用油蜡封口，防止水分流失，避免病虫害侵袭。扦插之前，将制作好的育苗基质，均匀的装填到直径 12cm，高 8cm 的营养钵内，然后将营养钵均匀的码放在苗床上。营养钵内灌溉透水后，将插条倾斜的插入到营养钵内，确保叶芽露出腋芽露出，然后在上方覆盖一层细猪粪，上方覆盖小拱棚，保温保湿。在冬季进行扦插育苗，一般育苗期在 70~80 天，当年培育的幼苗当根部生长到 2cm，藤蔓生长到 20cm 以上时，就可以进行移栽了。

③带"子根"留苗：葛的地上块茎，有人叫"子根"，也有人叫"葛蔸"或"葛仔"。实际上是葛的枝条在地面生长过程中，叶腋触地而萌发出的较小块根。由于采收加工价值不高，一般留作种苗。为了培植这类种苗，可以让葛的枝藤尽可能触地生长，这样能产生较多的"子根"葛苗。但这样做会使地下主要块根的产量受到影响。因为叶片光合作用所产生的营养不能集中到主兜根上，而是分散分布于"子根"中，以提高产苗率。移栽前，需将"子根"完整地从床土中小心挖出，切勿碰伤外皮，茎节（俗称根头）保留完整，并预留 5~15cm 长的茎条，以便移栽后萌发新枝叶。如果叶腋间同时有数个"子根"，可以选取壮实的"子根"作为种苗，而将其他弱小者剪去，或不修剪。一并入土移栽也可。此种带"根"葛苗，定植后成活率可达 100%。

（3）栽植技术

新植葛根移栽定植在每年 3~4 月春雨过后，耕作层土壤有充足的水分，气温稳定在 15℃左右，土壤温度在 17℃左右时进行。打塘或理种植沟时要根据葛根种植密度确定的株行距进行，建议采用 1m×1m 单行条栽或 1m×2.5m 双行条栽。打塘或理沟时按标有记号的绳子或比子打塘理沟，做到塘与塘之间的距离均匀一致，使每株葛苗的营养面积和地下部分的营养体基本相同，塘或沟要做到宽深适中，不能太深太宽，也不能太浅太窄，做好后可就在种植沟或种植塘内按45°角摆放葛苗定植，定植深度以葛苗幼芽刚露出地面为宜，须根均匀分布在种植沟或种植塘内，压紧回填土壤，严禁乱栽乱植，杜绝葛苗须根弯折、掐断现象发生，并且做到当天定植当天浇透定根水，有条件的地块用杂草、稻草或树叶等杂物覆盖种植沟或种植塘，以减少水分蒸发和高温伤苗。

(4) 林间管理

苗木移栽后，可适当用稀释人畜粪水定根，并注意检查，发现死苗及时补栽。当苗长至30cm左右时，必须催苗2次，可用0.3%~0.5%的尿素水喷洒，隔15d喷1次，以后可适当追肥。粉葛除草要坚持"除早、除小、除净"原则，早春杂草发芽前化学除草1次，在5~6月人工除草1次，并在8月和10月各除草1次；葛根的需肥量不是很大，一般每年施肥3次左右，4月施返青肥以腐熟人粪水为主，还可适当配施复合肥60~75kg/hm²；7月施用复合肥600~750kg/hm²作块根膨大肥；落叶后施越冬肥，以农家肥为主。在生长盛期还可结合浇水补施少量钾肥，有促进葛根生长的作用。生长盛期应控制茎藤生长，在茎藤长到1.5m以上时要及时打顶，防止茎藤徒长，以减少养分消耗。还要合理调整株型以充分利用阳光，左边1行葛藤向右边理顺，右边1行葛藤向左边理顺。在每年4月、6月、8月进行理藤修剪3次，每株葛只留3~4根主藤，剪除多余的侧蔓。还应及时剪除枯藤和病残枝。冬季，不少葛根因当年未达到采收标准而需越冬，如果不采取相应措施，极易遭受低温危害，轻则植株冻伤，影响翌年生长和产量；重则茎块腐烂，损失巨大。葛根防冻可采取如下两种措施：一是培土施肥。初冬季节在葛根块根旁15cm处开环状沟施入优质农家肥45~75kg/hm²、磷肥3.75kg/hm²，并浇防冻水，填土踩实。利用余土覆盖基部20cm以上，能较好地减轻、降低或避免低温的危害。二是杂物覆盖。严寒来临之前利用稻草、杂草或锯末等遮盖基部20cm以上，再用柴条、竹片或石块压住。让其穿上一层厚厚的"棉衣"，既能稳定地温，又可抵挡低温的侵袭。

(5) 病虫害防治

葛根抗病虫害能力强，一般很少发生病虫害，偶尔会轻微发生黄粉病、霜霉病、炭疽病；虫害主要有蚜虫、天蛾、金龟子、土蚕（蛴螬）等。若发生面积不大，对产量和品质影响不大，不必采取防治措施。若需要防治时，病害可用质量分数为50%多菌灵600倍液或70%甲基托布津可湿性粉剂800倍液进行防治；蚜虫可用50%马拉硫磷乳油1000倍液进行防治；天蛾可用2.5%溴氰菊酯乳油2000倍液进行防治；金龟子、蛴螬等可用80%敌百虫粉剂1000倍液或50%辛硫磷乳油1500倍液进行防治。但来自土壤的害虫要特别注意，特别是黄蚂蚁对幼苗成活和葛根的产量品质影响极大，一定要做到早发现，早防治。药剂可选择50%辛硫磷配成毒土进行撒施。

4. 采收与加工

人工栽培的葛根一般两年即可采收。采收期一般在立冬后至清明前后进行，即当年11月至翌年3月，这期间大部分葛叶转入青黄，葛根已停止生长，进入休眠期。此时，葛株积累的有效成分最多，品质最好，可选择晴天进行收获。采收时不得破坏葛藤栽培地被，可以从地面开裂处把葛株基部的泥土小心挖开，露出块根头部，采大留小，间隔挖根。采挖时注意保持葛根完整，确保外观质量，尽量不要损伤葛块，因为外皮损伤容易腐烂，以致失去利用价值。由于葛株茎藤韧性较强，切勿将块根强行扭断，要用剪刀将大块根从茎基部剪断，以勉伤及其他留用的块根和须根，同时要及时补充越冬基肥，为下年葛根丰收打下基础。

5.1.2 箬叶

箬叶（*Aspidistra elatior* Blume.）为多年生禾本科竹亚科箬竹属植物，俗称竹箬、箬皮，广泛分布于我国长江流域各地，南方各省尤多。具有良好的防潮、防风、防腐蚀、天然芳香等特性，可用于搭工棚、编斗笠、包粽子等。用箬竹叶包糯米粽子，清香可口，别有风味。利用高科技从箬竹叶中提取的高品质天然香精和食用天然防腐剂，在食品中广泛应用。箬竹叶还可以加工成饲料和用于造纸。箬竹嫩叶还可用于泡茶，箬竹嫩笋可作蔬菜（笋干）或制罐头，均可作防癌食物。

1. 形态特征

竿高 0.75~2m，直径 4~7.5mm；节间长约 25cm，最长者可达 32cm，圆筒形，在分枝一侧的基部微扁，一般为绿色，竿壁厚 2.5~4mm；节较平坦；竿环较箨环略隆起，节下方有红棕色贴竿的毛环。箨鞘长于节间，上部宽松抱竿，无毛，下部紧密抱竿，密被紫褐色伏贴疣基刺毛，具纵肋；箨耳无；箨舌厚膜质，截形，高 1~2mm，背部有棕色伏贴微毛；箨片大小多变化，窄披针形，竿下部者较窄，竿上部者稍宽，易落。小枝具 2~4 叶；叶鞘紧密抱竿，有纵肋，背面无毛或被微毛；无叶耳；叶舌高 1~4mm，截形；叶片在成长植株上稍下弯，宽披针形或长圆状披针形，长 20~46cm，宽 4~10.8cm，先端长尖，基部楔形，下表面灰绿色，密被贴伏的短柔毛或无毛，中脉两侧或仅一侧生有一条毡毛，次脉 8~16 对，小横脉明显，形成方格状，叶缘生有细锯齿。圆锥花序（未成熟者）长 10~14cm，花序主轴和分枝均密被棕色短柔毛；小穗绿色带紫，长 2.3~2.5cm，几呈圆柱形，含 5 或 6 朵小花；小穗柄长 5.5~5.8mm；小穗轴节间长 1~2mm，被白色绒毛；颖 3 片，纸质，脉上具微毛，第一颖长 5~7mm，先端钝，有 5 脉；第二颖长 7~10.5mm（包括先端长为 1.4~2mm 的芒尖在内），具 7 脉；第三颖长 10~19mm（包括先端长为 2.3~2.7mm 的芒尖在内），具 9 脉；第一外稃长 11~13mm（包括先端长为 1.7~2.3mm 的芒尖在内），背部具微毛，有 11~13 脉，基盘长 0.5~1mm，其上具白色髯毛；第一内稃长约为外稃的 1/3，背部有 2 脊，脊间生有白色微毛，先端有 2 齿和白色柔毛；花药长约 1.3mm，黄色；子房和鳞被未见。笋期 4~5 月，花期 6~7 月。

箬叶

箬竹

2. 生态习性

喜温暖湿润的气候，宜生长疏松、排水良好的酸性土壤，耐寒性较差。适应性强，较耐寒，喜湿耐旱，对土壤要求不严，在轻度盐碱土中也能正常生长，喜光，耐半阴。生于山坡路旁。海拔300~1400m。分布于湖南、浙江等地。

3. 栽培技术

（1）选地与整地

①选地：选择土层深厚（一般要求50cm以上）、疏松、湿润、排水良好，pH4~7，年平均气温15~20℃，1月平均气温0~5℃，年降水量1200mm以上且分布较均匀。坡度较平缓且避风的山谷、山麓、山腰地带或田土为宜。

②整地：砍除全部杂草、灌木，并将其平铺于地，以保持水土。全面翻土，深度20~30cm，除去土中的大石块和粗的树花、树根等。适当保留部分不影响生长的阔叶树。翻土时，将表土翻入底层，底土翻到表层。每亩栽167~222丛，株行距2m×1.5m或2m×2m。栽植穴长0.5m，宽0.5~0.6m，深0.4m左右。挖穴时，把心土和表土分别放置于穴的两侧。

对坡度较大（20°~30°）的造林地，最好采用水平带状整地，即整地带与等高线平行。整地带的宽度及带间距离为3m左右。整地带上，首先清理林地，劈除杂草灌木。然后沿带开垦，翻土深度0.4m左右。再在已翻的带上，按造林密度和株行距离挖栽植穴（同上）。造林后1~2年内将未垦带轮流垦完，或根据日后发笋情况分年度逐步垦完。

（2）育苗技术

①以苗繁苗：也叫以苗育苗、连续分株育苗。春季将竹苗成丛挖起，根据竹丛大小和好坏，从基部分成2~5株1丛。要保护好分蘖芽和根系，多带宿土，剪去竹苗枝叶1/2~2/3。按株行距40cm×100cm，打浆栽植在圃地。一次性浇透水。成活率可达90%以上。分株苗1年后每丛可分蘖3~10株左右，平均高0.5~1m左右。第2年又可用此法分株移栽，每年可成倍扩大育苗面积。

②埋鞭育苗：当竹苗起出土后，可将圃地上的残留竹鞭挖起，截成一定长度（约10~15cm）的鞭段。在苗床横向开沟，将鞭段连续平放于沟内，芽向两侧，覆土、压紧、盖草、浇水。成活率一般可达70%左右。出苗后，剪去细弱植株，保留1~2株壮苗。加强水肥管理，当年每丛可分蘖3~5株，留床1年，就有大量分蘖苗出土。

（3）栽植技术

箬竹一般生长在向阳山坡、路边或林下，喜阴湿，但又需一定的阳光的生长特性，并结合复轴混生型、单轴散生型竹类培育管理技术，对箬竹高产栽培主要采取以下主要技术措施。

①劈山整理：箬竹林大多为杂灌草混生，或分布于林下。通过劈山、清除杂灌，达到改善、优化生长环境和便于采摘之目的。劈山时，砍除所有灌木、杂草，适当保留乔木，特别要保留各种阔叶乔木，以保持一定的湿润环境，从而利于箬竹的生长。而对生长于乔木（如杉木）林下的箬竹，如果上层林冠郁闭度达0.7以上，则要进行适当的间伐，以提供箬竹足够的阳光。同时，清除林中较大的石块、柴根，从而利于竹鞭繁殖。

②削山松土：5~6月为竹鞭生长期，也称行鞭期。因此，5~6月进行削山松土，利于箬竹林快速繁殖。削山松土应掌握"近蔸丛浅，远蔸丛深"，即靠近竹蔸的地方和丛生地方要

浅，一般削山松土 6~10cm；距离竹蔸（丛）较远的地方稍深，一般削山松土 15~20cm。削山松土每隔 3~4 年进行一次，注意不要损伤幼壮竹鞭、根和芽，挖除土中石头、树蔸和老竹鞭。

③营造纯林：由于目前的箬竹林很少有成片纯林，且有的箬竹林叶用利用价值较低，需要改造。通过营造繁殖优质箬竹林，既可方便林农采摘，又可提高箬竹林收益。造林方法主要采用带母竹繁殖和移鞭繁殖，造林地为杉木林、杉木采伐迹地及箬竹片区周围林地，挖穴或开沟造林，株行距 0.5m×1m。

(4) 林间管理

在新竹林郁闭前，每年除草松土 1~2 次。第 1 次在 3~4 月间较好，这时还未出笋而林地上的杂草又较嫩，除后易腐烂。第 2 次在 8~9 月间较好，这时新竹已长成且又逢行鞭排芽，而林地上的杂草生长也很旺盛，这时除草松土对竹子生长很有好处。除草松土的方法有两种，即全面除草松土和局部除草松土。新造竹林一般选择局部除草松土，成年竹林则视情况而定。除草松土时，应注意不要损伤竹鞭、竹节和笋芽。下锄宜轻宜浅。在新造竹林的第 1 年内，如遇久旱不雨，土壤干燥时，必须及时灌溉；而当久雨不晴，林地积水时，必须及时排水。新造竹林中，各种肥料都可使用。迟效性的有机肥料，如厩肥、骨粉、土杂肥、塘泥等，最好在秋冬季节施用，既能增加肥力，又可保持土温，对新竹鞭芽越冬很有好处。速效性的化肥（如尿素、氨水等）、饼肥和人粪尿等，应在春夏季节施用，以便及时供应竹子生长，避免肥料流失。施用迟效性有机肥料，可在栽植后不久的竹株根盘两侧 30cm 处开沟或挖穴施入，施后盖草、覆土保墒。每亩施厩肥、土杂肥或塘泥 1.5~2.5t。也可直接撒在林地上，再盖上一层土。施肥时间为每年的 12~2 月和 9 月。幼林竹株一般量多细小，应于秋冬进行适当的间伐抚育，去小留大，去老留幼，去弱留强，去密留疏，以促进幼林快速成林，提早成林。有些生长稠密而健壮的竹株，可以挖来做母竹造林。幼林新竹在抽枝后展叶前，折去或砍去 1/5~1/4 竹梢，去掉顶端优势，这样可以减少蒸发，提高抗旱能力，促进鞭根生长，又能防止风雪侵害。同时新造竹林出笋后，常因水分养分供应不足而退笋，不能成竹。因此，应及早疏去弱笋、小笋及退笋，保留 2~3 个健壮竹笋长成新竹。

(5) 病虫害防治

在竹箬春笋出土的初期和盛期，要注意防治病虫害。竹箬叶部虫害主要有竹蝗、竹螟、竹斑蛾等，笋部虫害主要有竹笋夜蛾、竹笋蝇、一字竹象等，防治竹螟、竹蝗、竹斑蛾和笋蝇，可喷敌百虫杀灭，或烟剂熏杀。防治竹笋夜蛾和竹象虫，要及时挖除受害竹笋，杀死幼虫。冬季松土除草可消灭部分藏匿在杂草和土壤中的害虫。竹箬上常发生的主要病害有枯梢病、竹丛枝病、竹秆锈病、竹煤病等，除了对各种病害对症喷施化学药剂外，还要采取综合防治措施。加强抚育管理，及时松土施肥，提高抗病力；适当疏伐老竹，保持合理立竹量，使竹林通风透光；及时砍除病竹，并剪除林内所有丛枝，带出林地烧毁。

4. 采收与加工

(1) 保健茶

将采收的箬竹嫩叶洗净，晒干或烘干，放入有盖杯中，用沸水冲泡，加盖闷 15min，即可饮用，一般可冲泡 3~5 次。频频饮用，利肺清热，抗癌解毒，尤其适合于中老年患者。另外，用箬竹叶直接压挤鲜汁，代茶饮，对各种癌症的防治也均有一定效果。

（2）食品蒸煮铺垫物

将箬竹叶用沸水烫洗干净，大小剪成和瓷盘的长短相等，整齐放在盘内，刷一层芝麻油。将做好的糖卷放在箬竹叶上（每张箬叶放5只），连盘一起放蒸笼内。蒸约10min，当皮不粘手时出笼，然后在糖卷上淋点芝麻油即成箬叶芝麻糖细卷。这是泰州传统名点，在清朝道光年间就闻名遐迩。另外，还可将饺子、包子、卷子、馒头等置于箬竹叶上蒸煮，芳香无比，风味独特。

5.1.3 三叶青

三叶青（*Tetrastigma hemsleyanum* Diels et Gilg）为葡萄科崖爬藤属植物，学名三叶崖爬藤，为我国独有的药用植物，全株供药用，以三年以上的块根药效最好，有活血散瘀、解毒、化痰的作用，临床上用于治疗病毒性脑膜炎、乙型脑炎、病毒性肺炎、黄胆性肝炎等，特别是块茎对小儿高烧有特效。

1. 形态特征

草质藤本。小枝纤细，有纵棱纹，无毛或被疏柔毛。卷须不分枝，相隔2节间断与叶对生。叶为3小叶，小叶披针形、长椭圆披针形或卵披针形，长3~10cm，宽1.5~3cm，顶端渐尖，稀急尖，基部楔形或圆形，侧生小叶基部不对称，近圆形，边缘每侧有4~6个锯齿，锯齿细或有时较粗，上面绿色，下面浅绿色，两面均无毛；侧脉5~6对，网脉两面不明显，无毛；叶柄长2~7.5cm，中央小叶柄长0.5~1.8cm，侧生小叶柄较短，长0.3~0.5cm，无毛或被疏柔毛。花序腋生，长1~5cm，比叶柄短、近等长或较叶柄长，下部有节，节上有苞片，或假顶生而基部无节和苞片，二级分枝通常4，集生成伞形，花二歧状着生在分枝末端；花序梗长1.2~2.5cm，被短柔毛；花梗长1~2.5cm，通常被灰色短柔毛；花蕾卵圆形，高1.5~2mm，顶端圆形；萼碟形，萼齿细小，卵状三角形；花瓣4，卵圆形，高1.3~1.8mm，顶端有小角，外展，无毛；雄蕊4，花药黄色；花盘明显，4浅裂；子房陷在花盘中呈短圆锥状，花柱短，柱头4裂。果实近球形或倒卵球形，直径约0.6cm，有种子1颗；种子倒卵椭圆形，顶端微凹，基部圆钝，表面光滑，种脐在种子背面中部向上呈椭圆形，腹面两侧洼穴呈沟状，从下部近1/4处向上斜展直达种子顶端。花期4~6月，果期8~11月。

三叶青果实

三叶青块根

2. 生态习性

喜凉爽气候，适温在25℃左右生长健壮，冬季气温降至10℃时生长停滞。耐旱，忌积水。对土壤要求不严，以含腐殖质丰富或石灰质的土壤种植为好。

生山坡灌丛、山谷、溪边林下岩石缝中，海拔300~1300m。产湖南、湖北、江苏、浙江、江西、福建、台湾、广东、广西、四川、贵州、云南、西藏。

3. 栽培技术

（1）选地与整地

①选地：选择土质疏松、肥沃、微酸性及排水良好的背阳的林地，以林分郁闭度约0.6~0.8，中龄林或近熟林为宜。

②整地：选定地块后，适当修剪树枝，剪去过密枝、1m以下的细枝、下垂枝及病虫枯枝；清除林下杂草杂木、机械损伤枝；除尽杂草，深翻地约30cm，打碎土块，耙平并拣出树根、草根、石块等杂物。做畦，畦高20~25cm，畦宽60~80cm，畦长视地块和方便作业而定。撒施腐熟半年以上农家肥15000kg/hm^2、硫酸钾300kg/hm^2、钙镁磷肥700kg/hm^2、草木灰22.5~30.0t/hm^{2}作为基肥。

（2）育苗技术

①播种育苗：宜在秋季收获期进行种子生穗选，选留果粒大、均匀一致的果穗作种，洗掉果皮，晒干或阴干，放通风干燥处贮藏。12月下旬，将作种用的果实用清水浸泡至果肉涨起，搓去果肉，将浮在水面上的秕粒去除。将搓掉果肉后的种子用40~50℃水浸泡2~3d，每隔两天换一次水。田间播种在4月中旬至5月上旬，大棚播种可提前至3月下旬至4月下旬，日均气温不低于10℃即可播种。采取条播方式，行距15~20cm，开深2~3cm浅沟，每行播种35~40粒，播幅5~10cm，播种后稍加压实。覆细土1.5~2cm。覆土后，洒水浇透床面，覆盖薄膜。育苗2~3个月后，选用植株高度15~20cm，基径约2mm，有5~10条根系健壮种苗进行定植。11月至翌年3月起苗，起苗前一天浇透水，起苗后7d内移栽完成。修剪过长的主根，做到少伤侧根、须根，保持根系比较完整，且不折断苗干，不伤顶芽。起苗后要立即在蔽荫无风处选苗，剔除废苗。

②扦插育苗：整地：大棚内起垄，垄宽约65cm、高20cm，长视大棚长度而定，垄沟宽约30cm、深约12cm。扦插时间及方法：4~5月和9~10月气温在22℃左右扦插最易长根。将藤条剪成15cm左右插穗，1个插穗应带2~3个腋芽。将插穗顺腋芽生长方向倾斜插于苗床中，要保证每个插穗至少有1个腋芽露在土外，用手压实周围土壤，浇足定根水。用1000mg/L IBA浸蘸10s后扦插于黄土中生根效果最佳。苗木出圃：育苗2~3个月后，选用植株高度15~20cm，基径约2mm，有5~10条根系健壮种苗进行定植。

（3）栽植技术

林下种植要求郁闭度0.6~0.8，忌樟树林下种植，以竹林、杜英、杉树林为宜。

①袋装栽培：基质选择疏松、肥沃、排水良好的腐殖质土壤，选用规格为25cm×25cm无纺布袋。苗木根系可用适当的杀菌剂消毒，并配合生根粉处理，将苗木浸于ABT生根粉含量为500~2000mg/kg溶液中30s。栽植时间：定植时间为育苗2~3个月后，3~4月或9~10月均可栽植。每袋2~3株为宜，无纺布袋摆放于林间空地，紧密排列，每亩约9000袋。栽植时使根系舒展，避光窝根与倒根；栽后灌足定根水，待水渗完后用土封穴。

②起垄栽培：在林下整地做垄，定植后放林间自然生长。栽植密度株行距30cm×30cm，每亩5000~6000株。栽植时，使根系舒展，避免窝根与倒根，栽后填土踏实，灌足定根水，

待水渗完后用土封穴，覆土高出地表5cm以上，呈龟背形，匍匐地面自然生长。林下整地做垄搭架，当藤蔓长到40cm左右，插入竹竿引蔓。垄上每隔1m插竹竿搭架立架，每架3根竹竿。

(4) 林间管理

一年施追肥3~4次。春、夏季施人粪尿或化肥为主。秋、冬季开环状沟施堆肥或厩肥，基质中的钾含量要控制在20~30g/kg；要防止其根系外露和烂根，注意适时培土。雨季做好排水措施，旱季注意浇水。春夏和初秋季节，应遮挡60%~80%的阳光，秋后、冬季和初春季节，仅需遮挡30%~40%的阳光即可。若是林间的密度过小，不足以为三叶青创造阴凉环境，搭建荫棚为宜。冬季适当剪去过密弱枝和枯枝。定植后，需定期进行人工除草松土，每年中耕除草约4次，中耕培土和除草以不伤根、不压苗为原则。保持区域的土壤湿度在18%~31%之间。春末、夏季、秋初应酌情遮挡70%左右的阳光，秋后、冬季和初春时节则需稍高的光照度。若是竹林的密度过小，不足以为三叶青创造阴凉环境，搭建荫棚为宜。采用熏烟和弥雾等防冻措施，烟幕防护对辐射型低温有较好的防寒作用，使用地下水（10~20℃）对基地进行弥雾，提高土温，达到防霜冻的效果。

(5) 病虫害防治

三叶青抗病力强，病虫害少，主要有白蚁危害根部，蚜虫危害嫩芽和根腐病、叶斑病。白蚁防治可在栽植前于定植穴中撒施石灰、草木灰等；防治蚜虫可在虫口数量未大发生之前喷施10%吡虫啉3000~4000倍药液；防治叶斑病和根腐病要加强田间管理，注意排涝通风，与此同时在发病初期喷撒50%甲基托布津可溶性粉剂800~1000倍液防治根腐病，施用65%代森锌500~600倍液或波尔多液（硫酸铜、生石灰、水按1∶1∶150比例）防治叶斑病7d一次，连续数次即可。

4. 采收与加工

种植3~4年后，观察三叶青藤为褐色，块根金黄色和褐色，即表示三叶青成熟。林下地栽或田间地栽，种植3年后秋后或者初冬采收为宜。若是容器种植苗，采挖时间为第4年冬季，冬至至惊蛰期间（休眠期）采摘，品质最佳。对于地栽苗，采收前浇洒少量水，保证土壤疏松，挖取块根，除去泥土，洗净。对于容器苗，采收时拆开控根容器采摘根系上的根块即可，拆开后的栽培基质可回收入新的控根容器中，并将采摘后的三叶青保留20~30cm长的藤重新种回控根容器内，并洒透水。为减少种植成本，增加种植效益，三叶青第2年修剪下枝条进行茶叶和药物提取物的加工出售。将采收的块根清水洗净，除去杂质，置于阴凉通风干燥处晾干后或切片低温烘干，进行存储。仓储时应具备透风除湿的设备及条件，货架与墙壁的距离不得少于1m，高地面距离不得少于50cm。要防潮、防霉变、防虫蛀。库房应有专人管理。库存三叶青应定期检查与翻晒。

5.1.4 山苍子

山苍子 [*Litseacubeba* (Lour) Pers.] 为樟科木姜子属落植物，又名木姜子、山鸡椒、花椒，是中国主要经济和香料树种之一，每年11月至翌年4月开花，枝、叶均具有芳香味。根皮及叶可供药用。具有温肾健胃，行气散结的功效。用于治疗胃痛呕吐及无名肿毒等症。山苍子的果实、花、叶、木材及根均有用途，其中主要利用价值是果皮中含有芳香油。山苍子芳香油俗称"山苍子油"。

1. 形态特征

落叶灌木或小乔木，高3~8m；幼树树皮黄绿色，光滑，老树树皮灰褐色。小枝细长，绿色，枝、叶具芳香味。叶互生，披针形、椭圆状披针形或卵状长圆形，长5~13cm，宽1.5~4cm，先端渐尖，基部楔形，上面绿色，下面灰绿色，被薄的白粉，两面均无毛；叶柄长0.6~2cm。伞形花序单生或簇生于叶腋短枝上；总梗细长，长6~10mm；苞片4，坚纸质；花单性，同株；每伞形花序有花4~6朵，先叶开放或与叶同时开放；花梗长约1.5mm，密被绒毛；花被片6，宽卵形；雄花中能育雄蕊9，三轮，雌蕊退化；雌花中有退化雄蕊；子房卵形，花柱短，柱头头状。果近球形，直径4~5mm，幼时绿色，成熟时黑色；果梗长2~4mm；果托小浅盘状。花期11月至翌年4月，果期5~9月。

山苍子花　　　　　　　　山苍子果

2. 生态习性

喜光或稍耐阴，浅根性，生于向阳丘陵和山地的灌丛或疏林中；海拔100~2900m的荒山、荒地、灌丛中或疏林内、林缘及路边均有。对土壤和气候的适应性较强，但在土壤pH值5~6的地区生长更为旺盛。主要分布于我国长江以南各地，直至西藏，除高海拔地区外，大部分地区均有分布，长江以南-珠江以北地区较为常见。东南亚及南亚各国也有。

3. 栽培技术

（1）选地与整地

①选地：在低矮山丘林地中，选择土层深厚、有机质含量较高、排水良好的向阳坡面种植。

②整地：采用穴状整地，挖长、宽、高为50cm×50cm×40cm的种植穴，穴施农家有机肥2kg和钙镁磷肥150g作基肥。

（2）育苗技术

①播种育苗：山苍子种子于8月底成熟后进行采种。在播种繁殖时，种子的不同处理方法对其发芽率有较大的影响。一般情况下，对山苍子种子繁殖必须按常规方法（去除果皮、果肉，用流水冲洗）进行处理，然后圃地育苗。即使按常规方法处理种子，其发芽率还不是

很高，仅为51%，其主要原因是抑制山苍子种子发芽的抑制物质未完全清除；通过试验，利用草木灰揉搓种子，用过氧化氢浸种，均能不同程度地减少种子中的抑制物质，提高其发芽率，其发芽率可高达71%。

②扦插育苗：对于山苍子扦插繁殖，可以采用其根颈部位的萌条作为其扦插材料来进行繁殖，其生根成活率可达70%。如因扦插繁殖材料来源有限，也可采用树冠上的嫩枝给予适当技术处理来繁殖，其生根成活率可在51.7%~55.0%。

③组培育苗：由于山苍子多野生，人工栽培极少，传统栽培主要采用种子繁殖，而种子发芽率低，且极易丧失发芽力，因此常导致育苗失败。通过离体组织培养可以快速获得整齐一致的苗木用于生产。以成年植株带芽茎段为外植体，接种于MS+BA210mg/L+IBA15mg/L的诱导分化培养基中，10d时侧芽萌动，15d后侧芽打开，同时外植体切口处有白色愈伤组织，并逐渐转绿长出丛生芽。

（3）栽植技术

①直播造林：1~8月山苍子果实成熟，果实外皮呈红褐色并带有皱纹时采种，当即播下。如果采后3~5天不能按时播种，结合催芽最好用湿沙贮藏。种植穴长、宽各为50cm，深13~16cm，每穴播种6~8粒，覆土2cm，再加覆盖物。第2年3~4月出苗，半个月后进行第1次除草、松土、间苗，待苗高1m左右，继续中耕抚育。

②移苗造林：一般多采用野生苗移栽，少量的可育苗移栽。3~4月，选择雨后阴天或无风晴天，土壤较湿润时进行野生苗移栽造林，成活率可达95%。要求上山挖取1~2年生、约手指粗、无病虫害、生长健壮的野生山苍子苗。挖取时不要伤根太多，宜多带宿土，苗高50~80cm以上，随挖随运随栽。栽时做到根系舒展、覆土紧实、苗栽正。株、行距以1m×1m为宜，每隔3~5行可栽1行雄株作授粉树，也可采取隔一定株数的母株混栽1棵雄株的配置方法，以提高结实率。如果在杉木、油茶及其他林内混栽，要以不影响杉木、油茶生长为原则。

（4）林间管理

做好除草和清沟排水，看苗追施速效肥料，一般于5月、7月、9月分3次追尿素，第1、2、3次每亩追施尿素分别为3kg、5kg、8kg。在6月、8月做好间苗、定苗工作，以确保壮苗。一般每平方米保留壮苗50~60株，每亩产苗量在3~3.5万株之间，1年生苗可出圃造林。

造林后连续3年进行扩穴抚育，每年1次，并结合追施复合肥，每株100g，采用沟施法，沟深15~20cm，施后覆土。到第4~5年可分辨雌雄株时，按一定距离保留配置适量的授粉雄株外，其余的雄株一律砍除。

（5）病虫害防治

危害山苍子最严重的是白轮盾蚧，常造成树木枯死。可在6~7月间用板刷或用草把擦洗，也可用水胺硫磷、蚧螨灵喷杀。另外绿尾大蚕蛾危害叶片，少量时可人工捕捉，大量发生时刻则用溴氰菊酯、敌百虫之类喷杀。

4. 采收与加工

山苍子定植苗3年进入丰产期，4年以上母树单株年产鲜果4~8kg，8年生树产鲜果高达25kg（单株）。农历立秋后采回鲜果，放入木甑中用锅蒸气加热，使籽皮内挥发油气化，经导管引出冷凝成山苍子油，出油率6%~7%。将蒸馏过的核仁晒干粉碎，用榨油机榨取核仁油，出油率约30%。

5.1.5 无患子

无患子（*Sapindus mukorossi* Gaertn.）为无患子科无患子属植物，别名油患子、木患子、鬼见愁等。无患子的利用价值非常高，据中药大辞典记载，果皮、种子、种仁、根、皮、叶等都具药用价值。无患子果肉中含有约28%的无患子皂素（苷），作为天然活性物质，可制成天然护发、洁肤和护肤化妆品等。此外，还可以止咳、化痰、治疗退烧等；同时还具有多种生物活性，如抗微生物、抗肿瘤、抗血小板聚集、抗疼痛和抗炎等。无患子种仁含油率高达40%，是一种新型制备生物柴油的原料。

1. 形态特征

落叶大乔木，高可达20m，树皮灰褐色或黑褐色；嫩枝绿色，无毛。单回羽状复叶，叶连柄长25~45cm或更长，叶轴稍扁，上面两侧有直槽，无毛或被微柔毛；小叶5~8对，通常近对生，叶片薄纸质，长椭圆状披针形或稍呈镰形，长7~15cm或更长，宽2~5cm，顶端短尖或短渐尖，基部楔形，稍不对称，腹面有光泽，两面无毛或背面被微柔毛；侧脉纤细而密，约15~17对，近平行；小叶柄长约5mm。花序顶生，圆锥形；花小，辐射对称，花梗常很短；萼片卵形或长圆状卵形，大的长约2mm，外面基部被疏柔毛；花瓣5，披针形，有长爪，长约2.5mm，外面基部被长柔毛或近无毛，鳞片2个，小耳状；花盘碟状，无毛；雄蕊8，伸出，花丝长约3.5mm，中部以下密被长柔毛；子房无毛。果的发育分果爿近球形，直径2~2.5cm，橙黄色，干时变黑。花期春季，果期夏秋。

无患子花

无患子果实

2. 生态习性

无患子喜光，稍耐阴，耐寒和抗旱能力强，不耐涝。根深，根系发达，主根明显，垂直向下深入土壤下层，能吸收土壤深层水分，在极端干旱条件下能够生长。对土壤要求不严，可以在贫瘠的土地上生长，甚至对于新崩塌地等毫无有机质的土壤也能适应，发达的根系能很好地保持水土，被公认为抵抗土地沙化的最佳树种。原产中国长江流域以南各地以及中南半岛各地、印度和日本。如今，浙江金华、兰溪等地区有大量栽培，其他地区不多。

3. 栽培技术

（1）选地与整地

①选地：选择交通便利、排灌方便、地势平坦、土壤土层深厚肥沃及通气良好的酸性或微碱性的砂壤土、轻壤土、中壤土。

②整地：苗圃地在翻耕之前要保证基肥的充足，大概每 1000m² 施农家肥 1800kg～2500kg，与土肥经过充分混匀后，进行耙细整平，在制作苗床，苗床高 25cm，宽 1m 左右，留宽大概为 40cm 的步道。

（2）育苗技术

①播种育苗：采集生长健壮、无病虫害的盛产期优良母树的果实，及时去皮净种，晾晒或沙藏备用。春季开浅沟条播，沟距在 15～20cm，浅沟方向与畦垂直。点播完毕，畦面覆黄土壤 2～3cm，喷洒丁草胺。待出苗率 70% 以上时首次间苗，间苗 2～3 次，苗木株距 8～10cm，8～9 月定苗。

②嫁接育苗：为了尽可能地缩短建立速生、丰产、优质的无患子种子园和无性采穗圃的周期及提早结果，宜选择嫁接繁殖的技术。砧木和接穗：选择地径 0.6～1.0cm 生长健壮、无病虫害的实生苗做砧木，选择达到结实年龄优良母株上 1 年生健壮、无病虫害且木质化程度高的枝条为接穗。所取接穗须在阴凉处阴干（或沙藏）48h 以上。嫁接方法：在春季苗木萌动前，将接穗顶端平剪；下端一侧削成长 1.0～1.5cm 马耳形平直切面，反面的底端削成小斜面，保留 1 个芽；砧木嫁接口位置（近地高度 10cm 左右）将主干剪断，在砧木的横面纵切 1 条与接穗面大小相似，略带木质部的直切口，将接穗插入使形成层对齐并扎缚，要求露芽。此外，在夏、秋季还可用嵌芽接等其他嫁接方法。

③扦插育苗：扦插繁殖的过程中，基质材料可选用珍珠岩、河砂或营养土等，扦插的硬枝则要选择无病虫害、健壮一致的枝条；待采摘插条之后，可保持在湿度为 80% 的湿沙中。值得注意的是，务必要将枝梢中不壮实的部分剪除之后，再进行扦插，可将枝条修剪为若干个插穗（长度为 10cm、带 2～3 芽）。扦插之前，还要做好消毒工作，消毒液可采用浓度为 0.1% 的高锰酸钾溶液，通常而言，最适宜插穗生根的相对湿度为 75%～85%，温度为 20～30℃。为了更好地促进生根物质生长，务必要确保插穗在未生根之前保持在鲜嫩的状态，可利用喷雾补水的方式来定期补水，补水频率可控制在 3～5 次/d，若天气温度较高，可适当地增加补水次数，若为阴雨天，那么则需要适当地减少补水次数，甚至还可以不补水，否则较易出现插穗腐烂现象。

（3）栽植技术

选择海拔 800m 以下、坡度 ≤25°、土层深厚、立地等级 Ⅰ～Ⅱ 级的阳坡半阳坡作为园地，对园地进行全面清理，劈除林地杂灌以及杂草，伐根高度 ≤10cm，按以上栽植方法进行栽植。混交林时应避免与速生乔木混交，选择与生长缓慢的乔木或萌蘖力较弱的灌木混交，混交比为 2∶1 或 3∶1（无患子∶混交树种），也可进行林下种植。春季早栽是提高成活率的关键。

在当年 11 月至翌年 1 月，按每公顷 600 株、株行距 4m×4m 进行块状整地；挖明穴、回表土，穴规格 60cm×40cm×40cm，同时每穴施入 10～15kg 厩肥、堆肥或杂肥等有机肥并拌入

1%~2%的钙镁磷肥做基肥。种植前对苗木进行修根、修枝，加入1%钙镁磷肥的黄泥浆蘸根，按照"三埋二踩一提苗"方法，将苗木栽紧栽实，扶正苗木，栽植深度以培土到苗根原土上方10cm为宜。

（4）林间管理

幼林抚育管理阶段的主要工作在于促进营养生长，多施加氮肥，并且配合施加钾肥、磷肥，施肥量可基于树龄的大小来逐年提高。第1次施肥时间为幼树定植成活后1个月，而后施肥频率为5~6个月1次。无患子怕渍水，需要在干旱的季节要注意灌水，在雨季则要注意排水。当然，也可在水中溶解肥料，然后将其喷洒在嫩梢、叶面。值得注意的是，浇灌用水切记不可使用城市排放污水及工厂企业排放污水。

在成林抚育的过程中，除了要采取常规的灌水、松土、施肥和除草等工序外，还要注意整型修剪，使之所培养出来的结果母树优良，且树势健壮。值得注意的是，修剪强度务必要基于树势、树龄等情况来定，而修剪时期也可在一年多个阶段开展。

（5）病虫害防治

无患子的病虫害较少，在播种期重点防治地下害虫，应在播种前对土壤用多菌灵进行消毒。中苗、成树期重点防治天牛，要及时剪除和处理有虫枯枝，保护树干防止成虫产卵。要在天牛的成虫羽化出孔前（5月份）对树干进行保护，主要采取涂白、人工捕杀以及化学防治方式。涂白主要用生石灰10份、硫黄粉1份、食盐0.2份、牛胶（预先热水融化）0.2份、水20~40份调成涂白剂，从根基至30cm处进行涂白。人工捕杀主要在5~7月，天牛盛发期进行人工捕杀。化学防治方式主要用80%敌敌畏或氧化乐果药物对天牛进行捕杀。

4. 采收与加工

果实成熟一般在10月上旬至11月上旬，当果实颜色转为蜡黄色且果皮皱缩时及时采摘；采摘后放在干燥通风处摊晒，以防霉变。适时的采收与晾晒有利于无患子果皮皂苷的提取、种仁油脂的分离以及规模化育苗中对种子的需求。

5.1.6 杜仲

杜仲（*Eucommia ulmoides* Oliver）为杜仲科杜仲属植物，别名思仲、银丝树等。树皮药用，作为强壮剂及降血压，并能医腰膝痛，风湿及习惯性流产等；树皮分泌的硬橡胶供工业原料及绝缘材料，抗酸、碱及化学试剂的腐蚀的性能高，可制造耐酸、碱容量及管道的衬里；种子含油率达27%；木材供建筑及制家具。

1. 形态特征

落叶乔木，高达20m，胸径约50cm；树皮灰褐色，粗糙，内含橡胶，折断拉开有多数细丝。嫩枝有黄褐色毛，不久变秃净，老枝有明显的皮孔。芽体卵圆形，外面发亮，红褐色，有鳞片6~8片，边缘有微毛。叶椭圆形、卵形或矩圆形，薄革质，长6~15cm，宽3.5~6.5cm；基部圆形或阔楔形，先端渐尖；上面暗绿色，初时有褐色柔毛，不久变秃净，老叶略有皱纹，下面淡绿，初时有褐毛，以后仅在脉上有毛；侧脉6~9对，与网脉在上面下陷，在下面稍突起；边缘有锯齿；叶柄长1~2cm，上面有槽，被散生长毛。花生于当年枝基部，雄花无花被；花梗长约3mm，无毛；苞片倒卵状匙形，长6~8mm，顶端圆形，边缘有睫毛，早落；雄蕊长约1cm，无毛，花丝长约1mm，药隔突出，花粉囊细长，无退化雌蕊。雌花单生，苞片倒卵形，花梗长 8mm，子房无毛，1 室，扁而长，先端 2 裂，子房柄极短。翅果扁平，长椭圆形，长 3~3.5cm，宽 1~1.3cm，先端 2 裂，基部楔形，周围具薄翅；坚果位于中央，稍突起，子房柄长 2~3mm，与果梗相接处有关节。种子扁平，线形，长 1.4~1.5cm，宽 3mm，两端圆形。早春开花，秋后果实成熟。

杜仲

杜仲的树皮

2. 生态习性

杜仲喜温暖湿润气候和阳光充足的环境，能耐严寒，成株在 -30℃ 的条件下可正常生存，我国大部地区均可栽培，适应性很强，对土壤没有严格选择，但以土层深厚、疏松肥沃、湿润、排水良好的壤土最宜。杜仲树的生长速率在幼年期较缓慢，速生期出现于 7~20 年，20 年后生长速率又逐年降低，50 年后，树高生长基本停止，植株自然枯萎。

在自然状态下，生长于海拔 300~500mm 低山、谷地或低坡的疏林里，对土壤的要求不严，在瘠薄的红土或岩石峭壁均能生长。分布于陕西、甘肃、河南、湖北、四川、云南、贵州、湖南及浙江等地，现各地广泛栽种。

3. 栽培技术

（1）建园

①选地：应选择在避风向阳、山脚、山坡中下部以及山谷台地土层深厚、疏松、肥沃、湿润、排水良好的微酸性或中性土壤上。石灰岩山地，土层深厚，淋溶程度较高的地方也可以营造杜仲林。阳光充足，土壤、水、肥等条件较好，是杜仲生长较适宜的立地。

②整地：杜仲为深根性树种，主根明显，深达 1.0m 以上，所以杜仲造林要实行大穴整地。在缓坡和平地造林，要力求做到全面整地或带状整地；对坡度超过 15°的造林地，除局部可以全垦外，一般应进行带状整地；对坡度 25°以上的造林地，应进行带状或穴状整地。带状整地必须沿等高线进行，带间保留 2.0~3.0m 原有植被；穴状整地规格深 60cm 见方，挖穴时，表土与心土应分开堆放在穴旁备用。

（2）育苗技术

杜仲的育苗技术有播种育苗、扦插育苗、根蘖苗分株育苗、嫁接育苗等，但目前生产上以播种育苗和扦插育苗为主。

①播种育苗：播种育苗可安排在秋、春两季，秋播即在 11 月份种子收获后随采随播；春播可用湿沙层积处理的种子，在 3 月上、中旬，当气温稳定在 10℃ 以上时进行，每亩用饱

满成熟的种子4~6g，由于种子果皮含胶质较多，不容易吸水，因此播种前要用30℃左右的干净温水浸种1~2d，每隔24h换1次温水；经过加温催芽后的种子，在露白点时，采用条播的方法，按行距20~25cm开沟，沟深2cm左右，将种子均匀撒入沟内，覆土、浇水、盖草和覆盖薄膜，保持土壤温湿度。幼苗出齐后，炼苗1周左右，将覆盖物逐渐去除。待苗长出3~5片真叶时，便可进行间苗，留强去弱。

②扦插育苗：苗床基质可用河沙，将苗床整平，开沟扦插或用木棍或竹棍按株行距5cm×10cm垂直打孔，再将插穗插入孔中。扦插深度5~7cm，扦插后浇透水，使插穗和河沙紧密相接。在苗床上搭建小拱棚，上面盖塑料薄膜，塑料膜周围用土压实密封，使苗床保湿、保温，控制苗床内的温度在25℃左右，湿度在90%以上，以促进嫩枝生根。也可搭荫棚遮阴，并经常喷水，保持苗床湿润。插穗处理，每年5~7月选择当年生健壮、发育充实半木质化的新梢为插穗，剪成5~10cm，每个插穗应带3~4节，上剪口距芽1.0~1.5cm处剪平，下剪口在侧芽基部或节处平剪，剪口离节处2~3mm，每条插穗留1~2个半叶。将插条下端2~3cm浸泡于50mg/L的萘乙酸溶液中，2h后取出，按插条株距6~10cm，插入土中2/3，压实后浇透水，用薄膜覆盖，经常保持湿润，第2年春季移栽。

（3）栽植技术

①以采剥杜仲皮为目的：栽植时应选择土地肥沃、水分状况及通气良好的缓坡或平地栽培，要求苗木粗壮、根系发达、长势良好。栽植前要施足基肥，每株施厩肥50kg、过磷酸钙0.5kg，栽后浇足底水。

②以采收干皮和种子为目的：林分密度宜小，初植密度以3000株/hm²左右为宜。通过去细弱枝、去雄株等措施，使密度降到750~900株/hm²，雌株占80%左右，15~20年进入收获期，每年可生产种子750~1500kg/hm²，生产鲜皮1500kg/hm²左右。

③以采收叶片和枝皮为目的：应适当加大密度，宜种植3000~4500株/hm²。造林后第3年5~6月于地上5~20cm高处截干并培土，当年即可抽生大量萌条。以后每隔3年砍伐1次，剥取枝皮和叶片。

④以采收杜仲皮、枝皮和叶片为目的：栽植密度以900~1500株/hm²为宜，适用于立地条件较好的山区发展。定干后在梢部选留4~6个主枝进行培养，待主枝直径达5cm左右时，每年轮流采剥1~2个主枝的树皮，同时每隔3~5年采剥主干树皮1次。

（4）林间管理

①中耕除草：杜仲苗栽植后，6月中旬中耕除草1次。中耕深度不能太深，小苗耕深2~4cm，大苗耕深7~8cm。杜仲幼苗抗除草剂性差，因此，只能人工除草。在浇水后3~5天，待地面稍干时松土，防止垄面裂缝风干幼苗。

②修剪：杜仲抽枝力强，若任其生长，则树冠高、胸径增粗慢，管理中应注意控制树冠向上生长，增厚皮层，增加产量，提高品质。修剪旺长枝，对于幼苗，把离地面10cm的细小树枝剪掉，当树高3~4m时，剪去主干顶梢和密生枝、纤弱枝、下垂枝，以利于养分集中，促进主干和主枝生长，同时清除周围杂草。

③浇水施肥：每年春季3~5月应根据土壤墒情浇水2~3次，以确保树体生长及开花结实的需要。施肥要根据林地土壤特性、土壤墒情及树体需肥特点而定，一般成龄杜仲每年追施厩肥或人粪30~75t/hm²、尿素300~900kg/hm²、过磷酸钙750~1050kg/hm²。

(5) 病虫害防治

杜仲病虫害主要有立枯病、根腐病、叶枯病、蚜虫、地老虎等。立枯病于 4~6 月份发生，幼苗靠近土表茎基部分变褐色收缩腐烂，最后倒伏干枯。在防治方面除采取轮作、注意排除田间积水等农业措施外，可在播种前每亩用 30%甲霜·恶霉灵水剂 1.2g 或 75%敌克松可溶性粉剂 1.0g 进行土壤消毒，杀灭菌源；如果苗期发病，先要拔除病苗，再用 50%多菌灵可湿性粉剂 500~600 倍液喷雾防治。根腐病防治方法同立枯病。叶枯病可在冬季扫除病叶枯枝，集中销毁；发病期人工摘除病叶，减少菌源，而后可喷洒 50%多菌灵可湿性粉剂 500 倍液或 1∶1∶120 波尔多液，每隔 7~10d 喷施 1 次，连续喷 2 次。蚜虫危害嫩梢，可用蚜虱净等高效低毒的杀虫剂防治。对于地下害虫，可在整地时施入 6%毒死蜱·辛硫磷颗粒剂 1.5kg 预防，如果在幼苗期发生，可人工捕杀和采用毒饵诱杀。

4. 采收与加工

(1) 皮用

一般栽种 3 年左右即能采收树皮，生长年限越长，树皮越厚，质量越好。一般立夏至夏至，选择较粗壮的树，在齐地面锯倒，剥下树皮供做药用，木材可做家具。树干或树根还能萌发不定芽，10 年后又可剥皮。如此有叶用计划地间伐，年年都可收到药材及木材，对较粗的树枝，亦可剥皮供做药用。

剥下的树皮加工入药。将剥下的树皮，用开水稍烫，然后使内层相对，层层叠起，放在以草垫底的平地上，上盖木板，再放石头压紧，四周用草盖好，使之发汗。6~7d 后，内皮变青紫色或黑褐色，取出晒干。几十年的老树皮，须刮去表面粗皮，才可供药用。1~1.5kg 鲜树皮，可加工 0.5kg 干货。

(2) 叶用

叶用丰产林在苗木定植移栽后第 2 年冬季，于离地面 30~50cm 处栽干，施肥培土。在剪口处可萌发若干萌条，选择生长良好，分布相对均匀的 3 根枝条作为一级支干进行培养。第 2 年春季在每个一级支干的基部以上 3~5cm 处剪截，剪口下又会萌发若干枝条，同样选择生长良好，分布相对均匀的 2 根枝作为二级支干进行培养。第 3 年在每个二级支干的基部 3~5cm 处剪截，每个剪口处培养 2 个枝条作为采叶枝，共有 12 根采叶枝进行采叶。以后每年将 12 根采叶枝从基部剪截进行采叶。最佳采收季节药用叶为 8 月，胶用叶为 10 月初至 11 月中旬。采摘后，晒干备用。

5.1.7 黄柏

黄柏（*Phellodendron amurense* Rupr.）为芸香科黄檗属落叶乔木，学名黄檗，又名黄菠萝，其树皮入药，主治急性细菌性痢疾、急性肠炎、急性黄疸型肝炎、泌尿系统感染等炎症。外用治火烫伤、中耳炎、急性结膜炎等。木材坚硬，边材淡黄色，心材黄褐色，是枪托、家具、装饰的优良材，亦为胶合板材。果实可作驱虫剂及染料。种子含油 7.76%，可制肥皂和润滑油。

1. 形态特征

树高 10~20m，大树高达 30m，胸径 1m。枝扩展，成年树的树皮有厚木栓层，浅灰或灰褐色，深沟状或不规则网状开裂，内皮薄，鲜黄色，味苦，黏质，小枝暗紫红色，无毛。叶轴及叶柄均纤细，有小叶 5~13 片，小叶薄纸质或纸质，卵状披针形或卵形，长 6~12cm，宽 2.5~4.5cm，顶部长渐尖，基部阔楔形，一侧斜尖，或为圆形，叶缘有细钝齿和缘毛，叶面无毛或中脉有疏短毛，叶背仅基部中脉两侧密被长柔毛，秋季落叶前叶色由绿转黄而明亮，毛被大多脱落。花序顶生；萼片细小，阔卵形，长约 1mm；花瓣紫绿色，长 3~4mm；雄花的雄蕊比花瓣长，退化雌蕊短小。果圆球形，径约 1cm，蓝黑色，通常有 5~8（~10）浅纵沟，干后较明显；种子通常 5 粒。花期 5~6 月，果期 9~10 月。

黄柏

黄柏的树皮

2. 生态习性

黄柏适应性强，喜温暖湿润气候，苗期稍能耐阴，成年树喜阳光、不耐阴蔽。耐严寒，幼苗忌高温干旱。对土壤类型要求不严，紫色土、黄壤等均可栽培，但喜深厚肥沃土壤，以疏松肥沃中性至微酸性的砂壤土生长最好，pH 值 5~7，海拔高度以 600~1200m 为宜，海拔过高，黄柏生长缓慢，海拔过低，病虫害严重。野生多长于山地杂木林中或山区河谷沿岸，宜于平原或低丘陵坡地、路旁、住宅旁及溪河附近水土较好的地方种植。主产四川、湖北、贵州、云南、江西、浙江等地。

3. 育苗技术

（1）建园

①选地：选择土层深厚的山坡向阳之处，以排水良好的中性至微酸性疏松壤土为佳，尤以房前屋后、溪边、山坡下部生长良好。其生长主要受土层厚度的影响，在坡度超过 40°的地方仍能生长良好，在坡度 25°以上的地方栽植，土层厚度应不小于 30cm。土层较薄，生长不良。另外，选地时应避开低洼积水之处。

②整地：整地前须进行林地清理。荒山造林多采用全面或带状、块状劈山砍荒，砍荒时间可放在秋、冬农闲季节，清除林地杂草、灌木，运出造林地。若选在 7~8 月盛夏季节清理，可采用化学除草剂清理方式。15°以下缓坡地以全垦加穴状整地为宜，全垦者深度 20~25cm，作成平台或梯田；25°以上的坡地按鱼鳞坑或穴状整地为好，不宜全垦；坡度在 15°~25°的山地宜搞水平带状条垦，深度同全垦，条带宽 1m。在全垦、条垦时一般按株行距 1.5m×1.5m 的密度挖好植树穴。挖定植穴时，一定要将土壤全部挖起来堆放一边。如果土层太薄，须人工爆破，将石块掏起来堆放一边，让其自然风化。定植穴挖好以后，将基肥均匀撒于穴旁挖出的土壤上，然后再将土壤回填到穴内。每穴用过磷酸钙 0.2~0.5kg，尿素 0.05kg

或复合肥0.2kg，如有草皮、秸秆、树叶等有机质，可一起铲入穴内。

（2）育苗技术

黄柏的育苗方法主要有播种育苗、扦插育苗和分根育苗。

①播种育苗：选择生长15年以上的壮龄黄柏树作为采种的母树。10~11月，当黄柏果实由绿变褐，最后呈紫黑色时，表示种子已经成熟。在大多数果实已经成熟，且果壳开裂之前即可进行采摘。采收时，直接剪下果枝。应当注意的是未成熟的果子不能做种用。采摘后，将鲜果堆放在屋里或木桶里盖上稻草或麻片，经过10~15天，当果实完全变黑、腐烂、发臭时，取出，用手揉搓出种子，再放在筛子里，用清水漂洗，去掉果皮、果肉、空壳和渣子，捞出种子晒干或阴干，以风选法选取充实的种子，当年采收的种子可以直接播种，不需要催芽处理，如果第2年春季播种，播种前必须经过种子处理。常见的处理方法有雪埋法和沙藏冷冻法，雪埋法是将种子与3倍量的雪混合，埋入露天的坑里自然越冬，于翌年春季播前15~20天取出化去雪水，平摊地面上暴晒，当30%的种子露白时立即播种。用雪埋法处理的种子出苗快齐。另一个是河沙藏冷冻法处理种子，春季播种前1~2个月，将3份湿沙和一份种子混合埋入室外土内，盖上20cm的土，上面再盖些稻草，待春播前取出，除净沙土，便可播种。播种方法：可以进行秋播和春播，秋播在封冻前进行，来年春压茬，春播在4月下旬~5月下旬进行，播种易早不易晚，否则出苗偏晚，生长不良，北方多为畦作和垄作，即在畦面和垄面开沟。行距15~20cm，沟深5~6cm，沟底塌实，将种子均匀撒入沟内，每亩地播种4~5kg，然后覆盖1~2.5cm的土，进行镇压，播种后40~50d就可以出苗。

②扦插育苗：扦插育苗应选择6~8月的高温多雨季节，以提高扦插成活率。用纯净的河沙作为苗床基质，选取1年生枝条，将其剪成15~18cm的小段，斜插在苗床上，经常浇水，保持一定的温度和湿度。天热时要在苗床上搭建遮阳网，培育至翌年秋季进行移栽。

③分根育苗：选如同手指粗细的黄柏嫩枝，将其截成15~20cm长的小段，斜埋在温暖的地方，也可以进行窖藏，到翌春解冻时栽植，但应注意埋时不能露出地面。栽后及时浇水，1个月后发芽出苗，1年后进行移栽。

（3）栽植技术

移栽分为秋栽和春栽。秋栽在育苗当年上冻前进行；春栽在育苗后第2年春清明至谷雨进行。按株行距1m×2m先挖60cm深见方的坑，然后栽苗，浇水培土保成活，栽苗300株/亩为宜。

（4）林间管理

黄柏是高大乔木植物，抗逆能力很强，在生长期间，重点是土、肥、水管理。

①土壤管理：在黄柏栽植后2~3年内，幼树要经常中耕除草，保持土壤松软，透气良好，无杂草，避免争肥水。大树生长期间，要在大树基部深翻土壤，每年在树冠外1m左右进行环状扩穴抽槽，深度为50~70cm，以保证根系发育。

②施肥和浇水：黄柏生长期的施肥以农家肥、绿肥为主，既可增加肥效补充营养成分，又可以改善土壤。幼树可在10月施基肥，每株施有机肥10~15kg，大树可以结合冬季扩穴深施肥料，每株施有机肥40~80kg。

③间作套种：大面积栽黄柏时，特别是在定植后4~5年内，由于植株较小，林间空间较多，为了利用土地，可间作其他苗木。

④整形与修剪：黄柏树体高大，枝干挺拔，干性强，生长势强，修剪和整形一定要按它的生理和生物特性进行。成年的黄柏，一般只进行冬季修剪，每年修剪一次。修剪为11月下旬。修剪的方式比较简单，修剪量也较小。若以采皮为主要目的，应适当修剪侧枝，以促进主干的生长。

（5）病虫害的防治

危害黄柏的主要有锈病、煤污病、轮纹病、褐斑病等，主要虫害有黄柏凤蝶、蚜虫、小地老虎、黄地老虎等。

①病害防治：锈病是黄柏叶的主要病害，病原是真菌中的一种担子菌。一般在5月中旬发生，6~7月危害严重。发病初期叶片上出现黄绿色近圆形斑，边缘有不明显的小点，发病后期叶背成黄橙色突起小庖斑，这是病原菌的夏孢子堆。用50%的代森锰锌600倍液喷施。轮纹病，主要危害黄柏的叶片，发病期叶片出现近圆形病斑。直径4~12mm，暗褐色，有轮纹后期变为；小黑点，即病原体的分生孢子器。病菌有冬季叶上越冬，翌年春条件适宜时，传播、侵染。可喷施波尔多液1∶1∶160，或70%甲基托不津可湿性粉剂800倍液，50%的代森锰锌600倍液。褐斑病，主要危害黄柏的叶片。发病期叶片上病斑圆形，直径1~3mm，灰褐色，边缘明显为暗褐色，病斑两面均生有淡黑色霉状物即病原菌的子实体。病菌以菌丝体有病枯叶中越冬。翌春条件适宜传播，一般以预防为主，秋季落叶后彻底清除落叶、病枝、集中烧毁，植株发病时，喷施1∶1∶600倍的波尔多液。

②虫害防治：凤蝶，属鳞翅目凤蝶科，幼虫危害叶片，5~8月发生。一般采取生物防治，或用40%的乐果1500倍液喷3次，每7d一次。蚜虫，属同翅目蚜科。以成虫吸食黄柏的叶茎的汁液，发生期用40%的乐果1500倍液或80%敌百虫1500倍液连喷数次。小地老虎，低龄幼虫常群集于幼苗的中心或叶背取食，3龄后的幼虫将苗木咬断，并拖入洞中。在冬季及时深翻，把路边杂草处理干净。在幼虫初期，用90%的晶体敌百虫1000倍液喷施。

4. 采收与加工

（1）采收

黄柏一般在定植10~15年即可采收，应在立夏至夏至间剥皮，此时高温多湿树体生长旺盛，树皮木质部含水高容易剥取，母树成活率高，一般在树干距地面10~20cm以上部位交错剥取树干外围1/4~1/3的树皮，切割深度以割断表皮勿伤内皮层，每年可更换剥皮部位，剥皮时应在气温25℃以上，阴天或多云天气进行如晴天应在下午4时以后进行。剥皮时先在树干上横割一刀，再呈"T"字纵割一刀，割到韧皮部不要伤害皮层，皮层和木质部宽度不要超过25cm，然后撬起树皮剥离。剥皮24小时不要用手触摸，严禁日光直射，雨淋和喷农药，2年后达到原生皮的厚度，再次剥皮仍可再生，可重复数次，黄柏剥皮后要及时灌水增施速效肥料，冬季对环剥皮部位要用塑料薄膜和稻草包扎以免冻害发生。

（2）加工

将剥下的新鲜树皮趁鲜刮去粗皮，保留至0.3~0.5cm厚，晒至半干铺平堆成堆，用石板压平后，再晒干，外表面呈绿色或淡黄色即可。

（3）包装贮藏

打包时每件不要超过25kg放入干燥通风的地方贮存。温度控制在30℃以下商品安全水分含量，以10%~13%为佳。

5.1.8 厚朴

厚朴（*Magnolia officinalis* Rehd. et Wils.）为木兰科木兰属药用、用材树种，树皮、根皮、花、种子及芽皆可入药，以树皮为主，为著名中药，有化湿导滞、行气平喘、化食消痰、驱风镇痛之效；种子有明目益气功效，芽作妇科药用。子可榨油，含油量35%，出油率25%，可制肥皂。木材供建筑、板料、家具、雕刻、乐器、细木工等用。叶大荫浓，花大美丽，可作绿化观赏树种。

1. 形态特征

落叶乔木，高达20m；树皮厚，褐色，不开裂；小枝粗壮，淡黄色或灰黄色，幼时有绢毛；顶芽大，狭卵状圆锥形，无毛。叶大，近革质，7~9片聚生于枝端，长圆状倒卵形，长22~45cm，宽10~24cm，先端具短急尖或圆钝，基部楔形，全缘而微波状，上面绿色，无毛，下面灰绿色，被灰色柔毛，有白粉；叶柄粗壮，长2.5~4cm，托叶痕长为叶柄的2/3。花白色，径10~15cm，芳香；花梗粗短，被长柔毛，离花被片下1cm处具包片脱落痕，花被片9~12（17），厚肉质，外轮3片淡绿色，长圆状倒卵形，长8~10cm，宽4~5cm，盛开时常向外反卷，内两轮白色，倒卵状匙形，长8~8.5cm，宽3~4.5cm，基部具爪，最内轮7~8.5cm，花盛开时中内轮直立；雄蕊约72枚，长2~3cm，花药长1.2~1.5cm，内向开裂，花丝长4~12mm，红色；雌蕊群椭圆状卵圆形，长2.5~3cm。聚合果长圆状卵圆形，长9~15cm；蓇葖具长3~4mm的喙；种子三角状倒卵形，长约1cm。花期5~6月，果期8~10月。

厚朴的花

厚朴的果实

2. 生态习性

厚朴性喜温和，潮湿、雨雾多的气候，严寒、酷暑或及晴连雨的气候，都不是很适宜，要求年平均温度14~20℃，1月平均温度3~9℃，年降雨量在800~1400mm，幼苗怕强光，应适当荫蔽，定植则应选向阳地。在土层深厚、肥沃、疏松、腐殖质丰富、排水良好的微酸性或中性土壤上生长较好。常混生于落叶阔叶林内，或生于常绿阔叶林缘。根系发达，生长快，萌生力强。5年生以前生长较慢，20年生高达15m，胸径达20cm，15年开始结实，20年后进入盛果期。寿命可长达100余年。生于海拔300~1500m的山地林间。产于湖南西南部、湖北、陕西、甘肃、河南、四川、贵州东北部。

3. 栽培技术

（1）建园

①选地：选择在海拔 700~2000m 的中下坡位，阳光充足，排水良好，土层深厚，质地疏松，土壤肥沃，含腐殖质较多的微酸性至中性土壤。

②整地：整地前把造林地的采伐剩余物或杂草、灌木等天然植被进行全面清理，有少量针叶树宜保留。采用全垦、穴（块）状和带状整地，禁止 25°以上的山地全垦整地，山地、丘陵要适当保留山顶、山脊土壤植被，或沿一定等高线保留 3m 宽的保护植被。在整地与造林过程中，最好有一段降水频繁的时间，提高土壤的湿润程度，可以显著地提高厚朴造林的成活率。

（2）育苗技术

厚朴常用的育苗方式有三种：播种育苗、压条育苗和扦插育苗。

①播种育苗：种子 9~10 月成熟，选择 15 年生以上的健壮母树采种为宜。当果壳露出红色种子时，即连果柄采下，趁鲜脱粒。选果大、种子饱满、无病虫害的作种。育苗地选择向阳高燥、微酸性而肥沃的沙质土壤，忌积水和黏重的土壤，做成 1.2~1.5m 宽的苗床，施足底肥。条播为主，条距为 25~30cm，条沟深 7~10cm，粒距 5~7cm，每亩播种量 12~14kg，播后盖细土 3cm 左右，再盖薄层稻草，幼苗出土后揭去稻草，苗高 6cm，可施淡人粪尿或 0.2%的尿素水或硫酸铵催苗。经常注意除草和适当追肥 1~2 次，干旱时注意浇水，雨季时注意排水，以免发生根腐病。第 2 年春季顶芽未萌发前进行移植或直接造林。也可采用撒播。每亩用种 15~20kg。一般 3~4 月出苗，1~2 年后当苗高 30~50cm 时即可移栽，时间在 10~11 月落叶后或 2~3 月萌芽前，每穴栽苗 1 株，浇水。

②压条育苗：11 月上旬或早春选长 67cm 以上的枝条，挖开母树基部的泥土，从枝条与主干连接处的外侧用刀横割一半，握住枝条中下部，向切口相反方向扳压，使树苗从切口裂开，裂口不宜太长（约 6.7cm），然后在裂缝中放一小石块，并把土堆盖在老树根和枝条周围，高出土面 16.5~20cm，稍加压紧，施人畜粪，以促进发根生长，到秋季落叶后或第 3 年早春，把培土挖开，如枝条裂片上长出新根，形成幼株，即可用快刀从幼苗和母树基部连接处切开，即可定植。由上法所得幼苗，在定植时斜栽土中，使基干与地面呈 40°角，到翌年或第 3 年则可从基部垂直生出许多幼枝来，在枝高 33~67cm 时，按上法压条（留一健壮的枝不压），到了当年秋季，幼苗新的根系又已形成，翌年春天又可进行分栽；未压的一株，则留着不动，同时将最初斜栽的老株齐剪去，以促进新株更苗壮成长，在采收厚朴时，只砍去树干，不挖树桩，冬季盖土第 2 年也可长出小苗，苗高 67cm 时，同样进行压条。

③扦插育苗：早春 2 月，母树萌动前，选有小手指粗的 1~2 年生健壮枝条，剪取长约 20cm 的插穗，削平切口，在每升水中加 210mg 的萘乙醇的生根剂中浸泡 5 秒，随即扦插，上端留出 1~2 个芽露出土面，浇透水分。插后要适当遮阴，经常保持土壤的湿润，生根后第 2 年就可以定植。

（3）栽植技术

①栽植密度：在立地条件好的造林地上建混交林，每公顷初植 1665 株（3m×2m）；立地条件较差，每公顷可植 2505 株（2m×2m）。

②定植季节：一般在秋季落叶后至立春雨水节前进行。

③定植：挖穴，规格为 40cm×40cm×30cm，将表土填入底部，施入基肥，与穴土拌匀，覆盖厚 10cm 的细土。施基肥，肥沃纯林地，每定植穴施腐厩肥或土杂肥 5kg，磷钾肥各 1.0kg；瘠薄纯林地，每定植穴厩肥 10kg，磷、钾各 1.0kg。定植，雨水前后定植。苗木选用标准苗。使根系伸展，栽正、栽稳，分层填土压紧，浇透定根水，盖土稍高于地面，以防积水。

（4）林间管理

①中耕除草：定植后，每年至少中耕除草 2 次，将杂草压入株旁作肥料。

②除萌、修剪、间伐：厚朴萌芽力强，树干基部和根径常因机械损伤，病虫危害，出现萌芽而形成多干现象，应及时除去。

③截干、整枝和斜割树皮：为加快厚朴加粗生长，增厚皮层，在其定植 10 年后，当树高长到 9m 左右时，就可将主干顶梢截除，并修剪密生枝，纤弱枝，垂死枝，使养分集中供应主干和主枝。同时于春季用利刀从其枝下高 15cm 处起一直到基部围绕树干将树皮等距离地斜割 4~5 刀，并用 100mg/kg ABT 2 号生根粉溶液向刀口处喷雾，促进树皮薄壁细胞加速分裂和生长，使树皮更快增厚。

④间作：为了加速幼树生长，在定植后的当年至树冠郁闭度前，行间可间种豆类，蔬菜以及 1~2 年生中药材等矮秆植物。

（5）病虫害防治

厚朴病虫害主要有立枯病、根腐病、猝倒病、褐天牛、褐边绿刺蛾和褐刺蛾等。

①立枯病。发病初期叶上病斑黑褐色，逐渐扩大呈灰白色布满叶片，潮湿时病斑上着生小黑点（病原菌分生孢子器），最后干枯死亡。防治方法：冬季清除枯枝病叶；发病初期摘除病叶，出苗后喷 1∶1∶100 波尔多液防治，间隔期 15d。

②根腐病。苗期发病，根部发黑腐烂，呈水渍状，全株枯死。防治方法：注意排水；发现病株立即拔除，病穴用石灰消毒，或用 50% 多菌灵 1000 倍液或 0.2 高锰酸钾溶液浇病穴。

③猝倒病。幼苗出土不久，靠近土面的茎基部呈暗褐色病斑，病部缢缩腐烂，幼苗倒伏死亡。防治方法同根腐病，还可喷 50% 甲基托布津 1000 倍液防治，或用五氯硝基苯 1000 倍液灌根防治。

④褐天牛。蛀食枝干影响树势，严重时植株死亡。可捕杀成虫；树干刷涂白剂防止成虫产卵；用 80% 敌敌畏乳油浸棉球塞入蛀孔毒杀。生长健壮的植株很少遭侵害。

⑤褐边绿刺蛾和褐刺蛾。幼虫咬食叶片；可喷 90% 敌百虫 800 倍液或 Bt 乳剂 300 倍液毒杀。

4. 采收与加工

（1）砍树剥皮

厚朴定植 15 年后可在 5~6 月收获，先用刀在树基部将皮环切一周，再向上量 65cm 处切一周，然后纵割一刀，把皮剥下，再把树砍倒，剔除侧枝，由下至上按厚朴 40cm 长依次顺剥。

（2）活树环状剥皮

夏至前，厚朴树皮内形成层生长旺盛，树液饱满时进行，选半阴无风天气，以免风雨冲刷剥皮后分泌的液汁，破坏形成层而影响新皮再生。方法是：在离地面 10cm 处绕树环切一周，向上量 80cm（简朴两段长）再切一周，后向下纵割一刀，要掌握割断韧皮，不伤害形成层，沿环切刀口将树皮向两侧撕裂，绕树剥下，剥后 24h 内严禁日光直射，以免破坏形成层而造成死亡。

（3）加工方法

①烘干：树皮层叠整齐，放在木甑里，以少量花椒、明矾和水蒸煮，待蒸到木甑上蒸气均匀后，取出堆于阴凉处，盖上杂草或棉絮，使其"发汗"12~24h，再取出两端用麻绳捆好，再用炭火烘干即成产品。

②晾干：厚朴皮放在通风处风干或先用开水烫至发软后，取出堆积"发汗"，然后晾晒干透。以室内风干为最佳，油分足，味香浓。一般经"三伏"天后，充分干燥，打捆即成产品。

（4）厚朴花采收与加工

清明前后，花尖露白（含苞待放）时采回，用蒸笼蒸 10min 后摊开晒干。雨天用文火烘干。

5.1.9 龙脑樟

龙脑樟 [*Cinnamomum camphora* (L.) Presl.] 为樟科樟属的常绿阔叶乔木，右旋龙脑又称冰片，是一种富含右旋龙脑化学成分的樟树，也是一种名贵珍稀药材，在医药上应用极为广泛。右旋龙脑同时也是一种高级香料、食品添加剂以及重要的化工原料，近年来开始大规模地进入日用品、功能食品和保健食品领域。

1. 形态特征

常绿乔木，高可达 5m，树冠庞大，宽卵形。幼树树皮青嫩，微显红褐色，平滑有光，成年树树皮灰褐色，有规则的纵裂纹；叶薄革质，互生，椭圆形，长 6~12cm，宽 3~6cm，叶背灰绿色，两面无毛，先端短渐尖，基部楔形，鲜叶下面无白粉，光滑，边缘波状；芽苞深绿色；花絮长 4~7cm，黄绿色；果球形，成熟时紫黑色，果托杯状，果梗不曾粗。

龙脑樟幼树

龙脑樟

2. 生态习性

龙脑樟喜光，喜温暖湿润气候，对土壤要求不严，较耐水湿，但不耐干旱、瘠薄和盐碱土。

分布于湖南、江西、福建、广东、云南等，湖南新晃也有分布。

3. 栽培技术

（1）建园

①选地：选择交通方便，山场相对集中连片，地势比较平缓，坡度不超过25°，土层深厚，湿润肥沃（肥力在中等以上），pH4.5~7.0，阳光充足，水源较好，空气湿度较大，保护条件较好的林地。

②整地：整地前清山，植被茂密的山地全刈炼山，清除杂灌；植被稀少的不用炼山。坡度10°以下的山地，采用撩壕整地，壕沟40cm×40cm。坡度10°以上的山地，采用条垦整地，条垦带呈环山水平，条带宽1~1.2m，开穴40cm×40cm×30cm。每株（穴）施复合肥0.25kg或塘泥半穴，有条件可施酒糟等腐殖酸肥料；表土还穴，回填2/3。

（2）育苗技术

龙脑樟常用的育苗方式有扦插育苗和组培育苗。

①扦插育苗：扦插地可选在小气候较好的林缘或林间空地。扦插苗床可用砖砌成东高60cm、西高40cm、东西宽315m（长度视地形而定）的床框。床底中央开一条深40cm、宽40cm的暗沟通至苗床外，沟内用碎石填至龟背形。插壤为红壤冲积土，厚20~25cm。扦插前1周用0.2%高锰酸钾消毒，并用薄膜盖好。插床上架设2m高固定荫棚，透光率约为30%~40%。为便于移栽，也可用营养钵扦插。扦插时间南方为3~4月上旬。过早则因低温致插穗基部切口变黑，不利愈合生根；过迟则气温偏高易导致插穗未愈合先抽梢，消耗营养，也不利于愈合生根。插穗最好选用2~3年生龙脑樟壮苗的侧枝。插穗基部靠节位剪成光滑平口，顶部离节1.3~1.5cm带斜口剪断，每穗留1芽1叶。扦插前插穗用β-吲哚丁酸或β-萘乙酸浸泡处理。扦插株距3~4cm，行距10~12cm，插穗插入土内。插后压紧，喷水湿透，并覆盖塑料薄膜。愈合前一般每天喷雾2~4次，愈合至生根期每天1~3次，雨天可隔天进行。苗床要注意通风，空气湿度控制在80%以上，温度应控制在29℃以下。当插穗长出3~4片新叶时，可适时撤去塑料薄膜，进行苗木正常管理。平时应注意除草、防虫，干旱时应及时喷水。翌年3月上旬，当苗木生长至40~60cm高时，可将其挖出定植。

②组培育苗：取龙脑樟砍伐后萌条的嫩梢部分，用洗洁净洗涤后，再用自来水冲洗数次。在无菌条件下用70%的乙醇浸30min，再用0.1%的升汞溶液灭菌7~10min，无菌水反复冲洗数次，用解剖刀切取5mm左右具芽茎段为培养材料。将以上培养材料置于添加质量分数为0.8%琼脂、质量分数为3%蔗糖的MS培养基中，温度25~27℃条件下，培养1周左右茎段增粗，切口处产生一定量的愈伤组织，腋芽膨大突出，开始萌动。约1个月后，不定芽可伸长至2~3cm。再转入相应的培养基中进行继代培养，诱导产生丛生芽和根。移植前，洗净根部培养基，栽到装有珍珠岩的塑料育苗盘中，喷洒清水。1周后可喷洒营养液，逐渐增强光照。3周后将幼苗移植到土壤中，至长成苗壮的龙脑樟植株。

（3）栽植技术

①选地整地：选择土层深厚、肥沃湿润、酸性至中性（pH值5.5~6.5）、腐殖质含量高、板页岩或砂页岩为母质发育而成的山地红砂壤或山地黄壤，以山脚、山谷、山冲或阴坡、半阴坡的下部地带最佳。采用水平环带状开梯整地，以防止水土流失。

②栽植密度：一般采用株行距1.2m×1.2m，土壤深厚的可采用1.2m×1.4m。

③栽植时间：在 2 月~3 月上旬。选择雨后的阴天或细雨天栽植，天旱土干时不栽。苗木随起随栽。注意对停放苗木保湿遮荫。

④苗木选择：选用龙脑樟优树苗木，地径 0.6m 以上，保留根幅 35cm，顶部留 2~3 片叶，苗高超过 50cm 的截干造林，保留苗干 30cm。

⑤植苗：将底肥匀施穴底，再填土 10cm 厚左右，将底肥全部覆盖。然后把苗木放入栽植穴，理好根系，使其均匀舒展，不窝根，更不能上翘、外露。栽植深度一般为 20~30cm，植苗做到位正根舒，并做到"三埋两踩一提苗"，使土壤与根系密接，防止干燥空气侵入，保持根系湿润。覆土要细致，分层压实，先填表土湿土，再填心土，每填一层土踩紧一次，填两层土后提苗一次，穴面覆些松土，略高于地面，成龟背形，防止积水。

（4）林间管理

①松土除草：松土有利于改善土壤的保水、透水和通气，促进土壤中微生物活动，加速有机质分解。除草是清除与龙脑樟幼林竞争的各种植物，从而保证幼林的营养及阳光等生长条件。松土除草一般同时进行。持续年限应根据造林树种、立地条件、造林密度和经营强度等具体情况而定。龙脑樟造林是以采收枝叶为目的，因此不管树龄长短，每年均需松土除草，以获得更多的枝叶。根据龙脑樟的生长特性，其幼林地除草一般一年 2 次，第 1 次在 6 月份的前后，第 2 次在 10~11 月前后，从而保证龙脑樟的良好生长。方式与整地方式相适应，全面整地的进行全面松土除草，局部整地的进行带状或块状松土除草，但不是绝对的，依据具体情况而定。造林初期，松土不宜太深，随树龄增大，可逐步加深。总之，里浅外深，树小浅松，树大深松，沙土浅松，黏土深松，土湿浅松，土干深松。一般松土除草深度为 5~15cm，加深时可增大到 20~30cm。

②灌溉：人工林灌溉是造林时和林木生长过程中，人为补充土壤水分的措施，有利于提高造林成活率。人工林的灌溉有漫灌、畦灌、沟灌等。漫灌功效高，但水用量大，要求土地平坦；畦灌应用方便，灌水均匀，节约用水，但要求作业细致，投工较高。沟灌介于两者之间。一般应尽量利用天然地表水或地下水。此外，在灌溉时还要重视水质，凡是含盐量高或矿化程度高的水源均不宜使用。

③施肥：龙脑樟主要以采收枝叶为主，主要施氮肥，配合磷钾肥，主攻春、夏、秋三次梢，随树龄增长和枝叶采收量，施肥量逐年提高。施肥方法在林木上方（坡的上方）离树蔸 20cm 左右施肥，有开沟施、挖穴施两种方法，施肥量视土壤贫瘠程度、林龄和施用的肥料种类而定。

④林木抚育措施：整形修剪可增强幼树树势，促进树木生长旺盛，增加侧枝的比重，使粗大侧枝分布均匀，达到提高叶片产量的目的。截干是利用龙脑樟的萌芽能力，截去主干，促使侧枝增多，以达到高产的目的，一般截干与采收同时进行，在每年树木停止生长时（10 月份后，3 月份之前）比较适宜。龙脑樟成年林的人工管护龙脑樟幼林一般 3~4 年开始郁闭，长大成林。此阶段主要是中耕除草，深翻扩穴病虫害防治等工作，不断改善林木生活环境条件，提高林木生产力。每年春、秋两季进行除草和有限的垦复结合施肥，一年 1 次全垦。成年林的杂草少了，可以每年砍杂灌、松土 1 次。

（5）病虫害防治

①龙脑樟的主要病害有白粉病、炭疽病和黑斑病等。

白粉病：多发生在苗圃地幼苗上，在气温高、湿度大、苗木过密、通气不良的条件下最易发生。嫩叶背面主脉附近出现灰褐色斑点，以后蔓延整体叶背，并出现一层白粉，严重的嫩枝叶、干也有白粉。防治方法：注意苗圃卫生，适当疏苗，或发现少数病株时立即拔除烧毁；用 0.3°~0.5°Bé 的石硫合剂，每十天喷洒 1 次，连续 3~4 次。

黑斑病：龙脑樟树长出 1~4 片叶时，容易发此病，此苗尖向根部变褐色而死亡。防治方法：首先对种子、土壤等消毒，及时拔除病苗，毁之；可用 0.5%高锰酸钾溶液或福尔马林液喷 2~3 次即可防止蔓延。

炭疽病：首先将病枝（叶）剪除，毁之；喷 50%退菌特（500~700 倍液），或 1：1：150 波尔多液 2~3 次进行防治。

根腐病：可用 5%福尔马林液消毒，及早拔除病株，并销毁，注意排水。

②龙脑樟的虫害主要有樟叶蜂、樟梢卷叶蛾、樟巢螟、樟天牛等。

樟叶蜂：一年中发生代数多，危害期长，幼虫可越冬。1 年生树木树冠上部嫩叶常被吃光，严重时常致枯死，严重影响林木生长。防治方法：用 90%敌百虫或 50%马拉松乳剂各 2000 倍液喷杀；用 0.5kg 闹羊花或雷公藤粉加水 75~100kg 制成药液喷洒。

樟梢卷叶蛾：一年发生数代，幼虫蛀食枝梢，影响樟树生长，并枯死。防治方法：2~3 月樟树抽新梢后，第一代幼虫孵化时，可用 50%二溴磷乳剂，或 50%马拉松乳剂 1000 倍液喷杀，每隔 5d 一次，连续 2~3 次，即可防治。及时清除枯枝落叶并销毁，以消灭冬虫蛹。

樟巢螟：一般危害樟树幼苗和 20 年生以下树木，一年两代，第一代幼虫在 5 月底~7 月中旬，第二代幼虫在 8~9 月间，幼虫成群集结于新梢上取食叶芽，并吐丝把残叶卷成球状，包扎顶芽，以致新梢枯死，甚至全株死亡。防治方法：幼虫开始活动未结成网巢时，用 90%敌百虫 4000~5000 倍液进行喷液，即可杀死；幼虫已结巢网，人工摘除并将其烧毁。

4. 采收与加工

（1）采收时间

龙脑樟中天然冰片的含量在不同的采收年限和采收季节存在一定的差异。一般栽植 2 年以上，长势良好即可采收。根据龙脑樟的生长规律以及天然冰片在叶片中的动态活动规律，按照主产品天然冰片的产量最大、质量最佳、采收后林分保持最旺盛、枝条萌发再生能力最强的基本原则，龙脑樟枝叶采收时间确定为：在 10 月后至翌年 3 月前。

（2）采收方式

龙脑樟树中龙脑含量最高的部分为龙脑樟树叶，树枝中含量较少。为了保证枝叶的质量，同时也保证母树不受到过度伤害和下一季节枝叶的正常生长，确定龙脑樟枝叶的收购标准为：以树叶为最佳，夹带的枝条从枝条梢尖往下不超过 100cm，枝条直径不超过 1.5cm，不允许有纯枝条出现，更不允许有其他樟树枝条夹带其中。

（3）采收后的母树处理

根据植物主干高度及树形等要求，可采取短截或平茬方式采收枝叶，并留取树桩不高于 1.2m，保留 2 条长势好的侧枝（呈羊角状）。采收后要求立即对母树剪口处进行薄膜包扎保护为宜，防止母体水分流失过多而干枯，影响下一季节枝叶的正常生长。

（4）加工及储藏

用木桶或竹筐盛装，置通风干燥阴凉处，严禁在阳光下暴晒，并注意防潮、霉变、虫蛀，防挥发油散失。盛装枝叶的编织袋上要挂好卡片，卡片上填写采收时间、种植户姓名、采收地点等信息，采收后的枝叶应及时运输到加工场地进行生产加工，龙脑樟新鲜枝、叶不易保存，蒸腾作用和新陈代谢剧烈，堆积易产热并导致变质腐烂。如龙脑樟枝叶干燥后，天然冰片成分在植物体内发生转化，含量降低并不易被提取。因此，在采伐后3d内必须送往工厂进行蒸馏提取，才能保证天然冰片的品质。

5.1.10 茯苓

茯苓[*Poria cocos*（Schw.）Wolf]为真菌界担子菌门伞菌纲多孔菌目多孔菌科茯苓属菌类植物，又名云苓、松苓，寄生在土层覆盖干枯松木上，茯苓是我国的重要中药材，以菌核入药，具有安神、健脾、利尿、去水肿等功效。主要用于治疗水肿、小便不利、心悸、眩晕等症。

1. 形态特征

菌核由菌丝集结而成，形态不一，有球形、长椭圆形、扁圆形或不规则块状，大小不等，小的重数百克，大的可达数10kg，一般为0.5~5.0kg。菌核表面黑褐色或棕褐色，皮壳有皱纹，内部白色或淡红色。子实体平伏地生长在菌核表面，初时白色，老熟干燥后变为淡褐色。

茯苓菌核

茯苓药材

2. 生态习性

茯苓多生于松属植物根上，适宜700~1000m的中海拔、气候凉爽、干燥、沙质土壤、10~35°坡地。茯苓子实体正常发育的温度为24~28℃菌核对温度的适应能力很强，能经受40℃的高温和冰冻严寒，常不会引起灼烧或冻害。菌丝体在10~35℃条件下均可生长，最适温度为23~28℃；高于35℃，菌丝易老化。菌丝体在培养基生长，要求含水量为60%左右、pH值为5~6。在土壤中生长要求含水量为25%左右，在砂壤中生长良好。子实体形成要求空气湿度为70%~85%。

野生茯苓在我国大部分省份均有分布。南方各地均有人工栽培，湖南、湖北、安徽、浙江、四川、云南等地为主产地。

3. 栽培技术

（1）建园

①选地：选择方位应朝南，或东南、西南，切忌北向阴坡，阴向阳光不足，地温低，不

宜菌丝生长和结苓，且易生白蚁。场地要有一定的坡度，以 15°~35°的缓坡为宜，利于排水，平地易积水，坡度过陡不保水且土壤易流失。土质偏沙、土层深厚为好，必须是未耕种和栽种过茯苓的老林地或生荒地，或者弃耕三年以上的土地。

②整地：春节前后进行挖场翻耕，一般要求不得浅于 50cm，除去杂草、石块、树根等杂物，然后顺坡挖窖，窖深 60~80cm，长和宽根据木段多少及长短而定，一般长 90cm，窖间距为 20~30cm。然后暴晒，苓场四周开好排水沟。接种前 1 周按 15g 遍撒白蚁粉或细沙拌 3%呋喃丹铺撒窖底及上面覆土层，防治白蚁危害。

（2）栽植技术

茯苓生长的营养主要靠菌丝在松树的根和树干中蔓延生长，并分解和吸收其中养分和水分。选用松树作为茯苓的生活原料，为了充分发挥松树的利用效率，目前生产上主要采用椴木栽培和树蔸栽培两种方法。

①备料：段木备料：每年 10~12 月松树砍伐后，立即修去树枝及削皮留筋，具体留几条筋，要视树的大小而定。削皮要露出木质部，顺木将树皮相间纵削（不削不铲的一条称为筋），各宽 4~6cm，削皮留筋后全株放在山上干燥。经半个月以后，将木料锯成长约 80cm 的小段，然后就地在向阳处堆叠成"井"字形，待敲之发出清脆响声、两端无松脂分泌时即可供用。

树蔸备料：利用伐木后留下的树蔸作材料。在秋、冬季节砍伐松树时，选择直径 12cm 以上的树桩，将周围地面的杂草和灌木砍掉，深挖 40~50cm，让树桩和根部暴露在土外，然后在树桩上部分别铲皮 4~6 向，留下 4~6 条约 3~6cm 宽未铲皮的筋（也叫引线）。树桩下的粗大树根也可用来栽茯苓，每条树根铲皮 3 向，留 3 条引线。根留 1~1.5cm 长，过长即截断不要，使树蔸得到充分暴晒至干透。干后可用草将树蔸盖好，防止降雨淋湿。

②苓场的选择及整理：场地要求背西北朝南或背西北朝东南，通风向阳。土质要疏松透气，以含七成的黏壤为宜，地势以 20~30°的缓坡为宜，利于排水。春节前后进行挖场翻耕，一般要求不得浅于 50cm，除去杂草、石块、树根等杂物，然后暴晒，四周挖人字形排水沟。接种前 1 周将细沙拌 3%呋喃丹铺撒窖底及上面覆土层，以防治白蚁危害。在挖好的茯苓场内顺坡挖窖，窖长 80cm、宽 30~45cm、深 30cm，窖底与坡面平行。窖间距离为 10~15cm。窖挖好后，应立即进行接菌栽种，挖窖与栽种应同时进行，要边挖窖边接菌。

③接菌：春末夏初接菌为春栽（冬季备料后翌年 4 月下旬至 5 月中旬进行），秋季接菌为秋栽（夏季备料于 8 月末至 9 月初进行。下窖时将两条或 3 条段木并排靠拢放入窖沟内，然后在削去树皮部位撒播填满菌种，在菌种上再盖上一些树叶、木片、木屑等填充物，以保护菌种。最后覆盖约 10~15cm 厚、呈龟背形的疏松砂壤土。

（3）林间管理

①检查菌种定植情况：接种 7d 后，应随机取样，扒开段木接种处的土壤进行检查。

②及时排水：平时应注意保持茯苓场地排水沟的畅通，及时排除茯苓场地内的积水。

③斗茯苓：斗茯苓即将窖内已形成较大的菌核取下，掰成若干小块，分别放在未长茯苓的窖内，每窖植入一块，植入较细段木的一头，与段木靠紧。斗茯苓的目的是促使茯苓菌核形成。

④补土掩裂：当进入结苓后期，应经常到茯苓的场地进行检查，一旦发现有菌核露出地

面或土堆出现裂隙，应及时补土，防止菌核露出土面因日晒炸裂或遭雨淋腐烂。

(4) 病虫害防治

①病害防治：软腐病是茯苓的主要病害。发病原因一方面大多是窖内湿度过大引起杂菌污染所至；另一方面，是所用菌种不健壮、抗病能力差所引起。防治方法是对栽培用的菌种要严格进行挑选，适时采收。若发现有软腐等病害发生，应及时将染病茯苓剔出处理。

②虫害防治：白蚁是危害茯苓生长的主要害虫，一旦发现白蚁，应及时用药剂处理。茯苓虱多群聚于段木菌丝生长处，蛀食茯苓菌丝体及菌核，造成减产。防治方法：在采收茯苓时可用桶收集茯苓虱虫群，用水溺死；接种后，用尼龙纱网片掩盖在茯苓窖面上，可减少茯苓虱的侵入。

4. 采收与加工

(1) 茯苓成熟的判断

用纯菌种栽培的茯苓，下种后8~12个月就到成熟期。成熟茯苓的特征：段木颜色变黄褐色，一击就碎；菌核表皮变黑褐色，皮层不再开裂；茯苓蒂已脱筒（脱离段木）；有菌核处窖面土层不再龟裂。

(2) 采挖方法

如果段木还有营养，而且菌核有老有嫩，就应挖老留嫩，挖后重新覆盖泥土，让嫩苓继续生长；如段木营养已耗尽，就应一次性挖完。

(3) 加工方法

茯苓起土后，先刷去泥沙，堆放在室内阴凉干燥处，上面覆盖稻草或草帘，发汗1周，散开风干水分。反复发汗与风干3次，待茯苓皮有褶皱出现时，剥去茯苓皮，切成厚薄、大小均匀的茯苓片或小方块，晒干后包装出售。

5.1.11 罗汉果

罗汉果 [*Siraitia grosvenorii* (Swingle) C. Jeffrey ex A. M. Lu et Z. Y. Zhang] 为葫芦科罗汉果属多年生草质藤本植物罗汉果的果实，又名光果木鳖、拉汗果、罗晃子、假苦瓜、汉果、长寿果、神仙果，是我国传统的药用植物，长期作为中药和饮料被应用。罗汉果味甘，性凉，有清热解暑、润肺止渴功用，临床上可用于治疗高血压、肺结核、哮喘、胃炎、百日咳、急慢性气管炎和急慢性扁桃腺炎等疾病；罗汉果的块根味苦、性微寒，具有清热祛湿、通络解痛之功效，叶子晒干后临床用以治慢性咽炎、慢性支气管炎等。

1. 形态特征

攀缘草本；根多年生，肥大，纺锤形或近球形；茎、枝稍粗壮，有棱沟，初被黄褐色柔毛和黑色疣状腺鳞，后毛渐脱落变近无毛。叶柄长3~10cm，被同枝条一样的毛被和腺鳞；叶片膜质，卵形心形、三角状卵形或阔卵状心形，长12~23cm，宽5~17cm，先端渐尖或长渐尖，基部心形，弯缺半圆形或近圆形，深2~3cm，宽3~4cm，边缘微波状，由于小脉伸出而有小齿，有缘毛，叶面绿色，被稀疏柔毛和黑色疣状腺鳞，老后毛渐脱落变近无毛，叶背淡绿，被短柔毛和混生黑色疣状腺鳞；卷须稍粗壮，初时被短柔毛后渐变近无毛，2歧，在分叉点上下同时旋卷。雌雄异株。雄花序总状，6~10朵花生于花序轴上部，花序轴长7~13cm，像花梗、花萼一样被短柔毛和黑色疣状腺鳞；花梗稍细，长5~15mm；花萼筒宽钟状，长4~5mm，上部径8mm，喉部常具3枚长圆形、长约3mm的膜质鳞片，花萼裂片5，三角形，长约4.5mm，基部宽3mm，先端钻状尾尖，具3脉，脉稍隆起；花冠黄色，被黑色腺点，裂片5，长圆形，长1~1.5cm，宽7~8mm，先端锐尖，常具5脉；雄蕊5，插生于筒的近基部，两两基部靠合，1枚分离，花丝基部膨大，被短柔毛，长约4mm，花药1室，长约3mm，药室S形折曲。雌花单生或2~5朵集生于6~8cm长的总梗顶端，总梗粗壮；花萼和花冠比雄花大；退化雄蕊5枚，长2~2.5mm，成对基部合生，1枚离生；子房长圆形，长10~12mm，径5~6mm，基部钝圆，顶端稍缢缩，密生黄褐色茸毛，花柱短粗，长2.5mm，柱头3，膨大，镰形2裂，长1.5mm。果实球形或长圆形，长6~11cm，径4~8cm，初密生黄褐色茸毛和混生黑色腺鳞，老后渐脱落而仅在果梗着生处残存一圈茸毛，果皮较薄，干后易脆。种子多数，淡黄色，近圆形或阔卵形，扁压状，长15~18mm，宽10~12mm，基部钝圆，顶端稍稍变狭，两面中央稍凹陷，周围有放射状沟纹，边缘有微波状缘檐。花期5~7月，果期7~9月。

罗汉果

罗汉果的果实

2. 生态习性

罗汉果喜温暖、湿润、昼夜温差大的环境，不耐高温，畏霜冻，适宜在排水良好，土层深厚，富含有机质的壤土、红黄壤土中生长。常生于海拔400~1400m的山坡林下及河边湿地、灌丛。主产于湖南南部、广西、贵州、广东和江西。

3. 栽植技术

（1）建园

①选地：选择背风向阳、无污染、土层深厚肥沃、腐殖质丰富、疏松湿润、通气良好的黄壤土或红壤土或缓坡生荒地为园地。

②整地：对于生荒地上一年10~11月，铲除地上杂草、灌木等植被，周围开好防火线后烧山炼山，深翻30cm，每亩撒100kg石灰，暴晒越冬、加速土壤熟化，减少病虫源；对于熟田地于上一年10~11月，排干积水，深翻30cm，暴晒土壤越冬。

第2年2月，翻垦松土、打碎土块，按畦面2.2m、畦沟30cm规格整地，开挖排水沟。水田和平地应将畦面整成馒头状，排水沟应形成高低落差，以便在雨季能及时排水。

（2）育苗技术

罗汉果常用的育苗技术有播种育苗、压蔓育苗和扦插育苗。

①播种育苗：种子繁殖9~10月果实成熟后采下，置地板上后熟10~15d，果皮转为黄色

时切开放入清水中漂出种子晾干,于3~5倍的湿细砂层积处理。翌春4月,在大田按行株距2×1.5cm挖穴宽深各30cm。挖株底土每穴施3kg厩肥,施后覆土盖肥10cm厚。每穴播种3~5粒,盖土2cm厚,浇水,20d后出苗。苗高10cm时定苗,每穴留2株。也可育苗移栽。

②压蔓育苗:选1~2年生植株上粗壮、节间长、吐片小、下垂的徒长蔓作为压条,在秋季阴雨天进行。挖长25cm,宽15cm,深10cm的穴,将压蔓的顶梢弯压入穴内入土(6~10cm),每穴压3~5条,压后盖土高出畦面3~4cm。约10d生根,30d地下块茎膨大。立冬后将块茎挖出置地窖里沙藏越冬。翌春在大田定植。

③扦插繁殖:6~9月,将半木质化的侧蔓剪成20cm的插条,下端近节处切口放入500mg/L生根粉(ABT)或萘乙酸(NAA)溶液中浸10min取出,按行株距20cm×10cm、芽眼向上插入苗床内。搭设矮棚遮阴30~40d,保持湿润约40d生根。翌春移栽大田。

(3) 栽植技术

按每亩种150株左右放线定植挖穴,株行距1.8m×2.5m,定植穴成品字形合理分布,穴长、宽、深为0.6m×0.6m×0.3m。斜坡山地定植穴应挖在畦面中间靠下边,平地和水田定植坑应挖在畦面的中间。每年3~4月,每穴施厩肥10kg,硫酸钾复合肥100g,与底土混合均匀,上盖10cm厚的细土。雌雄株按100:5合理配植。每穴栽入1~2株,芽头稍露出地面,覆土与地面平。

(4) 田间管理

①搭架:苗高30cm时搭1.7cm高的架,用水泥柱、杂木、竹竿作支架,上铺小竹竿或树枝。株旁插一小竹竿便于藤蔓攀援上架。

②追肥上浇水:苗高30cm时,每亩用0.5%尿素液120g喷洒小苗,1次/10d,连喷3次;6~7月为盛花期,每株开穴或沟理施鸡羊粪2~3kg;8~9月为果实膨大期,每株开穴埋施磷酸二铵80g,硫酸钾复合肥150g。施肥后浇足水。

③抹侧牙:清明前后块茎萌芽出土,藤蔓上长出侧芽时全部摘除,利于主芽迅速生长。

④修剪:主茎上架后开始摘心,促进多发侧蔓,多开花结实。弱蔓、枯蔓、病虫蔓及时剪掉。

⑤人工授粉:6~8月,每日早晨7:00~10:00时,把已开放的雄花摘下,用竹签刮下花粉粒,毛笔蘸花粉轻轻地抹到雌花柱头上。1朵雄花的花粉可授雌花10~20朵。

⑥防霜冻:立冬前后将主蔓离地面30cm处剪除,在根部培土20cm厚,再盖稻草之类。翌春将培土或柴草去掉,并将枯蔓剪除,促使块茎早萌发,早开花结实。

(5) 病虫害防治

罗汉果常见的病虫害有:根结线虫、花叶病毒、炭疽病、罗汉果实蝇等。

①根结线虫:为罗汉果减产的主要因素之一,整个种植阶段都发生,夏季为多发期。主要防治措施:施基肥加10%噻唑磷1.5~2kg/亩,移栽前土壤施药,从根本上防治线虫害的发生情况;生长期间可以使用利根砂5.2%阿维·高氯1000倍淋根,有效控制根结线虫。

②花叶病毒:5~8月为多发期。防治措施:增施有机肥料和微量元素,增强罗汉果苗的抗性,同时可以每亩使用阿泰灵6%寡糖·链蛋白0.075~0.1g或富力毒80%盐酸吗啉呱0.04~0.06g喷雾控制病情。

③罗汉果实蝇:高发期在7~10月,对果实的产量和质量有着极大的影响。主要防治措

施：将病果和落果进行科学无污染的处理，减少果实蝇产生的来源，同时还可以使用90%敌百虫晶体进行防治。

4. 采收与加工

（1）采收

罗汉果当年种植，当年结果。果实一般在点花授粉70~80d后成熟，在果柄变为黄褐色、果皮转呈淡黄色、果实较富于弹性时进行采收。采收时选择晴天用剪刀平果蒂处将果实剪下，把花柱和果柄剪平。剪果、装筐、运输应轻拿轻放，防止损伤果皮。

（2）加工

采收的罗汉果果实可以有两种方式处理：一是直接出售鲜果，二是加工成干果出售。如果选择出售干果，需将采回的鲜果，摊放在阴凉通风处3~5d，使其完成"后熟"，在果皮大部分呈淡黄色时，即可加工。将经过后熟过程的果子装入烘箱内烘烤，烘烤6~7d，前两天温度控制在45~55℃，当果子均匀变色后从第3天起，将温度升至55~65℃，持续3d，第6天又降至55℃直至烘干。果子进入烘烤，每天上、中、下各层互换位置1~2次，同时果实也要翻动，使其受热均匀，不出现"响果"；烘烤全过程温度不能超过70℃，以防出现"焦果""爆果"。干果壳富有弹性，相碰有清脆音，否则果子未干，导致果子不耐存放，容易霉变。

5.1.12 金银花

金银花（*Lonicera japonica* Thunb.）忍冬科忍冬属藤本植物，又名双花，其性甘寒，功能清热解毒、消炎退肿，对细菌性痢疾和各种化脓性疾病都有效。已生产的金银花制剂有"银翘解毒片""银黄片""银黄注射液"等。"金银花露"是金银花用蒸馏法提取的芳香性挥发油及水溶性溜出物，为清火解毒的良品，可治小儿胎毒、疮疖、发热口渴等症；暑季用以代茶，能治温热痧痘、血痢等。茎藤称"忍冬藤"，也供药用。

1. 形态特征

半常绿藤本；幼枝洁红褐色，密被黄褐色、开展的硬直糙毛、腺毛和短柔毛，下部常无毛。叶纸质，卵形至矩圆状卵形，有时卵状披针形，稀圆卵形或倒卵形，极少有1至数个钝缺刻，长3~5（~9.5）cm，顶端尖或渐尖，少有钝、圆或微凹缺，基部圆或近心形，有糙缘毛，上面深绿色，下面淡绿色，小枝上部叶通常两面均密被短糙毛，下部叶常平滑无毛而下面多少带青灰色；叶柄长4~8mm，密被短柔毛。总花梗通常单生于小枝上部叶腋，与叶柄等长或稍较短，下方者则长达2~4cm，密被短柔后，并夹杂腺毛；苞片大，叶状，卵形至椭圆形，长达2~3cm，两面均有短柔毛或有时近无毛；小苞片顶端圆形或截形，长约1mm，为萼筒的1/2~4/5，有短糙毛和腺毛；萼筒长约2mm，无毛，萼齿卵状三角形或长三角形，顶端尖而有长毛，外面和边缘都有密毛；花冠白色，有时基部向阳面呈微红，后变黄色，长（2~）3~4.5（~6）cm，唇形，筒稍长于唇瓣，很少近等长，外被多少倒生的开展或半开展糙毛和长腺毛，上唇裂片顶端钝形，下唇带状而反曲；雄蕊和花柱均高出花冠。果实圆形，直径6~7mm，熟时蓝黑色，有光泽；种子卵圆形或椭圆形，褐色，长约3mm，中部有1凸起的脊，两侧有浅的横沟纹。花期4~6月（秋季亦常开花），果熟期10~11月。

金银花　　　　　　　　　　　　　金银花的果实

2. 生态习性

金银花适应性很强，喜阳、耐阴、耐寒性强，也耐干旱和水湿，对土壤要求不严，但以湿润、肥沃的深厚沙质壤上生长最佳，每年春夏两次发梢。生于山坡灌丛或疏林中、乱石堆、山足路旁及村庄篱笆边，海拔最高达1500m。金银花全国均有分布，种植区域主要集中在湖南、湖北、山东、陕西、河南、河北、江西等地。

3. 栽培技术

（1）建园

①选地：金银花适应性很强，荒地、坡地、沟地、河边、地边、房前屋后等均可栽植。园地建立应该选择土壤疏松、肥沃、排灌方便的地块，远离工业"三废"等污染源，公路附近也不宜建园，以免受尘土污染。

②整地：采用水平阶整地，适于土层较厚，6°~25°山坡地。带间距依山而定，一般3~4m，梯田宽1.0~1.5m，外高里低，内修排水沟，外筑土埂，长度不限，水平绕山转。后深翻30cm，整平，亩施腐熟农家肥5000kg，腐熟饼肥100kg，优质氮、磷、钾三元复合肥50kg作底肥。

（2）育苗技术

金银花常用的育苗技术有：播种育苗、扦插育苗和压条育苗。

①播种育苗：金银花的播种一般在四月进行，一般都会在每年10~11月进行成熟果实的采集，将果肉去掉，选取较为饱满的种子，做好阴干贮藏工作。待翌年春天播种之前，将种子置于35~40℃的温水中进行24h的浸泡，将种子捞出后，加入湿沙，在温暖的环境中进行催芽，大约每周翻动1次，直至30%的种子裂口露白，即可开始播种。一般根据行距21~22cm为标准进行开沟与播种，覆土厚度达1cm，隔两日进行1次喷水，10d后种子可出苗，于秋后时期或者翌年春季进行移栽。

②扦插育苗：苗圃整地，苗圃地应选择地势平坦、土层深厚、排灌方便的砂壤土或壤土地。育苗前每亩施入腐熟有机肥3~5m³，过磷酸钙或钙镁磷肥50kg，耕翻以后，及时耙平、耙细，整地作畦。畦的规格为长10~15m，宽1.2~2m，畦埂底宽25cm、顶宽10cm、高20cm。畦埂作好以后应镇压或踏实。选取插条，在生长开花季节，将那些品种纯正、生长健壮、花蕾肥大的植株做上标记，作为优良母株，于秋末冬初在选取的母株上选取1~2年生枝

作插条，每根至少有 4 个节位，也可结合夏剪或冬剪采集，采后剪成 30~40cm 的穗段，剪截后捆成捆，直立放置室内或阴凉处，用湿草袋覆盖备用或埋土贮藏到翌年春再扦插。插条要求：节间短、长势壮、无病虫害。插条处理，长枝扦插长度为 40cm 左右，短枝扦插长度为 30cm 左右，扦条粗度为 0.5~1.5cm。按照长度要求，将插条下端茎节处剪成平滑斜面，上端在节位以上 1.5~2cm 处剪平，剪好的插条每 50 或 100 根搭成 1 捆，其下端浸入 500mg/L 吲哚丁酸 5~10min，稍晾即可扦插。扦插方法，扦插育苗按行距 20cm 开沟，沟深 25cm，然后按 5cm 株距在沟内摆插条，封土踏实，这种方法每亩可育苗 6 万株左右，插条入土深度均要达到插条长度的 2/3 以上。种苗管理，扦插当日或次日应该浇一次透水。要保持土壤湿润，促其生根发芽，待翌年春季移栽。

③压条育苗：将优良母株靠近地面树干上的长枝中部向下弯曲埋入土中 10~15cm，枝条先端露出地面，压入部位的土壤经常保持湿润，2~3 个月后，与母株切断即可独立成苗。压条育苗常于夏秋季进行，需要苗木数量较少时可应用此法。

（3）栽植技术

金银花适应性很强，荒地、坡地、沟地、河边、地边、房前屋后等均可栽植，水肥条件好，生长快，产量高。栽植时间以晚秋至初冬或早春栽植最好。在大田栽植一般行距 2m，株距 1.5m，定植穴 30~40cm 见方，每亩栽 222 株左右。为了提高土地利用率，提高前期产量，可按行距 1m，株距 0.75m 栽植。之后根据生长情况（行间是否郁闭），第 3 年或第 4 年隔行隔株移出另栽，大田栽植也要先挖坑或条状沟，施足有机肥，浇水后栽植。

（4）田间管理

①中耕除草：每年中耕除草 3~4 次，早春萌芽前后中耕 1 次，6~8 月生长期中耕 2~3 次，中耕时植株附近要浅，以免伤根，行间可以稍深，结合中耕进行培土。在杂草滋生季节可以使用化学除草剂，单双子叶杂草混生时，可以先用 20% 克无踪或 50% 绿必克等除草剂。使用这类除草剂时，喷头上加防护罩，以防喷到植株上。

②施肥：施基肥，基肥一般在晚秋和早春施，最佳时期是晚秋，秋季施肥重点是有机肥，也可以掺少量的氮磷钾肥和复合肥。一般幼树每亩施肥 $3m^3$ 左右，大树每亩 $5~10m^3$。具体方法：在植株树冠投影外围，开宽 30cm、深 40cm 的环状沟（注意勿将主根切断），将肥料与一半坑土掺均，填入沟内，然后填入另一半土。追肥，一年追肥 3~4 次，第 1 次在早春萌芽前后进行，以后在每次花蕾采收后追肥，每亩追肥 20kg 碳铵或 10kg 尿素，施肥方法是在树冠周围垂直投影处挖 5~6 个深 15cm 的小穴，施入肥料、填土封严。为防烧苗和提高肥效，每次追肥后都要浇水。叶面喷肥，时期为萌芽后新梢旺盛生长期和每次夏剪新梢出生以后，喷施肥料的浓度：尿素 0.3%~0.5%，磷酸二氢钾 0.2%~0.3%，硼砂 0.3%，叶面喷肥的最佳时间是 10：00 以前和 16：00 以后，叶背面为喷肥的重点部位。

③浇水：金银花喜湿润，一般要做到封冻前浇一次"封冻暖根水"，翌春土地解冻后，浇 1~2 次"润根催醒水"，以后在每茬花蕾采收前，结合施肥浇 1 次"促蕾保花水"，每次追肥时都要结合灌水，以促进肥料分解，加速根系吸收。土壤干旱时要及时浇水。

④修剪：幼树修剪，栽后 1~3 年的幼树以整形为主，栽后一年幼树，春季萌发的新枝从中选出一粗壮直立枝作为主干培养，当长到 25cm 时进行摘心，促发侧枝，萌发侧枝后及时掰去下部徒长枝，上部用同样的方法选留主干，通过疏下截上，使其主干逐年增粗，在主干

上选留4~5个生长较壮的直立枝作为主枝，疏掉徒长枝内堂弱枝，其他枝当花朵摘后剪截，促发花枝，这样2~3年即可成型，一般主干高60cm左右，树高1.3m左右，以方便采摘为宜。盛花期修剪，栽后3~4年即进入盛花期，以产花为主，并继续培养主干、主枝，扩大树冠，一般一年修剪3次为宜。冬季修剪：入冬后到第2年早春完成第1次修剪，这次修剪宜轻不宜重，剪去花枝的1/3，剪去枯枝、病虫枝、徒长枝。来年春季萌芽后及时疏除下部内膛的徒长芽、枝，清明前对其徒长枝摘心，使其分生正常的花枝，通过第1次修剪使其多分枝，促使养份都集中在花枝上，保证第一茬花的产量，一般第一茬花占全年产量的40%，所以第1次修剪即冬剪很重要，修剪要轻，防止徒长。第1次修剪，枝枝见剪，疏除徒长，及时除掉徒芽、徒条。第2次修剪：在第一茬花采摘结束后进行，第一茬花一般在5月中旬至6月初。花采摘结束后，此时要及时进行第2次修剪，此次修剪，树势较弱，应适当重剪、多疏，将老花枝截去1/2，并疏去下部内堂弱枝、交叉重叠枝，使其通风透光，第2次修剪，"打尖清堂，除弱留强，疏阴留阳，通风透光"。第3次修剪：在第二茬花采摘结束后进行，时间在6月下旬~7月上旬，7月中下旬进行第3次修剪，此时高温高湿，是生长最旺盛的时期，这次修剪要细，剪截所有花枝，这时芽已生长，保留所有新生芽，疏去阴枝、内堂弱枝和徒长枝，如果树高大，要疏上留下，树体矮小要留上疏下，使树体高度控制在便于采摘的高度。若树冠郁闭，则采取大枝回缩或疏除的修剪方法，使其通风透光，第3次修剪根据树势"截留适当，保留花芽，保证产量，树高去上留下，树低去下留上"。老龄植株的修剪，树龄20年以上的植株逐渐衰老，修剪时除留下足够的结花母枝外，重点进行骨干枝的更新复壮，以多生新枝，使其株龄老而枝龄小，达到稳定药材产量的目的。具体方法是：疏截并重、抑前促后。

（5）病虫害防治

金银花常见的病害有褐斑病、白粉病、炭疽病；虫害主要有蚜虫、红蜘蛛、棉铃虫、地下害虫蛴螬。病虫害的防治应以"预防为主，防治结合"为原则。

①褐斑病。主要危害叶片，一般6~8月发病较重，危害严重时秋季早期大量落叶。防治方法：结合秋冬季修剪，除去病枝病芽，清扫地面落叶集中烧毁或深埋，以减少病菌来源；发病初期注意摘除病叶；施肥上增施有机肥，控氮，多施磷、钾肥，雨季及时排水，适当修剪，改善通风透光，以利于控制病害发生。发病初期用70%甲基硫菌灵可湿性粉剂800倍液或70%代森锰锌可湿性粉剂800倍液喷雾，每隔7~10d喷1次，连喷2~3次。

②白粉病：主要危害叶片，雨季湿度大植株易发生荫蔽。防治方法：合理密植，整形修剪，改善通风透光条件，可增强抗病力；少施氮肥，多施磷钾肥；发病初期用15%粉锈宁（三唑酮）1500倍液或50%瑞毒霉·锰锌1000倍液或75%百菌清可湿性粉剂800~1000倍液喷雾防治，每隔7~10d1次，连喷2~3次。

③炭疽病：初发期可用50%多菌灵、75%百菌清可湿性粉剂农药800~1000倍液喷雾或敌克松原粉500~800倍液灌注。

④蚜虫：多在4月上、中旬开始发生，主要刺吸植株的汁液，使叶变黄、卷曲、皱缩。4~6月虫情较重，立夏后，特别是阴雨天，蔓延更快，严重时叶片卷缩发黄，花蕾畸形。防治措施：清除杂草，将枯枝、烂叶集中烧毁或埋掉。在植株未发芽前用石硫合剂先喷1次，以后清明、谷雨、立夏各喷1次药，不仅能治蚜，还能兼治多种病虫害。蚜虫发生时用10%的吡虫啉可湿性粉剂1500~2000倍液喷雾或3%啶虫脒可湿性粉剂2000倍液喷雾，每5~7d

喷1次，连喷数次，最后一次用药须在采摘前10~15d进行。

⑤红蜘蛛：5~6月高温干燥有利其繁殖，体微小，红色，多集中植株叶背面吸取汁液，使叶片发黄甚至干枯。防治方法：剪除病虫枝，清除落叶枯枝并烧毁，用30%的螨窝端乳油1000倍或5%克大螨乳油2000倍液喷雾防治。

⑥棉铃虫：金银花一般在6月20日左右开始防治棉铃虫，用25%的灭幼脲3号2000倍喷施，每隔3d喷1次，连喷2~3次，以后在7月底、8月初、8月底、9月初各防治2~3次。

⑦蛴螬：以咬根为主，造成地上叶发黄，严重植株枯萎而死。防治方法：毒饵诱杀，用80%敌百虫可湿性粉剂1kg，麦麸50kg，加入适量清水，充分拌匀，黄昏时撒于田间。灯光诱杀，蛴螬成虫金龟甲有较强趋光性，在金银花基地附近安装电灯，夜间开灯后田间成虫集中在灯光下，可人工扑杀。喷药防治，可用50%辛硫磷乳油1000倍液或80%敌百虫可湿性粉剂800~1000倍液进行田间浇灌效果较好。

4. 采收与加工

（1）采收

①采摘时间：适时采摘是提高产量、质量的关键。金银花开放时间集中在15天左右。采摘在花蕾显绿白色将要开放时（早晨5：00~9：00）进行。最适宜的采摘标准是："花蕾由绿色变白，上白下绿，上部膨胀，尚未开放"时，一般在5月中、下旬采摘第一茬花，1个月后陆续采摘二、三、四茬花。

②采摘方法：在花蕾尚未开放之前，先外后内、自下而上进行采摘。一天之内，以9：00左右采摘的花蕾质量最好。一定要注意适时采收，否则16：00~17：00花蕾将开放，影响质量；但也不能过早采摘，否则花蕾嫩小且呈青绿色，产量低，质量差。采摘时注意不要折断枝条，以免影响下茬花的产量。

（2）加工

目前，金银花加工一般采用日晒和现代化烤房烘烤两种干制法。

①日晒：在农户家中自己进行。将采回的鲜花用手均匀地撒在晾盘上，掌握好温度和湿度，花蕾干缩后基本能保持鲜绿颜色。

②利用烘干机烘干：小型烘干机一般烤鲜花100kg左右，中型烘干机一般烤鲜花200~400kg，大型烘干机一般烤鲜花1000kg左右。每平方米放鲜花蕾2.5kg，厚度1cm，共铺架14~18层。花架在烤房中架好后送入热风，此后花蕾的烘干经历塌架、缩身、干燥三个阶段。温度曲线为40℃~50℃~60℃~70℃，温度逐渐升高，此间要利用轴流风机进行强制通风除湿，整个干燥过程历时16~20h，待烤干后装袋保存。

5.1.13 黄精

黄精（*Polygonatum sibiricum*）为百合目百合科黄精属植物。又名鸡头黄精、黄鸡菜、老虎姜、鸡爪参，根状茎可用作药材，治疗脾肺干咳、长期口感、体虚、糖尿病和高血压等症状，具有滋阴补气等功效。

1. 形态特征

根状茎圆柱状，由于结节膨大，因此"节间"一头粗、一头细，在粗的一头有短分枝

(中药志称这种根状茎类型所制成的药材为鸡头黄精），直径 1~2cm。茎高 50~90cm，或可达 1m 以上，有时呈攀缘状。叶轮生，每轮 4~6 枚，条状披针形，长 8~15cm，宽（4~）6~16mm，先端拳卷或弯曲成钩。花序通常具 2~4 朵花，似成伞形状，总花梗长 1~2cm，花梗长（2.5~）4~10mm，俯垂；苞片位于花梗基部，膜质，钻形或条状披针形，长 3~5mm，具 1 脉；花被乳白色至淡黄色，全长 9~12mm，花被筒中部稍缢缩，裂片长约 4mm；花丝长 0.5~1mm，花药长 2~3mm；子房长约 3mm，花柱长 5~7mm。浆果直径 7~10mm，黑色，具 4~7 颗种子。花期 5~6 月，果期 8~9 月。

黄精

黄精的根状茎

2. 生态习性

黄精喜温、耐寒、耐旱、耐高温、耐阴、怕涝，主要分布在海拔 800~2800mm 的林下、灌丛或山坡阴处。产于湖南、黑龙江、吉林、辽宁、河北、山西、陕西、内蒙古、宁夏、甘肃、河南、山东、安徽、浙江。

3. 栽培技术

（1）建园

①选地：宜选择土壤肥沃疏松、中性或微酸、富含腐殖质、排灌方便、周边植被好的水田、坡地或缓坡地。

②整地：全田深耕，每亩施腐熟农家肥约 2000g 作基肥，精细整地后开沟起垄，垄宽约 1.3m，沟深约 0.3m。

（2）育苗技术

黄精常用的育苗方式有播种育苗和根状茎育苗。

①播种育苗：在 8 月份左右种子成熟后，采收并进行沙藏处理。方法：种子与细砂土按 1∶3 的比例混匀，在背阴处开 0.3m 深的坑，放置在坑里面，保持湿润。到翌年 3 月气温稳定以后，取出种子；在育苗的垄面上按行距 0.18m 的规格开浅沟，然后把种子均匀撒到沟内，覆盖薄土后稍微压实在，并浇透水保持湿润，覆盖一层稻草。在即将出苗时注意去掉覆盖的稻草，当黄精苗长到 0.1m 高时，根据生长情况，在生长过密处进行间苗，移到比较空虚处。在育苗期，可根据苗情，喷施 1~2 次磷酸二氢钾。育苗 1 年后可以移栽。

②根状茎育苗：在初冬或春末，挖取 1~2 年生的健壮、无病虫害植株地下根茎，选幼嫩部分截段，每段 3~4 节，将切口稍加晾干或用多菌灵消毒后，按行距 0.25m、株距 0.15m、

深 0.05m 的规格种植，覆土约 0.05m，压实土后浇水。育苗期隔 4 天浇水 1 次，保持土壤湿润。如在秋末种植，应在垄面覆盖稻草，起到保暖作用。

（3）栽植技术

①时间：根据苗的大小来确定移栽时间，小苗宜在秋季带苗移栽，大苗宜在植株生长至倒苗时候移栽。雨季移栽尽可能带土苗，减少根部损伤，起苗后立即移栽。

②规格：小苗种植的行株距分别为 0.3m、0.25m，大苗种植的行株距分别为 0.4m、0.35m。

③方法：垄面横向开沟，沟深 0.08m，按种植规格放置种苗，芽尖向上，用开第二沟的土覆盖前一沟；依此类推。植后薄盖稻草保温、保湿和防杂草。

（4）田间管理

①水分管理：植后淋定根水，大田期根据土壤湿度及时浇水，保持土壤湿润；雨季清沟确保排水畅通，忌垄面积水。

②养分管理：施肥以有机肥为主，辅以复合肥和各种微量元素肥料。有机肥包括充分腐熟的农家肥、草木灰、作物秸秆等，禁止施用人粪尿。可在 5 月、8 月结合中耕培土各追肥 1 次，最好在株距中间开条沟施肥，然后覆土。每亩沟施有机肥 1500g 或枯饼肥 70g；其他时期可视苗情撒施或兑水浇施复合肥 8~10g/亩。每次施肥后要浇 1 次水；在其生长旺盛期（7~8 月）可用 0.2% 磷酸二氢钾喷施，隔 15d 喷 1 次，共 3 次，促进植株生长。

③中耕除草：黄精栽培切忌使用化学除草剂，所以在种植后的第 1 年要根据生长情况，结合人工除草进行浅中耕；在第 2 年要结合除草、培土、施肥进行深中耕，增加黄精根部土层厚度，利于根茎膨大生长。

④摘花疏果及封顶：黄精的花果期持续时间较长，并且每一茎枝节腋生多朵伞形花序和果实，消耗营养成分多，影响根茎生长，故应在花蕾形成前将花芽摘去，同时把植株顶部嫩尖切除，植株高度保留在 1m 以下，以促进养分集中转移到收获物根茎部提高产量。

（5）病虫害防治

黄精常见的病虫害有叶斑病、黑斑病、蛴螬和地老虎等。

①病害：叶斑病和黑斑病均危害叶片，影响植株生长。黑斑病发病初期，叶片从叶尖出现不规则黄褐色斑，病、健部交界处有紫红色边缘，以后病斑向下蔓延，雨季则更严重，病部叶片枯黄。防治方法：一是收获时清园，消灭病残体；注意清沟排渍，降低田间湿度恶化病害流行条件。二是在发病达到防治指标时选用高效低毒农药。发病初期喷可用 1∶1∶100 倍波尔多液或 50% 退菌特 1000 倍液、50% 多菌灵可湿性粉剂 1000 倍液或 80% 代森锰锌可湿性粉剂 800 倍液，隔 7~10d 喷 1 次，连续数次。

②虫害：蛴螬和地老虎均能咬断幼苗、咀食苗根或根状茎，造成断苗或根部空洞。两种主要虫害均可用 75% 辛硫磷乳油按种子量 0.1% 拌种；或发生期用 90% 敌百虫 1000 倍液浇灌。

4. 采收与加工

（1）采收

用根茎繁殖的多花黄精应栽种 3 年以上才能采收，用种子繁殖的多花黄精应栽种 5 年以上才能采收，多花黄精采收可分春秋 2 季采收，宜秋季采收，9 月下旬植株地上部枯萎时，选晴天采收，抖去泥土，剪去茎秆。

（2）加工

多花黄精的加工根据用途可繁可简，做食品用的采用"九蒸九晒"进行加工，做饮片的可直接切片烘干。九蒸九晒：将采收回的多花黄精除去地上部分及不定根，洗去泥土，置蒸笼内蒸至呈现油润时，取出晒干或50℃烘干，如此往复9次。饮片加工：将采收回的黄精去除不定根，进行切片，切片晒干或50℃烘箱烘干。

（3）包装储藏

加工好的产品应及时分等级包装，包装袋必须标注品名、规格（等级）、产地、批号、包装日期、生产单位等，确保多花黄精质量符合《中华人民共和国药典》的要求。包装好的产品应选择通风、干燥、避光、防鼠虫和防潮密封仓库储存，并定期检查产品保存情况。

5.1.14 百合

百合（*Lilium brownii* var. *viridulum*）为百合科百合属植物，药食兼优，以鳞茎食用或药用。百合具有益肺、固肾、清润肺燥、调理脾胃、清热止咳、消暑等功效。

1. 形态特征

鳞茎球形，直径2~4.5cm；鳞片披针形，长1.8~4cm，宽0.8~1.4cm，无节，白色。茎高0.7~2m，有的有紫色条纹，有的下部有小乳头状突起。叶散生，通常自下向上渐小，披针形、窄披针形至条形，长7~15cm，宽（0.6~）1~2cm，先端渐尖，基部渐狭，具5~7脉，全缘，两面无毛。花单生或几朵排成近伞形；花梗长3~10cm，稍弯；苞片披针形，长3~9cm，宽0.6~1.8cm；花喇叭形，有香气，乳白色，外面稍带紫色，无斑点，向外张开或先端外弯而不卷，长13~18cm；外轮花被片宽2~4.3cm，先端尖；内轮花被片宽3.4~5cm，蜜腺两边具小乳头状突起；雄蕊向上弯，花丝长10~13cm，中部以下密被柔毛，少有具稀疏的毛或无毛；花药长椭圆形，长1.1~1.6cm；子房圆柱形，长3.2~3.6cm，宽4mm，花柱长8.5~11mm，柱头3裂。蒴果矩圆形，长4.5~6cm，宽约3.5cm，有棱，具多数种子。花期5~6月，果期9~10月。

百合

百合的果实

2. 生态习性

百合喜凉爽，耐寒、耐旱能力强。生山坡、灌木林下、路边、溪旁或石缝中。海拔

（100~）600~2150m。产于湖南、湖北、广东、广西、江西、安徽、福建、浙江、四川、云南、贵州、陕西、甘肃和河南。

3. 栽培技术

（1）建园

①选地：百合适应性强，以自然生态比较平衡、气候温凉适宜、土壤肥厚、富含有机质、排水良好的砂壤土或轻砂壤土的山川、平原、坡地、畦地中种植较好。

②整地：处暑前后，首次深翻23~27cm，晒白耙碎，清除杂物，每亩施火土灰、厩肥3500~4000g，进口硫酸钾45%复合肥150g，堆沤好的菜枯饼150~200g，过磷酸钙25g、草木灰100g，再次犁地，使肥与土壤充分混和。深翻后，整细整匀，畦宽260~330cm，沟深30cm，三沟相通，为防止畦面积水，畦面宜呈龟背状。

（2）育苗技术

①播种育苗：秋季种子成熟后，收集除杂，立即播种。若翌年春播，则需湿沙层积贮藏，保持8~15℃的温度，清明后播种。苗圃地每亩施已腐熟的厩肥或堆肥1000~1500kg，按行距10cm，开3cm深的沟，将种子均匀播下。轻压，覆盖一层细沙或腐殖土，以不见种为度。盖草帘、浇水保湿。幼苗出土后揭帘，加强苗期的松土、除草、间苗、肥水等管理。

②扦插育苗：秋季叶片开始枯黄时，选取健壮无病虫危害的植株挖取鳞片。选取肥厚的鳞片，放在1∶500苯菌灵或克菌丹的水溶液中浸泡30min消毒杀菌。捞出晾干，播于苗床育苗。苗床要选用质地松软、保水、排水和通气性能好的土壤，黏性土要掺入适量的粗砂、泥炭、苔藓和已发酵的锯木屑等。播鳞片时，基部向下，行株距10cm×3cm，顶端稍露出即可，盖草防晒，保温保湿。播后如气温在20℃左右，20d即可在鳞片下端切口附近形成数个小鳞茎。翌年春季小鳞茎就会生根发叶，形成新个体。为提高育苗质量，可推广温箱扦插育苗。即9~10月将鳞片消毒灭菌后，插入已填有微酸性红土或已发酵木屑的温箱中，在20~25℃的温室内3个月后，移出室外，经8~12周的发绿叶，生长发育。定植后鳞茎生长快，抽薹开花早，生长健壮，对病虫害的抗性强。

（3）栽植技术

①栽植时期：百合栽植时间，应根据当地气候而定。栽种过早，年内发芽，易受冻害；栽种过迟，又会影响新根的形成，不利于翌年出苗。一般以9~10月栽植为宜。

②栽植：栽植前把收获的种茎在室内摊开，上面盖上草，晾5~7d，促进百合表层水分蒸发，以利于发根出苗。而后将种鳞茎按大小分级，同一等级栽植在一起。栽植时，从畦的一端开始，先留出15~20cm的畦头，按行距30~35cm、株距15~20cm开穴栽植，每穴栽1个种茎，覆土4~5cm，稍加按压。栽植深度要适宜，过浅，鳞茎易分瓣；过深，出苗迟，生长细弱，缺苗率较高。鳞茎用量为3800kg/hm^{2}左右。

（4）田间管理

①中耕除草：定植后，早期保持田间无草，雨后适时浅度中耕。封行后不再中耕除草。

②追肥：以有机肥为主。第1次在定植1个月左右进行。每亩施腐熟的猪粪或牛粪1500kg；加腐熟的饼肥50~75kg，草木灰100kg，混合后均匀撒盖在植株行间，再覆盖细薄黄土以不见肥为度。第2次在苗高10cm左右，追施提苗肥，每亩施腐熟人粪尿或枯饼水1000~1500kg。第3次在6月，每亩用碳酸氢铵15~20kg兑水施入，也可用0.2%磷酸二氢钾

叶面追肥。

③打顶摘蕾：关键在苗期"打顶摘蕾"，摘蕾打顶期和少数种类的珠芽成熟期，用0.1%钼酸铵叶面施肥，能促进增产。时间在5月下旬至6月上旬打顶，植株生长旺盛者多打；反之少打。6~7月抽薹现蕾，要及时摘除，以减少养分的消耗，促进地下鳞茎的生长，增加产量。

④排灌：结合中耕除草施肥，及时疏通步道并培土于床面，以利排水。久旱无雨时，适时适量灌水，保持土壤湿润，切忌大水漫灌。如套种作物遮阴，一般不需灌水。盖草保墒，幼苗出土后，为防止雨水冲刷、杂草丛生、土壤板结和保温调湿，可在畦面覆盖一层泥炭或锯木屑、粗糠、碎蕨根、甘蔗渣、稻草等物。

（5）防治病虫害

百合主要病虫害有灰霉病、立枯病、蚜虫、地老虎、蛴螬等。

①灰霉病：又叫枯尾病，叶片上呈现出黄褐色至红褐色圆形或椭圆斑块，有些斑块的中央为浅灰色。防治方法：一是将病株的叶片清除，用火烧毁；二是用1份克菌丹或托布津兑水500份水溶液喷洒植株。

②立枯病：嫩芽感染后根茎部变褐色，枯死。成年植株发病从下而上叶片逐渐变黄，枯死，鳞片逐渐变褐色、腐烂。防治方法：出苗前喷洒1∶2∶200波尔多液1次，出苗后喷洒50%多菌灵1000倍液2~3次；及时拔除病株烧毁。病区用50%石灰乳剂消毒；加强田间排水，增施磷、钾肥。

③蚜虫：蚜虫既危害植株，又是传染病毒的媒介。防治方法：一是清除田园，铲除杂草，减少越冬虫口；二是在发生期用2000倍10%吡虫啉可湿性粉喷杀。

④地下害虫：主要有地老虎、蝼蛄、蛴螬、金针虫啃食幼苗（茎）地下根系，使植株倒伏、死亡，造成根腐死苗。防治方法：农家肥要堆沤发酵、腐熟后使用，或用80%敌敌畏乳剂500~800倍液喷匀粪肥，用薄膜封盖闷杀24h，杀死幼虫及虫卵后使用。种植前，可使用毒死蜱颗粒撒施田块。出苗后，喷洒狂龙劲树（氟氯氰菊酯）750倍可有效预防和杀死地老虎等地下害虫。地下害虫幼虫傍晚到地面活动取食，傍晚打药效果更好。

4. 采收与加工

（1）采收

秋季，百合植株地上部分茎叶开始枯黄，到地上茎完全枯死时，鳞茎充分成熟，为采收适期。宜在晴天掘起鳞茎，去根泥、茎秆，运回室内，切除地上部分，须根和种子根放在通风处贮藏，用草覆盖，避免阳光照射而使鳞茎变色。一般可收鲜百合22500kg/hm^{2}左右。

（2）加工

①直接食用：百合营养价值高，作为食品可烹调成各种菜肴，如：凉拌、烧炒、清蒸、炖焖、百合炒肉片、百合炖鸡等，都是餐桌上的美味佳肴。

②百合干：先将百合鳞片剖开、分级，分别盛装，用清水洗干净，沥干。然后将剖开的鳞片放入锅内，用沸水煮，水要淹没鳞片。严格掌握煮制时间，当捞出一片鳞片，折断，看到里面只有一粒大米的生白心时，即可出锅。将熟片捞出，轻倒在凉席上，摊开晾晒，晒至六成干时，翻动1次，晒干为止，即为百合干。

③百合粉：将采收的鲜百合剥开鳞茎，使边瓣和心瓣分开。将百合瓣放进锅内，另加清

水和适量的草木灰，加热，用旺火烧开，立即捞出，放入清水中洗净。然后放进打浆机中，加入清水磨浆。将打出的浆料放进布袋，置于缸中加清水清洗把浆液滤出，渣中无白汁，滤液成清水为止。将冲洗出来的浆液用清水漂 1~2 次，每天搅动 1 次。澄清后撇掉浮面粉渣，除去下层泥沙。中间的粉浆放入另一容器中，再用清水搅拌后沉淀。反复 1~2 次，直到粉色洁白为止。将沉淀后的百合粉装进干净的布袋，用绳吊起沥干 12h。粉干后，掰成许多小块，放在竹席上晒至半干。也可采用烘干法，得百合粉成品。

5.1.15 玉竹

玉竹 [*Polygonatum odoratum* (Mill.) Druce] 别名萎、地管子、尾参、铃铛菜、狗铃铛，为百合科黄精属多年生草本植物。根状茎和嫩茎叶为药食两用的常用中药材之一，具有补气养阴、止咳润燥的功能。

1. 形态特征

根状茎圆柱形，直径 5~14mm。茎高 20~50cm，具 7~12 叶。叶互生，椭圆形至卵状矩圆形，长 5~12cm，宽 3~16mm，先端尖，下面带灰白色，下面脉上平滑至呈乳头状粗糙。花序具 1~4 花（在栽培情况下，可多至 8 朵），总花梗（单花时为花梗）长 1~1.5cm，无苞片或有条状披针形苞片；花被黄绿色至白色，全长 13~20mm，花被筒较直，裂片长约 3~4mm；花丝丝状，近平滑至具乳头状突起，花药长约 4mm；子房长 3~4mm，花柱长 10~14mm。浆果蓝黑色，直径 7~10mm，具 7~9 颗种子。花期 5~6 月，果期 7~9 月。

玉竹

玉竹的根状茎

2. 生态习性

玉竹耐寒、耐阴湿，忌强光直射与多风。野生玉竹生于凉爽、湿润、无积水的山野疏林或灌丛中。生长地土层深厚，富含沙质和腐殖质。生林下或山野阴坡，海拔 500~3000m。产湖南、湖北、黑龙江、吉林、辽宁、河北、山西、内蒙古、甘肃、青海、山东、河南、安徽、江西、江苏、台湾。

3. 栽培技术

（1）建园

①选地：坡度在 20°以下的较缓地势、土层深厚、疏松肥沃并且是酸性土壤为好。光照条件适宜郁闭度 0.3~0.5，林分以阔叶林或针叶林为宜。

②整地：清理掉林内灌木、杂草，将枯枝落叶临时堆放于株间。秋季土壤封冻前进行整地，深翻40cm以上，结合耕翻施入基肥，耙细整平，起垄。

（2）育苗技术

①播种育苗：播种前整地，把地面耧成深5cm、宽3cm小沟，播种株距按2~3cm为宜，播种后盖表土3~4cm并踩实。玉竹种子在8月下旬至9月上旬到成熟期，采种后最好是秋季播种，种子不用储藏，播种时间在10月下旬至11月上旬，播种量10~15kg/亩。若3月下旬至4月上旬播种，每亩需要播干种子8g左右，并用水浸泡24h。玉竹种植当年不出苗，只是在地下长小根，翌年4月才出小苗。

②种茎育苗：在春季或秋季选择根茎肥大、饱满、芽萌发旺盛、须根多的黄白色根芽留作种茎，根长保留6cm左右。随挖、随选、随栽。林下栽植每亩用种茎150~200g，无立木林地每亩种植300~400g。

（3）栽植技术

栽种应选择在晴天或阴天进行，雨天易使土壤板结不宜栽种，株行距为11cm×30cm，或10cm×33.3cm，栽种时先将块茎的顶芽一端向上，尾部向下，与地面呈一定角度排入栽种沟内，深度一般为7~9cm。天气干旱稍深些；反之稍浅。栽种深度应适当，过深地下新生茎难以迅速凸出地面，过浅则易受干旱威胁。栽种后，先覆盖好种植土，再用稻草、麦秸、玉米秆、树叶等覆盖，厚度一般为5~8cm。也可用腐熟发酵的猪牛栏粪草覆盖。有条件的，也可用黑色地膜覆盖。盖地膜时要注意在栽种的地方留孔，以利于玉竹种苗呼吸，顺利发芽凸出地面。

（4）林间管理

①水分管理：栽种后如遇久旱不下雨，应适当洒水或灌水抗旱，以保持土壤湿润；反之，如久雨不晴，则应开沟排水，防止渍水死苗。

②中耕除草：发现杂草要及时人工拔除，对禾本科杂草也可用化学除草剂高效氟吡甲禾灵进行除草。

③科学施肥：玉竹是耐肥作物。施肥应坚持重施有机肥、氮磷钾合理搭配，所施的肥料中重金属等有毒物质不超标的原则。具体方法如下：开春以后，撒施商品有机肥1~2次，每次亩用量500~1000kg，间隔时间20天。栽种后的第1年开春（立春以后），种苗间距较稀，可在种苗的中间打孔穴施或沟施复合肥，亩用量25~50kg。施肥后用原土覆盖。每年3~7月雨水较多的时候，可就着雨水人工撒施复合肥1~2次，每次亩用量25~60kg，间隔时间30d左右。要求施用的复合肥不含氯元素，因氯元素会降低玉竹品质。

④培土覆盖：发现玉竹根茎裸露于表土外时，要及时培土覆盖。每年冬季，玉竹茎叶干枯后，可用肥沃种植土拌经过腐熟发酵的有机肥覆盖在根蔸上面，既施了肥又可防止霜冻。

（5）病虫害防治

①病害防治：玉竹的主要病害是根腐病，发病期为每年的3~6月，轻则少数植株叶片发白，根茎腐烂，严重时成丘成片大面积死亡。防治措施：实行轮作；严格种苗消毒；及时清沟沥水，防止水渍；发病初期人工挖除并烧灭病株，在挖除病株后的凹坑处撒少量石灰以杀除病菌。化学药剂防治：发病初期，可用50%烯酰·嘧菌酯18g+30%2-（乙酰氧基）苯甲酸可溶性粉剂10g兑水16kg，或用25%氰烯菌酯6g+30%2-（乙酰氧基）苯甲酸可溶性粉剂

20g 兑水 16kg 淋施或喷施病株根部。

②虫害防治：玉竹的主要害虫是地老虎和金龟子，一般在每年的 4~5 月发生。危害特点：地老虎幼虫咬断幼苗造成缺苗断垄；金龟子幼虫蛴螬在地下啃食根茎，致使根茎腐烂，植株死亡，或者啃食地下茎块，形成伤疤。金龟子成虫啃食叶片，危害较大。防治方法：事先预防：种植玉竹前深翻土壤，将成虫、幼虫翻到地表，使其晒死、风干、冻死，或者被天敌捕食，消灭虫源；将施用的有机肥充分发酵，使有机肥中的虫卵在无氧高温下闷死。事后防治：一是人工捕捉，发现玉竹断苗时，清晨扒开被害植株附近表土人工捕杀幼虫；二是用毒饵诱杀，亩用 90% 敌百虫原药 250g 拌入少量菜饼粉或碎牛皮菜等鲜菜叶内，分散成 80~100 堆放于地面，傍晚时投放毒饵，第二天早晨清理死虫；三是喷药防治，玉竹及附近杂草地，在傍晚喷施 2.5% 溴氰菊酯乳油 1000~1500 倍液进行防治；四是用频振式杀虫灯诱杀成虫。

4. 采收与加工

（1）采收时间

一般 2 年采收。因需要也可以 3 年采收。特殊情况，最短一年或最迟 4 年采收。采收适期为 7 月末至 8 月末。

（2）采收方法

用圆齿耙头起挖，深 25cm，圆齿耙由下往上翻挖，将肉质根茎整块翻出，去掉地上茎，置于地面适度晾晒，轻摇去土运出。

（3）加工

将采收运回的鲜玉竹置于晒场连续晾晒 2~3d，夜间适当收拢覆盖，不宜过厚堆放。未进行夜间收拢次日摊晒的，每天需翻动 1 次。经初晒后，须根已干枯，玉竹条失水变柔软，即可用手工揉搓去毛，达到色泽金黄、内无白心、呈半透明，略有糖分溢于表面即可。揉搓去毛后，摊晒至全干，一般需要 7d 左右。期间若遇雨，短时间可置于室内摊晾，长时间下雨应进行烘烤干燥。烘烤可用烤房，烘干温度不可超过 60℃，分批烘烤至全干。

5.1.16 白芨

白芨 [*Polygonatum odoratum*（Mill.）Druce] 为兰科白芨属植物，别名白及、甘根、白给、朱兰、紫兰等。以块茎入药，性苦、甘、涩，微寒，归肺、肝、胃经，具有收敛止血、消肿生肌的功效，主治肺胃出血、外伤出血、痈肿、溃疡、手足皲裂、汤火伤等症，为传统常用中药材。

1. 形态特征

植株高 18~60cm。假鳞茎扁球形，上面具荸荠似的环带，富粘性。茎粗壮，劲直。叶 4~6 枚，狭长圆形或披针形，长 8~29cm，宽 1.5~4cm，先端渐尖，基部收狭成鞘并抱茎。花序具 3~10 朵花，常不分枝或极罕分枝；花序轴或多或少呈"之"字状曲折；花苞片长圆状披针形，长 2~2.5cm，开花时常凋落；花大，紫红色或粉红色；萼片和花瓣近等长，狭长圆形，长 25~30mm，宽 6~8mm，先端急尖；花瓣较萼片稍宽；唇瓣较萼片和花瓣稍短，倒卵状椭圆形，长 23~28mm，白色带紫红色，具紫色脉；唇盘上面具 5 条纵褶片，从基部伸至中裂片近顶部，仅在中裂片上面为波状；蕊柱长 18~20mm，柱状，具狭翅，稍弓曲。花期 4~5 月。

白芨

白芨的块茎

2. 生态习性

喜温暖、湿润、阴凉的气候环境，不耐寒；喜肥沃、疏松、排水良好的沙质壤土或泥土、腐殖质壤土，常生于海拔100~3200m的常绿阔叶林下、栎树林或针叶林下、路边草丛或岩石缝中。白芨耐阴性强，忌强光直射，适合林下种植。产湖南、湖北、陕西、甘肃、江苏、安徽、浙江、江西、福建、广东、广西、四川和贵州。

3. 栽培技术

（1）建园

①选地：宜选择沙质壤土或腐殖质壤土为主的阴坡或较阴湿的生荒地块栽种，也适宜于经济林下套作。

②整地：深翻土壤20~30cm，结合翻地施入腐熟厩肥或堆肥22.5~30.0t/hm²、复合肥750kg/hm²，土肥混匀，于栽种前再浅耕1次，然后整细耙平，四周排水沟通畅。整地后做宽1.2m、高30cm垄面，按株距20cm、行距25~30cm、沟深10cm开沟或挖定植穴种植。

（2）育苗技术

自然野生状态下，成熟的白芨种子呈粉末状，非常细小，极少萌发成苗。因此，其种子自然萌发率极低，繁殖困难，目前人工繁育多采用分株育苗和组培育苗。

①块茎繁殖：白芨以块茎繁殖可于9~10月收获时，选当年生具有鳞茎和嫩芽，且无虫蛀、无采挖损伤的块茎作种。可随挖随栽，也可将种贮藏至翌春2~3月栽种。置通风干燥处阴晾数日后，沙藏于通风、阴凉、干燥的室内或木箱，注意检查处理霉变。栽种时将有嫩芽的块茎分切成小块，每块带芽1~2个，伤口蘸草木灰。栽后覆3~4cm厚的细土，浇1次稀薄的腐熟粪水，然后盖土与垄面齐平。

②播种育苗：应选择温室作为苗床，高度在1~1.5m，苗床每隔2m用木棍隔开，将塑料纸平铺在苗床上，四周固定在苗床边缘，保持苗床水位在2~4cm。将发酵过的树皮粉与营养土、河沙按照1∶8.5∶10.1混合，所得混合物在与多菌灵按照体积比为10000∶1充分混匀配制成有机质，将配好的基质装入有孔的育苗漂盘中，基质装入占孔的2/3，然后压平压实放入苗床上，浇透水。

选择授粉后胚龄18~20周且发育饱满的白芨果荚，将采收好的果荚用牛皮纸袋装好后阴干保存。在播种前将果荚放置在4℃的冰箱中低温处理24h，然后剥开果荚取出种子，将种子与滑石粉，草木灰按照 1∶50∶50 的比例充分拌匀。将拌匀好的种子撒播在漂盘的孔中，播种密度为每平方米撒播 5g，然后在漂盘上覆盖上一层保鲜膜，注意水分管理，保持漂盘中的基质湿润。待白芨苗长出一片真叶后揭去保鲜膜，每隔 7d 喷施 1 次配制好的营养液，长出 4~5 片真叶后每隔 3d 喷施 1 次。

（3）栽植技术

白芨宜选择在土层深厚、肥沃疏松、排水良好、富含腐殖质的沙质壤土以及阴湿地块种植。前作收获后，翻耕土壤 20cm 以上，并施腐熟厩肥或有机肥 22.5t/hm²、高效复合肥 750kg/hm² 翻入土中作基肥。栽种前再浅耕 1 次，然后整细耙平，做宽 1.2m 左右的高畦，畦高 25~30cm，沟宽 40cm。整地后用乙草胺进行土壤封闭处理，然后用双色薄膜覆盖或者在栽植后用稻草（或谷壳）覆盖。

白芨可以在 4~5 月春栽，也可以在 9~10 月秋栽。栽植时，为保证成活率，必须选用经过驯化的壮苗（驯化苗），按每排 5 株，每隔 25cm 栽 1 排的标准在畦上挖孔栽植，栽后浇定根水，密度在 12.75 万株/hm² 左右。若采用覆膜的方法种植，浇定根水后要用稻壳覆盖栽植孔，可防草保湿。

（4）田间管理

①中耕除草：白芨田间除草主要分为 4 次，第 1 次于 4 月齐苗后，第 2 次于 6 月生长旺盛期，第 3 次于 8 月后，第 4 次则结合间种作物收获期进行除草，每次中耕需浅锄，避免伤芽伤根。也可采用黑色地膜覆盖防除杂草。

②排灌水：白芨喜阴湿环境，栽培地需经常保持湿润，夏季干旱时需早晚各浇 1 次水。白芨怕涝，雨季需及时疏沟排出积水，避免烂根。因此，保持田间排水沟通畅非常重要。有条件的地方可安装自动化喷灌系统灌水。

③追肥：白芨喜肥，生育期间，结合中耕除草追肥 3~4 次，每次施复合肥 450kg/hm² 左右。8 月后结合第 3 次中耕除草将充分沤熟的堆肥盖土压入厢面。冬季倒苗后施足腐熟厩肥或堆肥，有利于白芨养分积累，促进假鳞茎的生长和萌芽。

④间作和遮荫：白芨植株矮小，生长缓慢，栽培年限一般为 3~4 年，可于前两年在行间间种短期蔬菜作物，进而充分利用土地，增加收益。在光照较强、无荫蔽条件的地方栽植白芨时，需覆盖遮阳网，特别是春夏季节。

（5）病虫害防治

①病害防治：白芨主要病害有根腐病和黑斑病，以防治为主。根腐病又称烂根病，发病期 6~8 月。发病初期根局部呈黄褐色而腐烂，以后逐渐扩大，发病严重时，地上部分枯萎死亡。田间管理时注意排涝防水，土杂肥要充分腐熟发酵，及时拔除病株，病穴用石灰消毒；发病初期用 50% 退菌特可湿性粉剂 500 倍液灌根，也可用 50% 多菌灵 800 倍液或 50% 百菌清 800 倍液喷施，每隔 15d 喷施 1 次，连续 3~4 次。黑斑病 7~9 月为发病盛期，可用 50% 多菌灵 500 倍液或 70% 甲基托布津湿性粉剂 1000 倍液浸种预防，或发病时喷施，每隔 5~7d 喷施 1 次，连续 2~3 次。

②虫害防治：虫害主要是地老虎。3~4 月清除田间及周围杂草和枯枝落叶，消灭越冬幼虫和蛹；清晨日出之前，检查田间，发现新被害苗附近土面有小孔，立即挖土捕杀幼虫；4~5 月，小地老虎开始危害时，用 50% 甲胺磷乳剂 1000 倍液拌成毒土或毒沙撒施 300~375kg/hm²，

防治效果较好，也可用90%敌百虫1000倍液浇穴。

4. 采收与加工

（1）采收

白芨种植到第3~4年后即可采收，9~10月地上茎枯萎时，用二齿耙、平铲或小锄细心地将鳞茎连土挖出。要留种的将块茎单个摘下，不摘须根，选留新杆的块茎作种用。其余的摘去须根，除掉地上茎叶，抖掉泥土，运回加工。

（2）加工

加工时在清水中浸泡1h后，除去粗皮，洗净泥土后放沸水中煮（或蒸）6~10min，至内无白心时取出，烘至全干，去净粗皮及须根，筛去灰渣使其光滑洁白。一般可采收鲜品12~15t/hm^2，可加工干品3.0~4.5t/hm^2。白芨以个大、饱满、色白、半透明、味苦、嚼之有黏性、质坚实者为佳。贮于干燥通风处，注意防潮防霉。

5.1.17 铁皮石斛

铁皮石斛（*Dendrobium officinale* Kimura et Migo）为兰科石斛属多年生附生草本植物。铁皮石斛药用部位是新鲜或干燥茎，有益胃生津、滋阴清热、免疫调节、延缓衰老等功效，用于阴伤津亏、口干烦渴、食少干呕、病后虚热、目暗不明。

1. 形态特征

茎直立，圆柱形，长9~35cm，粗2~4mm，不分枝，具多节，节间长1~1.7cm，常在中部以上互生3~5枚叶；叶二列，纸质，长圆状披针形，长3~4（~7）cm，宽9~11（~15）mm，先端钝并且多少钩转，基部下延为抱茎的鞘，边缘和中肋常带淡紫色；叶鞘常具紫斑，老时其上缘与茎松离而张开，并且与节留下1个环状铁青的间隙。总状花序常从落了叶的老茎上部发出，具2~3朵花；花序柄长5~10mm，基部具2~3枚短鞘；花序轴回折状弯曲，长2~4cm；花苞片干膜质，浅白色，卵形，长5~7mm，先端稍钝；花梗和子房长2~2.5cm；萼片和花瓣黄绿色，近相似，长圆状披针形，长约1.8cm，宽4~5mm，先端锐尖，具5条脉；侧萼片基部较宽阔，宽约1cm；萼囊圆锥形，长约5mm，末端圆形；唇瓣白色，基部具1个绿色或黄色的胼胝体，卵状披针形，比萼片稍短，中部反折，先端急尖，不裂或不明显3

铁皮石斛

铁皮石斛的茎

裂，中部以下两侧具紫红色条纹，边缘多少波状；唇盘密布细乳突状的毛，并且在中部以上具1个紫红色斑块；蕊柱黄绿色，长约3mm，先端两侧各具1个紫点；蕊柱足黄绿色带紫红色条纹，疏生毛；药帽白色，长卵状三角形，长约2.3mm，顶端近锐尖并且2裂。花期3~6月。

2. 生态习性

喜温暖湿润气候和半阴半阳的环境，不耐寒，适宜在凉爽、湿润、空气畅通的环境生长。生于海拔达1600m的山地半阴湿的岩石上。产安徽西南部（大别山）、浙江东部（鄞县、天台、仙居）、福建西部（宁化）、广西西北部（天峨）、四川、云南东南部（石屏、文山、麻栗坡、西畴）。

3. 栽培技术

（1）建园

①选地：选择在海拔400~1700m，坡度<45°的阳坡、半阳坡的山地、丘陵、台地等地方建园。不能在阴坡、低洼地或周围有化工厂的地方建园。

②规划与布局：用铁丝网将种植园围起来，以保证产品安全防盗。园区规划出主道、干道和支道。

③园地设施：在林间适宜地段建造水肥池，用固定或半固定管道，沿主道、干道、支道或树林行距布局喷灌系统。在对应的树林，离地高2.5m处沿树林拉铁丝，将喷灌带、喷头均匀布置在其上面。

（2）育苗技术

铁皮石斛育苗有组培育苗和播种育苗。

①组培育苗：选用当年新发出的高度在15cm左右的铁皮石斛嫩芽为外植体。外植体消毒，在自来水中冲洗25min，75%酒精消毒30s，升汞消毒17min，无菌水冲洗3次。原球茎诱导，培养基MS+6-BA 5+NAA0.3+2,4-D 0.3mg/L，丛生芽增殖，培养基1/2MS+6-BA 0.5+NAA0.3+椰子水，生根培养中不使用激素，培养基1/2MS+香蕉泥80g。炼苗要注意控制光照度，逐渐正常光照，一般不可超过8000Lux。温度保证夜温不低于15℃，白天不高于30℃为宜。一般炼苗20~35d，植株的叶片可以全部打开，颜色趋于正常的深绿色就可以种植。

②播种育苗：选择适合铁皮石斛生长的育苗基质，应采用既能吸水又能排水，既能透气又有养分的材料。常用的材料有花生壳、松树粗木糠，粗木糠颗粒0.2~0.5cm，基质必须经堆制发酵或高温灭菌处理，达到无害化要求后使用。整畦做床。地栽模式：棚内地面整成种植（畦）床，畦宽1.2~1.6m，长度不大于40m，畦面呈公路形，畦高20~30cm，开好畦沟、围沟，沟宽30~40cm。封棚彻底杀虫、灭菌后棚内全部铺过种植地布，在畦面铺5~7cm的花生壳作为底层，再铺设1~2cm粗木糠做表层。离地床栽模式：离地30~60cm搭建架空育苗床，苗床架可用钢筋和托膜线等材料。用塑料平网、遮阳网等作为底板，上铺基质5~7cm，再铺设1~2cm粗木糠，压平；也可用底部多孔、高6~9cm的育苗盘。

采收的蒴果经清理花瓣的残体后，采用70%~75%酒精或1%次氯酸钠消毒10s后放于清洁的托盘中晾干、后熟。收集自然开裂脱出的种子晾干，置于通风干燥处，防潮保存。于清明节前后，对苗床进行喷雾，让基质充分湿透后进行均匀播种。每克种子可播10m²。

(3) 栽植技术

①大棚种植：铁皮石斛最佳的移栽时间为春季与秋季，春季优于秋季。一般日均气温在15~28℃之间为铁皮石斛移栽最佳季节，移栽期多为每年3~5月和9~10月，但最适宜为每年3~5月。

一般采用丛栽方式栽种，即2~4株为一丛。定植时注意使根系自然舒展，基质覆盖住根系，轻轻按苗使根系与基质充分接触，尽量浅栽，但基部必须露出，否则易造成生长缓慢或发生烂根现象。栽培方式分为床栽与盆（钵）栽。床栽的按株行距10cm×10~15cm栽种，一般需用苗135万~210万株/hm^2；盆（钵）栽视盆（钵）的大小在其中栽植1~2丛。

②林下种植：林下种植是目前新兴的铁皮石斛种植方式，是一种模仿野生种植的方法，其目的是让铁皮石斛回复其亲本性，品种纯度更高。种植树种可选用树皮厚，水分多，枝繁叶茂，树木表面有纵沟的便于根系附着的树种，如松树、樟树、梨树和龙眼树等俱可。种植时将铁皮石斛栽培苗以5~6株一丛为整体紧贴于树干凹处或平处，用麻绳等容易粘合有韧性的材料沿树干中部进行捆绑固定，注意松紧度，不要太紧或太松，以免弄伤石斛苗或者导致掉落。

(4) 田间管理

①光照管理：栽种后注意遮荫，保证光照强度在3000~5000Lux之间；待长出新根后进入正常的光照管理，一般掌握光照强度为5000~10000Lux。光照管理应随季节进行调整，冬春季节遮去30%~50%的光照，夏秋季节遮去60%~70%的光照。

②温度管理：铁皮石斛的温度管理应根据不同季节及不同生长阶段进行灵活管理。小苗适宜生长温度为18~30℃，耐高温和低温能力均较差，特别是冬季栽种后温度不宜低于8℃，最好达15℃以上，夏秋高温季节最好控制温度在30℃以下；大苗适宜生长温度为10~30℃，耐高温和低温能力均比小苗强，短期5℃甚至更低的温度和38℃高温都不会对其造成伤害，但生长速率会减缓直至停止。昼夜温差5~10℃时有利于茎叶生长及有机物质积累。

③水分管理：铁皮石斛的水分管理主要包括基质湿度及空气湿度2个方面，水分管理也应根据不同季节及不同生长阶段进行灵活管理。移栽后1周内空气湿度保持90%左右，1周后，植株开始发生根，可保持70%~80%的空气湿度。大苗在生长旺盛期（4~7月）应保证基质的水分充足，利于长新芽、发新苗及生长。进入11月后，气温逐渐降低，应降低基质含水量。若气温在10℃以下，铁皮石斛基本停止生长进入休眠状态，对水分的要求很低。因此，应控制基质含水量在30%以内。

④施肥：施肥以"勤施、薄施、适时、足量"为原则，并根据铁皮石斛不同生长阶段，科学合理搭配施用肥料。小苗施肥以叶面肥为主，大苗以施用有机肥为主、化学肥料为辅，化学肥料可采用花多多肥2000~3000倍液，7~10d喷1次，每月喷3~4次，施肥浓度可随苗的生长而加大；有机肥可以用羊粪、豆粕、鱼粉、花生麸等加入适量微量元素沤制腐熟，可用有机肥喷淋基质，每月喷1~2次，每次要以淋透基质为准。

(5) 病虫害防治

①病害防治：炭疽病，主要危害叶片，大量发生可导致落叶，严重影响铁皮石斛的生长。多雨、空气湿度高盆中积水、株丛过大等易发病，发病的温度范围为15~30℃。发病初期可用10%世高水分散粒剂3000倍液，或25%溴菌腈乳油300~500倍液，或氧化亚铜2000

倍液喷施，一般每7d喷施1次，连续喷2~3次。疫病，常使植株幼嫩部分腐烂或引起茎呈水渍状褐腐。气温低于25℃、通风不良、高湿（85%~95%）时易发病且较为严重。发病初期可采用72%g脲·锰锌可湿性粉剂600倍液、69%安克·锰锌可湿性粉剂500倍液等进行喷雾防治。兰镰孢菌茎腐病，多发生在茎节处、叶柄或花梗基部，病部变褐枯死，其内维管束产生褐变，发病重时引起全株枯死。高温高湿、阴雨连绵或管理粗放、长势弱、喷淋式浇水等均有利于发病。发生时可采用20%抗枯灵水剂500~600倍液、23%络氨铜水剂250~300倍液等药剂进行喷布。黑斑病，发病初期，叶片呈紫褐色小斑点，以后扩大成圆黑褐色病斑，斑点周围呈放射状黄色，严重时病斑相连接成片，最后叶片枯黄脱落。栽培时注意及时清理病叶、落叶，减少病害侵染源；加强棚内通风条件。发病初期，可喷施苯醚甲环唑1000倍液、咪鲜胺1500~2000倍液，交替使用，连喷2~3次即可控制病情。

②虫害防治：铁皮石斛虫害主要是蜗牛和蛞蝓。蜗牛发生时可用嫩菜叶或青草拌药毒饵诱杀，即用50%辛硫磷乳油0.5kg拌青草或嫩菜叶50kg，于傍晚时撒开诱杀；或用6%四聚乙醛（密达）颗粒剂7.50~11.25kg/hm^2，于傍晚时均匀撒施于种植床诱杀。铁皮石斛地下害虫主要是蝼蛄、小地老虎、金龟子幼虫。发生时可采用毒饵诱杀，将麦皮、豆麸炒香，用90%晶体敌百虫30倍液将饵料拌湿，于傍晚撒于种植床周围诱杀或采用黑光灯诱杀成虫。

4. 采收与加工

（1）采收

①采收时间：最适采收期为12月至翌年4月。采收宜在晴天早上10:00以后，茎株表皮无水珠时进行操作。

②采收原则：在保留翌年营养茎株的前提下，采取"去大留小"的原则。

③采收方法：全株采收，包括根、茎、叶、花的采收。茎条采收，待茎尖饱满封顶，无生长点后，采收1年生以上的老茎。离茎基部2~4节茎节，切口成45°斜切采收。鲜花采收，待花穗全开放后，离茎杆2cm处剪下花穗放置筐内，防止重压损伤。

（2）采后处理

采收后及时剔除病株和叶片，称量，基部放齐，按每捆2~3kg捆好。参照铁皮石斛标准检测多糖、水分、农残、重金属等项目，对不符合质量标准的产品及时处理，检测合格后方可验收。

（3）储藏

验收合格后置于室内阴凉通风、干燥处摆放，注意防潮。

（4）加工

①枫斗的加工：整理，将鲜石斛洗净，去除叶、杂质和病虫害条。烘焙，将石斛茎置于碳盆上低温烘焙，使其软化并除去部分水分，便于卷曲。卷曲，将软化好的石斛进行分剪，短茎无需切断，长茎剪成5~8cm的短段。趁热将已经软化的石斛茎用手卷曲，使其呈螺旋形团状，压紧。加箍，取韧质纸条将卷曲的石斛茎箍紧，使其紧密，均匀一致。干燥，将加箍后的石斛茎置于碳盆上低温干燥，或用烘箱低温干燥，待略干收紧后重新换箍（二次定型），或经数次，直至完全干燥。去叶鞘，手工方法，将枫斗放于棉布袋中，两人一组各手拎一头，来回拉动，使其叶鞘脱落；机器方法，用枫斗抛光机直接去叶鞘。

②干条加工：去除杂质、根、叶，于50~60℃的烘箱中烘干至含水量≤12.0%。

③干花加工：去除杂质、花梗、枯花，于 50~60℃的烘箱中烘干至含水量≤12.0%。

5.1.18 天麻

天麻（*Gastrodia elata* Bl.）又名定风草、离合草、仙人脚等，为兰科天麻属多年生共生草本寄生植物。是主产于我国的一种名贵中药，以块茎入药，治疗高血压、眩晕、头痛、惊厥、肢体麻木、瘫痪等症状，对心脏具有保护作用。还有明目和显著增强记忆作用。此外，天麻对人体大脑神经系统具有明显调节和保护作用。

1. 形态特征

植株高 30~100cm，有时可达 2m；根状茎肥厚，块茎状，椭圆形至近哑铃形，肉质，长 8~12cm，直径 3~5（~7）cm，有时更大，具较密的节，节上被许多三角状宽卵形的鞘。茎直立，橙黄色、黄色、灰棕色或蓝绿色，无绿叶，下部被数枚膜质鞘。总状花序长 5~30（~50）cm，通常具 30~50 朵花；花苞片长圆状披针形，长 1~1.5cm，膜质；花梗和子房长 7~12mm，略短于花苞片；花扭转，橙黄、淡黄、蓝绿或黄白色，近直立；萼片和花瓣合生成的花被筒长约 1cm，直径 5~7mm，近斜卵状圆筒形，顶端具 5 枚裂片，但前方亦即两枚侧萼片合生处的裂口深达 5mm，筒的基部向前方凸出；外轮裂片（萼片离生部分）卵状三角形，先端钝；内轮裂片（花瓣离生部分）近长圆形，较小；唇瓣长圆状卵圆形，长 6~7mm，宽 3~4mm，3 裂，基部贴生于蕊柱足末端与花被筒内壁上并有一对肉质胼胝体，上部离生，上面具乳突，边缘有不规则短流苏；蕊柱长 5~7mm，有短的蕊柱足。蒴果倒卵状椭圆形，长 1.4~1.8cm，宽 8~9mm。花果期 5~7 月。

天麻

天麻的根状茎

2. 生态习性

喜凉爽、湿润环境气候。生于疏林下，林中空地、林缘，灌丛边缘，海拔 400~3200m。产湖南、湖北、吉林、辽宁、内蒙古、河北、山西、陕西、甘肃、江苏、安徽、浙江、江西、台湾、河南、四川、贵州、云南和西藏。

3. 栽培技术

（1）建园

①选地：选择天然次生林边缘或山下腹，选择土层较厚、土质疏松的壤土或砂壤土，郁闭度 0.5、坡度小于 20°的阔叶杂木林林地。

②整地：时间以4~5月为宜。整地时首先要铲除杂草，砍去过密杂树，清除土壤石块。然后挖培养坑，坑间距56~60cm，坑宽40~50cm、长60~80cm、深15~60cm。天麻生长期气温高时坑要深挖，气温低时要浅挖。

(2) 育苗技术

①播种育苗：采收种子的最佳时机是种壳的纵沟由凸变凹，手捏发软时采收，同时采下邻近的3~5个尚未开裂的果实。应随时采收随时播种，如需要短期贮存，可将果壳放在0~4℃的冰箱内保存。

播种前应准备好萌发菌，天麻种子没有胚乳，用萌发菌可提高种子的萌发率，萌发菌常用石斛小菇。将天麻种子与萌发菌相拌，待萌发菌长出新菌丝，再一起播种到菌床上。一般每平方米用2瓶萌发菌，16~20个天麻果子。

播种前做床培菌，室内床深30cm，宽80cm，室外穴长80cm，穴宽80cm，穴深10~40cm，林间顺山做床，床宽70~90cm，床深3~5cm，内铺粗河沙3~5cm，上铺一层蒙古栎叶，摆上木棒或枝段、蜜环菌菌种，覆盖腐植土3~5cm，再铺一层蒙古栎树叶摆上木棒或枝段、蜜环菌菌种，然后覆盖腐植土8~10cm，上面覆盖一层树叶保湿，进行培菌。

播种时，撤出全部菌棒，在床底铺上一层潮湿的蒙古栎叶，轻轻压平，把混拌均匀的萌发菌与种子，在床上方撒播，然后放回底层菌棒，再铺一层潮湿的蒙古栎。叶，播第二层种子，放回上层菌棒，培土封床覆盖落叶6cm厚。天麻种子适宜发芽气温是22~25℃，播种初期，温度不够时，要采取增温措施，温度较高时，要在天麻畦床上搭遮荫棚，四周洒水降低温度。

②无性繁殖：生产中常用块茎繁殖法来栽培天麻。麻种选择以白麻最好，质量上以新鲜浆足、无破损、无霉烂的白麻较理想。块茎繁殖分冬栽和春栽两种。冬栽在10~11月，春栽在3~4月。栽麻方法分为固定菌材和活动菌材两种栽麻法。固定菌材栽种，就是把麻种栽在已培养菌的坑内。首先，去掉盖在坑上的枝叶和上层培养料，待露出菌材时，再将麻种放在长有密环菌的菌材两侧。放置麻种时，相邻2个麻种距离不能过近或过远，一般以7~10cm为宜；麻种小时可适当密些，麻种大时可稀些。坑内培有多层菌材时，可先把上面菌材层掀起，从最下面一层栽麻，逐步往上加层，具体要求基本同菌材培养法。活动菌材栽培法，是把已培养好的菌材取出，另挖一个坑（同培菌坑），在坑底铺1层培养料，然后将菌材摆在上面，两菌材之间用培养料填至1/2时栽入麻种，再用培养料填平。依照上法，将带菌菌材与不带菌菌材相间摆放，成为第2层，麻种放在第2层带菌材两侧。依此法可摆放第3层等。摆完后，其上覆盖好培养料，最后覆土即可。

(3) 栽植技术

在选择麻种时选取当年挖出的天麻，除去商品麻，把所有麻种选出再筛选，拣除烂麻、畸形麻等劣质麻种，最后确定为个头相当、健壮、外观整齐、个头大、成色好、无创伤的天麻作为次年使用的麻种。栽前，用新高脂膜10~50倍液拌种，防止病害侵入。将坑底挖松，整平后铺上一层阔叶树树叶及腐殖土，然后把事先

准备好的木材均匀摆在坑底，材间距离6~8cm，每窝放6~8根木材。栽时把密环菌枝紧靠放在木材两侧鱼鳞口处，再把天麻种子放在菌枝和木材处，以便使两者很快建立营养（共生）关系。之后把剩余的白色蜜环菌种分成黄豆大小的颗粒，均匀撒放在木材中间。之

后用腐殖土或细沙填平，轻轻压紧，不留空隙。若种子和菌种、菌枝数量多，可以在第一层上面再栽培一层，方法同上，但注意上、下木材要放成"井"字形。最后在上面覆盖细土15cm左右，上盖枯枝落叶，成龟背形，略高于地面，已利排水。

（4）田间管理

天麻栽种后的管理非常重要。一般天麻栽种后不需要施肥和松土除草，只需要保持在野生状态即可；应经常保持土壤含水量在40%左右，地温保持在15~28℃。在根茎膨大期，叶面喷施药材根大灵溶液，可促使叶面光合作用产物（营养）向根系输送，提高营养转换率和松土能力，使根茎快速膨大，有效物质的含量大大提高。夏季高温季节应用遮阳网或树枝遮光降温，防止人、畜踩踏。若遇干旱，可适量浇水。同时要在雨季注意防止积水。

（5）病虫害防治

①病害防治：霉菌病，在菌材或天麻表面呈片状或点状分布，部分发黏并有霉菌味，影响蜜环菌及天麻的正常生长，易造成天麻腐烂，严重影响产量。防治方法：要经常进行检查，在菌材上发现霉菌后，可取出晒1~2d，然后用刀割掉寄生霉菌处痕迹，对危害严重的菌材应烧毁。检查麻种，凡碰伤、霉烂的麻种，重者废弃、轻者刮去，或用酒精、多菌灵等局部消毒，或用高锰酸钾溶液消毒亦可用5%左右的石灰水浸泡后再用。腐烂病俗称烂根病，病因由多种病原微生物引起，也可因环境条件不良引起，夏季温度高，天麻因生理性干旱，中心组织腐烂，成白浆状，有一种特异的臭味。防治方法：发现病株后及时清除。水浸病，天麻生育期最忌水浸，一般水浸12~24h天麻即腐烂，有臭鸡蛋味。防治方法：选择排水良好的沙质壤土栽培。降雨后要及时进行检查，发现积水，立即排除。森林郁闭度过大时，可进行疏枝，增加光照。锈腐病，症状：浸染天麻块茎，初为铁锈色斑点，逐渐蔓延，严重时整个块茎全部坏死。防治方法：选择通气性良好的沙质壤土栽培，覆土时防止带有染菌的枯枝落叶。注意选用无病、无伤种栽。

②虫害防治：蛴螬，幼虫在穴内咬食天麻块茎，将块茎咬成空洞。防治方法：在播种或栽植前穴或畦内土壤进行药剂处理。将50%辛硫磷乳油，用水稀释30倍，喷于穴或畦面再翻入土中，或生长期用该药700~1000倍液在穴内或畦内浇灌。有条件的地方，在天麻地附近设置黑光灯诱杀成虫（金龟子）。蝼蛄，以成虫或若虫危害，咬食天麻块茎。防治方法：毒饵诱杀，傍晚撒于天麻穴或畦表面诱杀。介壳虫，一般多由菌棒携带，危害天麻块茎。防治方法：发现菌棒上有介壳虫时，可将菌棒烧毁。蚜虫，主要危害天麻花薹和花朵。防治方法：20%氰戊菊酯乳油10~20mL/hm^{2}喷雾防治。白蚁，主要危害菌棒，对天麻生产影响很大。防治方法：多采用换新穴和敌百虫、灭蚁灵等农药喷杀。伪叶甲，成虫危害天麻果实，在果实上蛀孔。防治方法：危害情况不严重，若发现可早晚人工捕捉即可。

4. 采收与加工

（1）采收

栽植1年后可起收，一年中秋冬和初春（11月至翌年3月）天麻块茎处于休眠期时均可采收。起收天麻时，先扒开表土或培养料，取出上层菌材，然后在培养料中拣出天麻块茎。采收过程要小心轻拿，以免损伤天麻。

（2）加工

①蒸麻：先除去天麻的残茎，注意保留箭芽，洗去泥沙，搓去菌索及鳞片，清水洗净后

上屉蒸。火力要强,屉盖要严密,以便能迅速杀死麻体细胞,抑制麻体内的酶类活动,并可防止浆液外渗。大麻蒸30min,小麻蒸15min,以熟透(无白心)为度,8~9分熟即可。如有气胀过大的可用生针刺破排气,然后尽快将天麻烘干,防止霉变。

②火炕烘干:要严格控制温度,开始时火力不可过猛,使炕温平衡上升,保持在50~60℃。2~3h时后,使炕温逐渐升到70~80℃,以便麻体内的水分迅速蒸发。如开始时温度过度,麻体外层因水分迅速蒸发而形成硬壳,内部水分外散受阻,造成长时间不易干透。当麻干到七八成时,用木板压扁,但用力不可过大,以防跑浆,然后继续上炕烘,此时温度保持在50~60℃,以防干焦变质。当干到八九成时,下炕回潮(发汗),即堆放在低温处,用棉被或双层麻袋盖严,闷10h以上,使麻体水分外润,然后继续上炕烘,炕温50℃左右,至全干。

③烘干室烘干。将蒸透的天麻平摆在干燥盘内(注意不要重叠),密闭门窗,开始时温度控制在40~50℃,逐渐升温至70℃,并据室温、湿度的变化情况适时排气,干到七八成时,压扁,停止排气,烘至全干为止。

5.1.19 黄栀子

黄栀子(*Gardenia jasminoides* Ellis)为茜草科栀子属植物,又名栀子、黄栀子、山栀子。其果实是很好的中药材,具有泻火解毒、清热利湿、凉血散瘀之功效,还可提取食用色素;叶、花、根亦可作药用。花可提制芳香浸膏,用于多种花香型化妆品和香皂香精的调合剂。其植株是很美的观赏植物。

1. 形态特征

常绿灌木,高0.3~3m;嫩枝常被短毛,枝圆柱形,灰色。叶对生,革质,稀为纸质,少为3枚轮生,叶形多样,通常为长圆状披针形、倒卵状长圆形、倒卵形或椭圆形,长3~25cm,宽1.5~8cm,顶端渐尖、骤然长渐尖或短尖而钝,基部楔形或短尖,两面常无毛,上面亮绿,下面色较暗;侧脉8~15对,在下面凸起,在上面平;叶柄长0.2~1cm;托叶膜质。花芳香,通常单朵生于枝顶,花梗长3~5mm;萼管倒圆锥形或卵形,长8~25mm,有纵棱,萼沿管形,膨大,顶部5~8裂,通常6裂,裂片披针形或线状披针形,长10~30mm,宽1~4mm,结果时增长,宿存;花冠白色或乳黄色,高脚碟状,喉部有疏柔毛,冠管狭圆筒形,长3~5cm,宽4~6mm,顶部5至8裂,通常6裂,裂片广展,倒卵形或倒卵状长圆形

黄栀子

黄栀子的果实

形，长1.5~4cm，宽0.6~2.8cm；花丝极短，花药线形，长1.5~2.2cm，伸出；花柱粗厚，长约4.5cm柱头纺锤形，伸出，长1~1.5cm，宽3~7mm，子房直径约3mm，黄色，平滑。果卵形、近球形、椭圆形或长圆形，黄色或橙红色，长1.5~7cm，直径1.2~2cm，有翅状纵棱5~9条，顶部的宿存萼片长达4cm，宽达6mm；种子多数，扁，近圆形而稍有棱角，长约3.5mm，宽约3mm。花期3~7月，果期5月至翌年2月。

2. 生态习性

喜温暖湿润气候，不耐寒冷。生于海拔100~1500m处的旷野、丘陵、山谷、山坡、溪边的灌丛或林中。

湖南、湖北、山东、江苏、安徽、浙江、江西、福建、台湾、广东、香港、广西、海南、四川、贵州和云南，河北、陕西和甘肃有栽培。

3. 栽培技术

（1）建园

①选地：黄栀子耐贫瘠，对土壤要求不严，一般土层深度在40cm以上的荒山、荒地均可种植。但是，在土层深厚、土质肥沃疏松、排水良好的弱酸性或中性土壤中栽培，黄栀子长势旺、产量高；在碱性土壤中生长不良、产量低，故碱性土壤不宜种植黄栀子。

②整地：种植前要对栽培地进行全垦深翻，清除灌木、树蔸、树桩、石头、杂草等杂物。对坡度较陡的荒山坡地，全垦深翻整地后要每间隔1.8~2m做一水平栽培带，并且每间隔1.1~1.2m挖1个长、宽、深均为40cm的栽培穴；平地或缓坡地则直接按行距1.8~2m、株距1.1~1.2m开挖长、宽、深均为40cm的栽培穴；一般每亩开挖栽培穴290~310个。开挖时上层土、下层土分放两边，然后将上层土先回填至栽培穴，再将下层土回填至栽培穴；上层土回填至栽培穴时，每穴加入腐熟猪粪、牛粪、羊粪等畜粪20kg或腐熟的鸡粪、鸭粪、鹅粪等禽粪10kg，或腐熟油菜饼2kg，或腐熟大豆饼1kg，或氮磷钾含量各15%的复合肥1kg做基肥，并将底肥与回填土拌匀后再回填至穴内，以便诱导黄栀子的根系向深处生长，扩展根系生长范围，增加树体营养供给。

（2）育苗技术

黄栀子育苗主要采用种子育苗和扦插育苗2种方式。

①播种育苗：种子采集与处理，11月前后，选择优良健壮、坐果率多、品质好的植株，采集果实大而饱满、无病虫害、色泽鲜亮、充分成熟，果实采集回来后带壳晒至半干，放通风阴凉干燥处留种。播种前取出种子并浸入30~40℃温水中，揉搓去杂质和瘪粒，取饱满种子，晾干待播。播种，2月下旬至3月，播种前种子用0.5%硫酸亚铁溶液浸泡2h，捞出用清水冲洗，再放入35℃温水中浸种24h。处理好的种子在已准备好的苗床上按行距15~20cm开沟条播或撒播，用种量15~30kg/hm^2。播种后覆盖薄薄的一层细土，再盖上稻草，保持苗床湿润。1个月左右开始出苗，出苗后择阴天揭去盖草，适时浇水保持土壤湿润。分多次间苗，拔去病弱苗，留强壮苗，最后按株距5~8cm定苗，进入苗期管理。

②扦插育苗：扦插时间以秋、冬季为宜，一般以12月底至1月下旬为最佳。选择土层深厚、土壤肥沃、排灌方便的地块作为圃地，均匀撒施复合肥150~225kg/hm^2，再用经细筛的黄心土均匀覆盖在苗床表层（厚1.5~2.0cm），压实待扦插。选择优质高产、无病虫、生长健壮的结果盛期植株作母树，采集1~2年生、径粗0.6~1.0cm的枝条，取半木质化的部

分截成长 10~15cm、剪口端为斜面的扦插条，保留 2~3 个节位的叶片，用赤霉素浸泡扦插条基部 10~15min 后取出。按株行距 10cm×15cm 扦插，插入扦插条的 1/3，每插 1 行随手敲实土层，保证扦插条与土壤密接。扦插后床苗浇透水，以后经常浇水保持苗床湿润，以利于成活，扦插 45d 后发根出芽。注意及时除草，加强苗田肥水管理和病虫害防治，一般在第 2 个秋、冬季可以出圃栽培。

（3）栽植技术

初冬至春季均可移栽，冬季一般为 10 月下旬至 1 月初，春季在 3 月下旬前、新芽未萌发前栽植。种植前，适当修剪苗木枝叶，以减少苗木水分蒸发，并用黄泥浆蘸根。按株行距 100cm×150cm 挖穴栽植，以穴径 30cm、深 25cm 为宜，施有机肥 2kg/穴+复合肥 0.2kg/穴作为基肥；栽植深度以较原土痕深 1~2cm 为宜，覆土踏实，使根系与土壤充分密接，浇透定根水。

（4）林间管理

①中耕除草：栀子移栽成活后需进行中耕除草。1~3 年生幼林，每年 4~6 月和 1~2 月各中耕除草 1 次，冬季全垦除草并培土 1 次。成年结果树每年除草松土不少于 2 次，结合除苗进行施肥和培土。

②合理施肥：幼树期一般施用复合肥，以氮、磷、钾比例 1∶1∶1 为宜，春、夏、秋季结合中耕除草各施用复合肥（15-15-15）375~450kg/hm²。在盛产期，第 1 次肥春施，于每年 3~4 月施用尿素 450kg/hm² 作追肥，促进花蕾和春、夏梢生长；第 2 次于采花后开始施结果肥，施复合肥（15-15-15）900kg/hm²；第 3 次冬施，施有机肥 3t/hm² 和复合肥（15-15-15）450kg/hm²，混合均匀，于离树冠滴水处挖 10cm 深环状沟施用，施后覆土，为翌年丰产施足底肥。

③灌溉和排水：保持土壤湿润，干旱时要浇水，尤其是幼苗。栀子又怕涝，遇大雨及时清沟排水。

④修剪整枝：黄栀子树形宜选用自然开心形。定植萌芽后，在幼树离地 25cm 处剪截定主干，选留 4~5 个生长方向不同的芽梢培养成主枝，再在每条主枝上选留 3~5 个着生方向不同的壮芽作为副主枝，依次延伸至顶梢。根据黄栀子生物特性，冬季可进行修剪整形，尽量使其枝条均匀分布，逐步将树冠培养成圆幅状。为方便采收，树高控制在 1.5m 以内。修剪时，剪去枯枝、纤弱枝、密生枝、徒长枝、病虫枝和重叠枝，使树冠外圆内空、自然开心、通风透光，有利于开花结果，增加鲜花产量和果实产量，达到丰产目标。

（5）病虫害防治

黄栀子抗性较强，病虫害较少，主要病害有黄化病、腐烂病、叶斑病，主要害虫有栀子卷叶螟、日本蜡蚧、栀子刺蛾。注意在采果前 30d 不可施用化学农药防治病虫。

①病害防治：黄化病，主要原因是缺肥，关键是缺铁。防治法：及时追肥，另外叶面喷施 1 次 0.3~0.5%的硫酸亚铁水溶液加 0.7%~0.8%的硼镁肥水溶液。腐烂病，主要发生于栀子的枝干。防治方法：一是注意提前防止树体出现大伤口；二是病虫严重时要及时剪除病虫枝，病虫不严重时要及时刮除病原物，并涂抹石硫合剂 2~3 次。叶斑病，防治方法：一是要剪除重病叶，清扫落叶，并集中晒干烧毁；二是选用硫菌灵或多菌灵、百菌清、代森锌等杀菌剂配制成的药液喷雾防治，每隔 7~10d 喷 1 次，共喷雾 2~3 次。

②虫害防治：栀子卷叶螟，以幼虫啃食叶片，严重时可将全树叶片吃光。防治措施：一是利用栀子卷叶螟在枯叶中结茧越冬习性，在冬季清园时结合修剪清除虫源；二是可利用栀子卷叶螟成虫的趋光性，安装太阳能杀虫灯诱杀；三是选用溴氰菊酯或甲氰菊酯、氟啶脲、灭多威、辛硫磷、马拉硫磷、亚胺硫磷、硫双威、毒死蜱、杀虫双、杀虫单、杀螟丹、杀虫环、乐果等农药配制成的药液交替喷雾灭杀幼虫。日本蜡蚧，以若虫和雌成虫聚集于枝条和叶片上刺吸汁液，其分泌物能诱发煤污病。防治措施：选用溴氰菊酯或甲氰菊酯、氟啶脲、灭多威、辛硫磷、马拉硫磷、亚胺硫磷、硫双威、毒死蜱、杀虫双、杀虫单、杀螟丹、杀虫环、乐果等农药配制成的药液交替喷雾灭杀，每隔 3~5d 喷 1 次，连续喷药 2~3 次才有灭杀效果。栀子刺蛾，其幼虫肥短，无腹足，行动时不是爬行而是滑行，身上有毒刺，以幼虫啃食叶片危害黄栀子。防治措施：一是结合除草松土，挖除土壤中的虫茧，减少虫源；二是选用溴氰菊酯或甲氰菊酯、氟啶脲、灭多威、辛硫磷、马拉硫磷、亚胺硫磷、硫双威、毒死蜱、杀虫双、杀虫单、杀螟丹、杀虫环、乐果等农药配制成的药液交替喷雾灭杀幼虫。

4. 采收与加工

（1）采花与加工

黄栀子花期一般在 5 月中旬至 7 月下旬。为了使鲜花和果实双丰收，掌握好采花时期和采花量尤为重要。一般前期花结实率高、果实大、质量佳，宜留用不采。采摘食用鲜花一般宜在开花授粉结籽后，采开始凋谢的花朵及授粉不全的花朵，既可以起到疏花、保证坐果率、提高果实产量的作用，又能采摘比较多的食用花卉。另外，最好当天采花当天进行加工。鲜花采收后，放在沸水中烫 1~2min，变软后立即捞起，放于冷水中漂洗，剔除花蕊，既可作为新鲜食用花卉，也可以冷冻储存或烘干后包装储藏。

（2）采果加工

黄栀子果实成熟期一般在霜降后立冬前，采收期一般在立冬之后 15d 内。若采收过早，果皮青绿色，果实不饱满、尚未完全成熟，则果实色素含量低，加工率偏低，影响产量和质量；若采摘过迟，果过熟，干燥困难，加工时易腐烂变质，不易保存，影响产品质量，而且也不利于树体养分积累和树体安全越冬。因此，适时采摘是保证果实产量和质量的关键，一般在果皮由青转红至红黄色时，选择晴天或阴天采收为佳，加工出的产品质量好且加工率高。加工时，要剔除果柄及其他杂物，于汽锅炉上熏蒸 3min 或在沸水中煮至七八成熟，取出晒干或烘干。一般分 2 次干燥，中间回潮 1~2d，才能使果实均匀干燥，以免发霉变质，降低产品质量，影响利用价值。

5.1.20 白术

白术（*Atractylodes macrocephala* Koidz.）别名浙术、冬术、于术等，为菊科苍术属多年生草本植物。以根茎入药，具有止汗、安胎、燥湿利水、健脾益气的功效。

1. 形态特征

多年生草本，高 20~60cm，根状茎结节状。茎直立，通常自中下部长分枝，全部光滑无毛。中部茎叶有长 3~6cm 的叶柄，叶片通常 3~5 羽状全裂，极少兼杂不裂而叶为长椭圆形的。侧裂片 1~2 对，倒披针形、椭圆形或长椭圆形，长 4.5~7cm，宽 1.5~2cm；顶裂片比侧裂片大，倒长卵形、长椭圆形或椭圆形；自中部茎叶向上向下，叶渐小，与中部茎叶等样分裂，接花序下部的叶不裂，椭圆形或长椭圆形，无柄；或大部茎叶不裂，但总兼杂有 3~5 羽状全裂的叶。全部叶质地薄，纸质，两面绿色，无毛，边缘或裂片边缘有长或短针刺状缘毛或细刺齿。头状花序单生茎枝顶端，植株通常有 6~10 个头状花序，但不形成明显的花序式排列。苞叶绿色，长 3~4cm，针刺状羽状全裂。总苞大，宽钟状，直径 3~4cm。总苞片 9~10 层，覆瓦状排列；外层及中外层长卵形或三角形，长 6~8mm；中层披针形或椭圆状披针形，长 11~16mm；最内层宽线形，长 2cm，顶端紫红色。全部苞片顶端钝，边缘有白色蛛丝毛。小花长 1.7cm，紫红色，冠簷 5 深裂。瘦果倒圆锥状，长 7.5mm，被顺向顺伏的稠密白色的长直毛。冠毛刚毛羽毛状，污白色，长 1.5cm，基部结合成环状。花果期 8~10 月。

白术

白术的花

2. 生态习性

白术喜凉爽气候，怕高温多湿，野生于山坡草地及山坡林下。湖南、江西、浙江、四川有野生，湖南、湖北、江苏、浙江、福建、江西、安徽、四川等地有栽培。

3. 栽培技术

（1）建园

①选地：选择肥沃、通风、凉爽、排水良好的砂壤土，忌连作。

②整地：前作收获后，每 1 亩施农家肥 4000kg，配施 50kg 过磷酸钙作基肥，深翻 20cm，做成宽 1~1.5m 的畦。

（2）育苗技术

白术常用播种育苗：选择籽粒饱满、无病虫害的新种子，在 25~30℃ 的温水中浸泡 24h，捞出催芽，于 3 月下旬至 4 月上旬播种。播种前，先在畦上喷水，待水下渗表土稍干后，按行距 15cm 开沟播种，沟深 4~6cm，沟底要平，播后覆土，稍加镇压，再浇 1 次水。用种量 4kg/667hm²。撒播待水下渗后，将种子均匀撒入，覆浅土即可，每亩用种量 5~7g，播种后 15d 出苗。至冬季移栽前，每亩可培育出 400g 的鲜术苗。

（3）栽植技术

一般霜降前即可整地，整地时要施足底肥，施发酵的有机肥 30t/hm² 左右。施肥后，田块要及时翻耕、整平、耙碎。栽移前要在林间用开沟机封垄，垄宽 1.2m 左右，垄高 30cm 左右，垄长以田块地形而定。垄越大越利于排涝，更利于白术根茎生长。

当年冬季就可移栽。通常从 12 月下旬开始，最迟不过第 2 年的 4 月上旬。按行距 25cm

开深 10cm 的沟,按株距 15cm 将白术栽排入沟内,芽尖朝上,并与地面相平。栽后两侧稍加镇压。全部栽完后,再浇 1 次大水。一般每亩需栽种鲜白术 50~60g。

(4) 林间管理

①中耕除草:每年 5~6 月田间杂草生长很快,为减少杂草与白术争水争肥,应每隔 15d 除草 1 次。7~8 月正是白术根茎生长的旺季,每个月要除草 2~3 次。拔草时要选择晴天天气,雨天或露水未干时不要除草,否则白术根茎极易感染病害。

②追肥:当白术植株花蕾出现时可追肥 1 次,于雨前施复合肥 450kg/hm² 左右或晴天施于畦沟间再浇水。

③除蕾:花蕾要消耗大量养分,除留种外要一律进行摘除。每年 6~7 月当花蕾出现后要及时进行摘蕾,否则将影响块茎的形成和膨大。除蕾结束后要再重施 1 次肥料,可施饼肥 1500kg/hm² 左右或含磷复合肥 450kg/hm²。

(5) 病虫害防治

①病害防治:根腐病又称干腐病,是白术主要病害之一。该病主要系带菌土壤侵染子药伤口所得或移栽时子药未进行灭菌。白术发病后,先感染毛根,毛根变褐色、干腐,后又感染块茎,块茎干腐,直至感染地上植株,植株萎蔫。防治方法:与禾本科植物进行 3 年以上轮作。移栽时可用 70% 恶霉灵可湿性粉剂 3000 倍液浸种 1h,晾干后下种。植株发病前用 50% 多菌灵可湿性粉剂 1000 倍液或 70% 甲基托布津喷施植株叶面。8~9 月是该病的高发期,一定要加强防治。叶枯病,该病发生后,开始叶边变褐有斑块,植株呈萎蔫状,然后植株干枯而死,病情严重时可造成成片死亡。防治方法:移栽前要对田块进行消毒,子药也要经消毒后再行移栽。可用 50% 多菌灵 15~30kg/hm² 在播种和移栽前处理土壤。苗期要加强管理,及时中耕,防止土壤湿度过大。对发病的植株要及时拔除并清理出田块。也可用 50% 甲津托布津 1000 倍液喷施植株叶面,以控制病害的蔓延。斑枯病,发病早、周期长,子药移栽出苗后均可发生,高温天气病害明显严重。发病初期,叶片发黄有小斑点,后叶片呈黑色,最后导致植株光合作用受阻直至死亡。防治方法:移栽或播种时不要重茬,轮作时间隔 2~3 年。移栽时畦要高,以利于排水,防止雨水浸泡。发病初期可用 50% 退菌灵 1000 倍液喷施叶面,生长期间要连喷 3~4 次。白术收获后及时清理田间留存的残株落叶,集中进行焚烧。白绢病,主要危害白术的根茎,高温多雨季节发病加重。根茎受到侵害后,逐渐腐烂,地上枝干逐渐萎蔫。该病蔓延快,往往造成成片植株死亡。感染此病后的块茎商品成色不好,造成价格较低。引种时疫区产地的子药、带菌的田块是其主要感染源。防治方法:要从无疫区产地引进子药用于大田或林下栽种。栽培前要用 50% 多菌灵可湿性粉剂 1000 倍液或 70% 甲基托布津可湿性粉剂 1000 倍液对子药进行喷雾消毒。

②虫害防治:长管蚜,以无翅蚜在菊科作物上寄生越冬,4~6 月危害白术严重。主要危害植株茎叶,当植株密生大量长管蚜时就会吸取植株汁液,造成植株叶片发黄,萎蔫,营养不良,直至造成植株死亡。防治方法:铲除田间杂草,减少越冬虫害。防治时可用 50% 敌敌畏 1000 倍液喷雾。地老虎,危害幼苗及块茎,犁地前可用敌敌畏在熟料饼上进行喷雾,晾干后撒施于田块再进行耕作。

4. 采收与加工

（1）采收

采收要适时，过早、过晚都影响白术的品质，以当年10月下旬或11月中旬，白术茎叶开始枯萎时采收为宜。采收时要对块茎进行分级分类存放。

（2）加工

冬天气温低，晒干困难，常为烘干。烘干初时火力可猛些，温度可掌握在90~100℃。出现水汽时，降温到60~70℃，2~3h翻动1次，再烘2~3h；须根干燥时取出闷堆"发汗"5~6d，使内部水分外渗到表面，再烘5~6h，此时温度控制在50~60℃，2~3h翻动1次；烘至八成干时，取出再闷堆"发汗"7~10d，再行烘干为止，并将残茎和须根搓去。白术产品以个大肉厚、无高脚茎、无须根、无虫蛀者为佳。

5.1.21 白芷

白芷 [*Angelica dahurica* (Fisch. ex Hoffm.) Benth. et Hook. f. ex Franch. et Sav.] 伞形科当归属多年生草本植物。其干燥根，是中医临床常用中药之一，有祛风散寒、燥湿排脓、止痛等功效。除供药用外，在食品、保健品、香料、护肤美容、日用化工等方面都有广泛的应用。根的水煎剂有杀虫、灭菌作用，对防治菜青虫、大豆蚜虫、小麦杆锈病等有一定效果。嫩茎剥皮后可供食用。

1. 形态特征

多年生高大草本，高1~2.5m。根圆柱形，有分枝，径3~5cm，外表皮黄褐色至褐色，有浓烈气味。茎基部径2~5cm，有时可达7~8cm，通常带紫色，中空，有纵长沟纹。基生叶一回羽状分裂，有长柄，叶柄下部有管状抱茎边缘膜质的叶鞘；茎上部叶二至三回羽状分裂，叶片轮廓为卵形至三角形，长15~30cm，宽10~25cm，叶柄长至15cm，下部为囊状膨大的膜质叶鞘，无毛或稀有毛，常带紫色；末回裂片长圆形，卵形或线状披针形，多无柄，长2.5~7cm，宽1~2.5cm，急尖，边缘有不规则的白色软骨质粗锯齿，具短尖头，基部两侧常不等大，沿叶轴下延成翅状；花序下方的叶简化成无叶的、显著膨大的囊状叶鞘，外面无毛。复伞形花序顶生或侧生，直径10~30cm，花序梗长5~20cm，花序梗、伞辐和花柄均有短糙毛；伞辐18~40，中央主伞有时伞辐多至70；总苞片通常缺或有1~2，成长卵形膨大的

白芷

白芷的根

鞘；小总苞片 5~10 余，线状披针形，膜质，花白色；无萼齿；花瓣倒卵形，顶端内曲成凹头状；子房无毛或有短毛；花柱比短圆锥状的花柱基长 2 倍。果实长圆形至卵圆形，黄棕色，有时带紫色，长 4~7mm，宽 4~6mm，无毛，背棱扁，厚而钝圆，近海绵质，远较棱槽为宽，侧棱翅状，较果体狭；棱槽中有油管 1，合生面油管 2。花期 7~8 月，果期 8~9 月。

2. 生态习性

白芷性喜温暖湿润，阳光充足，怕高温，能耐寒，适应性较强。常生长于林下，林缘，溪旁、灌丛及山谷草地。主产于河北、河南、安徽、浙江等省，栽培于湖南、湖北、江苏、安徽、浙江、江西、四川等地。

3. 栽培技术

（1）建园

①选地：白芷为深根性植物，故宜选土层深厚，肥力中等，排水良好的砂质壤土种植。

②整地：种植前每亩施农家肥 2000~3000g，配施 50g 过磷酸钙，深翻 30cm，耙细整平，作成 1.5m 宽的平畦。

（2）育苗技术

白芷用种子繁殖，一般采用直播，不宜移栽，移栽植株根部多分叉，主根生长不良，影响产量和质量。适时播种是获得高产的重要环节之一。过早播种，冬前幼苗生长过旺，第 2 年部分植株会提前抽薹开花，根部木质化或腐烂，不能作药用，影响产量；过迟因气温下降，影响发芽出苗，幼苗易受冻害，幼苗生长差，产量低。隔年种子发芽率低，新鲜种子发芽率高，生产上选用当年收获的新鲜种子播种，一般以秋播为主，春播产量低，质量差。适宜的播种期因气候和土壤肥力而异。气温高迟播，反之则早播；土壤肥沃可适当迟播，相反则宜稍早。秋播一般于 9~10 月播种，条播按行距 35cm 开浅沟播种；穴播按穴距（15~20）cm×30cm 开穴播种，播后盖薄土，压实，播后 15~20d 出苗。每亩用种量条播约 1.5g，穴播约 1g。播种前用 2%磷酸二氢钾水溶液喷洒在种子上，搅拌，闷润 8h 左右，再播种，能提早出苗，大大提高出苗率。

（3）田间管理

①间苗和定苗：白芷幼苗生长缓慢，播种当年一般不疏苗，第 2 年早春返青后，苗高约 5~7cm 时进行第 1 次间苗，间去过密的瘦弱苗子。条播每隔约 5cm 留 1 株，穴播每穴留 5~8 株；第 2 次间苗每隔约 10cm 留 1 株或每穴留 3~5 株。"清明"前后苗高约 15cm 时定苗，株距 13~15cm 或每穴留 3 株，呈三角形错开，以利通风透光。定苗时将生长过旺，叶柄呈青白色的大苗拔除，以防止提早抽薹开花。

②中耕除草：结合间苗和定苗同时进行。当叶片逐渐长大，畦面上封垄荫闭以后，就不必再除草了。

③追肥：白芷耐肥，但一般春前应少施或不施，以防苗期长势过旺，提前抽薹开花。春后营养生长开始旺盛，可追肥 3~4 次。第 1~2 次在间苗、中耕后进行，第 3~4 次在定苗后和封垄前进行。施肥选择晴天进行，见雨初晴或中耕除草后当天不宜施肥。肥料种类选用人粪尿、腐熟饼肥、圈肥、尿素等。第 1 次施肥，肥料宜薄宜少，每亩施用稀人畜粪 500g，以后可逐渐加浓加多至 1500~2000g。封垄前的 1 次可配施磷钾肥（过磷酸钙 20~25g），促使根部粗壮。施后随即培土，防止倒伏，促进生长。追肥次数和每次的施肥量依据植株的长势

而定，快要封垄时植株叶片颜色浅绿不太旺盛，可再追肥1次，叶色浓绿生长旺盛，可不再追肥。

④排灌：白芷喜水，但忌积水。播种后，土壤干燥应立即浇水，无雨天，每隔几天就应浇水1次，保持幼苗出土前畦面湿润，利于出苗；苗期保持土壤湿润，以防出现黄叶，产生较多侧根；幼苗越冬前要浇透水1次。第二年春季以后配合追肥适时浇灌，伏天更应保持水分充足。如遇雨季田间积水，及时开沟排水，以防积水烂根及病害发生。

⑤拔除抽薹苗：播后第二年5月会有部分植株抽薹开花，这类植株的根部不可作药用，结出的种子亦不能作种，因其下一代会提前抽薹。同时，为减少田间养料的消耗，故应及时拔除抽薹植株。

（4）病虫害防治

白芷的病虫害比较少，主要有斑枯病、黄凤蝶、蚜虫、红蜘蛛等。

①病害防治：斑枯病，主要危害叶片。清除病残组织，集中烧毁；发病初期用1:1:100的波尔多液或多抗霉素100~200国际单位喷雾。

②虫害防治：黄凤蝶，以幼虫危害叶片。在零星发生时，可人工捕捉幼虫或蛹，集中处理。幼虫盛发期可选用90%晶体敌百虫1000倍液，或50%敌敌畏乳油800~1000倍液，或40%乐果乳油1000倍液，或2.5%功夫乳油，或2.5%溴氰菊酯乳油，或10%二氯苯醚菊酯乳油2500倍液喷雾。作物采收后，及时清除杂草及周围寄主，减少越冬虫源。蚜虫，以成虫、若虫危害嫩叶及顶部。冬季清园，将枯枝落叶深埋或烧毁；发生期喷50%杀螟松1000~2000倍液，或40%乐果乳1500~2000倍液，每隔7d喷1次，连续数次。红蜘蛛，以成虫、若虫危害叶部。冬季清园拾净枯枝，烧毁落叶；清园后喷波美1°~2°Bé石硫合剂；4月起喷0.2°~0.3°Bé石硫合剂或用20%的三氯杀螨砜可湿性粉1500~2000倍液喷雾，每周1次，连续数次。

4. 采收与加工

白芷播种后第二年8~9月茎叶枯黄时即可采挖。收获时挖取根部除去泥土，切去侧根和残留叶柄，暴晒1~2d，再按大小分别晒干即可。晒时切忌淋雨，晚上一定要收回摊放，否则易霉烂。如规模化生产白芷，可用烤房烘干。烤时应将头部向下尾部向上摆放（最好不要横放），同时注意分开大小规格，根大者放在下面，中等者放在中间，小者放在上面，侧根放在顶层，每层厚度以7cm左右为宜，温度保持在60℃左右为宜；烤时不要翻动，以免断节，一般经过6~7d全干，然后装包，存放于干燥通风处。

5.1.22 钩藤

钩藤［*Uncaria rhynchophylla*（Miq.）Miq. ex Havil.］又名金钩、鹰爪风等，为茜草科钩藤属多年生藤本植物。带钩的茎枝可入药，是中国大宗常用中药材，具息风定惊、清热平肝的功效，主治肝风内动、惊痫抽搐、高热惊厥、感冒夹惊、小儿惊啼、妊娠子痫、头痛眩晕，是钩藤片、正天丸、天麻钩藤颗粒、脉君安等多个著名中药品种的主要原料药和中药配方的常用药。

1. 形态特征

藤本；嫩枝较纤细，方柱形或略有4棱角，无毛。叶纸质，椭圆形或椭圆状长圆形，长

5~12cm，宽3~7cm，两面均无毛，干时褐色或红褐色，下面有时有白粉，顶端短尖或骤尖，基部楔形至截形，有时稍下延；侧脉4~8对，脉腋窝陷有黏液毛；叶柄长5~15mm，无毛；托叶狭三角形，深2裂达全长2/3，外面无毛，里面无毛或基部具粘液毛，裂片线形至三角状披针形。头状花序不计花冠直径5~8mm，单生叶腋，总花梗具一节，苞片微小，或成单聚伞状排列，总花梗腋生，长5cm；小苞片线形或线状匙形；花近无梗；花萼管疏被毛，萼裂片近三角形，长0.5mm，疏被短柔毛，顶端锐尖；花冠管外面无毛，或具疏散的毛，花冠裂片卵圆形，外面无毛或略被粉状短柔毛，边缘有时有纤毛；花柱伸出冠喉外，柱头棒形。果序直径10~12mm；小蒴果长5~6mm，被短柔毛，宿存萼裂片近三角形，长1mm，星状辐射。花、果期5~12月。

钩藤

钩藤的茎

2. 生态习性

钩藤喜温暖、湿润、光照充足的环境，在土层深厚、肥沃疏松、排水良好的土壤上生长良好。常生长于海拔800m以下的山坡、山谷、溪边、丘陵地带的疏生杂木林间或林缘向阳处。

国内产于湖南、湖北、广东、广西、云南、贵州、福建及江西；国外分布于日本。

3. 栽培技术

（1）建园

①选地。选择在100~800m海拔的荒山荒地或疏林地。根据钩藤的生长习性，宜选择在半阴半阳、土层深厚、肥沃、疏松、排水良好而无污染的微酸性沙质壤土阴坡地种植。也可与密度稀、树冠还不很大的中幼松杉或核桃等林木间套种植。

②整地：在种植前一个月先放火炼山，翻土1次，进行晒或冻，捡净杂物和细碎土块。按株行距1.5m×2m或2m×2m挖植苗穴，穴长、宽、深均为30cm。每亩222穴或167穴左右，每穴施入土杂肥或腐熟农家肥2kg，三元复合肥0.15kg，并用表层土与肥料混合拌匀施入穴中，然后覆土稍高于原地面，整成龟背形。

（2）育苗技术

钩藤常用的育苗方式有分株育苗、扦插育苗和种子育苗。

①分株繁殖：钩藤地下根粗壮发达，根部前端有自然萌发小芽的习性，但数量较少。分

株繁殖时，可于春季选择生长健壮者作为母株，在其根际旁边，用锄头适当将根挖伤后覆土，促使根上萌发不定芽，产生新枝，并加强管理，约经1年再用快刀切取带根的新枝，作种苗定植。

②扦插繁殖：材料准备，扦插繁殖选1~2年生的枝条作为插条。材料处理，插条随剪随插，具2~3个节，插头削成马耳斜口，把长短大小基本一致的插条进行分类，插头和顶端保持一致并捆扎。然后把捆扎好的枝条放入生根粉溶液中浸泡1h再倒放2h后扦插。扦插方法，在3月初腋芽萌动时期，选比较肥沃、湿润而排水良好、背风向阳的沙质壤土作苗床地。起厢宽1.2m，高25cm，长根据苗圃地具体情况而定，要求苗床透气、保温、保湿、平整。捡净杂草及杂物、耙细、使土壤细碎疏松后起厢。扦插株行距15cm×20cm左右，扦插深度为插条长度的2/3，不能太深也不能太浅。插条与地面角度成60°，顶端顺着插床方向。扦插完毕后，对整个苗床进行浇水。最后搭遮阴棚，棚高50cm。苗床管理，根据天气情况适时浇水，不能让苗床干旱，雨季注意防涝。扦插成活后，可以把遮阴棚揭开进行炼苗，每隔30d浇稀薄人畜粪尿1次。对苗床地的杂草要勤除。钩藤扦插苗一般在当年11月或翌年春季就可出圃定植。此种方法育苗成活率可达80%左右，但扦插条资源少。

③播种育苗：种子的采集、脱粒及贮藏。为了保证种子的发芽率和育苗成功，采收的种子一定要成熟。一般10月下旬果实进入成熟期，采收成熟的果实放置在通风干燥的地方，晒干后用编织袋或透气袋装好干藏备用。种子处理，播种前种子进行特殊处理，首先日晒2d，用手把蒴果搓烂，使种子从蒴果内搓出，经细筛将种子筛出，再用白布包好，放入温度为50~55℃的水中浸泡5h，让种子充分吸足水后，从水里把种子取出，放在盆里拌草木灰进行消毒和打破种子表面蜡质层，然后拌河沙，有利于种子撒播均匀。苗圃地的选择、整理，新土苗圃地选择在土层深厚，枯枝落叶层厚，光照条件好，水源方便，位于坡的中下部的阔叶林地，秋后砍掉地上部分晒干后，火烧清理，深挖30~40cm，打碎土块，捡净树根、石块，然后顺坡开沟着垄，垄面宽1.2m，垄间沟宽30cm、深20cm，垄面表土培细整平，播种前1d垄面再用干树枝木叶和干草烧，再用不含硫的多菌灵喷施土表翻动进行土壤消毒，整平垄面播种。熟土苗圃地，选择平坦土块或久干田块，土壤比较肥沃疏松，光照条件好，水源方便，背风向阳的沙质壤土苗床地。首先用农达+乙草氨除草，15d后整苗床，苗床垄宽1.2m，高25cm，垄间沟宽30cm，垄面捡净杂草及杂物、表土培细整平。在播种前1d用黑色土撒盖在苗床垄面上达3cm厚，用不含硫的多菌灵喷施在苗床垄面上进行土壤消毒，再进行播种。播种方式为撒播，在3月下旬至4月上旬播种均可，将处理好的种子均匀撒播在厢面上，然后用竹枝捆成扫把来回扫动，使细小的种子落入土壤缝隙中即可，不能另外盖土，播种量一般15kg/hm²。幼苗出土及苗圃管理，播种60d左右开始出苗，出苗后10d达出苗高峰期，出苗后20d结束。幼苗出土为子叶出土。适时除草，在持续多天的干旱天气在早晚土壤温度较低时浇水，减少苗木因干旱而死亡和促进苗木生长，在中午高温时严禁浇水造成烧苗死亡。

（3）栽植技术

①整地清理：把种植地块上的杂物清除掉，一般采用火烧清理或人工清除。挖穴规格，在定植前按株行距（1.5~1.7）m×1.8m，栽植3270~3705株/hm²；穴内规格长、宽、深均为50cm。底肥施用量，每穴施入土杂肥或腐熟厩肥2kg、专用复合肥0.15kg，并与土混匀施入穴中，覆土稍高于原地面。

②苗木要求：苗木必须根系完整，每株根 5~10 条，根粗 4~5mm，茎粗 12~20mm，无病虫害，无机械损伤，苗木新鲜，苗芽鲜活。

③种植时间：每年的 2~3 月或 10~12 月，选择阴天或雨后移栽。

④定植：幼苗高 50~100cm 时即可定植，苗高 40cm 处截干利于定植，保持苗芽。定植前适当控水，进行蹲苗。取苗时如遇苗床干燥，须先行浇水，使土壤湿润松软，便于起苗，带土移栽者，成活率更高。定植时先在原来的穴中间挖小穴，穴长、宽、深以苗根系能在穴中自然舒展为度，栽时每穴 1 株，扶正苗木，用熟土覆盖根系，当土填至穴深 1/2 时，将苗木轻轻往上提一下，以利根系舒展，再填土满穴，踏实土壤，浇定根水。

(4) 林间管理

①补苗：移栽后及时检查，发现缺苗或死苗应及时补栽。

②追肥：定植返青后，每株施尿素 0.05kg，以后每年春季再追施 1 次复合肥，每株 0.1kg。冬季株施腐熟的猪牛粪适量，施肥时先在植株根旁挖小穴，放入肥料后培土。

③除草：种植后 1~2 年内植株分枝少，株间易生杂草，土壤板结，每年在春秋各进行 1 次除草和松土，夏季用农达除草剂喷施。3 年后植株枝繁叶茂，每年除 2 次草，第 1 次在春季，进行除草中耕时，将植株四周的杂草用锄头除去后，抖尽泥土，覆盖于钩藤的根部，保持水分。第 2 次在夏季用农达除草剂喷施，喷头要带护罩，避免伤钩藤植株。

④修剪打顶：第 1 年钩藤长至 1.5m 时，用镰刀及时打顶，使钩藤多分枝。3 年产钩后，每年在采收时，对茎蔓约留 60cm 长短截，促使剪口萌发更多的健壮新梢，以提高产量。

(5) 病虫害防治

①病害防治：根腐病，多发生在苗期，受害后，幼苗根部皮层和侧根腐烂，茎叶枯死。防治方法：开沟排水，防止苗床积水。发现病株及时拔除销毁，病穴用石灰消毒，或用 50% 多菌灵 1500 倍液全面浇洒，以防蔓延。

②虫害防治：蚜虫，4 月份，幼苗长出嫩叶时发生，7~8 月份危害植株顶部嫩茎叶。可用 10% 吡虫啉 3000 倍液防治。蛀心虫，幼虫蛀入茎内咬坏组织，中断水分养料的运输，致使顶部逐渐萎蔫下垂。防治方法：发现植株顶部有萎蔫现象，应及时剪除，从蛀孔中找出幼虫灭之，发现心叶变黑或成虫盛发期，可用 95% 敌百虫 1000 倍液喷杀。毛虫，6 月成虫开始危害，可将新发茎枝叶片吃光，影响产量。发生时可人工捕杀或用 50% 敌敌畏 1000 倍液喷杀。黑绒金龟子，5~6 月成虫将初发新叶咬成孔洞，可用 20% 甲氰菊酯 3000 倍液喷杀。

4. 采收与加工

移栽 1~2 年后就可采收，第 3 年达丰产。每年的秋冬两季均可进行采收。采收与加工方法：将带钩的茎枝剪下，摘除叶片，直接晒干（亦可将其置锅内稍蒸片刻，或投入开水中略烫，取出晒干），然后切成 2~3cm 的小段，储存于通风干燥处即可。钩藤质量，以枝干、节处有钩，外皮紫红色或棕红色，无径粗 6mm 以上的老枝和枯枝为合格，以枝细带钩、紫红色、无光梗、无枯枝钩、无虫蛀、无霉变者为佳。

5.1.23 黄连

黄连（*Coptis chinensis* Franch.）别名鸡爪黄连、川黄连，为毛茛科黄连属多年生常绿草本植物。根状茎为著名中药"黄连"，含小檗碱、黄连碱、甲基黄连碱、掌叶防己碱等生物碱,可治急性结膜炎、急性细菌性痢疾、急性肠胃炎、吐血、痈疖疮疡等症。

1. 形态特征

根状茎黄色,常分枝,密生多数须根。叶有长柄;叶片稍带革质,卵状三角形,宽达10cm,三全裂,中央全裂片卵状菱形,长3~8cm,宽2~4cm,顶端急尖,具长0.8~1.8cm的细柄,3或5对羽状深裂,在下面分裂最深,深裂片彼此相距2~6mm,边缘生具细刺尖的锐锯齿,侧全裂片具长1.5~5mm的柄,斜卵形,比中央全裂片短,不等二深裂,两面的叶脉隆起,除表面沿脉被短柔毛外,其余无毛;叶柄长5~12cm,无毛。花葶1~2条,高12~25cm;二歧或多歧聚伞花序有3~8朵花;苞片披针形,三或五羽状深裂;萼片黄绿色,长椭圆状卵形,长9~12.5mm,宽2~3mm;花瓣线形或线状披针形,长5~6.5mm,顶端渐尖,中央有蜜槽;雄蕊约20,花药长约1mm,花丝长2~5mm;心皮8~12,花柱微外弯。蓇葖长6~8mm,柄约与之等长;种子7~8粒,长椭圆形,长约2mm,宽约0.8mm,褐色。2~3月开花,4~6月结果。

黄连

黄连块茎

2. 生态习性

黄连喜高寒冷凉环境,喜阴湿、忌强光直射和高温干燥。生海拔500~2000m间的山地林中或山谷阴处,野生或栽培。分布于湖南、湖北、四川、贵州、陕西南部。

3. 栽培技术

(1) 建园

①选地:选择种植地块时,应以避风向阳、土壤肥沃、排水良好的缓坡地或者梯田为宜。

②整地:选好地块后,应做好园区清理工作,将石块、树根等杂物清除干净,随后进行一次整地。整地不但可以改善土壤结构,又可改变病原菌和害虫的生存环境,有利于减少病虫害的发生。结合整地,每亩可施用2000~3000g有机肥,整地完成后,做成1.5m(包沟)宽,0.3m高的畦,畦中间略高于两端,避免畦面积水。

(2) 育苗技术

黄连多采用种子繁殖,育苗移栽。

播种育苗:黄连的播种工作一般在11月进行,按照每亩用纯种子3~4kg,拌上细沙或者腐殖质土，均匀地撒在畦面上，随后用木板将种子压入土内，使种子与土充分接触，最后在上面覆上一层稻草，既减少水分蒸发，同时又提高地温，以利于种子发芽。黄连幼苗期的透光度应保持在20%左右，当幼苗长出2叶1心时，进行一次间苗工作，去除杂草和长势较弱的幼苗，使幼苗苗距在1cm左右，以避免杂草或者幼苗之间对养分的争夺而影响生长。翌年春天，采取同样的方式再进行一次施肥，以促进幼苗生长。

(3) 栽植技术

当黄连幼苗长到第3年时，需进行移栽处理。移栽的时间以5~6月为宜，此时移栽，更利于黄连发新根，有利于提高移栽成活率。移栽时，选取高度在6cm以上，具有4片以上真叶的壮苗，将其从苗床中连根挖出，随后剪去须根，留出2~3cm长的短根即可。栽植前，可用萘乙酸加吲哚乙酸作为生根剂对其进行沾根，随后按照10cm×10cm的株行距进行移栽，栽植深度以土壤不压心叶为准，栽植完成后用细土将须根压实，防止土壤漏风导致根系被风干。起苗到栽植最好在当天完成，如果需两天完成，则应将未栽完的幼苗堆放在阴湿处，以便第二天继续移栽。

(4) 林间管理

①补苗与除草：移栽后的1~2年内，黄连每年都会死一部分苗，因此在秋季，需进行一次补苗工作。补苗时，应选取大小与移栽苗相同的幼苗，以确保后补的苗与原有的苗生长一致。除了补苗，每年还应进行5次左右的除草工作，除草最好采取人工除草的方式，以免除草剂对黄连产生药害或者在根部残留。结合除草工作，每次还应进行一次培土，以利于黄连根茎长势苗壮。随着移栽苗不断的增长，每年的除草次数可逐渐减少。如果土壤出现板结现象，可适当疏松表土，以提高土壤透气度，利于黄连根系呼吸。

②施肥：黄连生长前期和在春季的时候，主要进行地上部分的生长，因此此时施肥应以速效肥为主，春季植株返青后，每亩可追施20g尿素，以为叶片蛋白质的合成提供充足的氮素，保证地上叶片健康生长。秋季施肥以有机肥为主，每亩施用有机肥2000g，以为黄连提供更加全面及长效的养分，为植株越冬提供保证。生长后期一般不进行速效氮的追施，多以磷钾肥为主，以提高黄连的品质。随着植株的不断生长，每年的施肥量也应适当增加，以满足植株对养肥的需求。

③调节透光度：随着黄连植株苗龄的不断增加，其耐光照也在不断增强，对光的需求程度越来越大，为了避免地上部分徒长，促使干物质向地下部分转移，提高黄连的产量与品质，需要通过减少遮阴物的方式，来增加透光度。一般当年移栽的黄连苗保持在20%~30%的透光率，随后按照每年增加10%的透光率来减少遮阴物，到了生长后期，可使透光度增加到50%左右，直至收获当年，可将遮阴物全部撤去。

④去除花苔：黄连的生长分为营养生长和生殖生长两个阶段，由于开花和结实这两个生殖生长阶段会消耗大量的养分，因此从移栽后的第2年开始，除了留种田之外，都应该将花苔去除，减少过多的养分消耗，以提升黄连的产量及品质。

(5) 病虫害防治

①病害防治：白粉病，在7~8月发生较重，该病菌主要侵染黄连的叶片，感病初期，叶片背面形成直径大小为2mm左右的黄褐色圆形或椭圆形病斑，叶片表面形成褐色病斑，随后逐渐形成白色粉末状物质，直至全株布满白粉，轻则影响光合作用，重则导致植株死亡。

防治白粉病时，可在发病前用30%醚菌酯1200倍液或者70%甲基托布津1500倍液进行叶面喷施，每7d喷施1次，连续喷施2~3次即可有效防治病害发生。炭疽病，每年4月开始发病，5月为发病高发期。黄连叶片感病后，先形成油渍状小点，随后逐渐扩大成灰白色，带有暗红色边缘的不规则轮纹，感病后期常形成穿孔。叶柄感病后，形成紫褐色病斑且向内凹陷，使得叶片随着叶柄一同掉落，由于形成大片坏死斑或者叶片掉落，使得黄连的光合作用严重受阻，最终导致黄连严重减产。防治炭疽病时，可用甲基托布津8000倍液或者多菌灵800倍液进行喷施，两种药物建议交替使用，以延缓病菌抗药性的产生。黄连白绢病又称菌核性根腐病，发病初期为6月初，到了6月下旬至7月中旬，为发病高发期。由于白绢病为土传病害，故在当黄连处于防病初期时，没有明显的病症，随着温度的不断升高，菌丝体逐渐穿过土层，在根茎周围形成褐色油菜籽大小的菌核，导致黄连根茎的疏导组织受到破坏，使得养分和水分不能有效的运送到地上部分，导致植株逐渐枯萎死亡。防治时，可用噁霉灵、代森锰锌等药物对其进行防治。若发现病株，应及时将其拔除，并在拔出的病株周围撒上生石灰进行消毒，以防止病原菌扩散。

②虫害防治：蛞蝓，在3~11月期间都会对黄连造成危害。蛞蝓主要以黄连的嫩叶为食，虫害发生严重时，会将叶片全部吃光。若发现蛞蝓时，可将石灰粉撒到畦面，使蛞蝓失水而死，或者每亩用0.05g，80%的四聚乙醛300倍液进行喷雾防治，每7d喷施1次，连续喷施2次，可对蛞蝓起到毒杀的作用。地老虎，6~8月发生，主要危害黄连幼苗。防治方法：用25%"二二三"乳剂300~400倍液或90%敌百虫液进行喷雾防治。

4. 采收与加工

（1）采收

黄连一般在移栽后第5年或第6年开始收获，宜在10月上旬采挖。采收时，选晴天，挖起全株，抖去泥土，剪下须根和叶片，即得鲜根茎，俗称"毛团"。

（2）加工

鲜根茎不用水洗，应直接干燥，干燥方法多采用炕干（有条件的可将其放在烘箱中保持60℃烘干，筛去泥土即得商品黄连），注意火力不能过大，要勤翻动，干到易折断时，趁热放到槽笼里撞去泥沙、须根及残余叶柄，即得干燥根茎。以条粗壮、连珠形、质坚重、断面红黄色、有菊花心者为佳。须根、叶片经干燥去泥沙杂质后，也可入药。残留叶柄及细渣筛净后可作兽药。

5.1.24 枳壳

枳壳 [*Poncitrustrifoliata* (L.) Raf.] 酸橙及其栽培变种黄皮酸橙、代代花、朱栾、塘橙的成熟果实，别名枸头橙、香橙、臭橙、酸橙，为芸香科柑橘属植物。是常用中药材，具有理气宽中，行滞消胀功效，用于治疗胸胁气滞，胀满疼痛，食积不化，痰饮内停，以及胃下垂、脱肛、子宫脱垂等症。

1. 形态特征

小乔木，枝叶密茂，刺多，徒长枝的刺长达8cm。叶色浓绿，质地颇厚，翼叶倒卵形，基部狭尖，长1~3cm，宽0.6~1.5cm，或个别品种几无翼叶。总状花序有花少数，有时兼有腋生单花，有单性花倾向，即雄蕊发育，雌蕊退化；花蕾椭圆形或近圆球形；花萼5或4浅裂，有时花后增厚，无毛或个别品种被毛；花大小不等，花径 2~3.5cm；雄蕊 20~25 枚，通常基部合生成多束。果圆球形或扁圆形，果皮稍厚至甚厚，难剥离，橙黄至朱红色，油胞大小不均匀，凹凸不平，果心实或半充实，瓤囊 10~13 瓣，果肉味酸，有时有苦味或兼有特异气味；种子多且大，常有肋状棱，子叶乳白色，单或多胚。花期 4~5 月，果期 9~12 月。

枳壳

枳壳的果实

2. 生态习性

枳壳喜温暖湿润、雨量充沛、阳光充足的气候条件，一般在年平均气温 15℃ 以上生长良好。

主产于湖南、湖北、江西、重庆、四川、贵州等地，秦岭南坡以南各地通常栽种，有时逸为半野生。

3. 栽培技术

（1）建园

①选地：选择水源方便、土层深厚、质地疏松肥沃、排水良好的壤土或砂壤土，以未培育过柑橘类苗木的土地为佳。

②整地：整地前施足基肥，每亩用腐熟有机肥 4000kg，深翻 25~30cm。以定植前三年垦荒翻耕为好。

（2）育苗技术

生产上以种子育苗为主，也可嫁接或压条育苗。

①播种育苗：苗圃地以未培育过柑橘类苗木的土地为佳。整地前施足基肥，每亩施腐熟有机肥 4000g，深翻 25~30cm。耙平，做成 1m 宽的畦。苗床用 0.1% 高锰酸钾液或石灰消毒。播前精选种子，用 0.1% 高锰酸钾液浸 10min，0.3% 硼酸浸 20min 或 200 倍托布津液速蘸。冬播在当年采种后进行，春播在翌年 3 月上、中旬进行，按行距 30cm、株距 3~6cm 条播，播后用肥土盖种再覆草，保持床土湿润，幼苗破土后及时去掉覆盖物。生长 3~4 年后，苗高约 1m 时，可移栽定植。

②嫁接育苗：每年在 2 月、5~6 月、9~10 月均可进行嫁接。砧木用种子繁殖 2~3 年的幼株。选择生长健壮，无病虫害的良种母树，以 2~3 年生健壮枝条为接穗。嫁接一般采用腹接法，也可采用"丁"字形芽接，嫁接时要求刀利、手稳、削口平，砧木和接穗的形成层要

对准，包扎紧实。成活 1~2 年后即可定植。

③压条育苗：12 月前后，在优良健壮母树上选 2~3 年生的枝条，环剥宽约 1cm 的树皮 1 圈，敷上湿泥，外用稻草包好，每天或隔天浇水 1 次，半个多月可生根。每株壮树可选择 6~10 个枝条进行压条，约 2 个月后切断，栽于地里，5~6 个月后再定植。

④幼苗管理：温度管理，在 40℃ 以上时，枳壳小苗易被灼伤，夏季需搭建遮阳棚（网），防太阳直晒。气温在 0℃ 以下时，幼苗易被冻伤，需做好越冬防冻设施。湿度管理，苗圃土壤要保持一定湿度，但又不能太湿，土表不干白即可，浇水宜均匀喷洒，不要泼水，雨天要防涝，挖沟排水。施肥，育苗期间不须多施肥。当幼苗新梢成熟则可用少量农家肥或复合肥，看苗施肥，不可施重肥。除草和防病，苗床应只见幼苗，不见杂草。除草时须小心翼翼地拔，切不可伤及幼苗根系。发现病苗及时拔除，集中烧毁，少数病梢病叶可以剪除，然后喷药保护。

(3) 栽植技术

种植地以排水良好、疏松、湿润、土层深厚的沙质壤土和冲积土为好。pH 值微酸至中性最适。提前整地，整细整平，按行距 3~4m，株距 2~3m 定点开穴，穴深 50~60cm，宽 70cm，穴内施足腐熟有机肥。枳壳一般于春、秋两季无风或雨后晴天移栽定植，苗木用钙镁磷肥拌黄泥浆旅根，将苗木扶正栽入穴内，当填土至一半时，将幼苗轻轻往上一提，使根系舒展，然后填土至满穴，踏实，浇透定根水。

(4) 林间管理

①中耕除草：幼树期每年至少进行 4 次中耕除草；冬季注意松土。

②灌溉施肥：定植初期视气候情况进行浇水。成林后如天旱可在施肥时多浇些水，雨季防田内积水。幼树在春、夏、秋三季结合中耕除草各施肥 1 次，以速效氮肥为主，每株施尿素 0.3kg，或者使用充分腐熟的人畜粪肥。结果树每年在 2 月、5~6 月、7~8 月、10 月各施肥 1 次，以人畜粪水为主，加入过磷酸钙和尿素，也可沿树冠滴水线开挖 25~30cm 深的环状沟施塘泥、草木灰等杂肥，施后用土填平。

③整形修剪：幼树定植后 3~4 年，树高 1.5m 时进行整枝；重点培养骨干主枝，将离地 1m 以下小枝除去，使冠形匀称，呈圆形或塔形，形成通风透光好，上下内外立体结果的丰产稳产树形。成年树常在初春整枝，主要剔除病枝及密生枝、下垂枝、徒长枝，结果老枝也可适当修剪。

(5) 病虫害防治

①病害防治：病害主要是溃疡病和疮痂病。溃疡病危害叶、枝梢、果实，高温易发病，南方地区 3~4 月初始发生，7 月盛发；疮痂病危害叶、果和新梢幼嫩部分，5 月下旬~6 月中旬发病最重。防治方法：剪除病枝，就地烧毁；春芽萌动前开始，每隔 10~15d 喷 1:2:200 倍波尔多液 1 次，共喷 5~6 次防治溃疡病；春芽萌发和落花时，各喷洒 0.8:1:100 倍波尔多液 1 次，或喷洒 50% 退菌特可湿性粉剂 500 倍液防治疮痂病。

②虫害防治：虫害主要有橘天牛、介壳虫、潜叶蛾、红蜘蛛、红蜡阶等，主要危害树叶、枝梢，多在 6~7 月发生。可根据不同害虫及危害情况用 90% 敌百虫 500 倍液或螨虫克星 2000~3000 倍液喷杀，或用杀蜻、蜻绝代、克蜻特王、除虫菊酯等防治。

4. 采收与加工

（1）采收

在 7 月果实未成熟时采摘，采收过迟瓤大皮薄，质量差。在晴天露水干后，用带网罩钩杆将果实摘下置于竹筐中带回加工。

（2）加工

将鲜果横切成两半，晒干或烘干。先晒瓤肉一面，待干至不沾灰土时再翻晒果皮面，直至全干。切忌沾灰、淋雨，也忌摊晒在石板或水泥地面上，干后才能达到皮青肉白。如用火烤，火力不能过大，以防烤焦。积壳药材以外皮绿色、果肉厚、质坚硬、香气浓者为最佳。

5.1.25 重楼

重楼 [*Paris polyphylla* Smith *var. chinensis* (Franch.) Hara] 为百合科重楼属多年生草本植物，别名七叶一枝花，常见的一种中草药，重楼体内含大量有甾体皂苷，而甾体皂苷具有止血消炎、抑菌镇痛、抗细胞毒的作用，在临床上被广泛应用于治疗肝癌、神经性皮炎、外科炎症、慢性支气管炎等疾病。

1. 形态特征

植株高 35~100cm，无毛；根状茎粗厚，直径达 1~2.5cm，外面棕褐色，密生多数环节和许多须根。茎通常带紫红色，直径（0.8~）1~1.5cm，基部有灰白色干膜质的鞘 1~3 枚。叶（5~）7~10 枚，矩圆形、椭圆形或倒卵状披针形，长 7~15cm，宽 2.5~5cm，先端短尖或渐尖，基部圆形或宽楔形；叶柄明显，长 2~6cm，带紫红色。花梗长 5~16（30）cm；外轮花被片绿色，（3~）4~6 枚，狭卵状披针形，长（3~）4.5~7cm；内轮花被片狭条形，通常比外轮长；雄蕊 8~12 枚，花药短，长 5~8mm，与花丝近等长或稍长，药隔突出部分长 0.5~1（~2）mm；子房近球形，具棱，顶端具一盘状花柱基，花柱粗短，具（4~）5 分枝。蒴果紫色，直径 1.5~2.5cm，3~6 瓣裂开。种子多数，具鲜红色多浆汁的外种皮。花期 4~7 月，果期 8~11 月。

重楼

重楼的根状茎

2. 生态习性

喜在凉爽、阴湿、水分适度的环境中生长，喜斜射或散光，忌强光直射，属典型的阴性植物。生于海拔 1800~3200m 的林下。主产西藏、云南、四川和贵州，湖南有栽培。

3. 栽培技术

(1) 建园

①选地：一般选择在背荫、遮蔽度较高、排灌良好的林下空地或者菜园地。由于重楼属于浅根类作物，育苗过程，植株生长缓慢，所以对土壤要求较高。要确保土壤疏松多孔，有机质含量丰富。

②整地：选地结束后要做好整地工作，选择晴朗天气，深翻土壤，深翻深度维持在25cm以上，以打破犁底层为主。在整地过程中，要及时将田间碎石块、杂草、根茬清理出去，确保地面平整，土壤细碎。结合整地，每亩施入完全腐熟的有机肥3500kg，然后整平地面。墒宽120cm，开设一个宽35cm、深25cm的排水沟。用铁丝和水泥桩构建一个铁丝水泥装棚架，在棚架上方覆盖遮盖物以利于为重楼生长营造一个遮阴湿润的环境。

(2) 育苗技术

重楼一般采用播种育苗。

①选种：要选择颗粒饱满，成熟度高，无病虫害威胁，不发霉变质的重楼种子。选种结束后，人工去除外皮，在晴朗天气下暴晒2~3d，提高种子吸水能力。然后将种子和细沙按照1:3的比例混合后贮藏，贮藏温度控制在200℃，期间要保持沙子湿润，间隔半个月翻动一次，保证种子充分呼吸，避免出现烂种。在事先准备好的苗床上开宽1.2m的厢面，在厢面四周开深25cm、宽35cm的排水沟。播种前一周使用0.5%的多菌灵溶液进行土壤消毒。

②播种：当有30%的种子露白后将种子拿出播种，播种可以采用撒播点播。一般情况下定植密度维持4cm×4cm，播种深度控制在2cm。播种完毕后，在上方覆盖一层腐熟的树叶，然后灌溉透水。播种后要结合苗床湿度，适当灌溉，保持苗床湿润，发现杂草及时去除。当种子生长出胚根后，灌溉后喷施一次0.2%的磷酸二氢钾溶液和0.5%的多菌灵溶液。

③苗期管理：重楼出苗后要做好遮阴处理工作，并要严格控制好灌溉量，一般间隔半个月灌溉1次，发现苗床中存在杂草，及时拔除。在整个苗期用猪粪水每年灌溉2~3次，一般培育3年左右就可以移栽了，在整个培育过程中可以适当减少覆盖物，以增加光照。

(3) 栽植技术

当幼苗生长到3年以后，在第3年的冬天重楼不定芽形成时将幼苗挖出，按照行株距20cm×25cm的规格栽植。移栽后要及时在上方覆盖遮阴网，遮阴网高度一般控制在1.8~2.0m一般情况下，移栽季节最好选择在冬季，地上部分倒苗后，根进入休眠期。在整个移栽过程中，要确保带土移栽，保证顶芽和须根不受损伤，以提高成活率。

(4) 林间管理

①间苗与补苗：在移栽后每年的5月，要对种植地或直播地适当拔除一部分过密、瘦弱和有病虫害的幼苗，同时及时补栽，以保证每亩的苗数。在补苗时要浇定根水，保证苗的存活及足够的小苗密度。

②中耕除草和培土：中耕除草宜浅锄，先拔除植株周围的杂草，再用小锄头轻轻除去其它杂草或中耕，操作时不能过深，以免伤及根部及幼苗。追肥可结合中耕除草进行。一般每年须中耕3次以上，即种植后至植株封行前2~3次，花果期结束后1~2次。

③灌溉和排水：移栽后10~15d应及时浇水一次，使土壤水分保持在30%~40%。出苗后的需水量不同，出苗前兑水需求少，不宜浇水，否则易烂根。出苗后需水多，畦面及土层

应保持湿润,并注意理沟,保持排水畅通。多雨季节要及时排水,切忌畦面积水,否则易造成病害。

④追肥:肥料以有机肥为主,辅以复合肥和各种微量元素肥料,不用或少用化肥,禁用化学氮肥。施肥时间选在营养生长的旺盛期及挂果阶段,即4、6、10月,采用撒施或兑水浇施,时间最好选在下雨前,或者施肥后浇一次水。

⑤摘蕾:根据生长需要,如果不留种,为减少养分消耗,使养分集中供应在地下根茎部分,促进根茎生长,在4~7月出现花萼片时,应及时摘除子房,保留萼片,通过增进光合作用提高产量。

⑥遮阳:不同生长年限的重楼需光度不同,原则上2~3年生苗需光10%~20%,4~5年生苗需光30%左右,5年以后的苗需光40%~50%。因此,当林下种植透光率过低时,需修除林木过多的枝叶;遮阴度不够时,可采取插树枝遮阳的办法。

(5) 病虫害防治

①病害防治:危害重楼生产的主要病害为根茎部病害(茎腐病、立枯病)和叶部病害(褐斑病、白霉病、细菌性穿孔病和黑斑病),各种病害的发生发展和危害程度与气候因素(温度、湿度等)、土壤因素(土壤带菌量、土壤质地及含水量等)种根(种根带菌量)等密切相关,同时这几种病害往往相互交叉影响,严重可造成重楼40%以上的减产。发生病害多在6~7月高温阴湿季节,一般6月开始发病,7~8月较为严重。

褐斑病,病害都是从叶尖、叶基开始,会产生近圆形的病斑,有时病害会蔓延至花轴,形成叶枯、茎枯。防治措施:注意土壤湿润,降低空气的湿度,以减轻发病;在发病初期用50%的异菌脲(扑海因)800~1000倍液或15%咪鲜胺1000~1500倍液,每7d喷雾一次,连续3~4次。

茎腐病,此病频发期为苗床期,危害最为严重时为大田高湿期。初始病症会在茎基部产生黄褐色病斑,待病斑扩大后,叶尖将会失水下垂,严重会导致茎基湿腐倒苗。防治措施:与禾本科作物3年以上轮作;移栽前,苗床需喷50%多菌灵1000倍液,作为"送嫁药";剔除病苗;发病初期用50%的异菌脲(扑海因)800~1000倍液或15%咪鲜胺1000~1500倍液,每7d喷雾1次,连续3~4次。

叶枯病,主要危害叶片,其次危害茎、花梗、蒴果以及地下茎,造成地下茎糜烂,先从叶尖出现水渍状,逐渐向下蔓延至地下茎,及时排水松土,可用波尔多液或代森锰锌喷雾。

猝倒病,发病症状为从茎基部感病,初发病为水渍状,并很快向地上部扩展,病部不变色或黄褐色并缢缩变软,病势发展迅速,有时子叶或叶片仍为绿色时即突然倒伏。开始往往仅个别幼苗发病,条件适宜时以发病株为中心,迅速向四周扩展蔓延,形成块状病区。高湿是发病的主要原因。防治措施:发病初期清除病苗后施药。可用65%代森锌500倍液喷雾;或用75%百菌清1000倍液喷施;也可用石灰粉1份与草木灰10份混匀后撒施。

炭疽病,叶片上产生点状,近圆形或不规则形褐色病斑,病斑中部浅褐色或灰白,其上高湿时产生黑点状子实体,病斑边缘深褐色至红色。病害严重时叶片上多个病斑连接成片,枯黄死亡。病菌在土壤病残体中越冬,第2年雨季来临时侵染健株发病,并通过分生孢子盘突破寄主表皮,其盘上分生孢子借风、雨在田间反复循环侵染危害,种植密度大、排水不良、阴雨多湿、多年连作田块发病重。防治措施:发病初期用15%咪鲜胺1000~1500倍液或32.5%苯甲·嘧菌酯1000~1500倍液,每7d喷雾1次,连续1~3次。

②虫害防治：主要有地老虎和金龟子及其幼虫蛴螬，主要危害为伤食重楼的茎和根茎，使之倒伏或形成不规则的凹洞。每亩用90%敌百虫50~70g拌20kg细潮土撒施或用50%辛硫磷0.5kg拌鲜菜叶做成毒饵，每亩撒施5kg。金龟子及幼虫也可采用夜间用火把诱杀成虫，用鲜菜叶喷敌百虫或敌敌畏放于墒面诱杀幼虫。

4. 采收与加工

以重楼种子栽培5年的收获块茎入药。秋季倒苗前后，及11月至翌年3月前均可收获。重楼块茎大多生长在表土层，容易采挖，但要注意保持茎块完整。先割除茎叶，然后用锄头从侧面开挖，挖出块茎，抖落泥土，清水刷洗干净后，趁鲜切片，片厚2~3mm，晒干即可。阴天可用30℃左右微火烘干。

5.1.26 艾

艾（Artemisia argyi Levl. et Vant）为菊科蒿属多年生草本植物。全草入药，有温经、去湿、散寒、止血、消炎、平喘、止咳、安胎、抗过敏等作用。历代医籍记载为"止血要药"，又是妇科常用药之一，治虚寒性的妇科疾患尤佳，又治老年慢性支气管炎与哮喘，煮水洗浴时可防治产褥期母婴感染疾病，或制药枕头、药背心，防治老年慢性支气管炎或哮喘及虚寒胃痛等；艾叶晒干捣碎得"艾绒"，制艾条供艾灸用，又可作"印泥"的原料。此外全草作杀虫的农药或熏烟作房间消毒、杀虫药。嫩芽及幼苗作菜蔬。

1. 形态特征

多年生草本或略成半灌木状，植株有浓烈香气。主根明显，略粗长，直径达1.5cm，侧根多；常有横卧地下根状茎及营养枝。茎单生或少数，高80~150（~250）cm，有明显纵棱，褐色或灰黄褐色，基部稍木质化，上部草质，并有少数短的分枝，枝长3~5cm；茎、枝均被灰色蛛丝状柔毛。叶厚纸质，上面被灰白色短柔毛，并有白色腺点与小凹点，背面密被灰白色蛛丝状密绒毛；基生叶具长柄，花期萎谢；茎下部叶近圆形或宽卵形，羽状深裂，每侧具裂片2~3枚，裂片椭圆形或倒卵状长椭圆形，每裂片有2~3枚小裂齿，干后背面主、侧脉多为深褐色或锈色，叶柄长0.5~0.8cm；中部叶卵形、三角状卵形或近菱形，长5~8cm，宽4~7cm，一至二回羽状深裂至半裂，每侧裂片2~3枚，裂片卵形、卵状披针形或披针形，长2.5~5cm，宽1.5~2cm，不再分裂或每侧有1~2枚缺齿，叶基部宽楔形渐狭成短柄，叶脉明显，在背面凸起，干时锈色，叶柄长0.2~0.5cm，基部通常无假托叶或极小的假托叶；上部叶与苞片叶羽状半裂、浅裂或3深裂或3浅裂，或不分裂，而为椭圆形、长椭圆状披针形、披针形或线状披针形。头状花序椭圆形，直径2.5~3（~3.5）mm，无梗或近无梗，每数枚至10余枚在分枝上排成小型的穗状花序或复穗状花序，并在茎上通常再组成狭窄、尖塔形的圆锥花序，花后头状花序下倾；总苞片3~4层，覆瓦状排列，外层总苞片小，草质，卵形或狭卵形，背面密被灰白色蛛丝状绵毛，边缘膜质，中层总苞片较外层长，长卵形，背面被蛛丝状绵毛，内层总苞片质薄，背面近无毛；花序托小；雌花6~10朵，花冠狭管状，檐部具2裂齿，紫色，花柱细长，伸出花冠外甚长，先端2叉；两性花8~12朵，花冠管状或高脚杯状，外面有腺点，檐部紫色，花药狭线形，先端附属物尖，长三角形，基部有不明显的小尖头，花柱与花冠近等长或略长于花冠，先端2叉，花后向外弯曲，叉端截形，并有睫毛。瘦果长卵形或长圆形。花果期7~10月。

艾　　　　　　　　　　　　　艾的花

2. 生态习性

艾极易繁衍生长，对气候和土壤的适应性较强，耐寒耐旱，喜温暖、湿润的气候，生于低海拔至中海拔地区的荒地、路旁河边及山坡等地，也见于森林草原及草原地区，局部地区为植物群落的优势种。分布广，除极干旱与高寒地区外，几乎遍及全国。

3. 栽培技术

（1）建园

①选地：艾适生性强，喜阳光、耐干旱、较耐寒，对土壤条件要求不严，但以阳光充足、土层深厚、土壤通透性好、有机质丰富的中性土壤为佳，肥沃、松润、排水良好的砂壤及湿壤土生长良好。为了节约土地资源，应选择丘陵等地区的荒地、路旁、河边及山坡等进行合理布局，坡地和平地均可种植，也可以在房前屋后、田间边角地种植。

②整地：地块选好后，先进行深耕，耕深30cm以上。深耕土地不仅可疏松土壤，提高土壤温度和保墒能力；还可以充分利用耕质土下积淀的氮、磷、钾元素；同时，也起到部分除草作用，使当年的草籽基本上全部深埋，可除掉翌年50%左右的杂草。关键是将往年未分解的非艾草专用除草剂深埋于地下，解除其对艾草生长的影响。深耕时墒情过大，应适当进行晾（晒）垡，防比旋耙时耙不碎，出现过大的明垡和过多死垡垡，影响种植。

有农家肥的，可结合犁耙整地一次性施足腐熟有机农家肥3045t/hm²；或用腐熟的稀人畜粪撒一层作底肥。无农家肥的，可选用颗粒状艾草专用有机肥，在深耕后、旋耙前，均匀撒施750kg/hm²左右。用作艾草有机肥的有效元素含量指标：有机氮磷钾含量20%以上，氨基酸类含量超过20%，有机质超过20%，腐殖酸大于5%，硫元素含量大于10%，不含重金属等有害物质。

泥土耙碎后，开始整畦。畦宽5m左右（视地块情况而定），便于人工除草和机械作业。每2畦（厢）间开一浅沟，沟深20cm左右、宽30cm左右，便于防涝排水。每畦中间高、两边低，呈龟背形，高低差不超过1.5cm，便于排灌。地块四周宜开好排水沟，沟深50cm左右、宽60cm以上，便于旱时灌溉、涝时排水。整地后，喷洒1次艾专用除草剂（遇水分解），对杂草进行封闭杀灭，10~15d后即可栽苗。

(2) 育苗技术

艾常用的育苗技术有播种育苗、分株育苗。

①播种育苗：种子繁殖应于早春播种，3~4月可直播或育苗移栽，直播行40~50cm，播种后覆土不宜太厚，以0.5cm为宜或以盖严种子为度。苗高10~15cm时，按株距20~30cm定苗。

②分株育苗：艾分蘖能力强，一般1株艾一年能分蘖成几株至几十株，可以作为分株繁殖的材料。因此，生产上大部分采用分株繁殖的方式，该方式也是目前人工栽培的主要繁殖方式。每年3~4月，由根茎生长出的幼苗高15~20cm时，在土壤湿润时，最好是雨后或浇水后，挖取艾全株按照行株距45cm×30cm种植，栽培2~3d若无降水要滴水保墒。

③扦插育苗：5月下旬至6月剪取生长健壮的枝条，去掉上部幼嫩茎尖和下部老化茎，剪成长10~15cm的插条，上端保留2~3片叶，下端剪成斜面。扦插时按30~50cm的行距，开成10cm深的小沟，将插条按3~4cm的株距放在沟的一边，培土约10cm。扦插完浇透水，此后保持土壤湿润。

(3) 栽植技术

普通种植行株距为45cm×30cm（7.5万株/hm^2）；密植行株距为45cm×15cm（15万株/hm^2）；合理密植行株距则为45cm×20cm（10.5万株/hm^2）。每穴1株。在黏性较大的黄土地或黑土地上，种植深度5~8cm左右；砂土地或麻骨石地种植深度以8~10cm为宜。

艾草种植时也可以半机械化作业。一人驾驶拖拉机带犁开沟，一人摆苗，一人撒艾草专用有机肥（施有底肥的，可以不用再撒肥）。第一犁摆艾苗，注意犁开沟的间隔和深度、摆苗的间隔和深度；第二犁撒艾草专用有机肥，开沟深15~20cm，使翻出的土刚好掩住第一犁的艾苗根；第三犁按第一犁标准执行，第三犁翻出的土刚好掩住第二犁的有机肥，依此类推，直至栽植完成。结束后应检查有无露根现象，若有，及时用土封掩。

(4) 林间管理

①中耕与除草：开春后，当日平均气温达到9~10℃时，艾根芽刚刚萌发而未出地面时（及时拨开地表观察），保持一定的墒情，用喷雾机全覆盖喷1次艾草专用除草剂封闭，切忌有空白遗漏。待艾苗长出后，若仍有杂草，则在3月下旬和4月上旬各中耕除草1次，要求中耕均匀，深度不得大于10cm，艾草根部杂草需人工拔除。第1茬收割后，对仍有杂草的地块，用小喷头喷雾器，对艾草空隙间的杂草进行喷杀，防比喷溅到艾草根部；第2茬艾芽萌发后，仍有少量杂草的，进行人工除草。除草剂应在技术人员的指导下使用，严禁不经技术指导，私自选用除草剂。紧邻地块其他农作物施用双子叶或菊科除草剂时，严禁喷溅到艾草上。每茬收割后，地上仍有杂草，特别是带有草籽的杂草，应及时收集，并堆集在地头焚烧，严禁草籽落入田间。

②追肥：每茬苗期，最好苗高30cm左右时，选在雨天沿行撒匀艾草专用提苗肥60~90kg/hm^2，若是晴天则用水溶化莞施（浓度0.5%以内）或叶面喷施；遇到湿润天气，追肥也可与中耕松土一起进行，先撒艾草专用肥，再松土，松土深度10cm。化肥催苗仅适合第1年栽种的第1茬，以后各生长期（即二季、三季等）不得使用化肥，否则影响有效成分的积累，降低艾草品质。

③灌溉：艾草适应性强，且在种植之前已将畦面整成龟背形，有相应的排水沟，及时做

好雨天、雨后的清沟排水工作,以防积水造成渍害。干旱季节,苗高 80cm 以下时进行叶面喷灌;苗高 80cm 以上则全园漫灌。

(5) 病虫害防治

艾的抗性较强,病虫害较少,主要有锈病、斑枯病。

①锈病:6~8月阴雨连绵时易发病。初期在叶背出现橙黄色粉状物,后期发病部位长出黑色粉末状物,严重时叶片枯萎脱落,全株枯死。防治方法:加强田间管理,降低田间湿度,改善通风透光条件;发病初期可亩用 12.5%烯唑醇可湿性粉剂 5~6g 兑水 50kg 喷施,或用 250g/L 嘧菌酯悬浮剂 1000 倍液喷施。注意在收割前 20d 要停止用药,确保药材质量安全。

②斑枯病:5~10月易发生。初期叶片上出现散生的灰褐色小斑点,后逐渐扩大,呈圆形或卵圆形暗褐色病斑,上有黑色小点,斑点会合后造成溃烂,致使茎干破裂,植株死亡。防治方法:发现病株及时拔除烧毁,病穴用生石灰消毒;发病初期可亩用 25%咪鲜胺乳油 12~16mL 兑水 50kg 喷施或亩用 10%苯醚甲环唑水分散粒剂 4g 兑水 50kg 喷施,间隔 7d 喷 1 次,连续 2~3 次。收获前 20d 停止喷药。

4. 采收与加工

艾叶第 1 茬收获期为 6 月初,于晴天及时收割,害口取地上带有叶片的茎枝,并进行茎叶分离,摊晒在太阳下晒干,或者低温烘干,打包存放。7 月中上旬,选择晴好天气收获第 2 茬,下霜前后收取第 3 茬,并进行田间冬季管理。

5.1.27 雷公藤

雷公藤(*Tripterygium wilfordii* Hook.f),别名水莽草、黄药、黄藤、菜虫药、断肠草等,为卫矛科雷公藤属攀缘藤本植物,以根入药,具祛风除湿、活血通络、消肿止痛、杀虫解毒的功能。具有显著的抗炎作用和体液免疫及细胞免疫等作用。主治类风湿性关节炎、强直性脊柱炎、红斑狼疮病、麻风病、肾病、银屑病、白血病等。

1. 形态特征

藤本灌木,高 1~3m,小枝棕红色,具 4~6 根细棱,被密毛及细密皮孔。叶椭圆形、倒卵椭圆形、长方椭圆形或卵形,长 4~7.5cm,宽 3~4cm,先端急尖或短渐尖,基部阔楔形或

雷公藤

雷公藤的根

圆形，边缘有细锯齿，侧脉4~7对，达叶缘后稍上弯；叶柄长5~8mm，密被锈色毛。圆锥聚伞花序较窄小，长5~7cm，宽3~4cm，通常有3~5分枝，花序、分枝及小花梗均被锈色毛，花序梗长1~2cm，小花梗细长达4mm；花白色，直径4~5mm；萼片先端急尖；花瓣长方卵形，边缘微蚀；花盘略5裂；雄蕊插生花盘外缘，花丝长达3mm；子房具3棱，花柱柱状，柱头稍膨大，3裂。翅果长圆状，长1~1.5cm，直径1~1.2cm，中央果体较大，约占全长2/3~1/2，中央脉及2侧脉共5条，分离较疏，占翅宽2/3，小果梗细圆，长达5mm；种子细柱状，长达10mm。

2. 生态习性

雷公藤喜温暖避风的环境，一般分布在海拔300~500m的丘陵地、山地、路旁灌丛中、疏林下、绿野空旷地等。产于湖南、湖北、广西、台湾、福建、江苏等省区。

3. 栽培技术

（1）建园

①选地：选半阴半阳、向阳的林边空地，或疏林下的丘陵坡地、沟边以及排灌方便而无污染源的旱地、砂壤土、壤土或黄土类沙地建园。

②整地：每亩施厩肥3000g、草木灰1000g，均匀地撒入地内，深翻30cm，并随深翻再施过磷酸钙50g、磷酸二氢铵50g，然后耙细、整平。

（2）育苗技术

雷公藤的育苗方式有播种育苗、扦插育苗。

①播种育苗：雷公藤花期5~6月，果熟期9~10月。种子成熟后采下晒干，用60℃的水浸种24~48h，将浸泡的种子按1∶3的比例与湿细砂（过筛）拌匀，装入透气的袋内埋在背阴土坑中越冬。春暖化冻后取出，倒入瓦盆内用塑料布封，再放到室内或地窖里，保持湿润，待少数种子的胚芽刚打破种皮伸出时播入畦中。4月中旬做宽1m的平畦，畦背宽高各10cm，在畦上按15cm开沟条播，沟深2~3cm。将催过芽的种子均匀地撒入沟内，盖细砂土2~3cm，浇足水。畦面覆盖地膜，周围用土压实。气温正常约12~15d出全苗。苗高5~6cm去掉地膜，间苗，株距8~10cm。

②扦插育苗：立春至清明，在1m宽的平畦内按行距15cm，开6~7cm的浅沟。选择2a生健壮枝条截成12~15cm的段为插穗，每段带有2~3个节。插穗用α-萘乙酸处理，将α-萘乙酸溶于少量乙醇再用清水稀释成100mg/L的溶液，将插穗下端4~5cm浸泡在该溶液中1~2h，捞出稍晾，按8~10cm株距扦插。埋入土中约2/3，露出地面约1/3，压紧，浇足水。覆盖地膜或搭设荫棚。10d后再浇遍水，保持畦内湿润，约45~50d生根、发芽。苗高4~5cm时去掉覆盖物。用此法处理的插穗一般出苗率在95%以上。加强管理，生长1a可移植大田。

（3）栽植技术

雷公藤春、夏、秋、冬均可栽植。南方春、夏降水量多，较利于移苗定植，每年的11月至翌年3月移栽，成活率高，且免灌或少灌水。苗木出圃时应修剪处理，剪去过长根须及地上茎。苗木运至造林地时应立即打浆，半天内无法完成栽植的苗木应进行假植。移栽方法：种植时做到苗正根舒（苗木位于穴中，根系舒展，不得窝根）、深浅适宜（深度以苗木出圃时所留茎干土痕为基准，再高出5cm），穴土打紧（以两指提苗，感觉苗木稳固为准），植后培土（苗木打紧后应再培上10cm松土）。每穴栽1株苗，种后覆土压实苗根，非雨天浇（灌）足定根水。种植密度为9000~9900株/hm^2，株行距100×100cm。

(4) 林间管理

①除草：在雷公藤生长期间，前期除草要求每年1~2次，后期最好每年1次。第1年上半年结合扩穴培土锄草1次，下半年1次；第2和第3年每年上下半年各除草1次；第4~7年每年锄草1次。雷公藤属浅根性植物，锄草时不宜过深，以免伤害到根系。

②施肥：生产实践表明，施肥1次和未施肥的3年生雷公藤根生长量相差可达1倍多，为了保证雷公藤的品质，施肥次数、施肥量和肥料种类的选择都是很重要的，施肥最好在秋冬季作业，肥料以有机肥或农家肥最好，前3年每年1次为宜。沿根缘挖环形小沟，不要伤根，将肥料施入沟内后回土。

③摘蕾和打顶：雷公藤生长过程中顶梢生长优势会抑制萌蘖力，去除顶梢能够促进侧枝的萌发和生长，增大冠幅。通常移植后的第2年，在雷公藤主杆约1m处将顶梢去除，藤茎控制1m长。夏秋季为雷公藤的花期，花期应及时摘除花蕾，保存营养。摘蕾和打顶都有利于促进根的生长，提高药材的产量。

(5) 病虫害防治

雷公藤有炭疽病、根腐病2种主要病害和光肩星天牛、椿象和丽长角巢蛾卷等虫害。

①病害防治：根腐病、炭疽病是雷公藤生长过程中的主要病害。根腐病主要危害根部，多发生在6~8月的雨季，种植年限越长发病越严重，在茎基部出现黄褐色病斑，并不断扩大蔓延，致使全部腐烂直至全株枯死。防治方法：栽培前严格选地，加强田间管理，抗旱排涝，使用充分腐熟的农家肥。移栽时不要伤根，注意排水，发现病株及时拔除，病穴内撒石灰消毒以防蔓延，病轻者也可用50%的多菌灵灌根防治。炭疽病危害叶片，叶上病斑灰绿色，有同心轮纹，干旱天气与高温高湿天气有利发病。防治方法：发病初期喷1∶1∶200波尔多液；每年进行1次清园，残枝落叶清除园外烧埋。

②虫害防治：雷公藤主要的虫害有光肩星天牛、椿象和丽长角巢蛾，严重影响其产量和质量。光肩星天牛幼虫蛀食根茎及树干，易造成树干风折，严重时导致树体枯死，被害处易感染病害。防治方法：太阳能杀虫灯诱杀；人工捕杀；40.7%毒死蜱乳油100倍液填塞虫孔；石灰5.0kg、硫磺粉0.5kg、水20.0kg或石硫合剂残渣0.5kg、石灰0.5kg、水2.0kg混合成浆状，涂刷近地面1.4m以下树干，隔1个月涂1次，以减少成虫产卵。椿象吸食雷公藤幼嫩植物的汁液，导致叶片大量破孔、皱缩，腋芽或生长点布满黑点，最后僵化脱落。防治方法：冬刮树皮，集中销毁，用石灰、食盐和石硫合剂涂白；清除路边、地头的杂草以及枯枝，减少早春越冬虫源寄主。丽长角巢蛾主要以幼虫取食雷公藤叶片危害，防治方法：一是利用白僵Bb27和金龟子绿僵Ma ZPTR01菌液喷杀丽长角巢蛾幼虫；二是利用斯氏线虫S. sp. CB2B侵染丽长角巢蛾幼虫和蛹；三是利用苏云金杆菌1∶300倍液、绿得保与轻质碳酸钙质量配比为1∶10进行防治，其防治成本和效果较好；四是利用1.2%烟碱·苦参碱乳油1500倍液防治丽长角巢蛾幼虫，防治效果好，防治成本低。

4. 采收与加工

雷公藤的根长粗到一定规格（根直径2~3cm）后可于秋季采挖全根，挖后抖净附在根上的泥、沙等杂质,把最外的根皮去掉,洗净,并切成段(段长5~10cm)或厚片自然晒干。以根条粗大片厚,外表黄色或橙黄色,断面皮部红棕色,质坚硬,无农残、有害重金属不超标,无霉虫蛀、无杂质者为佳。截根后余下的茎、叶亦作药用,可分别干燥供用商品流通。叶除秋季采根时采摘外,每年7~8月尚可采收1次。

5.1.28 虎杖

虎杖(Reynoutria japonica Houtt.)蓼科虎杖属多年生灌木状草本植物。以干燥的根茎入药,性微凉,味微苦、涩,气微,归肝、肺、胆经,具有活血祛风、利湿退黄、散淤止痛、止咳化痰之功效;常用于治疗关节痹痛、湿热黄疸、闭经、咳嗽痰多、水烫伤、火烧伤、跌打损伤、痈肿疮毒等症。

1. 形态特征

多年生草本。根状茎粗壮,横走。茎直立,高1~2m,粗壮,空心,具明显的纵棱,具小突起,无毛,散生红色或紫红斑点。叶宽卵形或卵状椭圆形,长5~12cm,宽4~9cm,近革质,顶端渐尖,基部宽楔形、截形或近圆形,边缘全缘,疏生小突起,两面无毛,沿叶脉具小突起;叶柄长1~2cm,具小突起;托叶鞘膜质,偏斜,长3~5mm,褐色,具纵脉,无毛,顶端截形,无缘毛,常破裂,早落。花单性,雌雄异株,花序圆锥状,长3~8cm,腋生;苞片漏斗状,长1.5~2mm,顶端渐尖,无缘毛,每苞内具2~4花;花梗长2~4mm,中下部具关节;花被5深裂,淡绿色,雄花花被片具绿色中脉,无翅,雄蕊8,比花被长;雌花花被片外面3片背部具翅,果时增大,翅扩展下延,花柱3,柱头流苏状。瘦果卵形,具3棱,长4~5mm,黑褐色,有光泽,包于宿存花被内。花期1~2月,果期9~10月。

虎杖

虎杖的花

2. 生态习性

喜温和湿润气候,耐寒、耐涝。对土壤要求不严,但以疏松肥沃的土壤生长较好。生山坡灌丛、山谷、路旁、田边湿地,海拔140~2000m。产于湖南、湖北、陕西、甘肃、河南、安徽、江西、广东、广西、四川、云南、贵州。

3. 栽培技术

(1)建园

①选地:选择土质肥沃、地势稍高、土质偏酸和中性土壤为宜。

②整地：选好地块，施鸡羊粪或草木灰2500kg/亩，深翻25cm。把有机肥全部翻入地底，并随深翻撒施磷酸二氢铵100kg/亩，整平、耙细。

（2）育苗技术

虎杖育苗有播种育苗、分根育苗两种方式。

①播种育苗：4月中旬，按行距40cm开沟8~10cm，在沟内按株距25cm开穴深3cm。每穴下种4~5粒，覆土3cm，浇水，约20d出全苗。苗高7~8cm时定苗，每穴留壮苗1~2株。

②分根育苗：春季返青前进行分株繁育，虎杖萌发前刨起母株，选择健壮，无病的母株根茎分株繁殖作为种苗，将根茎剪成带有2~3个芽10~15cm的小段，开8~15cm深的沟，行距60cm，间距30cm横放根茎两段，盖土压实。若墒情不好，栽后2d内浇水。根据土壤墒情，如需要再浇水1次，保持土壤表层湿润，直至萌芽齐全方可少浇水或不浇水。

（3）栽植技术

1年生苗1000~1200株，亩用苗8万株。2年生苗100株左右。每亩用苗65000多株。在地里生长2年，亩产350kg左右。如果每亩栽2年生苗4万株，当年起挖可产干品200kg以上。当年苗不宜秋栽，可以春栽；2年生苗，秋栽或春栽都可以。移栽于秋季封冻前，或翌年化冻后，移栽到已施足底肥，并已做好的床上。栽植虎杖时，先在床的下头开始，开沟深20cm，行距20cm，1年苗株距5cm，2年生8cm，覆土厚1.5~2.0cm，过深出苗困难，过浅易倒状，冬季易受冻害。

（4）林间管理

①间苗：苗高6~10cm的时候间苗，每穴留壮苗1~2株。

②中耕除草：中耕深度要视根部生长情况而定，中耕次数根据气候、土壤和植物生长情况而定。苗期中耕次数宜勤，成株期中耕次数宜少。此外，气候干旱或土质粘重板结，应多中耕；灌水后为避免土壤板结，地面稍干时中耕。虎杖发芽时间较长，苗期容易受到杂草危害，应及时防除，主要以人工防除为主，但应注意锄草要浅，不能伤到虎杖的根。生长期间应及时中耕除草，每年保证中耕锄草2~3次，以保持土地表层湿润和田间无杂草。

③追肥：虎杖应多施农家肥。对于早春植物萌发前，在两行中间开浅沟埋施人畜粪2000kg/亩，也可以施饼肥，连浇1~2遍水。至6月中、下旬每亩追施农家肥1000kg或钾肥80~100kg和磷肥100~150kg。叶面喷施钾肥有抑制茎叶徒长、促进根部膨大的作用，可增产20%。喷0.5%磷酸二氢钾溶液120kg/亩，隔10~15d再喷1次。虎杖栽培一般很少使用氮肥，以防枝叶徒长。

④浇水：虎杖喜湿润，在干旱的情况下，其根茎较细且分枝较多，影响其产量和品质，应及时浇水，保证对水分的需求，浇水后应及时松土保墒。

（5）病虫害防治

①病害防治：主要病害为根腐病和叶斑病，以50%多菌灵600倍液或65%代森锰锌防治，连续喷2~3次。

②虫害防治：主要害虫主要有蚜虫和蛾虫，以70%灭蚜松600倍液和10%杀灭虫菊800倍液防治，每7~10d喷1次，连续2~3次。

雨后及时排水，经常松土，防止土壤板结。冬季将枯株和落叶深埋或烧毁；必要时使用无公害生物农药或者物理机械、生物等防治方法。

4. 采收与加工

（1）采收

用根茎繁殖的虎杖 2~3 年即可采收，种子繁殖的需要 4~5 年采收。采收的时间分为春、秋两季。春季采收宜在幼苗出土之前；秋季采收宜在植株枯萎之后。先将枯萎的植株割下来，再从一端用锹或机械挖出。要注意对根芽的保护，以便留做种栽用。

（2）加工

入药的根状茎要除净须根，洗去泥土，晒至完全干燥；或者趁鲜切成 1cm 长的段，或切成厚 0.2~0.3cm 的片，使其完全干燥为止。在外观性状上以粗壮、坚实、断面黄色者为佳；切片者以直片粗大、坚实、片厚度均匀、切面色泽一致为佳。

5.1.29 绞股蓝

绞股蓝 [*Gynostemma pentaphyllum* (Thunb.) Makino] 又名七叶胆、甘茶蔓、五叶参、小苦药等，为葫芦科绞股蓝属多年生攀缘性草本植物。全草均可入药，是我国名贵的中草药之一，多用于消炎解毒、止咳祛痰，慢性支气管炎等病症的治疗。绞股蓝营养丰富，含有蛋白质、脂肪、膳食纤维、糖类（碳水化合物）、维生素、氨基酸以及多种微量元素等营养成分，除药用外，还可做蔬菜食用，在春、夏采收，食用部位为其嫩茎叶，可入火锅，亦可用沸水烫过、清水洗后，进行凉拌、炒食、炖肉食、泡酸菜等。此外，还可做饮料、保健品等，目前已开发的制品有绞股蓝茶、绞股蓝酒、绞股蓝蜂王浆，以及糖果、饼干、糕点等系列产品。

1. 形态特征

草质攀缘植物；茎细弱，具分枝，具纵棱及槽，无毛或疏被短柔毛。叶膜质或纸质，鸟足状，具 3~9 小叶，通常 5~7 小叶，叶柄长 3~7cm，被短柔毛或无毛；小叶片卵状长圆形或披针形，中央小叶长 3~12cm，宽 1.5~4cm，侧生小叶较小，先端急尖或短渐尖，基部渐狭，边缘具波状齿或圆齿状牙齿，上面深绿色，背面淡绿色，两面均疏被短硬毛，侧脉 6~8

绞股蓝

绞股蓝的果实

对，上面平坦，背面凸起，细脉网状；小叶柄略叉开，长 1～5mm。卷须纤细，2 歧，稀单一，无毛或基部被短柔毛。花雌雄异株。雄花圆锥花序，花序轴纤细，多分枝，长 10～15（～30）cm，分枝广展，长 3～4（～15）cm，有时基部具小叶，被短柔毛；花梗丝状，长 1～4mm，基部具钻状小苞片；花萼筒极短，5 裂，裂片三角形，长约 0.7mm，先端急尖；花冠淡绿色或白色，5 深裂，裂片卵状披针形，长 2.5～3mm，宽约 1mm，先端长渐尖，具 1 脉，边缘具缘毛状小齿；雄蕊 5，花丝短，联合成柱，花药着生于柱之顶端。雌花圆锥花序远较雄花之短小，花萼及花冠似雄花；子房球形，2～3 室，花柱 3 枚，短而叉开，柱头 2 裂；具短小的退化雄蕊 5 枚。果实肉质不裂，球形，径 5～6mm，成熟后黑色，光滑无毛，内含倒垂种子 2 粒。种子卵状心形，径约 4mm，灰褐色或深褐色，顶端钝，基部心形，压扁，两面具乳突状凸起。花期 3～11 月，果期 4～12 月。

2. 生态习性

绞股蓝喜荫蔽环境，光照度 40%～60%。富含腐殖质的微酸性或中性的砂壤土最宜生长。生于海拔 300～3200m 的山谷密林中、山坡疏林、灌丛中或路旁草丛中。产于陕西南部的长江以南各地。

3. 栽培技术

（1）建园

①选地：绞股蓝喜阴湿环境，忌阳光暴晒。宜选择山谷两旁，靠近山谷底的山地，或疏林下的地块，面东背西、不西晒的山坡地为宜。在葡萄园、果园和瓜棚下套种也比较理想。

②整地：在在山谷两旁和疏林下的地块种植，冬前翻犁 1 次，使其土壤风化。开春后再翻犁 1 次。在翻犁前，每亩撒施腐熟农家肥 2000kg，然后再行翻耕，翻犁后将土壤耙细。然后开墒做畦，畦面宽 120cm，畦高 10～15cm，畦间走道 30cm。

（2）育苗技术

绞股蓝的育苗方式有根茎育苗、扦插育苗和播种育苗 3 种。

①根茎育苗：常于春季 2～3 月或秋季 9～10 月进行，将根茎挖出，剪成 5cm 左右的小段，每小段 1～2 节，再按行距 50cm，株距 30cm 开浅穴，每穴放入 1 小段，覆土约 3cm，栽后及时浇水保湿。

②扦插繁殖：绞股蓝扦插成活率高，方法简便，生长迅速。一般 3～10 月均可进行扦插，选取无病植株的健壮茎蔓，将其剪下再剪成若干小段，每段应有 2～3 节，剪去下面 1～2 节叶片，按 10cm×10cm 的株行距斜插入苗床，入土 1～2 节，浇水保湿，适当遮阴，约 7d 后即可生根。待新芽长至 10～15cm 时，便可移栽。

③种子繁殖：于 10～11 月进行采种，采收果皮变蓝黑色的成熟果实，除去果皮清洗种子，将种子表皮水分稍晾干后，用沙床贮藏到翌年播种。播前要用温水浸种 8～10h，捞出后稍晾。于 3 月中、下旬进行，在事先整好的畦面上，按行距 20cm，开 5cm 深的播种沟，按株距 4～5cm 点播 1 粒种子，播后覆土 1cm 厚，然后在畦面上覆盖一层 10cm 厚的稻草并浇水保湿。出苗后揭去稻草。幼苗具 3～4 片真叶，苗高 15cm 时即可移栽。

（3）栽植技术

定植时间 5～9 月，在事先整好的畦上，按行距 50cm、穴距 40cm，打见方 15cm 的定植穴，每穴定苗 2 株，株距间隔 10cm，移栽定植后浇淋定根水，以后每天浇水 1 次，成活后可以少浇水，注意保持表土湿润，忌积水。

(4) 林间管理

①铺蔓压土：绞股蓝根系不发达，吸水、吸肥能力差，但其藤蔓节间易生不定根。为了增大根系，可采用铺蔓压土法，即在藤蔓长30cm左右时，将其摆到行间，平铺在地面上，就能长出不定根，并扎入土里，形成可以吸水、吸肥的新根系。平铺的藤蔓在越行伸展时，可把它摆在株间，让其在前行行间铺地生长。这样，一株藤蔓就能生出许多新根系，使植株形成庞大的根系群。在铺蔓的同时，每隔2~3节藤蔓在其节上压一把泥土，以促进节部早生不定根，及早吸收水分和养分。铺蔓压土工作应在绞股蓝藤蔓封垄前进行，一般可进行2~3次。

②追肥：定植后15~20d开始施肥。绞股蓝收获藤蔓，肥料应以氮肥为主，配施少量的磷钾肥。常用的氮肥品种有尿素、硫酸铵、腐熟的人畜粪水和沼液，施肥宜淡不宜浓，即尿素400倍液，腐熟的人畜粪水和沼液也要兑水施用，一般浓度为15%~20%。藤蔓封垄前施在根部附近，封垄后采用泼施，每隔15d施1次，每次收割或采收嫩茎叶后均要追1次肥。最后1次收割后要施越冬肥，越冬肥以施腐熟厩肥为主。

③浇水：绞股蓝根系浅，不耐久旱，其生长又需要潮湿环境，故要经常淋水。每次淋水不要多，水分过多会渗入土层深处，绞股蓝根系吸收不了。所以，每次淋水以能使土层10cm深处湿润即可。

④越冬管理：霜冻会使绞股蓝地上部分冻坏，但地下根茎次年春天又会重新发芽。因此，有霜冻的地区，最好在霜冻前进行培土或用稻草、麦秸遮盖，以防霜冻危害。

⑤除草松土：除草是绞股蓝种植成功与否的关键，一般种植绞股蓝的地块，杂草容易滋生，要及时进行除草，除草要做到"除早、除小、除了"，严禁使用化学除草剂进行除草，同时要除草与疏松土壤相结合，即在幼苗封行前，要进行浅耕松土和经常除草，确保田间清洁无杂草。

(5) 病虫害防治

①病害防治：白粉病，主要危害叶片，其次是叶柄和茎秆。发病初期叶片上出现白色小斑点，后逐渐向四周扩展，形成霉斑，并相互连接成片，使整叶或嫩梢布满白色霉层，严重时使叶片变黄、卷缩。防治方法：a. 清洁田园，收获后清除病残株，集中烧毁或做堆肥；苗期及生长期避免偏施氮肥，适量增施磷、钾肥，促使植株生长健壮，提高抗病力。b. 用70%甲基硫菌灵800~1000倍液喷雾防治，也可喷15%三唑酮可湿性粉剂1000倍液，每7~10d喷1次，连喷2~3次。

白绢病，是危害绞股蓝的另一种严重病害，危害茎基部，致使病基部变褐腐烂，表面覆盖一层白色绢丝状菌丝。6~7月高温多雨季节发病偏重，严重发作时死苗率高达80%。防治方法：a. 选用健壮无病的植株育苗、定植；b. 植株进入旺长期在田间插杆供绞股蓝攀缘，以利通风透光，减少发病；c. 生长期避免偏施氮肥，适当增施磷、钾肥，使植株生长健壮，增强抗病力；d. 及时拔除病株，用50%的百菌清可湿性粉剂600~800倍液或生石灰做土壤消毒处理，拔除病株应集中烧毁，以免病害传播；e. 发病初期喷洒70%甲基托布津可湿性粉剂1000~1500倍液，每7~10d喷洒1次，连续喷洒2~3次。

②虫害防治：绞股蓝的主要害虫有三星黄萤叶甲、小地老虎、蛴螬及蛞蝓等。

三星黄萤叶甲，为主要食叶害虫。幼虫和成虫都喜食嫩芽、嫩叶，造成叶片缺刻、孔洞，严重时成片叶子几乎被食尽，仅剩茎条。防治方法：a. 冬春苗枯时节，清除地面枯枝落叶、杂草，以减少虫口基数；b. 用50%辛硫磷或40%乐果1500倍液，或90%敌百虫1000倍液喷雾防治，每7d喷1次，连续2~3次。

小地老虎，以幼虫咬食植株，造成缺株断垄。防治方法：a. 冬春铲除地面杂草；b. 用50%辛硫磷乳油1000~1500倍液喷雾或浇穴。蛴螬，幼虫危害，在苗期咬断嫩茎，植株生长期在根部取食，使植株逐渐黄萎，严重时枯死。防治方法：a. 冬季铲除杂草，中耕翻土，消灭越冬虫口；b. 施用腐熟有机肥，施后覆土，减少害虫产卵机会；c. 7~8月成虫盛发期，晚间点灯诱杀；d. 用50%辛硫磷1500倍液浇灌根部防治。

蛞蝓，以成体或幼体舔舐叶、茎芽，造成缺刻，爬过的叶面、茎上留下一条银白色痕迹，影响植株的光合作用。防治方法：a. 冬季苗枯期翻土直晒；b. 人工捕杀；c. 收获后，用菜叶、杂草堆在沟内诱杀；d. 在种有绞股蓝的棚架、栅栏下部、树基背光潮湿处，撒施石灰粉，或用3%石灰水喷杀。

4. 采收与加工

（1）药用采收加工

绞股蓝全草均可入药，种1次可采收多年，1年可收割多次。第1次收割在4月中、下旬至5月上旬，当绞股蓝植株长到2m以上时，选择晴天早上收割，留茬15~20cm，收割时要除去杂草、泥土，用清水快速冲洗干净（浸泡会使溶性皂苷损失过多），然后扎成小捆，悬挂于屋檐下或堆放在晒架上；或将植株割下，切成15cm长的段，置阴凉通风处阴干，不可暴晒，以免影响光泽。待充分干燥后，再摊晾1次，除去烂叶和杂质，充分干透后装入塑料袋存放，以备出售。此后，每隔25~30d收割1次，每年可收3~4次。一般年亩产干货产品200~250kg，丰产者达300kg。

（2）菜用采收加工

做蔬菜食用时采摘部位为绞股蓝的嫩茎叶，1年可采收多次，于春夏期间采收。当绞股蓝嫩梢长至50cm即可采收，采收长度为25~30cm，采收后除去杂质，捆成小把，整齐排放在大盆内，放置于阴凉的地方，以免阳光照晒，保持新鲜，以待上市出售。食用前，将嫩梢、嫩叶用清水洗净，放于沸水中焯一下，除去苦味后捞出，稍沥干水分，可炒食、可凉拌、可烧汤和做饮料。绞股蓝茎叶含人参皂苷，具有良好的抗衰老作用，可作为药膳原料。

5.1.30 何首乌

何首乌（*Fallopia multiflora*（Thunb.）Harald.）为蓼科蓼族何首乌属多年生缠绕藤本植物。别名多花蓼、紫乌藤、夜交藤等，块根肥厚，长椭圆形，黑褐色。块根入药，可安神、养血、活络、解毒（截疟）、消痈；制首乌可补益精血、乌须发、强筋骨、补肝肾，是常见贵细中药材。

1. 形态特征

多年生草本。块根肥厚，长椭圆形，黑褐色。茎缠绕，长2~4m，多分枝，具纵棱，无毛，微粗糙，下部木质化。叶卵形或长卵形，长3~7cm，宽2~5cm，顶端渐尖，基部心形或近心形，两面粗糙，边缘全缘；叶柄长1.5~3cm；托叶鞘膜质，偏斜，无毛，长3~5mm。花序圆锥状，顶生或腋生，长10~20cm，分枝开展，具细纵棱，沿棱密被小突起；苞片三角状卵形,具小突起,顶端尖,每苞内具2~4花;花梗细弱,长2~3mm,下部具关节,果时延长;花被5深裂,白色或淡绿色,花被片椭圆形,大小不相等,外面3片较大背部具翅,果时增大,花被果时外形近圆形,直径6~7mm;雄蕊8,花丝下部较宽;花柱3,极短,柱头头状。瘦果卵形,具3棱,长2.5~3mm,黑褐色,有光泽,包于宿存花被内。花期1~2月,果期9~10月。

何首乌叶

何首乌块根

2. 生态习性

喜温暖湿润环境,忌水浸,宜选排水良好、肥沃疏松的沙质壤土或腐殖质壤土栽种。生山谷灌丛、山坡林下、沟边石隙,海拔200~3000m。

产于湖南、湖北、陕西、甘肃、河南、安徽、江西、华中、华南、四川、云南及贵州。

3. 栽培技术

(1) 建园

①选地:选择土层深厚、疏松、肥沃、排水较好、坡度以25°以下较为合适的土地种植,以利根系、藤蔓的生长,以便生产出根系肥大,藤蔓粗壮,质量好的何首乌茎尖嫩叶和块茎。腐殖质土、油砂土、黄砂壤土最为合适。选用熟土,撂荒地草种较多,不易除草,增加劳动力投入。

②整地:种植何首乌的土地要精细整理,冬前清除田间及四周杂草,铺于田间地面进行烧毁,深翻土地,炕冬。翌年播前铲除四周及田间的杂草,再行翻梨,碎土耙平,清除杂质待播种。

(2) 育苗技术

①播种育苗:种子选择,首先选择品种纯正、无病虫害、生长发育健壮的优良单株作为采种的母株,当种子成熟时及时采收,以防种子自然脱落。采收后晒干,装入麻袋或纱布袋后置于通风干燥处储藏。于3月上旬至7月上旬播种,选择排水良好,质疏松的壤土或砂壤土。顺畦开深3cm沟,行距15~20cm。最好在早晨或傍晚无风时拌细土或草木灰撒播,播种后在畦面上撒盖过筛细泥土及少量农家肥,厚度以0.1~0.2cm为宜;然后再撒盖一层厚度2~3cm的松针或1cm细土。何首乌种子细小,严禁用水直接冲灌猛浇,宜采用喷壶进行多次喷浇。此后,晴天时每天10:00前或17:00后浇水1次;20~25d即可出苗,出苗后2~3d浇水1次。播种后杂草先于何首乌出苗,应及时除草,每隔10d左右人工除草1次。幼苗出

土 60d 后，可用 0.2~0.3kg 复合肥或尿素加 100kg 水喷施，每隔 10~15d 喷施 1 次。幼苗中后期可用 0.5%~1% 复合肥或尿素喷施，或用 5~8kg 粪水加清水 50kg 浇施。为培育壮苗，需将过密、弱小的苗间掉。第 1 次间苗在幼苗出土后 30d 左右进行；第 2 次在幼苗出土后 50d 左右进行；第 3 次间苗（控苗）基本做到间隔 3~4cm 留 1 株。间苗宜早不宜迟，否则会造成幼苗徒长。每次间苗后应适当浇水。当苗高 30cm 以上时进行移栽。

②扦插育苗：母株要选择无病虫害，生长健壮的植株。用枝剪从母株上剪取粗壮茎枝做繁殖材料。插条选择以茎中部为宜，剪取具有 2~3 节、长约 20cm 的茎枝做插穗。茎枝上下剪口要平滑，上剪口距插穗最上一个节保留 3cm 左右，以免上部失水时影响发芽；插穗下剪口，距下节 1cm 左右，以利生根。此外，为保证成活率，可将剪下的茎枝 20~30 枝扎成一捆，浸入 100mg/kg 生根粉溶液中 24h，或 50mg/kg 吲哚乙酸（IBA）液中浸泡 1h 促使插条生根。早春老茎扦插育苗：扦插应在茎发芽前进行。选 2~3 年生直径 2mm 以上的藤茎，剪成 15~20cm 小段，每段须有 3 个以上芽眼。扦插前应整好地，苗圃田施足有机肥，做成宽 1.5m 的育苗畦，按行距 25cm，顺畦开深 15cm 的沟，保持株距 10cm 左右，将插条均匀斜插入沟内，插条上部留一个芽眼露出地面，其他埋于土中，埋实后浇足水，覆盖地膜，以利保湿增温。若温度适宜，10d 左右即可生根发芽。夏季嫩枝扦插育苗：7~8 月属高温多雨季节，应选较粗的藤茎做插条，扦插方法基本同春季老茎扦插，插后不盖地膜，保持土壤湿润。有条件的地方可在畦上搭拱棚，用遮阳网遮阴保湿，8~10d 即可产生新根。

③压条繁殖：春夏季选择近地面健壮枝条，每隔 15~20cm 进行波状压条，枝条埋深 3~5cm，10~15d 即可生根，生根后剪下定植。

④根茎繁殖：收获时选取根茎小块，或大块根分切成几段，每段保持 2~3 个芽眼，蘸草木灰，以便吸收伤口水分，使伤口保持干燥，杜绝病菌繁殖和受空气中的病菌感染；或放在阴凉通风处晾 1~2d，等伤口干结愈合后种植。

（3）栽植技术

栽前 30d 深翻 30cm 以上晒垡，用生石灰做消毒处理，移栽前 5d 耙细土块，地块要做到土细平整，按畦高 30cm、宽 70cm，沟宽 30cm 进行整地。移栽前两天要进行地下害虫防除和化学除草。可每公顷用 5% 特丁硫磷颗粒剂 37.5~45kg 沟施或穴施，药效期可长达 60~90d；或用 40% 辛硫磷乳油 7.5kg，拌细砂或细土 375~450kg 撒施后覆土或浅锄，防除地下害虫。尽量采用人工除草。定植时间为春季 3~4 月、秋季 10 月上旬至 11 月中旬，一般选择在晴天或雨后阴天移栽。定植时留茎部 20cm 左右的茎段，剪掉其余茎段，降低蒸腾作用，有利于定植苗成活。此外还要去掉不定根和小薯块。株行距 25cm×35cm，每穴种 1 苗。每畦 2 行，密度 6.3 万~6.75 万株/hm^2，种后覆土压实，浇灌定根水。用厚 0.06mm、宽 90cm 的地膜进行覆盖，以提高成活率和抑制杂草生长。

（4）田间管理

①搭架：何首乌缠绕性强，藤茎可生长至 10m 以上。田间栽培必须搭架，以利于通风透光，增加叶片受光面积，增加养分积累，从而提高块根产量。栽植苗成活后茎蔓生长到 30cm 高时，顺行每隔 2~3m 立 1 根高 2m 的水泥杆，地下埋入 0.5m，地面高出 1.5m，水泥杆间顺行用 4~5 根铁丝连接；或用细竹竿等搭架并缚蔓。一般在 2 株何首乌间，插入一根长约 2m 细竹竿，顶部 1/3 处用铁丝捆住，3 根竹竿连接搭成"人"字形架。

②修剪：当茎高 30cm 时进行整蔓，使茎蔓均匀分布在架上。如茎蔓过于徒长，应割去一部分茎叶，以利于通风透光和块根生长。一般每株只留 1~2 藤，多余的剪除，主茎 1m 以上才保留分枝，这样有利于植株下层通风透光。如果生长过旺，茎长到 2.5m 时可适当打顶。

③浇水和排水：浇水宜少量勤浇，苗期需经常保持田间湿润，以利成活，待成活后可少浇水。高温多雨季节，注意排水防涝，以防块根腐烂。

④除草追肥：生长期间每年结合实际情况除草追肥 2~3 次。5~6 月开花前每公顷施饼肥 750kg；10~11 月以施磷钾肥为主，每公顷施过磷酸钙 300kg、氯化钾 300kg。

⑤植株调整：每年 6~10 月，每月调整植株 1 次。当藤长到竹竿顶部时，可适当打顶尖促分枝；对地上部分生长旺、枝叶过多或枝长于竿顶而下垂时，剪去过多的枝、叶及徒长枝。保证植株通风透光，集中养分供块根生长。

⑥摘花：除留种株外，其余植株于 5~6 月摘除花蕾，以免养分分散，影响块根生长。

⑦培土：每年 12 月底以前培土 2~3 次，以增加繁殖材料，促进块根生长。结合培土进行施肥、除草。

(5) 病虫害防治

何首乌病虫害多发生在夏季高温多雨期（6~8 月）。一般第一茬种植的整个生育期病虫害较轻，随着种植茬口数的增多，病虫害发生逐渐增加，如不及时防治可导致减产或绝收。

①病害防治：危害何首乌的病害主要有叶斑病（褐斑病）、根腐病、立枯病、炭疽病和锈病。

叶斑病（褐斑病），表现在发病初期叶片产生黄白色病斑，后期变褐，中心部分有时穿孔，病斑多时，可使整片叶子变褐枯死。防治方法：清洁田园，注意田园通风透光，防积水，清除病株残叶，以利于块根生长；疯长期喷 1∶1∶100 倍波尔多液预防。初期可用 50% 多菌灵可湿性粉剂 1000~1500 倍液或 70% 甲基硫菌灵可湿性粉剂 1000 倍液喷施叶面防治，每隔 10~15d 喷 1 次。后期可剪除病叶，再喷 65% 代森锌可湿性粉剂 500 倍液防治。

根腐病，此病主要危害幼苗，成株后也有发生。多出现在夏季，危害根部，染病后根部腐烂，地上部分植株逐渐死亡。该病先是须根腐烂，随后发展到主根，随着病情的加剧，肥水的吸收能力减弱，夏季地上部蒸腾能力较强，容易出现死苗。防治方法：拔除病株，在病穴撒石灰后盖土踩实；发病初期可用 50% 甲基硫菌灵 800 倍液，或 50% 多菌灵可湿性粉剂 1000 倍液灌根；发病后可用 40% 敌磺钠 1000 倍液喷雾或浇灌病株，也可用 80% 乙蒜素 1500 倍液灌根。

立枯病，此病主要危害何首乌幼苗的基部或地下根部。初期可见暗褐色病斑，染病苗白天枯萎，夜间转好，随着病情的加剧，植株最后干枯死亡。防治方法：可用 50% 多菌灵可湿性粉剂 500 倍液喷雾 1~2 次；或 75% 百菌清可湿性粉剂 600 倍液进行喷雾。

炭疽病，此病主要危害何首乌的叶、茎和花，使其出现各种颜色的凹陷斑，随着斑点数的增加而导致枯萎、组织死亡。防治方法：可用 75% 百菌清可湿性粉剂 800~900 倍液或 80% 福·福锌喷雾防治。

锈病，常发生在 3~8 月，先在叶背出现针头状大小突起的黄点，即夏孢子堆，病斑扩大后呈圆形或不规则形。夏孢子堆可在藤叶沿周缘发生，但以叶背为主，严重者可造成叶片破裂、穿孔，以致脱落。防治方法：清除病枝残叶，减少病原；发病初期喷 75% 敌锈钠 300~400 倍液，或喷 30% 固体石硫合剂 150 倍液，每 7~10d 喷 1 次，连喷 2~3 次；发病期用 75%

百菌清 1000 倍液或 75%甲基硫菌灵 1000~2000 倍液喷洒，每 7d 喷 1 次，连喷 2 次。

②虫害防治：危害何首乌的主要害虫有中华萝藦肖叶甲、蚜虫、钻心虫、绿壳虫、红蜘蛛和地老虎等。虫害一般从幼叶开始，吸取汁液，危害叶片和嫩梢，造成花叶、黄叶，随着数量的增加逐渐出现黄色块斑，严重者导致植株枯萎甚至死亡。

中华萝藦肖叶甲，可采用水旱轮作方法进行防治，以破坏害虫生存环境，杀死虫蛹；出苗后、虫害发生初期，可用 80%敌敌畏或 90%晶体敌百虫 700~1000 倍喷雾防治，也可每公顷用 80%敌敌畏 1200mL 拌麦糠 225kg，在田间撒施熏蒸杀虫，或人工捕捉。对部分成虫漏治的田块，在幼虫发生危害期间，可用 80%敌敌畏 3000 倍液灌根防治，每株浇稀释药液 200~250mL 或用毒土防治。

蚜虫、钻心虫，可选用 40%乐果乳油 1500~2000 倍液喷杀，每隔 15d 喷 1 次，或用 50%抗蚜威可湿性粉 2000~2500 倍液喷雾防治。

绿壳虫，可选用 48%毒死蜱 500 倍液喷雾防治。

红蜘蛛，可选用 73%炔螨特乳油 1000~2000 倍液或 25%灭螨猛乳油 1000~1500 倍液喷洒防治。

地老虎，可人工捕杀或选用 75%辛硫磷制成毒饵诱杀，或用 20%灭多威乳油 100g 兑水 1kg，喷在 100kg 新鲜的草或切细的菜上拌成毒饵，于傍晚在田间每隔一定距离放一小堆，毒饵用量 375kg/hm^2。

4. 采收与加工

采收时以体重、质坚、粉性足者为佳。3 年生何首乌产量最高。从品质上看，蒽醌类成分含量随着何首乌生长年限的增加呈先升高后降低的变化趋势，其中以 2 年生含量最高。总体来看，采收年限以 2 年较为合理。秋季落叶后或早春萌发前采挖，去净须根，洗净泥土，大的切成 2cm 左右的厚片，小的不切，晒干入药。

5.1.31 党参

党参 [*Codonopsis pilosula* (Franch.) Nannf.] 为桔梗科党参属植物。中药党参为党参、素花党参或川党参的干燥根。党参为药食同源的大宗药材，具有增强免疫力、扩张血管、降压、改善微循环、增强造血功能等作用，此外对放化疗所引起的白细胞下降有提升白细胞数的作用。

1. 形态特征

茎基具多数瘤状茎痕，根常肥大呈纺锤状或纺锤状圆柱形，较少分枝或中部以下略有分枝，长 15~30cm，直径 1~3cm，表面灰黄色，上端 5~10cm 部分有细密环纹，而下部则疏生横长皮孔，肉质。茎缠绕，长约 1~2m，直径 2~3mm，有多数分枝，侧枝 15~50cm，小枝 1~5cm，具叶，不育或先端着花，黄绿色或黄白色，无毛。叶在主茎及侧枝上的互生，在小枝上的近于对生，叶柄长 0.5~2.5cm，有疏短刺毛，叶片卵形或狭卵形，长 1~6.5cm，宽 0.8~5cm，端钝或微尖，基部近于心形，边缘具波状钝锯齿，分枝上叶片渐趋狭窄，叶基圆形或楔形，上面绿色，下面灰绿色，两面疏或密地被贴伏的长硬毛或柔毛，少为无毛。花单生于枝端，与叶柄互生或近于对生，有梗。花萼贴生至子房中部，筒部半球状，裂片宽披针形或狭矩圆形，长 1~2cm，宽约 6~8mm，顶端钝或微尖，微波状或近于全缘，其间湾缺尖狭；花冠上位，阔钟状，长约 1.8~2.3cm，直径 1.8~2.5cm，黄绿色，内面有明显紫斑，浅裂，裂片正三角形，端尖，全缘；花丝基部微扩大，长约 5mm，花药长形，长 5~6mm；柱头有白色刺毛。蒴果下部半球状，上部短圆锥状。种子多数，卵形，无翼，细小，棕黄色，光滑无毛。花果期 7~10 月。

党参

党参的根

2. 生态习性

党参适应性较强，喜温和凉爽气候，怕热，怕涝，较耐寒。党参是深根性植物，适宜生长在土层深厚、疏松、排水良好、富含腐殖质的沙质壤土中。生于海拔 1560~3100m 的山地林边及灌丛中。

产于西藏东南部、四川西部、云南西北部、甘肃东部、陕西南部、宁夏、青海东部、河南、山西、河北、内蒙古及东北等地区。全国各地有大量栽培。

3. 栽培技术

（1）建园

①选地：育苗地宜选半阴坡地，土质疏松肥沃、土层深厚（40cm 以上）、墒情较好、排水良好、杂草较少、富含腐殖质、地下害虫危害较轻、土壤 pH 值以 6.5~7.0 的中性、偏酸性砂壤土为宜。

②整地：育苗地宜选半阴坡地，土质疏松肥沃，腐殖质多，排水良好的沙质壤土。亩施圈肥 2000~3000kg，磷酸二铵 20~30kg，过磷酸钙 30~50kg，然后翻耕、耙细、整平做成平畦。宽 3~5m，长度依地形而定。移栽定植地要求向阴。山坡地种植多不做畦，顺坡面整平即可。

栽植地选择不严格，除盐碱地、涝洼地外，生地、熟地、山地、梯田等均可种植，但以土层深厚、疏松肥沃、排水良好的砂质壤土为佳。若选用生荒地，先铲除杂草，拣除石块、树枝、树根，将杂草晒干后堆起烧成熏土，再均匀撒在土表。熟地施足基肥，常用厩肥、坑土肥、猪羊粪等，每亩 3000~5000kg。深耕 30cm 以上，耙细，整平，做成畦或做成垄。山坡地应选阳坡地，整地时只须做到坡面平整，按地形开排水沟，沟深 21~25cm 左右即可。

（2）育苗技术

党参为多年生植物，种子繁殖是其繁衍后代的主要手段。由于党参种子的无休眠特性，播种后只需温度及水分条件适宜即可出苗。

①浸种催芽：播种前进行温汤浸种和催芽，可使党参种子提早发芽。即用 40~50℃ 温水浸种 10~20min，边搅拌边放入种子，然后将种子包于纱布中，用清水洗数次，再置于 15~20℃ 的室内，5~6d 种子裂口或露白时即可播种。

②播种育苗：育苗地施农家肥 30t/hm² 左右后耕翻、耙细、整平，待播。一般在 7~8 月雨季或秋冬封冻前，采用条播或撒播方式播种。采用畦育苗，畦宽一般为 1.2m。

撒播，将种子均匀撒于畦面后覆一层薄土，以盖住种子为度，然后稍镇压，使种子与土紧密结合，以利出苗，用种量为 15kg/hm²。条播，开 2cm 浅沟，将种子均匀撒于沟内，然后盖薄土，行距 10cm，用种量为 1kg/hm²，条播便于管理。播种后适当浇水，畦面用麦草、玉米秆或树枝等覆盖保湿，经常保持土壤湿润，以利于出苗。

（3）栽植技术

幼苗生长 1 年后，于春季 3 月中旬幼苗萌芽前移栽。在保证土壤解冻的前提下，移栽越早越好。通常采用沟栽，开深 25cm 的栽植沟，定植行距 25cm、株距 8~10cm，芽头向上，然后覆土厚约 3cm，覆土后适当镇压。保苗 37.5 万~45.0 万株/hm²。若不能做到随采挖随移栽，可采用假植的方法保管党参苗，即将待移栽幼苗刨出，捆成小把后用湿土盖住或者放在背阴地，等待种植。

（4）田间管理

①中耕除草：一般在栽后 30d 苗出土后第 1 次中耕除草，苗蔓长 5~10cm 时第 2 次中耕除草，苗蔓长 25cm 时第 3 次中耕除草，除草时切忌伤苗。在苗蔓封垄后，需要除草时要将杂草从茎基部剪断，然后将其地上部留在原地自然干枯，可抑制杂草生长。

②追肥：追肥以钾肥为主，6~7 月盛花期出现缺肥症状，可叶面喷洒 0.2% 磷酸二氢钾，隔 10d 喷 1 次，连喷 3~4 次。

③排灌：定植后应灌水，苗活后少灌水或不灌水，雨季及时排水，防止烂根。

④搭架：当党参苗高 30cm 时进行搭架，使其茎蔓攀架生长，以利于田间通风透光、增加植株光合作用面积，提高其抗病能力。可就地选取架材，如树枝、竹竿均可。

⑤疏花：党参花较多，非留种田及当年收获的参田，要及时进行疏花，以防养分过分消耗，不利于根部生长。

（5）病虫害防治

①病害防治：锈病，秋季多发，主要危害叶片，感病叶片背面隆起呈黄色斑点。在防治上，应高畦种植，注意排水，清洁田园；发病初期用 15% 粉锈宁可湿性粉剂 12kg/hm² 兑水喷雾防治，如发病严重，可加大剂量。根腐病，一般在土壤过湿和高温时根部发病，发病时，靠近地面的侧根和须根变为黑褐色，重者根腐烂、植株死亡。在防治上，应合理轮作，及时拔除病株，田间搭架，避免藤蔓密铺地面；发病期用 50% 多菌灵可湿性粉剂 500 倍液浇灌。

②虫害防治：蚜虫、蛴螬、地老虎、红蜘蛛等虫害，可用 40% 乐果乳液 800 倍液喷雾防治。

4. 采收与加工

（1）留种

1 年生党参种子干瘪严重，不宜留种；2 年生党参开花结实较多，产量高，质量好，较适宜留种。党参一般在 9~10 月果实成熟，当果实呈黄白色、种子变为浅褐色时即可采收。

党参种子成熟时间不一致,可随熟随采,分期采收。若大面积留种,可在绝大部分种子成熟时一次性采收,晒干脱粒,置于干燥通风处贮存。

(2) 参根采收

在移栽当年秋季地上部枯萎时采收。采收宜选择晴天,先除去支架、割掉茎蔓,然后挖出参根,要全根刨出,避免伤根、断根及浆汁外流,以防形成黑疤,降低品质。

(3) 参根加工

将收获的党参洗净分级,分别加工。先放在晒席上摊晒2~3d,当晒至参体发软时,将各级党参分别捆成小把,一手握住根头,一手向下顺揉搓数次,次日再晒出,晚上收回再进行顺搓,反复进行3~4次。然后将头尾整理顺直,扎成牛角把子,每把重1~2kg为宜。然后,再置木板上反复压搓,继续晒干即成商品。遇阴雨天,用60℃文火炕干。

(4) 贮存

置于通风干燥处,防蛀、防霉、防泛油。夏、秋季需勤查、勤晒,晒后冷却收藏。库房温度保持在30℃以下,安全水分13%~15%,相对湿度不超过75%。

5.1.32 川芎

川芎(*Ligusticum chuanxiong* Hort.)为伞形科藁本属植物。根茎入药,具活血祛瘀作用,适宜瘀血阻滞各种病症;祛风止痛,效用甚佳,可治头风头痛、风湿痹痛等症。

1. 形态特征

多年生草本,高40~60cm。根茎发达,形成不规则的结节状拳形团块,具浓烈香气。茎直立,圆柱形,具纵条纹,上部多分枝,下部茎节膨大呈盘状(苓子)复伞形花序顶生或侧生;幼果两侧扁压。

川芎枝叶

川芎块根

2. 生态习性

川芎喜气候温和、雨量充沛、日照充足而又较湿润的环境。产于四川、贵州、云南,以四川产者质优。

3. 栽培技术

(1) 选地与整地

①选地:选择气候阴凉、地势较高的向阳地,川芎适宜种植山坝地的沙质土壤,种植前

要除草开垦，也可将草烧成炭做肥，将土壤深翻30cm，耙细整平，作成宽1.5m的畦。在整地时可施入基肥，每亩施用2000kg的有机肥后农家肥，将撒施畦面，挖土时使之与表土混匀。

②整地：早稻快要收割的时候，即把田里的水放去，让泥土逐渐干燥。稻子收割之后立即整地做厢。由于川芎是浅根作物，根入土7~10cm，为防止肥料渗到土壤下层，一般均不犁地，只用锄头把泥土挖松约10cm深，同时将稻桩锄碎压入土中，然后再开畦沟，做成宽170cm，高20~23cm的畦。

（2）育苗技术

川芎在平坝地区栽培，川芎的种却是在高山区培育山川芎，利用山川芎的茎在平坝地区繁殖川芎。在立春前后10d内，由平坝区挖出一部分健壮的抚芎（这时川芎尚未成熟，距离收获期尚有3个半月左右，地上茎叶已全部枯萎，只有地下根茎叫做抚芎），每亩可挖150~300kg，移到山区作为培育山川芎的种茎。山川芎宜在黄泥土壤，气候湿凉的阴山地区栽培（据药农经验，阳山地区也可栽培，但由于气温高，虫害严重，常咬去茎上节盘的芽，即不能种）。行距34cm，株距27cm。1亩用抚芎150~250kg。底肥用草木灰300~350kg，在春分、谷雨各施追肥1次，用猪粪水3000~5000kg。中耕除草1~2次。小暑成熟，挖取除去叶子，地下根茎叫山川芎，每亩可收干川芎50~75kg，可作药用，质量及价格均次于平地川芎。山川芎的茎叫芎杆子，割下后一束一束的捆好，铺上稻草，放在阴凉的山洞里15~20d，立秋后取出，按茎秆的大小分成3类，最大的叫"大山系"，最小的叫"细山系"，大小适中的叫"正山系"，然后再分别割成3.3cm的小节（每枝茎切成6~9节），每节上面保留1个节盘，叫"芎苓子"。再将芎苓子移到平坝地区繁殖川芎。

（3）栽植技术

在8月上旬时开始栽种，最迟不得低于8月底，否则温度会影响幼苗生长，严重时会导致幼苗枯萎死亡，栽种时尽量选择晴天。挖取一部分生长健壮、未成熟、茎叶枯萎的地下根茎，每亩挖取150~300kg，移至山区开始培育种茎。在畦面上开沟栽种，控制株行距30cm×20cm，将种茎平放在沟内，芽向上栽正压入土中，使其与土壤接触，但又有部分的节盘露出土表，栽种后用堆肥或粪土将其覆盖，再在畦面铺盖一层稻草，既能保温保湿，还能减少强光和暴雨对其的伤害。

（4）林间管理

当栽种半月后即可将覆盖的稻草揭除，在每月进行中耕除草1~2次，并注意仔细观察，发现有缺苗时，结合中耕除草进行补苗，再在根茎出培土，使其能安全越冬。在栽种后的两月内要追肥2~3次，确保其足够的养分生长发育，每20d追肥1次，每次追肥1000kg农家肥，草木灰100kg、硫酸铵25kg、过磷酸钙40kg、硫酸钾10kg。在冬季时气温寒冷，为使植株能安全越冬，将其枯萎的地上茎叶割除掉，再松土除草后盖一层细土，保护其越冬。

（5）病虫害防治

①病害防治：根腐病，俗名"水冬瓜"。多发生于生长期和收获期，危害很大。发病后根茎内部组织变成黄褐色，严重时腐烂成水渍状，并散发出特异臭味；根株凋萎、枯死，产区称"穿黄裙"。病株一般不成片。防治方法：挖取抚芎时剔除"水冬瓜"，选留健康植株；选高燥地势栽种；生长期注意排水。发病后立即拔除病株；及时采收加工；发病期用50%退

菌特可湿性粉剂 1000 倍液灌注。

白粉病，为真菌的一种子囊菌，发生在 7~10 月。发病叶背及叶柄布满白粉，使叶变黄、枯死。防治方法：轮作、闲置、注意浇水施肥。发病时用 0.3°Bé 石硫合剂或 50% 托布津可湿性粉剂 800~1000 倍液防治。

叶枯病，又名斑枯病，发生在 5~7 月。发病后，叶上产生褐色的不规则的斑点，致使叶片焦枯。防治方法：用 1∶1∶100 的波尔多液或 85% 代森铵可湿性粉剂 800 倍液防治。

菌核病，多发生于 5 月。由种苓带菌和土壤过于潮湿所致。发病后，植株下部叶片枯黄，根茎腐烂，茎秆基部出现黑褐色病斑，稍凹陷，直至全株枯死、倒伏。防治方法：做好苓子培育和选种工作、实行轮作，提前收获，注意排水。发病初期用 50% 氯硝铵可湿性粉剂 0.5kg，加石灰 7.5~10kg 拌匀，撒于病株茎基及周围地面。

②虫害防治：川芎茎节蛾，每年发生 4 代，幼虫从心叶或叶鞘处侵入茎秆，咬食节盘，危害很大，尤其育苓种期间更加严重。坝区危害造成缺苗。防治方法：山区育苓期间，随时掌握虫情，及时用 40% 乐果乳 1000 倍液防治。喷药时，着重喷射叶心和叶梢，以消灭第 1 代和 2 龄前幼虫。坝区栽种前，除严格选择苓子外，应采取烟筋、麻柳叶、敌百虫、乐果乳油等水溶液浸种消毒。

种蝇，属双翅目花蝇科。幼虫危害根茎，致使全株枯死。防治方法：施用充分腐熟的肥料，发生时用 90% 敌百虫 800 倍液浇灌根部，每 10d 浇 1 次。

地老虎，又名地蚕、乌地蚕等。为鳞翅目夜蛾科小地老虎和黄地老虎。以幼虫为害，咬断根茎。防治方法：施用充分腐熟的肥料，灯光诱杀成虫，用 75% 锌硫磷乳油按种子量 0.1% 拌种，发生期用 90% 敌百虫 1000 倍液浇灌，人工捕捉或毒饵诱杀。

4. 采收与加工

采收时间一般在栽种后的翌年 5 月时，这时大小根茎已经完全成熟，如果挖取过早，根茎未发育成熟，产量较低；而挖取过晚，根茎熟透会腐烂，导致品质下降。挖取时也要选择一个晴朗天气，将全株挖出，将根茎表面的泥土、茎叶去除，再用小火炕烤 2~3d，散发出浓香气时，放置到竹筐里抖动去除到多余的泥土及须根，剩下的主根即可加工成商品。

5.1.33 知母

知母 [*Anemarrhena asphodeloides* Bunge.] 为天门冬科知母属。根状茎，是著名中药，性苦寒，有滋阴降火、润燥滑肠、利大小便之效。主治热病烦渴，肺热燥咳，骨蒸潮热，内热消渴，肠燥便秘。

1. 形态特征

多年生草本植物，根状茎，叶由基部丛生细长披针形，花茎自叶丛中长出，圆柱形直立，总状花絮，成簇，生在顶部成穗状；花粉红色，淡紫色至白色；果实长椭圆形，内有多数黑色种子。花果期 6~9 月。

知母花　　　　　　　　　　　　　　知母根茎

2. 生态习性

适应性很强，野生于向阳山坡地边。草原和杂草丛中。土壤多为黄土及腐殖质壤土。生于海拔 1450m 以下的山坡、草地或路旁较干燥或向阳的地方，中国各地均有栽培。

3. 栽培技术

（1）选地与整地

选向阳、排水良好、土质疏松的腐殖质土或砂壤土，每亩施腐熟的厩肥 2000~3000kg、饼肥 40~50kg、磷肥 30kg，均匀地撒入土内。耕地 20cm 深，整平做畦，畦宽 130cm。

（2）育苗技术

①播种育苗：知母种子于大暑前后陆续成熟，采收后脱粒去净杂质，存放于通风干燥处备用。如春播 4 月份，秋播 10~11 月，在整好的畦内，按 30~35cm 行距开 2cm 深的沟，将种子均匀地撒入沟内，然后覆土，整平，稍镇压，并浇水。播后保持畦面湿润，20d 左右出苗。每亩需种子 1~1.5kg。秋播发芽率较高，出苗整齐。

②分根育苗：春栽于解冻后，发芽前；秋栽于地上茎叶枯萎叶黄后进行。在整好的畦内，按行距 30~35cm，株距 15~20cm 开穴，穴深 7cm，将刨出的地下根茎剪去残茎叶及须根，把有芽头的根茎掰成 4~7cm 的小段，每穴放一段，芽头朝上。栽后覆土，浇水。也可在栽种前灌 1 次大水，再整地做畦栽种，但畦面不要过湿，以防烂根。每亩需种用根茎 90g。

（3）栽植技术

播种后应保持土壤湿润，20d 左右出苗。苗高 3~4cm 时松土除草；苗高 7~10cm 时，按 15~20cm 的株距定苗。

（4）林间管理

苗期如遇气候干燥，应适当浇水。用根茎分株栽培的知母上年生长较慢，应浇小水，第 2 年生长旺盛，应适当增加浇水次数。分根栽种的当年和种子直播的第 2 年。在苗高 15~20cm 时，每亩追施过磷酸钾 20kg 加硫酸铵 10kg。施肥时在行间开沟，施后结合松土将肥料埋入土内。如不需留种，应及时剪去花葶。高温多雨季节要注意排除积水。

（5）病虫害防治

知母的抗病害能力较强，一般不需用农药进行特殊防治。主要害虫为蛴螬，危害幼苗及根茎，可用常规方法防治。

4. 采收与加工

家种知母和野生知母均在春秋两季采挖。春季于解冻后，发芽前；秋季于地上茎叶枯黄后至上冻前。用镐将地下根茎刨出，去掉茎叶、须根及泥土，即为鲜知母。春秋两季适时采收的鲜知母折干率高，质量好。野生知母一般以秋季收获为宜，因为春季发芽前不易发现，而发芽后采收对质量有一定影响。家种知母的收获周期，用种子繁殖的需 4 或 5 年，用根茎繁殖的需 3 或 4 年。将鲜知母晒干或炕干者称"毛知母"。将鲜知母趁鲜时除去外皮晒干者称"知母肉"或"光知母"。

5.1.34 开口箭

开口箭（*Tupistra chinensis* Baker.）与剑叶开口箭（*Tupistra ensifolia* Wanget Tang.）为百合科植物，根茎入药，具有清热解毒，祛风除湿，散瘀止痛之功效。常用于白喉，咽喉肿痛，风湿痹痛，跌打损伤，胃痛，痈肿疮毒，毒蛇、狂犬咬伤。

1. 形态特征

多年生草本，根状茎长圆柱形，直径 1~1.5cm，多节，绿色至黄色。开口箭的叶基生，4~8（~12）枚，近革质或纸质，倒披针形、条状披针形、条形或矩圆状披针形，长 15~65cm，宽 1.5~9.5cm，先端渐尖，基部渐狭；鞘叶 2 枚，披针形或矩圆形，长 2.5~10cm。

开口箭叶

开口箭根茎

2. 生态习性

生于林下阴湿处、溪边或路旁。

产于中南及陕西、安徽、浙江、江西、福建、台湾、四川、云南等地。

3. 栽培技术

（1）选地与整地

2月，选择已挂果的果园，于果树树冠投影外缘深耕起垄，深耕30~40cm，每亩施入自制有机肥2000~3000kg，耙细起垄，垄宽80~120cm，垄高20~30cm，在垄面上覆盖一层稻草或落叶。

（2）育苗技术

①播种育苗：开口箭成熟果实中种子多为1~3颗。种子具有后熟现象，自然环境中萌发困难，萌发率较低。室内干燥条件下种子会失去活力，不能正常萌发；在湿沙中保藏的种子发芽率较高，可达83.5%，已萌发种子成苗率在95%以上。

②扦插育苗：将开口箭茎杆截成长度为2cm扦插小段，每个扦插小段上至少包含有一个节间。将扦插小段的基部在生根剂中浸泡5~10s后，取出阴干。在扦插前一天向扦插基质浇水，使扦插基质全部润湿，将扦插小段的基部插入扦插基质中，使有1/3扦插小段露于扦插基质外部，其中，扦插基质为腐殖土或粒径为1mm的细河沙制成。保持白天温度在20~30℃，夜晚温度在15~20℃，全天的空气湿度在80%~90%，采用遮阳率为85%~90%的遮阳网覆盖扦插后的扦插小段。

（3）栽植技术

播种后至出苗前，要经常检查畦面覆盖物的变化情况，发现没有覆盖的要及时补盖，保持畦面湿润。出苗后及时撤除覆盖物，以免出苗后撤除时伤及小苗。出苗后根据长势情况，发现过密苗及时间除。

出苗后，要及时清除田间杂草。第1次除草可用手拔或浅锄，以免伤害幼苗。每年于行间开沟追肥2次，以有机肥为主。第1次施肥在春季萌芽前，施用腐熟的粪肥，或堆肥2000kg，或施入尿素，促进茎叶生长。第2次在秋季施入腐熟的饼肥、过磷酸钙和适量的草木灰。施肥后培土5~7cm，可防冻害。

3~4月，在垄上按行距40cm×40cm挖移植穴，深度25cm，将筒花开口箭幼苗放入栽培穴中央，舒展根系后扶正，边填土边轻轻向上提苗、踏实，使根系与土壤密接，定植后淋足定根水。

（4）林间管理

幼苗成活后，每隔15~20d清理1次杂草，并浇水1次；在开花前每隔30~40d施肥1次，开花后每隔50~70d施肥1次，每次每亩施肥量为1300~1500kg，施用的肥料为磷钾复合肥和农家肥，磷钾复合肥与农家肥的质量比为1:10。

整地时基施4kg/m²左右农家肥作为基肥，苗期根系吸收能力弱，可不施肥或少施肥，开花前适当增施1~2次复合肥料促开花防早衰，开花后停止施肥，否则花少花期短。进入休眠期及时去除地上部分枝叶使养分运输到根茎部位，然后施有机肥以促进翌年萌发芽数量和质量。冬季可覆盖腐叶、作物秸秆保护根茎及其休眠芽安全越冬。施肥和灌溉同时进行，可结合中耕松土除草弥补土壤肥力不足。

生长期间根据天气情况和植物需水状况灌水，保持土壤疏松湿润即可。灌水在早晚进行，休眠期少灌或不灌水。出苗前地温较低一般不灌水，生长旺期适当增加灌水次数，萌芽和分株繁殖前要一次性灌透水，以利出苗和提高繁殖成活率。雨后及时排水，防止积水烂根。

（5）病虫害防治

主要是蛴螬即金龟子幼虫，又名白蚕。体白色，头部黄色或黄褐色。成虫在5月中旬出现，傍晚活动，卵散产于较湿润的土中，喜在未腐熟的厩肥上产卵。防治方法是冬季清除杂草，深翻土地，消灭害虫越冬场所。施用腐熟的有机肥并覆土盖肥，减少成虫产卵。点灯诱杀成虫金龟子。下种前半个月每亩施30kg石灰氮，撒于土面翻入，以杀死幼虫。

4. 采收与加工

在栽培后的第3年进行收获，收获时将筒花开口箭整株挖出，从根颈部切开，保留全部根系，烘干储藏。

5.1.35 白三七

白三七（*Rhodiola yunnanensis*）为景天科红景天属多年生草本植物，别名菱叶红景天，全株入药。有散瘀止痛、解毒宁神之效。可治胃痛、劳伤身痛、跌打损伤及痈。

1. 形态特征

根颈直立，粗可达10mL，先端被披针状三角形鳞片。花茎直立，不分枝。叶轮生，叶片卵状菱形至椭圆状菱形，膜质，干后带黄绿色，聚伞圆锥花序，雌雄异株；萼片线状披针形，花瓣黄绿色，长圆状披针形，淡黄绿色；鳞片匙状四方形，先端有微缺；雌花心皮黄绿色，长圆状披针形，蓇葖上部叉开，呈星芒状。5月开花，6~7月结果。

白三七全株

白三七果实

2. 生态习性

分布于湖南、湖北、四川、甘肃、陕西、河南。生长在海拔1000~3300m的山坡沟边岩石上。

3. 栽培技术

（1）育苗技术

主要使用组织培养技术进行育苗。

培养基及培养条件：以MS为基本培养基，pH为5.8~6.0，蔗糖浓度为3%，用0.65%的琼脂固化后分装在三角瓶中于121℃条件下灭菌25分钟。组培室温度控制在（25±2）℃，日光灯照明强度为2000勒克斯，光照时间为12h/d。

愈伤组织的诱导：将无菌苗的叶片切成 5mm×5mm 大小，叶片为外植体在 MS 中附加 2,4-D2.0mg/L，6-BA1.0mg/L，接种 20 天后叶片切口处接触培养基的部位开始膨大肿胀，初期为褐色，25d 后转为黄绿色、质地紧密的愈伤组织，28d 左右出现绿色颗粒状物，并不断扩大。

不定芽的诱导：采用培养基为 MS 附加 6-BA1.5mg/L 和 NAA0.5mg/L，然后进行大量增殖培养诱导其产生不定芽。

丛生芽的诱导：以茎段为外植体在 MS 中附加 6-BA1.0mg/L，NAA1.5mg/L。

生根培养：将生长健壮的菱叶红景天无根试管苗接入 1/2MS 附加 IBA1.0mg/L。

（2）栽植技术

将生长健壮的生根试管苗取掉盖子，向瓶中加少量水，再将盖子放松盖上，在培养室中炼苗 1 星期后，小心用镊子将试管苗夹出，冲洗干净根基部的培养基，然后将其移栽在含水量为 60% 的蛭石育苗盆中，并喷洒 1∶700 的多菌灵溶液，初期罩一薄膜袋保湿，置于自然条件下，约 1 周后揭去薄膜袋，第 1 次浇透水，以后每 2d 浇 1 次水，2 周后结果，移栽成活率为 98% 以上。

（3）田间管理

白三七田间管理的重点是根据季节调节荫棚和围篱的透光度：10~3 月气温低，透光度要达到 60%~70%，4~9 月气温高，透光度为 40%~50%。要加强田间检查，随时用细土掩盖露根，要做到及时除草和少量多次追肥。此外，每年要剪掉小叶小花，使营养集中到根茎部。加速根茎部生长，提高产量。越冬前，要将地面上茎秆剪去，促使根茎越冬休眠。

（4）病虫害防治

白三七很少发生病虫害。干旱季节有时会发生蚜虫危害，可采用 0.3% 印楝素乳油 600 倍液，或 0.6% 苦参碱水剂 600 倍液田间喷雾防治，也可悬挂规格为 20cm×25cm 的黄板 450 张/hm² 进行诱杀。高温多雨季节偶有根腐病发生。发病初期首先叶片变黄，逐渐全株枯黄，地下根茎则先出现褐色病斑，后期全部腐烂成褐色或黑色，最后全株死亡。移栽前用 50% 多菌灵可湿性粉剂 15kg/hm² 对土壤进行消毒可有效防止根腐病发生。田间一旦发现病株应及时拔除烧毁，并每病穴撒入石灰 0.05kg 进行消毒。

4. 采收与加工

夏季采收全草，鲜用或晒干。

5.1.36 珍珠莲

珍珠莲（*Thalictrum trichopus* Franch.）为毛茛科唐松草属植物，别名毛发唐松草，根、根茎及全草可药用。具有清热解毒，燥湿之功效。主治热盛心烦，肺炎，小儿高热惊风，肠炎，痢疾，百日咳，膀胱炎，结膜炎，咽喉炎，痈肿疮疖。

1. 形态特征

多年生草本，高达 120cm。全株无毛。茎直立，有细纵槽。上部有分枝。叶互生；叶柄长达 8cm，基部有鞘，托叶窄，全缘或分裂；基生叶在开花时枯萎；下部叶为三回羽状复叶，长达 30cm，有稍长的柄；叶片长约 20cm；小叶草质，卵形、菱状卵形或近圆形，中部以上 3 浅裂或全裂，长 1.5~2.5cm，宽 0.6~1.4cm，先端微钝或圆形，基部圆形、圆楔形或浅心形；顶生小叶较大，小叶柄纤细，长 3~6mm；侧生小叶常不分裂，小叶柄较短。圆锥花序长 10~20cm，长约 4.5mm，花丝丝状，长约 2.5mm，花药长圆形，先端钝，长约 2mm；心皮 2~5，无柄，花柱短，柱头侧生。瘦果偏斜卵形，长 3~4.5mm，有 1~2 条纵肋，宿存花柱短，长约 0.8mm，柱头卵状长圆形，生于花柱内侧，弯曲呈嘴状。花期 7 月，果期 1~2 月。

珍珠莲草花

珍珠莲草叶

2. 生态习性

生于路旁、林缘、沼泽草地及宅旁等地，或为田间杂草，海拔可达 4000m。产于湖南、湖北、江苏、安徽、浙江、福建、河南、陕西、甘肃、青海、新疆、四川、贵州、云南及西藏。

3. 栽培技术

（1）选地与整地

选择腐殖质多的坡地、平地、山下建园。均匀撒施农家肥料，每亩用量约在 2~3kg。坡地应顺山修床，高度在 5cm 左右，整地时间可以在 4 月初或者 9 月到 10 月进行。4 月上旬或者 10 月下旬可进行移栽。在床上开深度 5cm 的沟，沟距 20cm，在沟内按 15cm 株距栽苗。每处栽苗 2 株，回土踩实，顶芽微露。

（2）育苗技术

①播种育苗：8 月下旬至 9 月中旬，从植株上采摘充分成熟的种子，因种子成熟后及容易掉落，所以应及时采摘。将种子连同枝叶放入凉爽通风处晾晒后，轻轻敲打，将种子去杂，干燥贮藏。唐松草喜肥沃土地，忌低洼积水。翻土 15~20cm 深，撒施肥料，做宽 1.2m 高、10~15cm、长 10~20m 的南北向床，拍实床缘。4 月中旬至 5 月初均可播种，顺床向或横床向每隔 25cm 开 1 条宽 5cm、深 2cm 的沟。将干种子拌 3~5 倍细沙及少量的多菌灵杀毒剂，撒入沟内，覆盖土 0.5~0.8cm 厚。播种量为 1kg/亩，或每 10m 用种量 15g 播种后床表覆盖透光度为 40% 的草帘，向帘上撒杀虫剂，喷水使床面土粒浸湿 15cm 深。7~10d 后再喷 1 次水。幼苗 2cm 高时，在阴天或者晴天傍晚揭帘，以后的生长季也应及时喷水，确保床面不干。生长季床面出现杂草需及时拔、铲。7 月下旬左右，如果幼苗发黄应向床面追施尿素，发现食叶及咬根害虫应及时灭杀。

②分株育苗：4 月上旬将零散生长在山上的植株挖出，如果根茎大可分成几株，修去过长的根系，按株行距 10cm×10cm 栽植于苗床上，备翌年移植使用。

(3) 栽植技术

早秋定植，制种基地宜土质肥沃、疏松、排水良好。以基肥为主，施腐熟农家肥 3500~4000kg/亩，过磷酸钙 30kg/亩。露地地垄栽培，株距 20~25cm，行距 40cm，密度 6000~8000 株/亩。定植后灌水，追肥 1~2 次。幼苗根部培土，秋末控制灌水，封冻前灌水越冬，植株覆盖麦草或树叶防寒，翌年 4 月撤掉防寒物。灌返青水，植株现蕾时结合灌水追肥。

(4) 林间管理

植苗后必须浇足水，浸湿土层 20cm 深。每年采收后的 5 月末，床表追施尿素，每亩施用 40kg。采收前的 4 月中下旬如果遇冬旱或者春旱，应浇足 1 次水。

(5) 病虫害防治

珍珠莲病虫害较少，主要为蚜虫危害的嫩芽。防治蚜虫：可在虫口数量未大发生之前喷施 10% 吡虫啉 3000~4000 倍药液。

4. 采收与加工

定植后第 2 年即可采收茎叶，但是产量较少。第 3 年以后，地上产量迅速增加。5 月中旬左右当茎叶长到 20cm 左右的时候，根部留 5cm，茎秆绑成小把及时销售。第 1 次采收后 20d 左右，发出第二茬茎叶，只能采摘 1/2 数量的茎叶，过度采摘影响当年采摘和下一年产量。秋冬采集、去除茎叶，晒干。

5.1.37 紫金牛

紫金牛 [*Ardisia japonica*（Thunb）Blume] 为紫金牛科紫金牛属植物。全株可药用。治肺结核、咯血、咳嗽、慢性气管炎效果很好；亦治跌打风湿、黄胆肝炎、睾丸炎、白带、闭经、尿路感染等症，为中国民间常用的中草药。

1. 形态特征

小灌木或亚灌木植物，近蔓生，具匍匐生根的根茎；直立茎长达 30cm，稀达 40cm，不分枝，幼时被细微柔毛，以后无毛。叶对生或近轮生，叶片坚纸质或近革质，椭圆形至椭圆状倒卵形，顶端急尖，基部楔形。

紫金牛花

紫金牛果

2. 生态习性

常见于海拔约 1200m 以下的山间林下或竹林下，阴湿的地方。喜温暖、湿润环境，喜荫蔽，忌阳光直射。适宜生长于富含腐殖质、排水良好的土壤。

产于陕西及长江流域以南各地，如湖南、福建、江西、四川、江苏、浙江、贵州、广西、云南等地。

3. 栽培技术

（1）选地与整地

紫金牛多生长在冬暖夏凉、湿润多雾、半阴半阳的地方宜选疏松肥沃、湿润、日照不强的林地、果园下种植。先翻整土地、拣去杂草、石块、打碎土块、细耕两次，使土壤充分细碎、疏松；然后，撒施厩肥或堆肥300~500kg/亩，与土拌匀，平整土面，开畦宽1.5m、高15~20cm。

（2）育苗技术

①播种育苗：将成熟果实采收后，除去果皮，洗净晾干后可播种，或低温层级沙藏后，翌年4~5月春播。播后50~60d发芽，发芽后3周，待子叶开展后移植。

②分株育苗：在春秋两季进行，切分根状茎，保证每一段根状茎上有一个分枝，然后栽植到准备好的容器中或平整好的土地上，保持湿润，20d左右即可成活。

③扦插育苗：在6月梅雨季节进行。剪取半木质化嫩枝作插穗，长5~6cm，插入沙中，保持湿润，3周后可生根。

（3）栽植技术

为了促进紫金牛的生长发育，应及时除草，做到见草就除，并及时橙土以利根状茎的生长。根据紫金牛的生长状况，适时追肥，一般一年追3~4次厩肥和草木灰。

（4）林间管理

紫金牛需要光照充足，土壤常保持湿润，生长极旺盛。生长期间每2~3个月施肥1次。开花后增施1~2次磷钾肥。果后修剪整枝，若植株老化则重剪。忌高温潮湿，生长适宜气温为15~25℃，平底栽培夏季需阴凉通风。冬季减少浇水量。

（5）病虫害防治

常有叶斑病、根癌病和根疣线虫病危害，可用波尔多液或40%三乙磷酸可湿性粉剂300倍液喷洒。虫害主要为介壳虫危害，可用25%噻嗪酮乳油1000倍液喷洒。

4. 采收与加工

紫金牛在移栽后第3年，直播后第4年的10~11月采收。采收的原则是采老枝（包括根状茎）留嫩枝（包括根状茎）；一般留嫩枝2~3枝。鲜材产量为100kg/亩左右。

5.1.38 仙茅

仙茅（*Curculigo orchioides* Gaertn.）为仙茅科仙茅属植物，其根补肾阳、强筋骨、祛寒湿，属补虚药分类下的补阳药。

1. 形态特征

草本，根状茎近圆柱状，粗厚，直生，直径约1cm，长可达10cm。叶线形、线状披针形或披针形，大小变化甚大，长10~45（~90）cm，宽5~25mm，顶端长渐尖，基部渐狭成短柄或近无柄，两面散生疏柔毛或无毛。花茎甚短，长6~7cm，浆果近纺锤状，长1.2~1.5cm，宽约6mm，顶端有长喙。种子表面具纵凸纹。花果期4~9月。

仙茅花　　　　　　　　　　　仙茅根

2. 生态习性

生于海拔1600m以下的林中、草地或荒坡上。产于湖南、广东、广西、四川、浙江、江西、福建、台湾、云南和贵州。

3. 栽培技术

(1) 选地与整地

生荒地应头年冬翻地，翌年春翻耙2次，把地整平整碎，并拣净木根、杂草和石块。熟地则在种前1个月翻犁整地。在种前数天，每亩施堆肥、草木灰1500~2000kg作基肥。再浅耙1次，起120cm宽高畦。

(2) 育苗技术

①播种育苗：每年9月采集隐藏在叶鞘内的果实，搓出种子用湿润细砂贮藏室内，待翌年3~4月播种。幼苗出土后，加强管理，及时拔除杂草，适当追肥、排水。经两年培育，幼苗可种植。

②根茎育苗：在收获（或采收野生）仙茅时，选择生长健壮、无病虫害的根茎作种，把选出的种茎切成2cm长一段进行育苗。出苗后，及时进行除草施肥管理，培育1~2年后可以种植。

(3) 栽植技术

仙茅在每年10（11月）至翌年3月均可种植，在整好的种植地畦上，按行株距15cm、穴深10cm左右定植，每穴植苗3~4株摆放均匀，覆土压实，淋透水。

(4) 林间管理

种植第1年，幼苗返青后进行第1次中耕除草，以后每个季度进行一次浅中耕，株间杂草宜用手拔除。追肥每年进行3~4次，第一、二次结合中耕除草，每亩每次施人、畜粪尿1000~500kg，第3次中耕除草在7~9月，同时每亩施厩肥、草皮灰2000kg，施后培土。肥料充足的可在11~12月再施1次冬肥，每亩施草木灰、堆肥2000kg。仙茅是喜阴植物，在种植地内可以间种黄豆、绿豆、豆角和蔬菜，既可遮阴仙茅，有利生长，又可增加经济收益。

(5) 病虫害防治

仙茅的生长期是比较长的，因此在种植过程要着重注意病虫害的防治工作。仙茅常见的病虫害有黑斑病、蚜虫等，病虫害对仙茅的威胁非常大，如果做不好管理工作的，可能会导致还未长大就枯死了。因此,在种植的时候要注意定期消毒,观察田园,加强田间管理。如果发现有异常情况,要及时做出对应措施,防止病情蔓延,影响仙茅的生长,降低种植效益。

4. 采收与加工

仙茅种植两年后,到 10~11 月植株枯萎后,至翌年早春仙茅未萌芽前均可采收。采收时把全株挖起,抖去泥土,除尽残叶和须根,摊在阳光下晒干或烘干即可。

5.1.39 尾花细辛

尾花细辛(*Asarum caudigerum* Hance)和花叶尾花细辛 [*Asarum caudigerum* Hance *var.* Cardio phyllum (Frach.) C. Y. Cheng et C. S. Yang] 为马兜铃科细辛属植物,全草入药,具有温经散寒,化痰止咳,消肿止痛之功效。主治风寒感冒,头痛,咳嗽哮喘,风湿痹痛,跌打损伤,口舌生疮,毒蛇咬伤,疮疡肿毒。

1. 形态特征

多年生草本。根状茎粗壮,横生或近直生。叶对生,心形,长 6~9cm,宽 5~8cm,两面疏生长毛;叶柄长 6~16cm,粗壮,有长毛。花腋生,单一,花梗长 1.5~2.5cm,有细毛;花萼长钟状,长 1.5~2.5cm,直径约 1cm,黄色,内部有紫色条纹,外部被腺状细毛,顶端 3 浅裂,裂片直立,卵状长圆形,先端渐尖成线形尾状,尾长 1cm 以上。蒴果近球形,长和直径约 1.2~1.5cm,被微柔毛。花期 4 月,果期 5~8 月。

尾花细辛全草

尾花细辛花

2. 生态习性

生长在海拔 650~1000m 的山谷林缘沟边。分布于湖南、云南、四川、贵州、广西、广东、台湾、福建、江西、浙江、江苏等省。

3. 栽培技术

(1) 选地与整地

细辛喜含腐殖质丰富、排水良好的壤土或砂壤土,以山地棕壤和森林腐殖质土为更好。栽培细辛应选择地势平坦的阔叶林的林缘、林间空地、山脚下溪流两岸新垦地、老参地或农田。土层要深厚,土壤要疏松、肥沃、湿润。山地坡度应在 15° 以下,以利于水土保持,pH

值以 5.5~7.5 为宜。农田前作以豆类和玉米较好。

林地或林缘栽培细辛，可在春季伐掉小灌木或过密枝，保持透光率 50% 左右。选地后翻耕，翻地深度 20cm 左右，碎土后拣出树根、杂草、石块，床面要求平整。结合耕翻施入基肥，一般每 1m² 施入腐熟的猪粪、鹿粪或枯枝落叶 8~10kg、过磷酸钙 0.25kg。顺山斜向做畦，畦宽 120cm、高 15~20cm，畦长视地形而定，一般长 10~15cm，作业道宽 50~80cm，走向尽可能呈正南正北。

(2) 育苗技术

播种育苗：直播种子繁殖，繁殖系数大，减少发病，但生长速度慢，年限长，需要 3~4 年才能收获入药。在种子来源充足的情况下，采用直播是最好的方法。鲜种子播种期一般在 7 月上、中旬，最迟不宜超过 8 月上旬。鲜种子用 25% 多菌灵 1000 倍液浸种 2h，可防细辛菌核病；用 50% 代森锰锌 1000 倍液浸种 1h，可防细辛叶枯病。沙藏种子也必须于 8 月上旬播完，否则种子裂口生根后再进行播种，既不便播种，也不利于发根。播种方法有撒播、条播两种。

播种遇干旱时要及时浇水，保持床内湿润。第 2 年春床土解冻，快要出苗时及时撒出覆盖物，以提高床温，促进早出苗。及时拔除杂草，雨季要挖好排水沟，防止田间积水。林间或林下栽培的，可适当疏整树冠。利用荒地、参地栽培的，可搭棚遮阴，也可种植玉米、向日葵等作物遮阴来调节光照。一般 1~2 年生抗光力弱，郁闭度 0.6~0.7；3~4 年生抗光力增强，郁闭度 0.4 为宜。

从第 3 年开始，每年结合越冬覆盖应追肥 1 次，在床面追施腐熟的猪粪、鹿粪或林间腐熟落叶拌过磷酸钙，厚度 1cm 左右，每 1m² 约施猪粪、鹿粪 10kg 和过磷酸钙 0.1kg。

(3) 栽植技术

细辛是多年生植物，生长发育周期长，一般林间播种后 6~8 年才能大量开花结果。为了利用野生幼苗，扩大营养面积，多数地方都采用育苗移栽方式，即先播种育苗 3 年，起苗移栽再长 3 年。移栽选整地与直播要求相近，移栽方法随种苗来源不同略有区别，分种子育苗移栽、根茎先端移栽。

(4) 林间管理

播种后第 2 年，早春雪化后，将覆盖的落叶或草等搂出田外。移栽地块每年 5 月出苗后，要进行 3~4 次松土除草，提高床土温度，保蓄水分，对防止菌核病、促进生长有益。在行间松土要深些（3cm 左右），根际要浅些（约 2cm），对露出根不用进行培土。在生长期间一般每年施肥 2 次，第 1 次在 5 月上、中旬进行，第 2 次在 9 月中、下旬进行，用硫酸铵或过磷酸钙 5~7.5kg/亩，多于行间开沟追施。秋季多数地区认为床面施用猪粪（5kg/m²）混拌过磷酸钙（0.1kg/m²）最好；有的药农秋季在床面上追施 1~2cm 厚的腐熟落叶，既追肥又保土保水，有保护越冬的效果。每年春季干旱时，应于行间灌水，保持湿润。

(5) 病虫害防治

细辛移栽田主要病害是细辛菌核病，多发生在多年不移栽的地块，造成全株腐烂，靠种苗、土壤传播，发病条件主要是温度低、土壤湿度过大或者板结，严重时成片死亡。直播田的主要病害是叶枯病。

防治方法：加强田间管理，适当加强通风透光；及时松土，保持土壤通气良好；多施磷钾肥，使植株生长健壮，增强抗病力；发现病株应彻底清除，病区用5%石灰乳等处理。

细辛虫害主要有小地老虎、黑毛虫、蝗虫、细辛凤蝶等。黑毛虫、蝗虫、细辛凤蝶咬食叶片，严重时大部分叶片被吃掉。地老虎危害最重，咬食幼芽，截断叶柄和根茎。

防治方法：每亩撒施1~1.5kg2.5%敌百虫粉，也可用1000倍敌百虫液喷雾。

4. 采收与加工

夏季或初秋采集为宜。除去泥沙干燥后方可入药。

5.1.40 丹参

丹参（*Salvia miltiorrhiza* Bunge.）为唇形科鼠尾草属植物，根和根茎入药，具有活血祛瘀，通经止痛，清心除烦，凉血消痈之功效。用于胸痹心痛，脘腹胁痛，癥瘕积聚，热痹疼痛，心烦不眠，月经不调，痛经经闭，疮疡肿痛。

1. 形态特征

多年生直立草本植物，根肥厚，外朱红色，内白色，肉质，叶常为奇数羽状复叶，顶生或腋生总状花序；苞片披针形，花萼钟形，带紫色，花冠紫蓝色，花柱远外伸，小坚果黑色，椭圆形，4~8月开花，花后见果。

丹参花

丹参根茎

2. 生态习性

生于山坡、林下草丛或溪谷旁，海拔120~1300m。喜气候温和，光照充足，空气湿润，土壤肥沃的环境。分布于湖南、河北、山西、陕西、山东、河南、江苏、浙江、安徽、江西。

3. 栽培技术

（1）选地与整地

选择离水源较近，地势平坦，排水良好；地下水位不超过1.5m；耕作土层一般不少于30cm；土壤比较肥沃的微酸性或微碱性的砂壤土；要求前一年栽种作物为禾本科植物如小麦、玉米或休闲地，深翻30cm以上，结合整地施基肥，亩施堆肥或厩肥2000kg左右，耙细整平，做成高畦或平畦，畦宽1.3m，畦长视地形而定。

（2）育苗技术

①播种育苗：直播：华北地区于4月中旬播种，条播或穴播。穴播行株距同分根法，每穴播种子5~10粒；条播沟深1cm左右，覆土0.6~1cm，亩播种量0.5kg左右。如遇干旱。播前先浇透水再播种，播后半月出苗。苗高6cm时进行间苗定苗。

②扦插育苗：一般湖南地区于4~5月，取丹参地上茎，剪成10~15cm的小段，剪除下部叶片，上部叶片剪去1/2，随剪随插。在已作好的畦上，按行距20cm，株距10cm开浅沟，然后将插条顺沟斜插，插条埋土6cm。扦插后要进行浇水、遮阴。待再生根长至3cm左右，即可移植于田间。也有的将劈下带根的株条直接栽种，注意浇水，也能成活。

（3）栽植技术

种苗在移栽前要进行筛选，对烂根、色泽异常及有虫咬或病菌、弱苗要除去。每公顷施入3%辛硫磷颗粒45kg，撒入地面，翻入土中，进行土壤消毒；或者用50%辛硫磷乳油3~3.75kg，加10倍水稀释成30~37.5kg，喷洒在375~450kg的细土上，拌均匀，结合整地均匀撒在地面，翻入土中。每公顷施充分腐熟的厩肥或绿肥（2.25~3）$\times 10^4$kg、磷酸二铵150kg作底肥，深翻30~35cm，整细、耙平，作垄。垄宽0.8m，高25cm，垄间留沟25cm宽，大田四周开好宽40cm，深40cm的排水沟。

秋季种苗移栽在10月下旬至11月上旬（寒露至霜降之间）进行，春季移栽在3月初。株行距（20~25）cm×（20~25）cm，视土地肥力而定，肥力强者株行距宜大。在垄面开穴，穴深以种苗根长能伸直为宜，苗根过长的，要剪掉下部，保留10cm长的种根即可；将种苗垂直立于穴中，培土、压实至微露心芽，每公顷约栽1.2×10^5株。

（4）林间管理

①中耕除草：分根繁殖地，因覆土稍厚，出苗慢。一般在4月幼苗开始出土时，要进行查苗，发现土板结或覆土较厚，影响出苗时，要及时将穴的覆土扒开，促其出苗。生育期中耕除草3次，第1次于5月，苗高10~12cm时进行，第2次于6月进行，第3次于8月进行。

②施肥：生育期结合中耕除草，追肥2~3次，亩用腐熟粪肥1000~2000kg，过磷酸钙10~15kg，或饼肥25~50kg均可。

③排灌：两季注意排水，防止水涝。出苗期及幼苗期如土壤干旱，及时灌水或浇水。

④摘蕾：除留做种子的植株外，必须分次摘除花蕾，以利根部生长。

（5）病虫害防治

①病害防治：根腐病，高温多雨季节易发病。受害植株根部发黑，地上部枯萎。防治方法：病重地区忌连作；选地势干燥、排水良好地块种植；雨季注意排水；发病期用70%多菌灵1000倍液浇灌。

②虫害防治：蚜虫，以成若虫吸茎叶汁液，严重者造成茎叶发黄。防治方法：冬季清园，将枯株落叶深埋或烧毁；发病期喷50%杀螟松1000~2000倍液或40%乐果乳油1000~2000倍液，每7~10d喷1次，连续数次。

4. 采收与加工

丹参栽种后，在大田生长1年或1年以上，于11月丹参地上部分开始枯萎，土壤干湿度合适，选晴天采挖。晾晒或烘干至干燥即可分级储藏。

5.1.41 八角莲

八角莲［*Dysosma versipellis* (Hance) M. Cheng ex Ying］为小檗科植物，其根茎入药，性凉味甘、微苦，具有清热解毒，活血散瘀之功效。常用于毒蛇咬伤，跌打损伤；外用治虫蛇咬伤，疮疖痈肿，淋巴结炎，腮腺炎，乳腺癌。

1. 形态特征

多年生草本植物,植株高可达150cm。根状茎横生粗状,多须根;茎生叶薄纸质,近圆形,裂片阔三角形、卵形或卵状长圆形,上面无毛,叶脉明显隆起,边缘细齿;花梗纤细,花深红色,萼片长圆状椭圆形,花瓣勺状倒卵形,无毛;花丝短于花药,子房椭圆形,浆果椭圆形,种子多数。3~6月开花,5~9月结果。

八角莲花

八角莲根茎

2. 生态习性

生于山坡林下、灌丛中、溪旁阴湿处、竹林下或石灰山常绿林下。海拔300~2400m。分布于湖南、湖北、浙江、江西、安徽、广东、广西、云南、贵州、四川、河南、陕西。

3. 栽培技术

(1) 选地与整地

①选地:选择种植八角莲的海拔高度为800~1300m,气温为15~27℃,地形处于山疏林中的阔叶、杂木林、山谷荫湿处或溪涧边沿,选择富含腐植质,水分含量高,排水良好的沙壤土,忌强光直射。

②整地:选择斜坡地或小山坳,土层肥厚、疏松、潮湿且富含腐殖质土壤,以林荫遮蔽的荒地作基底,将土壤深翻15~25cm,整合成不规则的基窝及小畦地,基窝不小于$1m^2$,小畦地设置为长3~6m,宽1.2~1.5m顺坡地,所述基窝及小畦地每平方米施入牛羊粪2~4kg,腐木叶2~4kg,将其挖拌于土壤中。牛羊粪采用发酵充分的牛羊粪。

(2) 育苗技术

播种育苗:在农历八月中旬进行,八角莲浆果采收后,将八角莲浆果清洗,去除果肉,取出种子,晾干,将种子均匀撒播于整理好的苗床,先盖草土灰再覆2cm细土,浇透水,加盖地膜,翌年3~4月上旬出苗,幼苗培育2年后移栽,行距×株距为20cm×5cm,覆土3~5cm,栽时注意根系伸展,成活率不少于60%。

(3) 栽植技术

幼苗培育2年后的秋季倒苗期间进行移栽定植,在栽培地按行株距25cm、沟深5cm开穴或开条沟定植,栽时使根系栽沟内舒展,覆土3~5cm,浇水保湿,务必随挖随栽。

（4）林间管理

角莲怕旱怕涝，旱时，在基窝及小畦地安置自来水喷头管道，早、晚各浇灌一次；多雨时节，及时清理小畦地或基窝中的排水沟，保证排水管道通畅，排水效果良好。可利用林下空地阴凉处栽培，如无良好自然荫蔽条件，则需搭矮棚遮阴。生长期注意浇水，保持土壤湿润。春季多施氮肥，夏季多施腐熟有机肥。秋、冬季以厩肥、草木灰适合培土越冬。

（5）病虫害防治

八角莲病虫害较少发生，主要害虫为红蜘蛛，属蜘蛛纲蜱螨目叶螨科。以成虫、幼虫群集于叶背吸食汁液，并拉丝结网，危害叶片和嫩梢，使叶片变黄，最后脱落，在现蕾开花盛期，尤其干旱时，常大量发生。

防治方法：冬季清园，拾净枯枝落叶，并集中烧毁。清园后喷1%~2%石硫合剂。发病初期用0.2%~0.3%石硫合剂喷雾。每7d喷1次，连续喷数次。

4. 采收与加工

八角莲的根茎入药，可在10月地上部倒苗后或春天出苗前采挖，挖后去掉茎叶，切下有芽头的第1.2结节作种，其他洗净晒干或烘干。

5.1.42 星果草

星果草［*Asteropyrum peltatum* (Franch.) Drumm. et Hutch］为毛茛科星果草属植物。其根茎入药，具有清热泻火、解毒、利胆、除湿之功效。

1. 形态特征

多年生草本。根状茎短，生多条肉质细根。叶2~6，基生，圆形或近五角形，宽2~3cm，不分裂或5浅裂，边缘有波状浅牙齿，上面疏被紧贴的短伏毛，下面无毛；叶柄长2.5~6cm，盾状着生，密被反曲的长柔毛。花葶1~3条，高6~10cm，疏被反曲的短柔毛；花单一顶生，直径1.2~1.5cm；萼片5，白色，倒卵形，长6~7mm；花瓣5，金黄色，长3mm，瓣片倒卵形，下部有细爪；雄蕊11~18；心皮5~8。蓇葖卵形，长达8mm；种子长约1.5mm。花期3~4月，果期4~6月。

星果草花

星果草叶

2. 生态习性

生于海拔2000~4000m间的高山山地林下。产于云南西北、四川和湖北西部。

3. 栽培技术

（1）选地与整地

①选地：选择土壤深厚、疏松肥沃、富含腐殖质、排水力强、通透性能良好的油竹杂木林地，土壤以微酸性至中性，地势以早晚有斜光照射不超过30°的缓坡地为宜。

②整地：在土壤选择好之后，要对土壤进行深翻施肥。施肥的时候以有机肥做基肥为好，在施肥过后，将土壤进行整平。之后将土地进行做畦。畦宽1.5m左右。之后起沟将畦面整平之后就可以进行种植了。

（2）育苗技术

①播种育苗：选半阴半阳湿润肥沃的杂木林或二荒地，砍除杂草和不需要的条木烧炭作肥，搭80cm左右阴棚及栏边、并深翻土地23cm左右，做130cm宽的高畦、畦沟宽30cm，畦面平整，呈弓背形，无碎石、树根，土细，每公顷施腐熟牛、马粪15000~22500kg，畦面盖1.5cm厚的熏土。11月左右取贮藏的种子、拌好20~30倍腐殖质土、均匀撒在畦面（每公顷用种37.5kg左右），再撒牛粪粉或草木灰0.6cm厚。翌年春苗长处3片叶时结合除草追肥清粪水或尿素，施化肥应分多次少量，硫酸铵每公顷施75~112.5kg，最好是在晴天叶上无露水时撒施，再用小竹枝轻轻扫一下，使药掉落，防止烧苗。6月施腐殖质土培土保苗，11月每公顷施细牛粪或马粪拌草木灰11250kg，利于幼苗越冬。

②扦插育苗：在星果草栽培5年后，提早于8~9月收货，收获后将黄连植株自根茎顶端以下0.1~0.13cm处连茎叶摘下或剪下，作插条用，随剪随栽。栽时应将叶柄全部埋入土中，只留叶片在外，并压紧即可。

（3）栽植技术

出苗第2年春移栽，按行株距10cm×10cm，深3~5cm栽。林下种植要求郁闭度0.7左右。也可与高杆作物早熟的玉米间作，先播玉米，按株距30cm开穴，插入畦的两旁，每穴3~4粒种子，定苗留一株苗，7月玉米封垄，在畦中，玉米行间按行株距10cm×10cm栽苗，玉米收后，在畦两旁搭100cm高的架子把玉米秆均匀放在架上遮阴，每年重新播种玉米，第2年株距40cm，第3年50cm，第4年60cm，第5年60~100cm。

（4）林间管理

星果草的林间管理应注意追肥除草，栽后3~5d，有缺苗立刻补上，并施肥、清粪水或猪粪水助苗成长，发根后一个月施硫酸铵7.5~10kg，10~11月每公顷施腐熟牛马粪30000~37500kg，前期以氮肥为主，后期再撒一层薄熏土，以后每年春秋各施肥培土一次，春季每公顷施硫酸铵112.5~150kg或人粪尿或腐殖质土15000~22500kg，冬肥每公顷37500~60000kg腐熟牛马粪或饼肥过磷酸钙、石灰等。冬肥施后都要培土，3、4年后少施氮肥或不施氮肥。以磷钾肥为主，注意收获前不能追肥。

（5）病虫害防治

白粉病：多发生在当年新叶上，起雪白色粉，后呈水浸状，叶逐变红暗褐色。此时可用猪粪水追施，使苗返青，再用0.3°~0.5°Bé石硫合剂喷洒防治。

鼠害：危害星果草嫩叶及种子，一般发生在12月至翌年4月的寒冷季节。防鼠可用磷化锌和玉米粉按1:20拌成毒饵撒于田间或鼠洞内。

4. 采收与加工

栽后第 5 年可收获。可于春、秋两季挖出，抖掉泥沙，再将须根及地上部一起剪掉，须根及叶分别晒干可供兽用。根状茎单独烘干，火力要均匀，开始时火力不宜太强，应徐徐加大，一般根状茎容易折断，断面呈甘草色时即可出炕，趁热放入槽笼里，推撞掉残存泥沙、须根及叶柄，即得成品。

5.1.43 黄独

黄独（*Dioscorea bulbifera* Linn.）为薯蓣科薯蓣属植物。其根茎入药，主治甲状腺肿大、淋巴结核、咽喉肿痛、吐血、咯血、百日咳；外用治疮疖。清热消肿解毒，化痰散结，凉血止血。可用于瘿瘤、咳嗽痰喘、瘰疬、疮疡肿毒、毒蛇咬伤等。

1. 形态特征

多年生草本野生藤蔓植物。块茎卵圆形或梨形，外皮紫黑色，密布须根，茎左旋，单叶互生，广心状形，基部宽心形，先端长尾状，叶全缘，单性花，雄花序穗状下垂，丛生于叶腋、花小密集，浅绿白色；雌花紧贴中轴，茎中结有若干卵圆形小球，似山药豆。

黄独叶

黄独块茎

2. 生态习性

该种适应性较大，既喜阴湿，又需阳光充足之地，以海拔几十米至 2000m 高山地区都能生长，多生于河谷边、山谷阴沟或杂木林边缘，有时房前屋后或路旁的树荫下也能生长。

产于湖南、湖北、河南、安徽、江苏、浙江、江西、福建、台湾、广东、广西、陕西、甘肃、四川、贵州、云南、西藏。

3. 栽培技术

（1）选地与整地

黄独性喜光照、怕渍，应选择土质疏松、肥沃、向阳、排灌方便的地块。深翻 20~25cm，起垄作畦，畦宽 65~70cm，沟宽 30cm，东西走向或顺风方向，以利光照和通风。如果在山地梯田上栽培则顺田边方向即可。播种前在垄中间顺沟方向开播种沟，沟深 15~18cm，宽约 20cm。

（2）育苗技术

播种育苗：5 月中、下旬，选晴天将已萌芽的零余子播在种植沟的两侧。采用交叉点播，每点播1粒，同侧两粒间隔35~40cm，每亩播种约3500粒。

（3）栽植技术

种植地采用床（畦）作、农田垄作均可，行距不应小于30cm。开沟或刨穴栽种均可，深度不小于10cm，或为种直径的3~4倍，株距6~10cm，过小的种株距可再小一些。栽种时芽苞向上，覆土厚8~10cm，稍镇压。

（4）林间管理

苗后1个月，当苗长至约50cm时，结合第1次松土除草，每亩用复合肥8~10kg加腐熟人粪尿300kg兑水700kg浇施。当黄独开始生长时，进行第2次追肥，每亩用复合肥15kg加腐熟人粪尿400k，兑水800kg浇施，或用复合肥25kg撒施在根部周围，再行培土。后期可用1%尿素+0.5%磷酸二氢钾+0.1%硼砂（硼砂先用酒精溶解）进行根外追肥，间隔7~10d喷1次，连续2~3次。黄独喜湿润怕涝渍，南方地区自然降水基本能满足其生长需要，如遇特别干旱则需浇水。雨天应注意清沟排水，不要让沟里长期积水，否则会导致病害发生蔓延。

（5）病虫害防治

①病害防治：主要病害有晚疫病、霜霉病、轮纹病等。

晚疫病，在发病初期，用80%代森锰锌WP1000倍液或53%金雷多米尔锰锌WP1000倍液或72%霜霉疫净WP800倍液喷雾，间隔7~10d喷1次，连续2~3次。

霜霉病，出现病害时，立即喷药防治。常用药剂有58%甲霜灵锰锌WP500倍液、50%甲霜铜WP700倍液、75%百菌清WP600倍液或40%乙磷铝WP200倍液，间隔7~8d喷1次，连续2~3次。

轮纹病，发现病叶后，用58%甲霜灵锰锌WP500倍液或70%代森锰锌WP500倍液或50%多菌灵WP500倍液或50%甲基硫菌灵WP500倍液喷雾，间隔7天喷1次，连续2~3次。

②虫害防治：虫害主要有负泥虫、红蜘蛛、夜蛾，以及地下害虫蛴螬、蚂蚁等。

4. 采收与加工

黄独可在成熟掉落后收起或待叶子变黄时采收。作留种用的应放在木箱或竹篓里，并贮藏在干爽室内，上覆一层遮阳网，冬季霜冻之前再盖上稻草保温防冻，翌年3~4月栽种。待茎叶枯黄时选晴天采挖块茎，贮藏在干爽室内，也可以留在地里，根据市场需求，在翌年春天之前挖起加工。

5.1.44 防风

防风 [*Saposhnikovia divaricata* (Trucz.) Schischk.] 为伞形科防风属植物。防风的根入药，味辛、甘，性微温。有祛风解表，胜湿止痛，止痉的功效。

1. 形态特征

多年生草本，根粗壮，细长圆柱形，淡黄棕色。茎单生，自基部分枝较多，与主茎近于等长，有细棱，基生叶丛生，有扁长的叶柄，基部有宽叶鞘。叶片卵形，有柄。茎生叶与基生叶相似，但较小，顶生叶简化，有宽叶鞘。复伞形花序多数，生于茎和分枝，顶端花序梗长2~5cm；伞辐无毛；小伞形花序有花4~10；无总苞片；小总苞片线形，先端长约3mm，萼齿短三角形；花瓣倒卵形，白色，无毛。双悬果狭圆形，幼时有疣状突起，成熟时渐平滑。花期1~2月，果期9~10月。

防风花　　　　　　　　　　　　　　防风根

2. 生态习性

喜凉爽气候，耐寒，耐干旱。宜选阳光充足，土层深厚，疏松肥沃、排水良好的沙质壤土栽培，不宜在酸性大，黏性重的土壤中种植。生长于草原、丘陵、多砾石山坡。产于黑龙江、吉林、辽宁、内蒙古、河北、宁夏、甘肃、陕西、山西、山东等地，湖南有栽培。

3. 栽培技术

（1）选地与整地

防风是深根性植物，主根长50~60cm，应选地势高燥、排水良好的砂壤土地块种植。在黏土地种植的防风，根极短、分叉多、质量差。防风是多年生植物，整地时需施足基肥，每亩用厩肥3000~4000kg，过磷酸钙15~20kg，深耕细耙。在我国北方可做成1.3~1.7m宽的平畦，在我国南方多雨地区可做成宽1.3m、沟深25cm的高畦。

（2）育苗技术

①播种育苗：种子在春、秋两季均可播种。春播时间，长江流域在3月下旬至4月中旬，华北地区在4月上、中旬；秋播时间，长江流域在9~10月，华北地区在地冻前播种，翌年春季出苗。春播，需将种子放在温水中浸泡1d，待其充分吸水，以利发芽。然后在整好的畦内按30~40cm的行距开沟条播，沟深2cm，再将种子均匀撒入沟内，覆土整平，稍加镇压，盖草浇水，以保持土壤湿润。每亩用种量2~3kg。

②分根育苗：在防风收获时，选取两年以上、生长健壮、粗0.7cm以上、无病虫害的根条，截成3~5cm长的小段做种。按行距50cm、株距10~15cm开穴栽种，穴深6~7cm，每穴栽1个根段，栽后覆土3~5cm厚，或于冬季将种根按10cm×15cm的行、株距育苗，待翌年早春有1~2片叶时定植。定植时，应注意剔除未萌芽的种根。每亩用种根量约50kg。

（3）栽植技术

在防风苗生长到5cm，长出第1对真叶时，进行间苗，将病苗、弱苗、枯苗都清除掉，如果发现缺苗，应及时补苗。在幼苗长到10~12cm的时候，按照每株距离25~30cm方式定苗。

（4）林间管理

在间苗的时候，1亩地施入50~100g饼肥。在第2年植株恢复生长以后，1亩地施入

1500~2000g 农家肥和 10~15g 磷酸二铵。在 6 月到来之前,需要随时除草。在间苗的时候,中耕除草 1 次。在定苗以后,再次中耕除草 1 次。植株长到 30cm 高时,先摘掉老叶子,然后在植株根部堆一些土,以防止出现倒伏。在土壤冻结之前,清除田里的杂草、树叶等杂物,植株根部上堆一些土,以保护根部安全的过冬。

(5) 病虫害防治

①病害防治:白粉病,该病多发生于夏、秋季,主要危害叶片。防治方法:注意通风透光,增施磷、钾肥。发病时用 50% 甲基托布津 800~1000 倍液喷雾防治。

根腐病,该病多发生于高温多雨季节,主要危害根部。防治方法:一是在发病初期,及时拔除病株,并撒石灰粉消毒病穴;二是及时排除田间积水;三是在地势低洼处进行起垄种植。

斑枯病,主要危害叶片。防治方法:在发病初期,摘除病叶,喷洒 1∶1∶100 的波尔多液 1~2 次。收获后,清除病残组织,将其集中烧毁。

②虫害防治:黄凤蝶,该虫危害多发生在 5 月。幼虫主要咬食叶片和花蕾。防治方法:在害虫幼龄期喷施 90% 晶体敌百虫 800 倍液,或采取人工捕杀。

黄翅茴香螟,该虫危害多发生于现蕾开花期。幼虫在花蕾上结网,取食花和果实。防治方法:在早晨或傍晚用 90% 晶体敌百虫 800 倍液,或用 Bt 乳剂 300 倍液喷雾防治。

胡萝卜微管蚜,该虫危害多发生于 5~6 月,主要危害防风的嫩梢。防治方法:在虫害发生期喷 50% 杀螟松 1000~2000 倍液,或用 40% 乐果乳油 1500~2000 倍液,每 7~10d 喷 1 次,连喷数次。

4. 采收与加工

冬季在 10 月下旬至 11 月中旬或春季在萌芽前采收。用种子繁殖的防风,翌年就可收获。春季分根繁殖的防风,在水肥充足、生长茂盛的条件下,当根长 30cm、粗 1.5cm 以上时,当年即可采收。秋播的于翌年 10~11 月采收。采收时须从畦一端开深沟,按顺序挖掘,根挖出后除去残留茎和泥土。每亩可收干货 150~300kg。

5.1.45 九龙胆

九龙胆(*Gentiana manshurica* Kitag.)为龙胆科多年生草本植物。其根和根状茎入药,九龙胆,清热燥湿,泻肝胆火。用于湿热黄疸,阴肿阴痒,带下,强中,湿疹瘙痒,目赤,耳聋,胁痛,口苦,惊风抽搐。

1. 形态特征

多年生草本植物,根茎较短,须根多数,簇生,细长,绳索状,金黄色或黄白色,茎粗壮,单一直立,单叶对生,无叶柄,花簇生于茎端或上部叶腋,花大,无梗,兰紫色,筒状钟形,蒴果长圆形。花期 1~2 月。

九龙胆花

九龙胆叶

2. 生态习性

常生于山坡草地、荒地、林缘及灌丛间，喜阳光充足、温暖湿润气候，耐寒冷，喜光照，忌夏季的高温多雨，对土壤要求不严格，适宜生长气温20~25℃，以富有腐殖质的黏质土壤及沙质土壤为宜。

产于吉林、黑龙江、辽宁等省，湖南有栽培。

3. 栽培技术

（1）选地与整地

选择向阳、土层深厚、排水良好的砂质土壤，每亩施堆肥或厩肥1000~1500kg，深翻、耙细，作成宽60~90cm的平畦，长因地而宜，一般以20~30m为好，畦埂宽20cm左右，亦可70cm的大垄栽植。

（2）育苗技术

①播种育苗：龙胆种子细小，千粒重约24mg，萌发要求较高的温湿环境和光照条件。25℃左右7d开始萌发。幼苗期生长缓慢，喜弱光，忌强光。生产上种子繁殖保苗有一定的难度。一定要精耕细作，加强苗期管理，保持苗床湿润，用苇帘遮光。

②扦插育苗：花芽分化前剪取成年植株枝条，每三节为一插穗，剪除下部叶片，插于事先准备好的扦插苗床上，立即浇水，土温18~28℃约3周可生根，成活率可达80%左右。

③分根育苗：秋季挖出地下根及根茎部分，注意不要损伤冬芽，将根茎切成三节以上段，连同须根埋入土里，保持土壤湿润，翌年即可长成新株。

（3）栽植技术

春秋季均可移栽，当年生苗秋栽较好，时间在9月下旬至10月上旬，春季移栽时间4月上、中旬。在芽尚未萌动之前进行。移栽时选健壮、无病、无伤的植株，按种栽大小分类，分别栽植。行距20cm，株距10cm，横畦无沟，沟深依种栽长短而定，每穴栽苗1~2株，盖上厚度以盖过芽苞3~4cm为宜，土壤过于干旱时栽后应适当浇水。

龙胆生长3年后根茎生长旺盛，可以结合采收同时进行分根繁殖，方法是：将生长健壮植株，根据长势情况剪成几个根茎段，再按移栽项进行分栽。2~3年生龙胆于6月中下旬至7月初生长旺季，将地上茎剪下，每3~4节为3个插条，除去下部叶片，用ABT生根粉处理后扦插于插床内，深度3~4cm，插床基质一般是用1/2壤土加1/2量过筛细沙。扦插后每天用细喷壶浇水2~3次，保持床土湿润，插床上部应搭棚遮阴。20d左右生根，待根系全部形成之后再移栽到田间。

(4) 林间管理

龙胆幼苗生长缓慢，生长年限长。苗期应及时除草，春季干旱时应灌水，雨季注意排水。花期追肥，如不留种，8月花蕾形成时应摘蕾，以增加根的产量。植株枯萎后，清除残茎，再在畦面上盖一层3~5cm粪土，以保护越冬芽安全过冬。

全部生长期内应随时松土除草，保证幼苗正常生长。龙胆喜阴怕强光，可在作业道边适当种植少量玉米，以遮强光。7月中旬在行间开沟追施尿素，每亩25kg左右。开花期喷1次100mL/L的赤霉素，增加结实率。促进种子成熟，籽粒饱满。花蕾形成之后，除留种植株外及时将花蕾摘去，以利根部更好生长。越冬前清除畦面上残留的茎叶，并在畦面上覆盖2cm厚腐熟的圈粪，防冻保墒。

(5) 病虫害防治

龙胆常见病虫害有：斑枯病、褐斑病、炭疽病、花蕾蝇等，用常规方法防治即可。猝倒病主要发生在1年生幼苗期，为鞭毛菌亚门真菌引起的病害，罹病植株在地面处的茎上出现褐色水渍状小点，继而病部扩大，植株成片倒伏于地面，5~8d后死亡，主要发生在5月下旬~6月上旬，湿度大、播种密度大时发病严重。防治时应调节床土水分，发现病害后停止浇水可用65%的代森锌500倍液浇灌病区，也可用800倍液百菌清叶片喷雾。

斑枯病，当前龙胆发病较多、危害较重的常见病害，该病多发生在2年生以上植株，以叶片发病最为严重。田间发病高峰期为7~8月中旬，气温25~28℃，降雨多，空气湿度大时易发生。防治方法：应以防为主，防治结合，采取农业手段和药剂防治结合。首先应按要求严格控制选地，地势低洼、易板结地不宜种植，不宜连作；栽种前土壤、种子、种苗用50%多菌灵消毒；移栽田畦面覆盖稻草或树叶，以利防病保持田间清洁，秋末应将残株病叶清除田外烧掉或深埋控制中心病株，一旦发现病株病叶立即清除，用药液处理病区。发病之前即5月下旬起至8月发病期，用甲基托布津800~1000倍液，95%百菌清800倍液，50%多菌灵800倍液等农药交替进行叶面喷雾，每7~10d喷一次，防治效果较好。

褐斑病，6月初开始发病，7~8月最重，发病初期叶片出现圆形或近圆形褐色病斑，中央颜色稍浅，随病情发展，病斑相融合，叶片枯死，高温高湿条件下本病极易发生。防治方法同斑枯病。

4. 采收与加工

龙胆于种植3年后开始采收。采收季节以秋季或春季为好。用叉子或铁锹依次挖起，龙胆根系长而脆，挖时易折断。3年生以上植株每平方米可收鲜根2.5kg左右。挖出的鲜根洗去泥土，必须阴干，至七成干时将根条顺直，捆成小把，再阴至全干。

5.1.46 阳荷姜

阳荷姜 [*Zingiber striolatum* (Thunb.) Ross.] 为姜科姜属多年生草本植物。其块根阳荷姜经常食用能强身健体，还可治肝肾阴虚、头晕目眩、视力减退、腰膝酸软、遗精、肾盂肾炎、白带过多等症。

1. 形态特征

多年生草本植物，株高可达1.5m；根茎白色，微有芳香味。叶片披针形或椭圆状披针形,叶背被极疏柔毛至无毛;叶舌,膜质,总花梗长,花序近卵形,苞片红色,宽卵形或椭圆形,花萼膜质;花冠管白色,裂片长圆状披针形,白色或稍带黄色,唇瓣倒卵形,浅紫色,花丝极短,花药室披针形,蒴果内果皮红色;种子黑色。7~9月开花;9~11月结果。

阳荷姜花

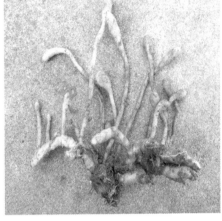
阳荷姜块根

2. 生态习性

喜肥沃、疏松、湿润、凉爽环境,较耐阴,不耐高温与强光,生于林荫下、溪边,海拔 300~1900m。

产于湖南、湖北、安徽、陕西、江苏、江西、福建、海南、广东、广西、四川、贵州、云南、重庆等省。

3. 栽培技术

（1）选地与整地

阳荷姜种植时应选择地势高燥、排灌条件好的砂壤土种植。如果是低洼种植则要作高畦,高燥地可作低畦。将土壤翻深（30~40cm）作畦,畦连沟宽1.5m种2行,0.9m畦种1行。定植之前要开种植沟（深30cm）,每亩地施入腐熟厩肥$4.5×10^4$kg+过磷酸钙450kg+硫酸钾750kg。施肥时先施厩肥覆土3~4cm后,再施入磷肥和钾肥与土充分混合作基肥,再将种块定植其上。

（2）育苗技术

阳荷姜既可以用种子播种育苗,也可以用地下茎繁殖。由于种子播种育苗发芽率低、苗期长,因此,一般多采用地下茎分割繁殖。每株必须带2~3个完整苞芽。

（3）栽植技术

阳荷姜地上部枯萎后至地下根茎萌芽前都可以进行定植,一般早定植比迟定植好。春季萌芽时定植,会导致植株生长不良、当年生长的地下茎小、生长花薹较少。而在11月定植,翌年生长的嫩芽和花薹可收获一定的产量。种子播种育苗适宜期在3月份中期,苗期为180~220d。定植时定植沟上株距60~70cm,将地下茎平放在其上芽朝上,每亩地种苗$2.7×10^4$~$3.3×10^4$株,定植后覆土浇水粪肥$3.0×10^4$kg/hm^2,让茎与土密接。

(4) 林间管理

①间作：阳荷姜定植后前期生长比较慢，而且株行距大，因此可以通过与豆科作物间作套种，提高土壤肥力。

②中耕：阳荷姜苗期株行距大、空隙多，这样容易生杂草，因此需要及时中耕除草。在中期适合浅耕，这样可以避免对地下茎造成伤害。定植3年后，由于地下茎和根错纵重叠，生长势衰弱，因此中耕时应适当深翻，促进新根发育，使衰老植株更新繁茂生长。

③培土：阳荷姜春季春季嫩芽出土，夏秋花薹抽生后，需要用草泥灰、堆肥、垃圾泥等覆盖在植株四周进行适当的培土、遮阴，使阳荷姜嫩芽和花薹变得柔软脆嫩，提高其品质。

④追肥：阳荷姜生长期间总共需要追肥三次。第1次在春季嫩芽出土13~16cm高时，每亩地施入人粪尿 3.0×10^4 kg，促进地上部茎叶生长。第2次在5月中、下旬叶鞘完全开展时，每亩地施入尿素450kg。第3次在6月中旬，每亩地施入尿素300kg+过磷酸钙300kg+硫酸钾600kg，促进多抽生花薹。

⑤排灌：在高燥地上阳荷姜，由于1~2月正是高温干旱期，因此需及时浇水，这样有利于花薹抽生。但需注意其地下茎不耐涝易腐烂，因此要适度灌水，在下雨天要做好排积水措施，保证雨停后沟内不积水。

(5) 病虫害防治

阳荷姜抗病力强，病虫害少，主要有白蚁危害根部，蚜虫危害嫩芽和根腐病、叶斑病。白蚁防治可在栽植前于定植穴中撒施石灰、草木灰等；防治蚜虫可在虫口数量未大发生之前喷施10%吡虫啉3000~4000倍药液；防治叶斑病和根腐病要加强田间管理，注意排涝通风，与此同时在发病初期喷撒50%甲基托布津可溶性粉剂800~1000倍液防治根腐病，施用65%代森锌500~600倍液或波尔多液（硫酸铜、生石灰、水按1:1:150比例）防治叶斑病每7d 1次，连续数次即可。

4. 采收与加工

阳荷姜采收，应在芽苞出土后未开花前将其掰下。采收过早虽品质好但产量低，采收过迟纤维变粗、品质变劣。一般每亩可收嫩芽苞1000~1500kg。

5.1.47 桔梗

桔梗 [*Platycodon grandiflorum* (Jacq.) A. Dc.] 为桔梗科桔梗属植物。其根入药，具有宣肺，利咽，祛痰，排脓的功效。用于咳嗽痰多，胸闷不畅，咽痛音哑，肺痈吐脓。

1. 形态特征

多年生草本植物，茎高20~120cm，通常无毛，偶密被短毛，不分枝，极少上部分枝。叶全部轮生，部分轮生至全部互生，无柄或有极短的柄，叶片卵形、卵状椭圆形至披针形，叶子卵形或卵状披针形，花暗蓝色或暗紫白色。

桔梗花　　　　　　　　　　　　　　　桔梗果

2. 生态习性

喜凉爽气候，耐寒、喜阳光。宜栽培在海拔 1100m 以下的丘陵地带，半阴半阳的沙质壤土中，以富含磷、钾肥的中性夹砂土生长较好。产于湖南、湖北、河南、安徽、江西以及广东、广西、贵州、云南、四川、陕西等省。

3. 栽培技术

（1）选地与整地

需选择向阳、背风、肥沃、土层深厚疏松、排水良好、富含腐殖质壤土栽种。冬季深耕 25~40cm，耕时先施足基肥，每亩施有机肥 2500kg，过磷酸钾 25kg。翌年春季播种前再耕翻耙细，做成宽约 150cm 的平畦或高畦，畦沟宽 30cm，深 15cm。有些地区采用垄播。

（2）育苗技术

①播种育苗：春播于 3 月下旬至 4 月中旬（东北地区在 4 月上旬至 5 月下旬），播种前将种子放入 50℃ 温水中，搅拌水凉后，再浸泡 8 小时捞出，用湿麻袋盖好，进行催芽。每天早晚各用温水冲滤一下，4~5 天后待种子萌动时即可播种。秋播于 10 月中旬至 11 月上旬。按行距 20~25cm 在畦面开沟条播，将种子均匀地撒入沟内，覆土 0.6~1cm，稍加镇压后浇水，并保持畦面湿润。秋播后薄撒一层焦泥灰，以盖住种子为度，再覆盖稻草，防止雨水冲刷种子，并起保温保湿作用，一般在翌年 4 月出苗。

②无性繁殖：栽植期为 3 月下旬至 4 月上旬（东北地区要适当推迟），将采掘的桔梗根头部（根茎或芦头）切下，长 4~5cm，按行株距 20~25cm 开穴，穴深 8~9cm，每穴栽 1 个。栽后覆土浇水。

（3）栽植技术

在整好的畦面上按行距 10~15cm 开沟，播下种子，薄覆细土，轻压并盖草。出苗后，即将盖草除去。至秋末地上部分枯萎后或翌年春季出苗前移栽，将根掘起，按行距 20~25cm 开沟，株距 6cm，顺沟栽植，栽后覆细土，稍压即可。干旱时要在畦面盖草、浇水。

（4）林间管理

①间苗除草：在苗高 3~6cm 时，间苗 1~2 次，疏过密的苗。当苗高至 6cm 时，进行定苗，苗距 6~10cm。定苗时要除去小苗、弱苗和病苗。幼苗期必须经常除草、松土。苗期拔草要轻，以免带出小苗。间苗时要结合松土、除草。定苗后适时中耕、除草，保持土壤疏松无杂草。松土宜浅，以免伤根。定植地浇水后，在干湿适时进行浅松土。苗高约 15cm 时，

每亩追施过磷酸钾20kg、硫酸铵12kg，在行间开沟施入，施后松土，天旱时浇水。6~7月开花时，再追施稀粪1次。在雨季前结合松土，防止倒伏。定苗后如遇干旱，可适当浇水，雨季排除地内积水，以免烂根。

②疏花、果，防倒伏：桔梗开花结果要消耗大量养分，影响根部生长，疏花、疏果是增产的一项重要措施，生产上曾采用人工摘花蕾。由于桔梗具有较强的顶端优势，摘除花蕾后，迅即萌发侧枝，形成新花蕾。这样每隔半月摘1次，整个花期需摘5~6次，不但费工，而且采摘不便，对枝叶也有损伤。可盛花期在用浓度为750~1000mg/L喷雾花蕾，以花朵沾满药液为度，每亩用药液75~100kg，可达到除花效果。此法效率高、成本低、使用安全，值得推广。2年生桔梗植株高达60~90cm，一般在开花前易倒伏，可在入冬后，结合施肥，做好培土工作；翌年春季不宜多施氮肥，以控制茎秆生长，在4~5月喷施500倍液矮壮素，可使植株增粗，减少倒伏发生。

（5）病虫害防治

①防治病害：立枯病，主要发生在出苗展叶时，病苗折倒死亡。防治方法：播前每亩用75%五氯硝基苯1kg进行土壤消毒。在发病初期，用五氯硝基苯200倍液灌浇病区，深度约5cm。

轮纹病，主要危害叶部。防治方法：于初冬清除田间枯枝、病叶和杂草，集中烧毁。夏季高温、高湿是发病季节，应保持四周和畦间排水良好，降低田间湿度，以减轻发病。在发病初期用1∶1∶100波尔多液或50%多菌灵、退菌特，或甲基托布津1000倍液喷雾。

根腐病，是因真菌引起的一种根部病害，发病严重时，整株死亡。防治方法：选土壤深厚、不板结、排水良好的缓坡地种植，结合翻耕施肥，撒施石灰氮，每亩，250~75kg消毒，半月后作畦。在苗期结合防治地下害虫，浇灌40%乐果乳剂2000倍液，每15d 1次，连续3~4次。

②虫害防治：红蜘蛛，危害叶片，旱季最易发生，可用乐果防治。小地老虎，咬食嫩茎叶，可采用人工捕杀或毒饵诱杀。蚜虫，一般集结于叶背面或茎秆上，吸取汁液，使叶变厚、卷缩、植株矮化并生长不良，可用乐果2000倍液防治，每7~10d喷洒1次，连续喷2~3次。

4. 采收与加工

桔梗种植后2或3年采收。于春、秋两季，以秋季采者体重坚实，质量较好。一般在地上茎叶枯萎时采挖，过早根部尚未充实，折干率低，影响质量；过迟收获不易剥皮。采时用镐刨取根部，去掉茎叶即可。将鲜根用瓷片刮去栓皮，洗净晒干。皮要趁鲜刮净，时间拖长，根皮难于刮剥；刮皮后应及时晒干，否则易发霉变质和生黄色水锈，影响质量。

5.1.48 两面针

两面针 [*Zanthoxylum nitidum* (Roxb.) DC.] 为芸香科花椒属植物。根入药，能活血化瘀、行气止痛、祛风通络、解毒消肿功效。用于跌扑损伤、胃痛、牙痛、风湿痹痛、毒蛇咬伤；外治烧烫伤。

1. 形态特征

木质藤本；茎、枝、叶轴下面和小叶中脉两面均着生钩状皮刺。单数羽状复叶，长7~

15cm；小叶 3~11，对生，革质，卵形至卵状矩圆形，无毛，上面稍有光泽，伞房状圆锥花序，腋生；花 4 数；萼片宽卵形。蓇葖果成熟时紫红色，有粗大腺点，顶端正具短喙。

两面针花

两面针叶

2. 生态习性

野生于较干燥的山坡灌木丛中或疏林中及路旁。喜温暖湿润的环境。生长适宜气温为30℃。对土壤要求不严，除盐碱地不宜种植外，一般土壤均能种植。忌积水。产于湖南、云南、广东、广西、福建、台湾。

3. 栽培技术

（1）选地与整地

整地在栽植前进行，清除杂灌、草、杂质和残渣，根据林地林木生长情况、林地坡度及劳动力供应情况选用整地方式。全面整地：全面开垦地，适用于新造林、二代萌芽林，坡度在 0~15° 的林地。带状整地：环山沿等高线铲 1~1.5m 宽带，适用于中龄林，坡度 0~25° 的林地。穴状整地：按栽植密度定点人工挖穴，适用于林沿、林农交界空地，坡度大于 25° 的林地。开垦深度 30cm 以上，清除土中大石块、树根等。不同的整地方式对两面针的生长有很大的影响，通过机耕全垦、人工全垦、人工挖穴 3 种不同的整地方式进行造林。结果发现，两面针的生长量机耕全垦＞人工全垦＞人工挖穴。林下种植两面针适宜密度 5m×1m 或 4m×1m，2000~2500 穴/hm²，植穴规格为 0.3m×0.3m×0.3m。两面针茎枝叶有刺，种植太密会给林木抚育带来困难。

（2）育苗技术

根据栽种时间及林地条件，林下栽培两面针可选用容器苗及裸根苗。两面针苗木培育方法有种子繁殖、扦插繁殖和组织培养 3 种方法。在育苗时 3 种方法都可以采用，根据不同的育苗条件和种植规模来选择育苗方法，常规条件下大规模种植时可采用种子育苗，但多代种子育苗有变异现象；组培育苗需要无菌培养室、消毒器及超净工作台等条件，进行人工规模化生产，子代能保持优良母本遗传性状；小规模种植和母树来源充足时可采用扦插繁殖来育苗。

（3）栽植技术

2 月下旬至 5 月上旬视林地情况和运输条件可选择两面针容器苗或裸根苗，以裸根苗运输成本低。5 月下旬至 11 月以栽植容器苗较好，成活率高于裸根苗。雨后土壤湿透后种植，避开高温季节和霜冻季节，栽植时先将表土垫于穴底与基肥混匀，基肥选用腐熟有机肥 1.5kg+钙镁磷 0.15kg，将容器苗薄膜去掉，置于穴中，然后填土，分层压实。

（4）林间管理

种植后 1~2 年内每年中耕除草施肥 2~3 次，先在植株 50cm 范围内进行人工铲草后，把林地内的杂灌、杂草用割草机全部割完。割草后 20d 待杂草长出嫩叶 15cm 左右时进行喷除草剂，要求杂灌、杂草全部死光，避免将除草剂喷到两面针植株上。追肥以施复合肥为主，在距离植株 30cm 处挖坑（20cm×20cm），施复合肥 0.15kg/株，然后覆盖土壤。

（5）病虫害防治

病害的防治主要以选育良种、培育无病种苗、苗木消毒和铲除田间病株为主，苗期常见的病虫害有茎腐病、黄化病、焦枯病、蚜虫、尺蠖等的危害，防治方法是定期或不定期用甲基托布津、百菌清、菌毒清、多菌灵、艾美乐（吡虫啉）、敌百虫、氯氰菊酯等交替喷施。茎腐病多发生于霉雨季节，避免在下雨前淋肥，苗木徒长，茎木质化程度差，易发生茎腐病，导致成片苗木死亡；黄化病是苗圃中最为常见的病害，大多是由于缺氮，或者缺铁、钾、磷素等引起的，其中以缺铁较为常见。缺素病往往是由于土壤酸碱度不适宜引起的。由于土壤酸碱度不适，使土壤中存在的元素变为植株不能吸收的非可溶性肥料。因此，增施有机肥料是消除缺素现象的重要措施，可在育苗基质中加入少量泥炭土，苗木生长过程中追施适量复合肥。栽植初期林地常见虫害有尺蠖、玉带凤蝶啃食幼苗茎叶，可喷施氯氰菊酯。栽植充分木质化的大苗可预防虫咬。

4. 采收与加工

两面针以根入药。一般栽培 3~5 年后，主干直径达到 3cm 以上时即可采收。于冬季采挖，洗净泥沙，切片晒干即可。

5.1.49 瓜蒌

瓜楼（*Trichosanthes kirilowii* Maxim.）为葫芦科栝楼属植物。其果实能清热涤痰，宽胸散结，润肠。用于肺热咳嗽，痰浊黄稠，胸痹心痛，乳痈、肺痈、肠痈肿痛。

1. 形态特征

攀缘藤本，长达 1m；块根圆柱状，淡黄褐色。茎多分枝，被伸展柔毛。叶纸质，近圆形，径 5~20cm，常 3~5（~7）浅至中裂，裂片菱状倒卵形、长圆形，常再浅裂，叶基心形，弯缺深 2~4cm，两面沿脉被长柔毛状硬毛，基出掌状脉 5；叶柄长 3~10cm，被长柔毛，卷须被柔毛，3~7 歧。雌雄异株；雄总状花序单生，或与单花并存，长 10~20cm，被柔毛，顶端具 5~8 花；单花花梗长 15cm；小苞片倒卵形或宽卵形，长 1.5~2.5cm，具粗齿，被柔毛；萼筒筒状，长 2~4cm，被柔毛，裂片披针形，全缘；花冠白色，裂片倒卵形，长 2cm，具丝状流苏；花丝被柔毛。雌花单生；花梗长 7.5cm，被柔毛。果椭圆形或圆形，长 7~10.5cm，黄褐或橙黄色。种子卵状椭圆形，扁，长 1.1~1.6cm，棱线近边缘。花期 5~8 月，果期 8~10 月。

瓜蒌花

瓜蒌果

2. 生态习性

喜温暖潮湿的环境，较耐寒，不耐干旱，故宜选择雨量较丰富或灌溉方便的地方栽培。瓜蒌为深根植物，根可深入土中 1~2m，栽培时选择向阳地块，土层深厚、疏松肥沃的沙质土壤为好。盐碱地及易积水的洼地不宜栽培。房前屋后、树旁、沟沿等处亦可栽培。生于海拔 200~1800m 的山坡林下、灌丛中、草地和村旁田边。主产于湖南、湖北、辽宁、北京、天津、河北、内蒙古、山西、山东、河南、安徽、江西、陕西、甘肃、四川、贵州和云南。

3. 栽培技术

（1）选地与整地

瓜蒌为深根性植物，根可深于土壤 1~2m，故栽培时应选择深土层，疏松肥沃的向阳土地，土壤或沙质壤土较好。也可以利用前面的房子、树、沟等地方生长。盐碱土壤很易积水，不宜栽培，在土地完工前，每 1000m² 施用 5000kg 农田肥料作为基肥，并在土壤中加入 30kg 磷酸钙。播种前 15~20d，喷洒 75% 的湿法棉粉进行土壤消毒。平整地块，一般不需要做床，但地块应在排水沟周围开放。

（2）育苗技术

①播种育苗：果实成熟时，选择橙黄色、强、丰富、短成熟的果实，从果实上切成两半，取出果肉内侧，冲洗出种子，干燥贮藏。从 3~4 月春天，采摘饱满的非害虫种子，在温暖的水中 40~50℃，浸泡 24h，略凉，与 3 倍湿沙混合，置于 20~30℃ 的温度下。待大部分种子开裂时，可在 1.5~2m 处播种。点的深度为 5~6cm。种子每点种 5~6 粒，覆土 3~4cm，浇水保持土壤湿润，15~20d 可为幼苗。

②根系繁殖：北方 3~4 月，南方 10~12 月下旬，挖取 3~5 年，结实，无病虫害，直径 3~5cm，白鲜根节，切成 6~10cm 长的小节，按株距 30cm，行距 1.5~2cm 穴位播撒，点深 10~12cm，每孔以种子根放置，覆盖 4~5cm 土壤，用手压实，然后用 10~15cm 的土壤进行训练，使其成为一个保护土壤的小土丘。种植后 20d 后开始发芽，除去上面的潮湿土壤。每 1000m² 需要 50~60kg 根。用这种方法，应注意雌株的根要多选一些，一些雄株的根要适当匹配，以利于长大授粉。另外，节上有黄色肋骨的老根不易发芽，不宜作为根。

（3）栽植技术

瓜蒌的田间移栽在无霜后尽早进行，以便为一年的高产争取时间，通常在 4 月初，视天气而定。合理密植是高产的重要因素之一。每亩260株以上，先将幼苗放在砂上，再用少量的沙覆盖幼苗，然后用细土覆盖2cm厚，最后用杂草覆盖，天气干燥要在杂草上。

(4) 林间管理

在植物种植的当年，每株植物选择1~2株强壮的幼苗，其余全部移除。第2年，一般只剩下一个植株。当幼苗的主茎长到0.3~0.5m时，会用竹竿或软绳将幼苗及时地迁到架子上。在主茎前生长的侧芽和果实都被擦除（即在架子下）。当幼苗长到1m左右时，应及时去顶，以促进侧枝的生长；如养分生长过强，则应及时修剪多年生毛梗（薄而空枝）。当幼苗长到30cm时，可距幼苗15~30cm开环沟，轻浇一次粪水加少量尿素混合物，以后用同样的方法每周看一次幼苗。在花期，可以根据生长情况适当地追溯到保护花、保护果肥、添加喷雾保护花、保护果药、可喷洒防滴元素和生长素。

(5) 病虫害防治

①病害防治：炭疽病，叶片受害最初出现水渍状圆形斑点，逐渐发展为黑褐色圆形病斑，外围为淡黄色晕圈，有时出现同心轮纹，病斑扩大后连成一片，引起叶片早枯。发病叶片正面出现水渍状黑褐色病斑。防治：及时将病残体清理出瓜园深埋烧毁，防治病菌的滋生和扩散。药剂防治，发病前期可用国光多菌灵600~800倍或国光代森锰锌600~800倍叶面喷雾进行预防。发病初期可使用国光标健750倍或国光咪鲜胺1000~1500倍进行防治。

②虫害防治：根结线虫病，由根结线虫引起，主要发生在根部的侧根和细根上，形成许多黄色小瘤，主根弱。发病轻时，植株生长慢、叶片小，发病重时，植株矮化、瘦弱、长势差、结果少而小。防治方法：及时进行土壤消毒。在下种前使用国光三灭1000~1500g/亩+国光多菌灵500~1000g/亩进行土壤消毒，减少病原菌的滋生。药剂防治，建议使用国光金美根1000g/hm^{2}拌土撒施或者使用国光毙害克1000~1500倍进行灌根防治。

瓜小实蝇，瓜小实蝇以幼虫钻蛀幼瓜或成瓜，也可咬食瓜果表皮，尤以钻蛀危害最为严重，造成腐烂、落瓜。于6~7月危害最严重。防治方法：田间及时摘除烂瓜集中处理（喷药或深埋），有助减少虫源，减轻危害。药剂防治。建议使用国光毒箭600~800倍进行防治。在晨露干后或傍晚用药效果较好。在初果期3~5d喷1次，连喷2~3次，可以有效防治瓜小实蝇。

瓜绢螟，主要危害叶片和果实。幼龄幼虫在叶背啃食叶肉，呈灰白斑。3龄后吐丝将叶或嫩梢缀合，居其中取食，使叶片穿孔或缺刻，严重时仅留叶脉。幼虫常蛀入瓜内，影响产量和质量。防治方法：建议在瓜绢螟3龄以前使用国光毒箭600~800倍进行防治。该虫的最佳防治时间是太阳下山后的傍晚。

4. 采收与加工

栽后2~3年开始结果。因成熟期不一致，需分批采摘。当果实表皮有白粉并变成浅黄色时即可采摘。将摘下的瓜蒌挂在通风处晾干，即成瓜蒌，瓜蒌晾时待皮色转橙红时剖开，挖去瓤，将皮洗净，在阳光下晒干，就是瓜蒌皮；挖出的种子，在水中淘净内瓤，晒干即成瓜蒌仁。瓜蒌块根入药叫天花粉。天花，即雪花。其根断面洁白如雪，粉性较强，故名天花粉。栽后2年就可刨挖，雄株于10月下旬采挖；雌株果实摘完后挖取，洗净泥土，刮去粗皮，细的切成10~15cm的短段，粗的对半纵剖，切成2~4瓣，晒干即成，每公顷可产干品400kg。

5.1.50 山乌龟

广西地不容（*Stephania sinica* Diels）、桂南地不容（*Stephania kuinanensis* Lo et M. Yang）、大叶地不容（*Stephania dolichopoda* Diels）、荷苞地不容（*Stephania dicentrinifera* Lo et Mang Yang）、马山地不容（*Stephania mashanica*）、小花地不容 S（*Stephania micrantha* H. S. Lo et M. Yang）和黄叶地不容（*Stephania viridiflavens* Lo et M. Yang）等为防己科千金藤属植物的块根，具有散瘀止痛、清热解毒功效。主治胃痛，痢疾，咽痛，跌打损伤，疮疖痈肿，毒蛇咬伤。

1. 形态特征

草质落叶藤本，全株无毛，有硕大的扁球状块根，暗灰褐色，嫩枝梢肉质，紫红色，有白霜。叶扁圆形，稀近圆形，长 3~5cm，宽 5~6.5cm，下面稍粉白，掌状脉 3 块以上。叶柄长 4~6cm，质状着生叶片基部约 1~2cm 处。花序梗长 1~4cm，丛生几个至十几个小聚伞花序，每序 2~3 花，花小，紫色。核果红色，倒卵形，背部两侧有小横肋 16~20 条。

大叶地不容叶

广西地不容块根

2. 生态习性

常生长于石山，也常见栽培。在云南除滇东北、滇西南外，其他各地均有分布。

3. 栽培技术

（1）选地与整地

①选地：选择地势较为平坦向阳。土壤疏松、肥沃，排有利苗木的根系和地上部生长。土壤黏重透气性不良或砂土过松，保肥、保水力差，稍加改良都不适于育苗。

②整地：经过精耕细耙，施足基肥后开沟起畦。畦宽 1~1.2m，长视地形而定，一般 2~3m，深约 1cm，畦面要平整，土要均匀细碎。

（2）育苗技术

培育山乌龟种苗可以随采随育，也可以采摘后用沙子储藏 2~3 月。在适宜育苗季节培育。

（3）栽植技术

当种苗长出两片子叶并充分舒展开，就可以移栽到营养袋或各种容器中。也可以直接移栽到选好的地块中。种苗移栽后 1~3 月内。潮湿度一般保持在 60%~70%。移栽容器或地块尽量选在当阳，利水的地方，避免大雨冲刷或大雨滴水伤接苗木。随着山乌龟的长势情况，要不断替换种植容器。

(4) 林间管理

浇水：在旱季一个月至少要浇水两次以上，保持土壤潮湿。利于种子发芽、生长。由于金平雨量充沛，潮湿度大（可达80%以上），加之培育苗木还有一个绝窍。只要种子或种育入苗床或移栽苗圃地时浇足水，或者在干旱时浇适量的水后就不要再浇水，这样可保证苗木长势良好。

要注意随时除去种苗地里的杂草。山乌龟种苗在幼苗期须根特别发达，窜土特别厉害，除草时要注意，以免伤根。

(5) 病虫害防治

一般用多菌灵、百净清等药物防治即可。

4. 采收与加工

由于山龟属多年生藤本植物。主要药用其块根，因此，山乌龟栽种多年后方能采用。

5.1.51 杜衡

杜衡（*Asarum forbesii* Maxim.）和小叶马蹄香（*Asarum ichangense* C. Y. Cheng et C. S. Yang）为马兜铃科细辛属植物。其全草、根茎或根入药。杜衡具有祛风散寒、消痰行水、活血止痛、解毒之功效。常用于风寒感冒，痰饮喘咳，水肿，风寒湿痹，跌打损伤，头痛，齿痛，胃痛，痧气腹痛，瘰疬，肿毒，蛇咬伤。

1. 形态特征

多年生草本；根状茎短，根丛生，稍肉质，直径1~2mm。叶片阔心形至肾心形，长和宽各为3~8cm，先端钝或圆，基部心形，两侧裂片长1~3cm，宽1.5~3.5cm，叶面深绿色，中脉两旁有白色云斑，脉上及其近边缘有短毛，叶背浅绿色；叶柄长3~15cm；芽苞叶肾心形或倒卵形，长和宽各约1cm，边缘有睫毛。花暗紫色，花梗长1~2cm；花被管钟状或圆筒状，长1~1.5cm，直径8~10mm，喉部不缢缩，喉孔直径4~6mm，膜环极窄，宽不足1mm，内壁具明显格状网眼，花被裂片直立，卵形，长5~7mm，宽和长近相等，平滑、无乳突皱褶；药隔稍伸出；子房半下位，花柱离生，顶端2浅裂，柱头卵状，侧生。花期4~5月。

杜衡花

杜衡叶

2. 生态习性

生于林下草丛或溪边阴湿处。喜温暖气候，喜阴湿地。常生长于阴湿林下、山沟阴湿处和草丛中。宜疏松的腐叶土。怕寒冷和干燥。产于江苏、安徽、浙江、江西、河南、湖北、四川等地。湖南有栽培。

3. 栽培技术

（1）选地与整地

①选地：选择地势不超过20°的坡地，以郁闭度低于0.5的针阔叶混交林和幼龄阔叶林。也可选择坡度在10°以下、土层深厚、腐殖质含量高的背阴山坡或疏林。

②整地：清除林内的枯立木、病腐木、风倒木、下木及藤条灌木和树枝。在做种植畦的地块，先揭去草皮，全面整地，翻土深度在18cm左右，捣碎土块，捡净树根等夹杂物。沿等高线方向做长20m左右、宽1.1m、高25cm的高床。

（2）育苗技术

播种育苗一般采用撒播法。在畦面上做成3cm左右深的畦槽，槽底刮平，再将拌5倍细砂的鲜种均匀撒在做成的畦槽内，再用过筛腐殖土覆盖2cm厚，要求覆土均匀一致。撒播出苗均匀，每株有一定营养面积，有利于生长。但顶土能力弱，如遇土壤板结不易出苗，而且除草费工。适合在参后地及土质疏松肥沃的林下地播种。

（3）栽植技术

春季移栽在4月20日~5月10日，秋季移栽在9月20日~10月10日芽苞未萌动时进行。先将苗从育苗床中起出，选择须根完整和无病虫害的健壮苗，适当疏去过多、过长须根，苗8cm左右长即可，按株行距6cm×12cm刨穴，每亩栽苗2~3株。栽植时苗根舒展，呈扇形摆开。踩实后浇水，株间盖一层半腐熟的枯叶，防止雨水冲刷和日晒。

栽下浇透水之后，每隔1d，早上浇水1次，连续3次。在植株快速生长的5~6月，需适当给予灌溉，以利其快速生长。进入雨季后，依靠降雨就可满足植株生长需求，入秋后气温下降，植株蒸腾作用降低，基本上不需再灌溉。

（4）林间管理

①撤覆盖物：播种后当年不出苗，只在土下长根。翌年春幼苗即将出土前，撤除覆盖物，以利接受阳光，提高地温，促进出苗。林分郁闭度低有强光照射的地块，在幼苗出齐前，要用遮阳网遮阴，防止强光晒倒幼苗。

②松土除草：苗出齐后进行第1次除草。一年可除草3~4次，力求做到苗间无杂草，土壤疏松，促进幼苗生长。

③灌溉：春天、夏天、秋天三个季节，一般每2~3d浇水1次，冬天每5~7d浇水1次。

④施肥：一般在5月上、中旬和9月中、下旬进行，施用硫酸铵，或者可以适当地使用部分农家肥料。施肥可以掩盖腐朽的叶子，既可以化成肥也可以化成水。

（5）病虫害防治

叶枯病：加强田间管理，适当加强通风透光；及时松土，保持土壤通气良好；多施磷钾肥，使植株生长健壮，增强抗病力；发现病株应彻底清除，病区用5%石灰乳等处理。药剂防治菌核病可用50%多菌灵200倍液+50%代森锌800倍液灌根效果好，最好在秋季枯萎前或春季萌发前进行。严重病区可用1%硫酸铜溶液消毒杀菌；叶枯病用150倍多抗菌素效果好。

蚜虫：在养护过程中，也有可能发生蚜虫等虫害，因此，只要迅速观察发现，尽快用柔软的布和废牙刷擦拭即可。不推荐使用农药消毒，通过人工捕捉基本可以控制。

4. 采收与加工

直播杜衡生长4~5年可采收；移栽杜衡，栽2年生苗，栽后3~4年采收；栽3年生苗，栽后2~3年采收。采收时间8~9月，此时质量好产量高。收获时用片镐或锹从床的一端开始，将杜衡植株翻掘拣出，去净泥土阴土，不得使用水洗和日晒，以免影响质量，当晾到半干时，捆成小把，每捆10多株，继续阴干，全干后即完成加工。

5.1.52 前胡

前胡（*Peucedanum praeruptorum* Dunn.）为伞形科前胡属植物，白花前胡的根入药，具降气化痰、散风清热之功效。常用于痰热喘满，咯痰黄稠，风热咳嗽痰多。

1. 形态特征

多年生草本植物，高可达1m。根颈粗壮，径灰褐色，根圆锥形，茎圆柱形，基生叶具长柄，叶片轮廓宽卵形或三角状卵形，三出式2~3回分裂，先端渐尖，基部楔形至截形，边缘圆锯齿，两面无毛，叶鞘稍宽，边缘膜质，复伞形花序多数，顶生或侧生，伞形花序，总苞片线形；伞辐不等长，小伞形花序有花；花瓣卵形，白色；花柱短，弯曲，圆锥形。果实卵圆形，棕色。1~2月开花，10~11月结果。

前胡花

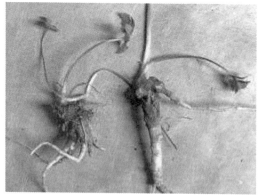

前胡根

2. 生态习性

前胡为宿根植物，喜冷凉湿润的气候，生长于海拔250~2000m的山坡林缘，路旁或半阴性的山坡草丛中。产于湖南、湖北、甘肃、河南、贵州、广西、四川、江西、安徽、江苏、浙江、福建等省。

3. 栽培技术

（1）选地与整地

前胡性喜冷凉湿润的气候，适宜肥沃而土层深厚的沙质壤土与腐殖质壤土。黏土与过于低湿地不宜栽种。在平地栽培时，须先深耕翻土，耙碎土块，做成畦地。在山坡栽培时，宜择空气流通、土质深厚处深耕，使土壤暴露，经冬季严寒风化破碎，至春季再锄地做畦。

(2) 育苗技术

播种育苗：选择向阳温暖的地方做苗床，精耕细作，加施入粪尿，做成平畦，然后播种，用撒种法或条播法，将种子播下，覆土盖没种子，并灌水使土地潮湿，以利发芽。

(3) 栽植技术

播种发芽后，经培育 1 年，在翌年春季 3 月上旬～4 月中旬之间，进行移植，以行距 67cm、株距 50cm 掘穴栽植。

(4) 林间管理

①间苗、除草松土：苗床育苗时，拔除密生的幼苗，留存健壮的幼苗。并在苗床内拔除杂草；移植后宜除草 3～4 次，兼行松土。在夏季及雨后须松表土，以防地中水分的过分蒸发，并有利于根部的发育。

②灌水：在天干旱或夏季炎热时，土中水分每感不足，须及时灌水，灌水时间宜在清晨或傍晚。

③施肥：在育苗期间施稀薄人粪尿 1～2 次，可助细苗的生长。在移植前，将土翻松做畦，先行开穴，穴内放堆肥，并覆土盖没少许，然后栽植。栽后发叶生长，可施入粪尿 1～2 次，适当加施钾肥及磷肥，以促进根部的生长。

(5) 病虫害防治

病虫害较少，只有低洼积水处，植株根部发黑，应注意清沟排水。

4. 采收与加工

收获期在栽植后的第 3 年的春季或秋季。用锄头采掘块茎，前胡出土后洗去泥土，去掉浮茎（要当日去掉，久放会使白及发红变绿），再装入丝篾箩筐，置清水中，人穿新草鞋站在箩筐内反复踩，直踩至外皮须根脱落成白色为止。然后取出去皮的前胡放入甑中蒸熟或用沸水煮熟，煮时不要时间过久，避免色变黑，更要注意翻动（翻 3～4 次），防止生熟不匀，待水稍沸时即可捞起，摊放在篾垫子上晒至半干，放入硫黄炕内闭熏 3～5 日，每日烧硫黄 2 次，取出再晒至全干即成。另一种方法是去浮茎后，用水洗擦除去泥沙及黑皮，用甑蒸至上气，取出晒干或用无烟火炕干，而后用碎瓷片或粗谷壳撞去粗皮，直到白色为止。

5.1.53 玉簪

玉簪 [*Hosta plantaginea* (Lam.) Aschers] 为百合科玉簪属植物。其叶或全草入药，具有清热解毒，散结消肿之功效。常用于乳痈，痈肿疮疡，瘰疬，毒蛇咬伤。

1. 形态特征

玉簪，根状茎粗厚，粗 1.5～3cm。叶卵状心形、卵形或卵圆形，长 14～24cm，宽 8～16cm，先端近渐尖，基部心形，具 6～10 对侧脉；叶柄长 20～40cm。花葶高 40～80cm，具几朵至十几朵花；花的外苞片卵形或披针形，长 2.5～7cm，宽 1～1.5cm；内苞片很小；花单生或 2～3 朵簇生，长 10～13cm，白色，芬香；花梗长约 1cm；雄蕊与花被近等长或略短，基部约 15～20mm 贴生于花被管上。蒴果圆柱状，有三棱，长约 6cm，直径约 1cm。花果期 8～10 月。

玉簪花　　　　　　　　　　　　　玉簪叶

2. 生态习性

典型的阴性植物，喜阴湿环境，受强光照射则叶片变黄，生长不良，喜肥沃、湿润的沙壤土，性极耐寒。全国均有栽培。

3. 栽培技术

（1）选地与整地

因其喜欢生长在疏松透气、排水良好、富含腐殖质的沙质土壤中，所以可用两份草炭、两份珍珠岩、一份陶粒进行均匀混合配置。

（2）育苗技术

①播种育苗：秋季种子成熟后采集晾干，翌春3～4月播种。播种苗第1年幼苗生长缓慢，要精心养护，第2年迅速生长，第3年便开始开花，种植穴内最好施足基肥。播种2～3年才能开花，家庭一般少用。

②分株育苗：春季发芽前或秋季叶片枯黄后，将其挖出，去掉根际的土壤，根据要求用刀将地下茎切开，最好每丛有2～3块地下茎和尽量多的保留根系，栽在盆中，这样利于成活，不影响翌年开花。

（3）栽植技术

每年春天上盆或栽植。盆养每年春天换盆，地栽3年左右分栽。新株栽植后放在遮阴处，待恢复生长后便可进行正常管理。盆土一般用腐殖土、泥炭土或砂土。

（4）林间管理

玉簪是较好的喜阴植物，露天栽植以不受阳光直射的遮阴处为好。室内盆栽可放在明亮的室内观赏，不能放在有直射阳光的地方，否则叶片会出现严重的日灼病。秋末天气渐冷后，叶片逐渐枯黄。冬季入室，可在0～5℃的冷房内过冬，翌年春季再换盆、分株。露地栽培可稍加覆盖越冬。在34℃以上的生长环境中，正确的处理方法是：尽可能地加强空气对流，以利于它进行蒸腾作用，降低温度；给叶面喷雾，每天2～4次；温度越高，相应地次数也要越多。温度较低的时候或阴雨天则少喷或不喷。在0℃以下生长环境中，正确的处理方法是：把它搬到不低于0℃室内越冬；如果不能搬动，就需要用稻草把它包起来或用土把它埋起来；当温度进一步降低时，还要考虑用薄膜把它包起来，但要每隔两天就要在中午温度较高时把薄膜揭开让它透气。

（5）病虫害防治

①病害防治：玉簪常见病害包括炭疽病、白绢病、斑点病和病毒病等。炭疽病发生期间，清除病残体，集中烧掉；用70%甲基托布津800倍液、50%代森锰锌或50%多菌灵600倍液等喷雾。白绢病发生时，拔除病株，在病穴撒布石灰，或填入用70%五氯硝基苯粉剂按1∶1000的新土拌匀施入病株处，或50%多菌灵600～800倍液或25%克枯星300～400倍液浇灌基部。斑点病发生期间，及时摘除病叶后立即喷药防治，可用1%波尔多液加0.1%硫黄粉、65%代森锌可湿性粉剂500倍液、75%百菌清可湿性粉剂500～800倍液或50%代森铵800～1000倍液，每5～7d喷1次，共喷2～3次。

②虫害防治：虫害主要有蜗牛、蚜虫、白粉虱。防治蜗牛可用6%蜗星颗粒剂50～100g/100m^{2}撒施或混合砂土1.5～2.5kg均匀撒施；防治蚜虫、白粉虱，用10%的蚜虱净2000倍液、6%吡虫啉乳油3000～4000倍液或90%杜邦万灵2500倍液叶面喷雾。

4. 采收与加工

收获部位为玉簪的根茎。在入秋后，当植株地上部分枯死时即可采收。小心地将根茎从土中掘出，在避雨通风处放置5～7d，再剪去叶片备用。亦可在春季植株尚未萌芽前采收，这样产品质量更好，同时也降低了生产成本。

5.1.54 卷柏

卷柏［*Selaginella tamariscina*（P. Beauv.）Spring］或垫状卷柏［*Selaginella pulvinata*（Hook. et Grev.）Maxim.］为卷柏科卷柏属的多年生蕨类植物。全草入药，卷柏具有活血通经之功效，用于经闭痛经，癥瘕痞块，跌扑损伤。卷柏炭有化瘀止血的功效，用于吐血，崩漏，便血，脱肛。

1. 形态特征

复苏植物呈垫状。根托只生于茎的基部。叶全部交互排列，二形。叶质厚，表面光滑，边缘不为全缘，具白边，主茎上的叶较小枝上的略大，覆瓦状排列，绿色或棕色，边缘有细齿。孢子叶穗紧密，四棱柱形，单生于小枝末端。

卷柏全株

卷柏干燥

2. 生态习性

生于向阳山坡或岩石上。抗旱力极强，干时内卷成团，有水分时舒展开来。盛夏见干浇水，冬天扣水。耐瘠薄，通常不需施肥。要求疏松、排水良好的砂质壤土，可用砂砾栽培，水培也可。在温暖环境中生长良好，20℃左右为最适温度。盆栽植株越冬温度不低于0℃。喜半阴。孢子繁殖。匍匐性种类可采用分茎繁殖。将匍匐茎切下3~6cm长，然后放在细砂层上，每天浇水3~4次，很容易成活。

产于湖南、广东、广西、福建、浙江、江苏、陕西、河北、山东、辽宁、吉林、黑龙江等地。

3. 栽培技术

（1）选地与整地

选择疏松、排水良好的砂质壤土、如园土、腐叶土、细砂（细砂要多一些）。

（2）育苗技术

卷柏为孢子繁殖，或从产地采挖自生苗盆栽。盆土要求轻松、排水良好的砂质壤土，栽后放置在阴湿，无直射阳光的地方。卷柏的孢子繁殖选取叶腋中长有成熟孢子囊的茎段，自枝顶切下1.5cm，置于排水良好的洁净土壤表面，土壤常用1份泥土加4份细砂混合而成，在茎段切口上洒些过筛的细土，保持切口的湿度，用玻璃加盖，防止失水，常保持潮湿，置于20℃左右温度条件下，约9个月后就能长出新株。

分茎繁殖是将匍匐茎切成3~6cm长的茎段，放在细砂土上，每日浇水3~4次，保持湿润，即可成活。有些种类可将小叶片插到泥土中，浇水保湿，就能生根发出新叶。一些直立茎的种类，可用孢子繁殖，选取叶腋中长有成熟孢子囊的茎段，自枝顶切下1.5cm。

（3）栽植技术

①适生：卷柏适宜在荫蔽处生长，应全年放在柔和光照下。

温度：适宜生长在温暖的房间内。冬季最低气温为0℃。

②浇水：植株抗旱力极强．但生长期间需要大量浇水，保持盆土充分湿润。植株喜潮湿，每天都要用温水喷洒叶丛。不要用凉水喷洒，否则对叶丛不利。

③施肥：生长期间每半个月施30%浓度的标准液肥一次。

④栽培和换盆：用排水性良好的砂质壤土栽种，还可以养在小水杯中。盆栽时浅盆最适宜。春季换盆，若无须换盆，则用新鲜的土壤翻盆。

（4）林间管理

选择疏松、排水良好的砂质壤土、如园土、腐叶土、细砂（细砂要多一些），将其浅植于基质中，栽后喷水保持土壤湿润，置于柔和光照下养护；生长期每半月施肥1次，大量浇水；每两年换盆1次，春季进行。及时将干叶去掉，以保持良好株型。

（5）病虫害防治

叶斑病：此病发生在卷柏的叶片上，湿度大的天气，此病易于发生。病斑直起初为褐色小斑，周边呈水浸状褪绿色，并呈轮纹状扩展，圆形至椭圆形，边缘褐色内灰白色。后期病斑中心出现黑褐色霉斑，潮湿条件下变成黑褐色霉层。防治此病的方法是及时清除病残叶片；发病初期或后期均可用0.5%~1%的波尔多液（或50%多菌灵1000倍液）喷洒。

炭疽病：此病也发生在卷柏的叶片上，严重时可蔓延至叶柄上。病斑初期呈水浸状小黄斑，扩展后是椭圆形至不规则状的褐色或黄褐色，稍显轮纹状，后期病斑连成一片呈干枯状，并产生轮纹排列的小黑点。这种病主要是通风不好，有介壳虫危害时易于病害的发生。

防治此病的方法是加强养护,增施磷、钾肥;发病初期可用 0.3%~0.5% 等量式波尔多液(或 60% 代森锌 800~900 倍液,或 70% 托布津 1500 倍液)喷洒。

4. 采收与加工

卷柏四季均可采集,以夏秋季采集质量为佳。采集全草,洗净泥土,剪去须根酌留部分根茎,保持原样不散,晒干即成。

5.1.55 石菖蒲

石菖蒲(*Acorus tatarinowii* Schott)为天南星科菖蒲属草本植物。其根茎入药,具化湿开胃,开窍豁痰,醒神益智功效。用于脘痞不饥,噤口下痢,神昏癫痫,健忘耳聋。理气,活血,散风,去湿。治癫痫,痰厥,热病神昏,健忘,气闭耳聋,心胸烦闷,胃痛,腹痛,风寒湿痹,痈疽肿毒,跌打损伤。

1. 形态特征

多年生草本植物。根茎芳香,粗 2~5mm,外部淡褐色,节间长 3~5mm,根肉质,具多数须根,根茎上部分枝甚密,植株因而成丛生状,分枝常被纤维状宿存叶基。叶无柄,叶片薄,基部两侧膜质叶鞘宽可达 5mm,上延几达叶片中部,渐狭,脱落;叶片暗绿色,线形,长 20~30(~50)cm,基部对折,中部以上平展,宽 7~13mm,先端渐狭,无中肋,平行脉多数,稍隆起。

石菖蒲花

石菖蒲根茎

2. 生态习性

喜阴湿环境,在郁密度较大的树下也能生长;但不耐阳光暴晒,否则叶片会变黄。不耐干旱。稍耐寒,在长江流域可露地生长。常见于海拔 20~2600m 的密林下,生长于溪旁石上。产黄河以南各地。

3. 栽培技术

(1)选地与整地

栽培基质,可选用肥沃疏松、含腐殖质较多且排水透气性佳的沙质土壤,如果土壤过于贫瘠,需要在土壤中添加适量底肥,有利于其生长。

（2）育苗技术

春季挖出根茎，选带有须根和叶片的小根茎作种，按行株距 30cm×15cm 穴栽，每穴栽 2~3 株，栽后盖土压紧。

（3）栽植技术

生长期需追肥 2~3 次，生长初期可以施氮肥为主，抽穗开花前则最好适量追施磷肥或钾肥，同时结合除草，避免杂草消耗植株的养分。它喜欢冷凉阴湿的环境，忌干旱，养殖过程中一定要勤加浇水，高温夏季可适当喷水保持盆土及环境的湿度。

（4）林间管理

栽后生长期注意拔除根部杂草，松土和浇水，切忌干旱。并追施人粪尿 2 次。以氮肥为主，适当增加磷钾肥。在每次收获投井下后，对保留的一小部分植株，稍加管理，2~3 年后又可收获。

（5）病虫害防治

虫害有稻蝗，危害叶片，可用 90% 晶体敌百虫 1000 倍液防治。

4. 采收与加工

石菖蒲栽后 3~4 年收获，早春或冬末挖出根茎，剪去叶片和须根，洗净晒干。

5.1.56 地笋

地笋（*Lycopus lucidus* Turcz.）为唇形科地笋属草本植物。其根茎入药，为妇科药，能通经利尿，对产前产后诸病有效，又为金疮肿毒良剂，并治风湿关节痛。

1. 形态特征

多年生草本，根茎横走，具节，节上密生须根。叶具极短柄或近无柄，长圆状披针形，两面或上面具光泽，亮绿色，两面均无毛。轮伞花序无梗，轮廓圆球形，小苞片卵圆形至披针形，位于外方者超过花萼。花萼钟形，两面无毛，外面具腺点。花冠白色，花丝丝状，无毛，花药卵圆形，2 室，花柱伸出花冠。小坚果倒卵圆状四边形，褐色，边缘加厚，背面平，腹面具棱，有腺点。花期 6~9 月，果期 8~11 月。

地笋花

地笋根茎

2. 生态习性

喜温暖湿润气候。在 6、7 月高温多雨季节生长旺盛。耐寒，不怕水涝，喜肥，在土壤肥沃地区生长茂盛，以选向阳、土层深厚、富含腐殖质的壤土或砂壤土栽培为宜；不宜在干燥、贫瘠和无灌溉条件下栽培。

产于湖南、湖北、黑龙江、吉林、辽宁、内蒙古、河北、山东、山西、陕西、甘肃、浙江、江苏、江西、安徽、福建、台湾、广东、广西、贵州、四川及云南等地。

3. 栽培技术

（1）选地与整地

选择肥沃、疏松、有机质丰富的地块，整地前亩施腐熟有机肥 2000~2500kg 或扣压绿肥，最好靠近水源或有灌溉条件的地块，深耕后做畦起垄，防止雨后涝渍，天旱时可引水灌溉。

（2）育苗技术

①播种育苗：4月中、下旬在已做好的畦床上，按行距 30cm 开浅沟条播，覆薄土，稍镇压，浇水，保持床面湿润。

②分株育苗：选择健壮、无病、无伤、品质优良的地笋块茎做种栽，一般在秋季休眠后或春季发芽前栽种，也可在地下茎萌芽出土时分株栽植。秋、春栽时随挖随栽，行距 30cm，株距 25cm，每穴栽块茎 2~3 个，覆土 3~4cm，亩用种 25kg 左右，覆土后稍镇压即可。早春栽植可覆地膜提高地温。若分株栽植，穴深 4~6cm，每穴栽大苗 1~2 株，小苗 2~4 株，株行距同上。

（3）栽植技术

生地出苗后需及时揭膜，以防烫伤幼苗。5~6月中耕除草培土清沟 1~2次，结合培土，每亩追施三元复合肥 25~30kg，如遇严重干旱天气，要及时灌水防旱。立秋前后及时摘除花蕾，以减少养分消耗。对生长高大的植株，及时用竹枝、竹片等固定扶正，以防倒伏。

（4）林间管理

地笋出苗后要及时除草、培土，以防根茎外露，当匍匐枝四周蔓延时不再中耕。5~6月植株进入生长旺盛时期，为促进块茎发育可适时摘心。生育前期可施人畜粪水 2~3次，封垄后不再追肥；生育后期，为促进地下部生长，可用 1%~2% 的磷酸二氢钾叶面喷施 1 次。高温、干旱时早晚各浇 1 次透水；雨季要注意排水防涝。

（5）病虫害防治

地笋病害主要为霜霉病，可用代森铵 1000 倍或 25% 的百菌清 1000 倍液喷雾防治。

地笋虫害主要有蚜虫、红蜘蛛，可用 40% 的氧化乐果 1000 倍液防治。

4. 采收与加工

10月上旬采收。采收时先将地上部割去，然后用锹挖出，将大粒块茎捡出，分级，洗净，小粒块茎留在田间作明年的种茎；也可将小粒块茎撒播在向阳地面，上覆细土 4~6cm，翌春萌发时移栽。

地笋采收后将其切断然后平摊在地上晒干，根茎采收后将表面土壤洗干净，弄干水分。否则不易贮藏，贮藏期间容易腐烂，降低品质。

5.1.57 芍药

芍药（*Paeonia lactiflora* Pall.）为芍药科芍药属草本植物。其根入药，能镇痛、镇痉、祛瘀、通经。

1. 形态特征

多年生草本。块根由根颈下方生出，肉质，粗壮，呈纺锤形或长柱形，粗 0.6~3.5cm。芍药花瓣呈倒卵形，花盘为浅杯状，花期 5~6 月，花一般着生于茎的顶端或近顶端叶腋处，原种花白色，花瓣 5~13 枚。园艺品种花色丰富，有白、粉、红、紫、黄、绿、黑和复色等，花径 10~30cm，花瓣可达上百枚。果实呈纺锤形，种子呈圆形、长圆形或尖圆形。

芍药花

芍药果

2. 生态习性

喜光照，耐旱。在东北分布于海拔 480~700m 的山坡草地及林下，在其他各省分布于海拔 1000~2300m 的山坡草地。在我国分布于江苏、东北、华北、陕西及甘肃南部。

3. 栽培技术

（1）选地与整地

芍药以根采收，根部发育情况至关重要。其为深根系植物，以排水良好，土层深厚，疏松肥沃的沙质壤土种植为好。要选土质疏松、土壤肥沃、土层深厚、地势高燥、排水良好的向阳坡地进行种植。地块要进行精细整地，深翻深度 30~45cm，然后耙细整平，结合整地每亩磷肥 45kg。

（2）育苗技术

①芍头繁殖：收获时，将芍药根从芍头着生部位割下，根加工入药。留下的芍头，选形状粗大、芽头饱满、无病虫害的芍头，每个芍头用刀纵切成 2~4 块，使每块有 2~3 个粗壮的芽。芍头宜随收、随切芽随种。1 亩芍药所产的芍头，可栽 3~4 亩地。

②分根繁殖：在收获芍药时，将粗大的芍根从芍头着生处切下，将笔杆粗的根留下，然后将每个芍根按其芽和根的自然分布，剪成 2~4 株，每株留壮芽 1~2 个，留根 1~2 条，根长保留 20cm 左右，供做种苗用。

（3）栽植技术

芍药在 8~10 月栽种。栽植行距 50~60cm，株距 40cm，每亩栽植芍药 2500~2800 株。用芍根种，用锄头开成侧穴，深约 20cm，每穴种两根。栽时头朝南，根向北，芽与畦面平，栽于斜面上，使苗两根成外八字形，用少量土固定芍根，然后在根尾部上方施入有机肥或磷肥，再覆土。用芍头种，开浅平穴，每穴种芍头 2 个，相距 4cm、切面朝下、并排放入穴内，覆土 8~10cm。

(4) 林间管理

①中耕除草：芍药幼苗期，应勤中耕除草，早春松土保墒。出苗后每年中耕除草 4~6 次。中耕宜浅，以 3~7cm 深为宜，以免伤根死苗。10 月下旬，土壤封冻前，在离地面 7~10cm 处剪去枝叶，在根际培土约 15cm，以利于越冬。

②追肥：芍药是喜肥植物，第 1 年因芍药根太嫩，需肥不多，可以少追肥或者不追肥。第 2 年开始每年要追肥 3~4 次，每亩每次施人畜粪尿 1500~2000kg。第 4 年追肥 2 次，每亩每次施人畜粪 2500kg，第 1 次可加施腐熟有机肥 25~50kg，过磷酸钙 10~25kg。追肥在植株两侧开穴施入。

③排灌：芍药是喜干怕涝的作物，一般生长期间不需要灌溉，但是如果发生严重干旱时，也要及时进行灌溉或者浇水，时间宜在傍晚进行。多雨季节，要及时清沟排水，排除田间积水，减少根部病害发生，以免引起烂根。

(5) 病虫害防治

①病害防治：灰霉病，危害芍药的叶、茎、花，多在开花后发生。在高温条件下发病比较严重，使叶片枯萎脱落，植株生长衰弱。预防方法：选无病芍头做种，并用 65% 代森锰锌 300 倍液浸泡 10~15 分钟后播种；清除被害枝叶集中烧毁；雨后及时清沟排水，加强田间通风、透光；田间发病初期每亩用 15% 粉锈宁 0.15~0.2kg 兑水 60kg 防治。

叶斑病，叶斑病常发生在夏季，主要危害叶片，致使病株叶片早落。防治方法：及时剪除病叶，清扫落叶，集中烧毁；发病前期及发病初期喷 1:1:10 波尔多液或退菌特 800 倍液。

软腐病，病原菌从种芽切口处侵入。防治方法：选通风处贮放种芽，使切口干燥；贮放场所先铲除表土及熟土，然后用 1% 福尔马林和波美石硫合剂喷洒消毒。

②虫害防治：危害芍药常见地下害虫主要有蛴螬、金针虫、地老虎。防治方法与其他作物基本相同：第一，施用的粪肥要充分腐熟，最好用高温堆肥；第二，物理方法，灯光诱杀成虫，即在田间用黑光灯或马灯进行诱虫，灯下放置盛虫的容器，内装适量的水，水中滴少许煤油即可；第三，化学方法，用 75% 辛硫磷乳油按种子量 0.1% 拌种；田间发生期间用 90% 敌百虫 1000 倍液或 75% 辛硫磷乳油 700 倍液浇灌；毒饵诱杀，用 25g 氯丹乳油拌炒香的麦麸 5kg，加适量水配成毒饵，于傍晚撒于田间或畦面诱杀。

4. 采收与加工

用种子育苗的 4~5 年，用芍头栽种的 3~4 年收获。夏至前后当地上茎叶有半数以上枯萎时，选晴天割去茎叶，将根小心挖出，洗净泥土，放入开水中煮 3~5 分钟后捞出，放在阳光下晾晒至全干即可。

5.1.58 淫羊藿

淫羊藿（*Epimedium brevicornu* Maxim.）为小檗科淫羊藿属多年生草本植物。其全草供药用，主治阳痿早泄，腰酸腿痛，四肢麻木，半身不遂，神经衰弱，健忘，耳鸣，目眩等症。淫羊藿是我国常用中药。

1. 形态特征

多年生草本植物，植株高 20~60cm，根状茎粗短，暗棕褐色，二回三出复叶基生和茎生，具长柄，小叶纸质或厚纸质，叶缘具刺齿，花白色或淡黄色。花期5~6月，果期6~8月。

淫羊藿花

淫羊藿叶

2. 生态习性

淫羊藿喜阴湿，土壤湿度25%~30%、空气相对湿度以70%~80%为宜，对光较为敏感，忌烈日直射，要求遮光度80%左右，对土壤要求比较严格，以中性酸或稍偏碱、疏松、含腐殖质、有机质丰富的土壤或砂壤土为好，海拔在450~1200m的低、中山地的灌丛、疏林下或林缘半阴环境中适合生长。湖南有栽培。

3. 栽培技术

（1）选地与整地

选择阴坡或半阴半阳坡的自然条件，坡度35℃以下，土壤为微酸性的树叶腐殖土、黑壤土、黑砂壤土，可以利用阔叶林或针阔混交林及果蔬经济林下栽培。将林下地面草皮起走，顺坡打成宽120~140cm、高12~15cm的条床，横条沟栽苗，开沟深度6~10cm。

（2）育苗技术

①播种育苗：淫羊藿种子的成熟期在5月末至6月上旬。种子寿命短，采收后应立即播种。如特殊情况可在种子选好后，用细河沙或细河沙掺腐殖土或腐殖土与种子混合贮藏。淫羊藿撒播在床上挖3~5cm深的浅槽，用筛过的细腐殖土将槽底铺平，然后播种。播种后用筛过的细腐殖土覆盖0.5~1cm，再覆盖一层落叶等物，以保持土壤水分。在播种前或覆土后一次性浇透水。播种量10~15g/m²。

②根茎育苗：淫羊藿枯萎期在9月底至10月中旬，根茎的采收期在此间进行。将采挖的根茎切成10~15cm长的小段，每段要有2个以上越冬芽，扎把备用。

（3）栽植技术

栽培前需选择坡度35°以下、阴坡或半阴坡的阔叶林或针叶林地。土壤以微酸性的腐殖土、黑壤土或黑砂壤土为宜。郁闭度调整至20%~80%较好。一成为淫羊藿栽培的主要模式。这种方式不仅有一定的经济效益同时也兼顾到了生态效益，为林区的林农开拓一条新的致富途径。而若发展苗圃地人工栽培，建设大规模的、规范化的淫羊藿林下栽培淫羊藿时一般采取穴栽或床载的方式，每年春季4~5月或秋季9~10月开始栽培。穴栽时，开穴深10cm，将根茎剪成10~15cm的小段，平放入穴内，每穴放入1段，覆细土5~8cm踩实，上面覆盖

2cm 枯落叶。栽植密度为 20cm×25cm，并注意距离幼树或其他经济植物 25cm 以上。床栽时，应先清除林下灌木和杂草，横山堆放，间隔 20~30cm。顺坡做成宽 1.2~1.5m，高 10~30cm 的苗床。栽植时同样将淫羊藿根茎剪成 10~15cm 的小段，条床上横向开沟，将根段放入沟内，覆细土 5~8cm 踩实，上面覆盖 2cm 枯落叶。栽植密度为 15cm×20cm。

(4) 林间管理

①除草：淫羊藿栽培中要结合中耕进行除草，以畦面少有杂草为度。在生长旺季，每 10d 除草 1 次，秋冬季 30d 左右除草 1 次。

②灌溉：淫羊藿喜湿润土壤环境，干旱会造成其生长停滞或死苗。如果在夏季连续晴 5~6d，就必须早晚进行人工浇水。

③施肥：淫羊藿是多年生植物。移栽后每年要以不同方式进行追肥。移栽后第 1 年，可进行根外追肥，一般情况可分别在展叶后和绿果期进行。移栽第 2 年以后，除叶面喷肥外，还应进行侧根追肥。追肥时间以秋季为主，即在植株枯萎，土壤结冻前进行，并以饼肥、过磷酸钙或腐熟的猪粪为宜。

(5) 病虫害防治

叶褐斑枯病危害叶片：患病叶病斑，初期为褐色斑点，周围有黄色晕圈。扩展后病斑呈不规则状，边缘红褐色至褐色，中部呈灰褐色，后期病斑灰褐色，收缩，出现黑色粒状物，此为病菌的分生孢子器。病菌在淫羊藿苗期和成株期均有发生，以幼苗期发生较多危害重。防治方法：①及时清除病残体并销毁，减少浸染源；②发病初期可施药防治，常用药剂有 50%代森锌可湿性粉剂 600 倍，50%退菌特可湿性粉剂 800 倍液，1∶1∶160 波尔多液，30%氧氯化铜 600~800 倍液，50%多菌灵可湿性粉剂 500~600 倍液，70%甲基托布津可湿性粉剂 800~1000 倍液，75%百菌清可湿性粉剂 500~600 倍液。上述药剂应交替使用，以免产生抗药性。

皱缩病毒病：染病叶常表现为叶组织皱缩，不平，增厚，畸形呈反卷状，成苗期，田间常有 2 种症状：花叶斑驳状：病叶扭曲畸变皱缩不平增厚呈浓淡绿色不均匀的斑驳花叶状。黄色斑驳花叶状：染病叶组织褪绿呈黄色花叶斑状。防治方法：①选用无病毒病的种苗留种；②在续断生长期，及时灭杀传毒虫媒；③发病症状出现时，若需施药防治，可选用磷酸二氢钾或 20%毒克星可湿性粉剂 500 倍液，或 0.5%抗毒剂 1 号水剂 250~300 倍液，或 20%病毒宁水溶性粉剂 500 倍液等喷洒，隔 7d 喷 1 次，连用 3 次，促叶片转绿、舒展，减轻危害。采收前 20d 停止用药。

4. 采收与加工

淫羊藿采收时间为 6 月下旬至 7 月下旬。采收时用镰刀割取地上部茎叶，去粗梗扎成小捆，边割边捆，当日运回晒场。割取茎叶时，切勿将刀割入土中，以防伤及根茎及越冬芽，切勿连根拔起，以免影响下年生长。采收的新鲜淫羊藿茎叶，不能用水清洗，用手掐住茎基部分，抖落或清除杂草、异物及病残植株。

5.1.59 藤三七

藤三七 [*Anredera cordifolia* (Tenore) Steenis.] 为落葵科落葵属植物。其落葵薯藤上的干燥瘤块状珠芽入药，具有补肾强腰，散瘀消肿之功效。用于腰膝酸软，病后体弱，跌打损伤，骨折。

1. 形态特征

缠绕藤本，长可达数米。根状茎粗壮，叶具短柄，叶片卵形至近圆形，长 2~6cm，宽 1.5~5.5cm，顶端急尖，基部圆形或心形，稍肉质，腋生小块茎（珠芽）。总状花序具多花，果实、种子未见。

藤三七花

藤三七珠芽

2. 生态习性

耐热，不耐寒，喜温暖湿润半阴的气候，忌强光照，对土壤要求不严格，耐旱，耐涝。藤三七耐热，喜温暖湿润、半阴的环境，忌强光照，其生长适温 25~30℃，遇 0℃ 以下低温或霜冻，地上部分即死亡。对土壤要求不严，耐旱，耐涝，生命力强。产于湖南、江苏、浙江、福建、四川、贵州、云南。

3. 栽培技术

（1）选地与整地

藤三七不择土壤，但是为了提高产量，在定植前，可先施基肥，栽培土与有机肥 2∶1 混合，然后深耕，耙平，使肥料与土壤充分混合，做成平畦。

（2）育苗技术

藤三七繁殖育苗方法一般采用块茎、珠芽繁殖或者扦插繁殖，一般以扦插繁殖为主。在春季新枝萌芽后，采取成熟中等的双节健壮枝条进行扦插，枝条不宜太老或太嫩，且单节带叶插穗成活率较差。采用块茎、珠芽繁殖方法较简单，在老植株上直接摘取珠芽或者采挖地下块茎，将单个饱满的块茎、珠芽栽培于营养钵中，芽尖向上，栽培不宜过深。块茎繁殖比较容易成活，且发芽较快，而珠芽发育有快有慢，成苗早者可先定植。

（3）栽植技术

双行定植，以便于后期搭架。畦面行距 30cm、株距 40cm。选择土层深厚、保水保肥力强的沙壤土，每亩施腐熟农家肥 3~5 吨、三元复合肥 50kg 作基肥，基肥拌匀后深翻 20~35cm，整 1.5m 宽的高畦，在 3 月中下旬至 4 月上旬选择晴好天气定植，浇足定根水。以每畦种 4 行，每亩种植 4000 株~5000 株为宜。适当密植，能提高光能利用率，增加产量。

（4）林间管理

在藤三七生长期间，除进行中耕、除草、浇水、施肥等一般的田间管理外，因藤三七的蔓细长，分支能力强，当苗长到30cm时应及时搭架以供攀援，使植株均匀分布，增加空间利用率和受光面积，即使用竹竿、木条等材料搭成2~2.2m高的支架，以利藤三七缠绕生长。如果在露天情况下种植藤三七，夏季高温时，要用遮阳网遮阳，抑制植株发芽分化，促进营养生长，提高产量。因为该试验分别在高、中、低3个不同郁闭度的林地下种植，有天然的遮阴条件，所以不用进行人工遮阴处理。

（5）病虫害防治

藤三七的叶片略具苦味，病虫害很少，主要是褐斑病危害叶片。防治方法：一是适当密植，注意通风，雨季及时开沟排水，控制浇水量；二是喷施植保素7500倍液，促使植株早生快发；三是发病初期喷施75%百菌清可湿性粉剂1000倍液或50%速克灵2000倍液，控制病害蔓延。

4. 采收与加工

采收器官为嫩叶或嫩梢，生长前期15~20d采收一次，中、后期10~15d采收一次，在北方林下种植可采收到霜降，在霜降之后，地上部全部萎蔫。在北方地下部分不能安全越冬，因此，地下部分可全部采挖移到温室大棚安全越冬。藤三七可收获叶片、嫩梢、珠芽和块茎，其种质运输与保存大大受限。早期以生长为主，待藤三七进入生产盛期，可以大量收获，但以不影响植株生长为宜。掐取的嫩梢及叶片可以进行销售，采收嫩梢时主要以基部不老化为准，采收叶片以叶片不黄化为主，收获后将叶片或嫩梢放入塑料袋内，贮藏温度5℃，保存期10~15d。珠芽可待植株长大后随时收获，块根一般秋后霜降前收获。

5.1.60 迷迭香

迷迭香（*Rosmarinus officinalis* Linn.）为唇形科植物。其全草入药，迷迭香具有发汗、健脾、安神、止痛的功效。主治各种头痛，防止早期脱发。

1. 形态特征

灌木，高达2m茎及老枝圆柱形，皮层暗灰色，不规则的纵裂，块状剥落，幼枝四棱形，密被白色星状细绒毛。叶常常在枝上丛生，具极短的柄或无柄，叶片线形，长1~2.5cm，宽1~2mm，先端钝，基部渐狭，全缘，向背面卷曲，革质，上面稍具光泽，近无毛，下面密被白色的星状绒毛。花近无梗，对生。

迷迭香花

迷迭香叶

2. 生态习性

迷迭香性喜温暖气候。在中国南方大部分地区与山东地区栽种。耐旱、耐盐碱，但不耐涝，一般在高燥、排水良好、光照充足的地方生长良好。性喜温暖气候，生长适温为 9~30℃，在 20℃ 左右的环境条件下生长旺盛。北方寒冷地区冬季应覆土护根，以利越冬。迷迭香每年有 2 次生长高峰，以武汉地区为例，2~6 月为第一个生长高峰，夏季进入高温期后，有浅度休眠现象，9 月中旬~11 月底为第二个生长高峰，12 月~次年 1 月为半休眠期，生长缓慢，但可正常越冬。

3. 栽培技术

（1）选地与整地

以黏性小、排水良好的沙质土为佳。也可以在普通园土中加入粗砂、蛭石、珍珠岩、椰子壳粉等介质帮助排水。

（2）育苗技术

扦插育苗：迷迭香种子发芽率极低且生长缓慢，目前除引进新品种、杂交育种等采用播种育苗外，生产上一般采用扦插进行繁殖育苗。扦插多在 9 月至翌年 3 月进行，选取当年生、半木质化的茎作为插穗，从顶端算起 10~15cm 处剪下，确保每一段有 4 道以上的节，去除枝条下方约 1/2 的叶子，切口用高锰酸钾灭菌消毒，并蘸取生根粉液，以促进根系发育。插入苗床后要及时浇透水。扦插最初的半个月内，每天浇 1 次水。浇水时间以早晚最佳，阳光强、气温高时要注意遮阳，浇水次数也要适当增加。15d 后，扦插枝开始生根，生根后可适当减少浇水量。苗生根成活后，可用尿素兑水浇灌，每隔 10d 浇肥 1 次，3 个月左右即可移栽。

（3）栽植技术

全日照的光照强度是迷迭香苗壮生长的必要条件，这样的条件下植株抗病能力最佳，香气也更加浓郁。即使在夏天阳光下，植株生长也不受影响。除非日头过大又忘记浇水时，才会见到叶尖焦黑。半日照环境也能生长但不旺盛。迷迭香在阴处生长不但差，而且易发生病害。若非条件限制，要求每日至少要有 4.5h 日照。迷迭香喜温暖气候，但夏季高温期间生长速率较缓慢，此时要注意浇水。冬季特别是 12 月至翌年 1 月气温最低时，迷迭香生长困难，存在休眠现象，此时建议搬入室内或以塑料薄膜罩之以保温。

（4）林间管理

浇水是迷迭香种植中最关键、最难把握的技术。要注意迷迭香怕湿不怕干，在夏季要保持湿润，避免干燥，室外全日照下每天浇水，半日照约 2d 1 次。在冬季要见干才浇，可能 3~4d 浇水 1 次。迷迭香抗旱能力强，但怕涝，雨天如有积水要及时排出，土壤湿度保持在 60% 即可，否则持续潮湿的环境易导致根腐。同大多数香草植物一样，迷迭香不喜高肥。如需补充养分，宜采用薄肥勤施的原则。在幼苗期可根据土壤条件施一点复合肥。在迷迭香两个生长高峰前期及修剪后应当追施适量氮肥和磷肥，促进其发芽和开花。迷迭香植株叶腋都有小芽出现，随着枝条的伸长，这些腋芽也会发育成枝条，长大以后整个植株枝条横生，不仅显得杂乱，同时还会造成通风不良，也容易遭受病虫危害，因此，定期整枝修剪十分重要。迷迭香种植成活后 3 个月就可修枝。注意剪掉交叉枝与徒长枝，过度强剪常常导致植株无法再发芽，比较安全的做法是每次修剪时不要超过枝条长度的一半。接近盆土部分的叶子可剪去,以利通风,这一点很重要,若生长茂密会造成高温潮湿而导致植株衰弱。患病枝叶也要随时修剪,以避免整株感染。直立品种容易长得很高,为方便管理,修枝时要剪去顶端,侧芽萌发后再剪2~3次,这样植株才会低矮整齐。另须注意切口处会分泌黏稠的汁液,修剪时应戴手套,以避免皮肤过敏。触摸后亦应立即洗手,并避免碰到眼睛。

(5) 病虫害防治

迷迭香抗病虫害能力强,少有虫害。最常见的病害为根腐病,在高湿高温情况下极易发生,灰霉病也偶见报道。根腐病可用50%多菌灵或甲基托布津药液喷洒。灰霉病可用5%多菌灵烟熏剂或50%速克灵1500倍溶液防治。最常见的虫害是蚜虫和白粉虱,可采用5%扑虱蚜2500倍液和1.5%阿维菌素3000倍液喷施防治。

预防迷迭香病虫害要注意:植株保持通风透气、日照要充足、避免高温高湿环境。

4. 采收与加工

迷迭香可用来做料理或泡茶。迷迭香花草茶具有有益心脏、消除疼痛及帮助入眠的功效。用于制作茶叶的迷迭香采收时间为开花时,采收部位为花和茎尖带嫩叶的部位,采收后可晾干直接使用或进行适当加工。迷迭香新鲜嫩枝叶具强烈芳香,可消除肉类腥味,几枝嫩茎叶(不必使用过多以免破坏食物原味)即可制作香烤排骨、烤鸡等,风味极佳。迷迭香的二萜酚类、迷迭香酸等化合物具有很强的抗氧化作用。据研究,迷迭香酸能通过提高抗氧化酶的活性,清除自由基,减少过氧化脂质的生成,从而达到抗衰老和防止运动中枢疲劳发生的作用。在食品保鲜方面能阻止肉类加工品颜色的变化,抑制微生物的生长和气味变化,并与维生素C,特别是与维生素C棕榈酸混合表现出更强的抗氧化性。

迷迭香气味浓郁,放在室内能使空气清新、留香时间长,具有较好的香薰效果。切取迷迭香新鲜枝条插入花瓶水养观赏可保持2周以上,是理想的切花配材。迷迭香具有提神醒脑、增强记忆力等保健功能,可布置在办公室案头、教室、会议室。大型盆栽可用于装饰酒店、单位的门廊过道,因其常绿芳香的特性,受到人们的喜爱。

5.1.61 金线兰

金线兰[*Anoectochilus roburghii* (Wall.) Lindl.]为兰科开唇兰属植物。别名金线莲,为珍稀名贵中药材,其性平,味甘,具有清热凉血、除湿解毒等功效,主要用于治疗急慢性肝炎、糖尿病等症,享有"药王"的美称,广泛应用于医药、保健、美容及饮用品等诸多方面。

1. 形态特征

植株高8~18cm。根状茎匍匐,伸长,肉质,具节,节上生根。茎直立,肉质,圆柱形,具2~4枚叶。叶片卵圆形或卵形,上面暗紫色或黑紫色,具金红色带有绢丝光泽的美丽网脉,背面淡紫红色。总状花序具2~6朵花,长3~5cm;花白色或淡红色,不倒置(唇瓣位于上方);萼片背面被柔毛,中萼片卵形,凹陷呈舟状;花瓣质地薄,近镰刀状。花期8~11月。

金线莲花

金线莲叶

2. 生态习性

生于海拔 50~1600m 的常绿阔叶林下或沟谷阴湿处。产于湖南、广东、浙江、江西、福建、海南、广西、四川、云南、西藏。

3. 栽培技术

（1）选地与整地

①选地：选择在海拔高度 200~1000m，有阔叶林或竹林，水源丰富，且交通便利，土壤类型为红壤或黄红壤，土壤 pH 值 6.0~6.5，郁闭度 0.8~0.9，上层乔木郁闭度 0.6~0.8，下层植被覆盖度 0.1~0.3，腐殖质层厚 10cm 以上，有机质含量≥4%，土壤疏松、透气、湿润，土壤的含水量保持在 25%~35%，坡度在 10°~30°的缓坡、斜坡地。

②整地：在林下种植金线莲之前，首先要在种植地周围设置一圈铁丝网把种植地围起来，防止周围的禽畜或者野兽危害。把距离地面 2.5m 以下的杂草、灌木或者乔木的分枝全部去除。每年 2 月底和 8 月底之前完成种植土整理和消毒。在种植林下开好步道，开好排水沟（排水沟深 20cm）。种植土选择含沙 40% 以上的腐殖土，土壤用 3/100 的高锰酸钾药液消毒，放至 20d 后，用清水喷淋后方可种植。如果林下多石灰岩，需要在种植前喷洒清盐水让岩石变得湿润，然后在石灰岩上放上腐殖土，等到腐殖土与岩石充分结合时，再进行种植。种植金线莲的环境最好选择郁闭的树林下，如果种植地的树木稀疏，阳光较为强烈，需要在上方搭建遮阳棚。在林下地势较高的地方建一个蓄水池，并使用微灌专用管进行排布，每隔 2m 左右设置一个喷头，在气候干燥时为金线莲灌溉使用。

（2）育苗技术

种子无菌培养。金线莲基原植物种子无菌培养，一般采集未开裂的成熟蒴果，自来水冲洗干净后，用 75% 乙醇棉擦拭果皮，再置 10% 次氯酸钠溶液中浸泡 10~12min，用无菌水冲洗 5~6 次，然后用解剖针将消毒后的蒴果纵向剖成两半，镊子夹取少量种子，洒入培养基中。种子萌发形成原球茎后，原球茎可以直接发育成幼苗，也可以由原球茎产生愈伤组织，再由愈伤组织发育成类原球茎而分化成幼苗。一般情况下，种子接种在培养基上 1~2 周后，种子吸水膨大，种胚突破种皮，出现表皮毛，4~5 周时，可见白色原球茎，并于部分原球茎顶端出现分生组织，6 周后，原球茎继续生长，表皮毛数量和长度也相应增加，并开始出现第 1 片叶的形态，持续至 10~12 周，形成具有 1~2 片小叶的幼苗。

（3）栽植技术

在每年的 3~4 月和 9~10 月可进行栽培。种植时应避开 30℃ 以上温度和 10℃ 以下温度。种植前，先将炼好的金线莲瓶苗注水，轻轻抖动，培养基碎掉后，用镊子或手从瓶子里取出金线莲组培苗，然后用清水把苗上的培养基清洗干净，用 50% 多菌灵可湿性粉剂 800 倍液或 70% 甲基托布津可湿性粉剂 800 倍液浸泡 5~8min，再把苗上的水滴晾 10min。晾干后便可进行种植。种植密度每公顷小于 300 万株，一般每 300 株/m²，每亩 20 万株左右。栽植宜浅忌深，栽后覆盖干净干燥的苔藓，喷洒清水，温度 15~28℃，并注意保湿、保温。

（4）林间管理

金线莲苗木种植后的一个星期之内，如果没有降水，需要对苗木进行微灌，保证土壤表层 5cm 左右的土壤湿润，在夏季气温达到 32℃ 以上时，每天 10：00~16：00 需要对金线莲进行分区微灌，增加土壤表层的湿度和空气湿度，降低林下的气温，促进金线莲的生长发育。栽植后的生长阶段，通常施用豆饼、沼液等农家肥稀释喷施，并在每 100kg 肥液中加少量的硫酸亚铁，以促进叶色浓绿而富有光泽；每隔半个月还可用 0.3% 尿素加 0.2% 磷酸二氢钾溶液喷 1 次，连喷 4 次；施肥时切忌污染金线莲叶片，不慎污染，应立即喷清水。在种植地上方搭拦网，防止树叶落下和鸟类进入种植地破坏。每隔一段时间要对金线莲种植地进行巡查，把新长出的杂草、灌木或者乔木枝清除干净，防止对金线莲的生长造成干扰。

（5）病虫害防治

在对金线莲进行田间管理时，一定要做好病虫害防治工作，金线莲出现病虫害的主要原因是高温多湿、光照强烈、林地不清洁以及通风不良等，田间管理期间要注意防止这些因素的出现，有效避免金线莲病虫害的出现。

金线莲主要病害为真菌性黑腐病和细菌性软腐病。防治方法：①加强田间管理，提高植株抗病能力。②在发病季节，加强田间巡查，及时拔除发病植株，减少传染源。③药剂预防：6 月中、下旬，可用 50% 多菌灵可湿性粉剂 800 倍液或 70% 甲基托布津可湿性粉剂 800 倍液喷施防治黑腐病发生，每隔 10d 喷 1 次，连续喷 6~8 次；软腐病，则用 500 万单位的农用链霉素 400mg/L 液进行防治，每隔 10d 喷 1 次，连续喷 6~8 次；2 种药剂也可混合使用。

对金线莲产生较大危害的害虫主要有蜗牛和蚜虫，蜗牛主要是取食金线莲的叶片、嫩茎和嫩芽，导致金线莲植株的死亡，蜗牛爬过的地方还会留下很多的黏液，对金线莲的生长也会产生较大危害。对于蜗牛的防治，通常可以选择物理与化学方法。其中，物理方法就是采用人工捕杀的方式，严格整治蜗牛经常栖息的湿地亦或是边沟，尽量降低蜗牛的生存效率。而选用化学方法对蜗牛的防治，则要向田间喷施 800 倍浓度的 40% 氧化乐果溶液，或者使用 6% 密达杀螺粒剂、3% 的灭蜗灵颗粒剂等。蚜虫对金线莲的主要危害是吸食金线莲叶片中的有机成分，使金线莲叶片变黄、脱落。防治蚜虫危害的主要方式有生物方式和化学方式，生物防治的方式主要有保护蚜虫的天敌七星瓢虫、食蚜蝇等控制蚜虫的数量等，也可以进行人工摘除。化学防治的主要方式有使用土烟草干 40g 兑水 1kg 浸泡 48h 后得到原液，对金线莲进行喷洒，也可使用干红朝天辣椒煮水对金线莲进行喷洒。

4. 采收与加工

在金线莲种植后的 4~5 个月之后，植株长到 10cm 以上，有 5~6 片叶，鲜重 1~2g 即可采收。在秋季花开前后便可以进行收获,在收获时可以采取割茎留根再生的方式,也可以使用连根拔起的方式。清洗干净之后,把金线莲放在阳光下暴晒或者用火烘干,使金线莲脱水后进行真空包装。在质量方面提出以下两点要求:第一,要求鲜品的株高超过6cm,且植株硬挺、茎节明显,根应当生长到2~3条,而叶则生长到5~6片,叶片呈现卵椭圆形,互生具柄,尾尖,叶表面墨绿色有光泽,叶脉金黄清晰,脉络相连,背面呈淡紫色;第二,要求干品的株形要完整且干燥,同样茎节保证明显,叶片卷曲皱缩,脉络清晰,有特殊气味。

5.1.62 黑老虎

黑老虎为五味子科南五味子属植物厚叶五味子 [*Kadsura coccinea* (Lem.) A. C. Smith] 或异形南五味子 [*Kadsura heterocliea* (Roxb.) Carib],别名冷饭团、臭饭团、过山龙藤等。根及藤茎入药,其性味温、辛、微苦,具有行气活血、散瘀通络之功效,主治肠胃性疾病以及风湿性关节炎、痛经、产后瘀血腹痛等症;其根、藤入药,其提取物具有抗肿瘤、抗艾滋、抗肝炎、抗氧化和神经保护等作用。

1. 形态特征

藤本,全株无毛。叶革质,长圆形至卵状披针形,长7~18cm,宽3~8cm。花单生于叶腋,稀成对,雌雄同株;雄花:花被片红色,10~16片。聚合果近球形,红色或暗紫色。种子心形或卵状心形。花期4~7月,果期7~11月。

黑老虎花

黑老虎果

2. 生态习性

喜阴植物,抗逆性强,耐低温、抗高温,可耐-15℃的低温和40℃以上的高温,不耐干旱,光照强度和土壤条件对其生长发育的影响较大,最适宜的光照范围在30%~50%之间,强光和弱光都不利于黑老虎的生长发育,20~25℃温暖湿润的条件下生长良好。

产于湖南、江西、广东、香港、海南、广西、四川、贵州和云南(屏边、河口、金平、蒙自、文山、思茅和景东)国外越南有分布。

3. 栽培技术

(1) 选地与整地

黑老虎对土壤没有太大的要求,通常来说一些常见水果可以正常生长结果的土壤上就可以种植黑老虎。黑老虎是一种喜阴的水果，不需要太强太长时间的光照，所以尽量将果园建立在背阳坡上，或者做好果园的遮阳措施。要注意的是，要建立在无污染，水源充足干净，排灌性好，交通便利的地方。因为黑老虎的植株是攀缘藤生的，所以建园的时候应该在园中竖立棚架为植株枝条做攀爬工作。

选择好种植地之后对地块进行整地处理，整地中耕的时候配合底肥施用一起进行。底肥的用量根据种植面积而定，一般是 3000kg/亩。土壤深耕的深度不得低于 30cm，将土壤松软，冬季或者是夏季通过天气的极端变化可以有效的杀死土壤中的病菌，减少病原，降低发病率。黑老虎的根部分根较多，所以种植穴的深度不需过深，便于根部的发育。

(2) 育苗技术

播种育苗：播种地点一般选在海拔 800m 左右且土层深厚肥沃，排灌及交通条件好的地方，时间以 12 月中旬至翌年 2 月上旬为宜。播种前，需整地作垄，施足底肥，清除杂物，垄宽 1m 左右，将苗床稍加镇压，浇透水，把沙藏的种子带沙播下。播种后，撒一层厚约 2~3mm 的细河沙，并覆盖稻草，草上喷水或搭塑料小棚。

(3) 栽植技术

采用起垄栽培，栽植沟深 40~50cm，宽 70~80cm，挖出的表面土堆放在沟的一侧，心土堆放在另一侧；沟挖好后先填入一层表土，然后将腐熟有机肥与土壤拌匀，分 2~3 次回填踩实。栽植沟回填后进行全园平整。

架柱和架线的设立在栽苗前完成，架柱的行距与间距设立与株行距相同；架高 2.0~2.5m，设 3 道线，最低线距地面 10cm，间距 60cm；架柱顶部用铁丝织成 50cm×50cm 的网格。

山地、丘陵种植时，穴状整地规格 0.6m×0.6m×0.5m；起垄前必须先清理林地，把林间空地的腐败生物和杂物清除，或运出林地或就地深埋。于树行之间的空地做垄，垄高为 25~30cm，垄宽便于管理和操作即可，垄长不作要求；垄起好后，旁边挖排水沟，方便日常排水和雨天泄洪。

黑老虎的须根比较多，所以我们种植的时候可以使用浅种的方式，种植穴深度 50cm 左右即可。黑老虎种植方式与葡萄的种植差不多，但是生长能力没有葡萄那么强，所以我们要将种植密度尽量扩大一些。种植时在种植穴底部施入适量底肥或者是充分拌入土壤填埋种植穴。一般的种植时间通常在冬春季，但是最适宜种植的时间在立春前后，因为初春的雨水较多，有利于幼苗的生长，提高幼苗的成活率。

(4) 林间管理

黑老虎喜肥，生长期需要提供足够的水分和营养。因其须根较多而分布较浅，故施肥不宜太深。孕蕾开花结果期，除了确保足够水分，还要施足够肥料；每年追肥 1~2 次，第 1 次在展叶期进行，第 2 次在采果后施用。采取环状沟施或放射状沟施；在距根部 30~50cm 处开 15~20cm 深的环状沟，施入肥料后覆土，开沟时不得伤根系；可追施腐熟的农家肥料 5~10kg/株；肥料最好选择有机肥尤其是饼肥和农家肥。幼苗期追肥要少量多次，没结果时半月施肥 1 次，以氮肥为主；结果后约 10 天施肥 1 次，以磷钾肥为主。结冻前灌 1 次水，以利越冬。萌芽前、幼果发育期、果实膨大期遇旱情，应及时浇水。黑老虎的生长过程中兑水肥的需求比较大，因为黑老虎的生长速度较快，所以消耗水肥的速度也会较快。要定时浇水施肥，在黑老虎果实膨大期等一些重要的阶段时，一定要保证有充足的水分与肥料。如果水分不足的话果实膨大受阻，容易出现畸形果。水肥施用要遵循少量多次的原则，前期施肥以氮肥为主，后期以磷钾肥为主，但是要注意不能过施或者是偏施单一肥，特别是氮肥，否则植株容易出现旺长，开花不结果的现象，影响植株生长。

（5）病虫害防治

①病害防治：叶枯病发病初期从叶尖或边缘发起，逐渐感染整个叶片，使叶片枯黄脱落，严重时会导致果球脱落。防治：加强田间管理，注意通风透光。

②虫害防治：土蜂虫，主要咬断黑老虎嫩茎生长点，并产卵于根部，幼虫危害根部生长。红色象鼻虫，主要危害嫩茎，造成茎枝干枯。蚜虫，主要危害嫩叶，造成卷叶，枯萎。利用土蜂趋黄性进行诱杀类似蜂的害虫，越冬成虫羽化时进行防治，每年3月至4月份，悬挂黄色诱虫板，每亩15片。也可喷施90%敌百虫500~800倍；使用高效氯氟氰菊酯（功夫菊脂）防治类似红色象鼻虫，使用倍数参照使用说明，喷施树冠和地面。因象鼻虫有假死性，喷树冠时，必须同时地使用百农乐矿物油150倍喷雾，同时可兼治红蜘蛛、粉虱、蚧壳虫等；苗木繁殖地有地老虎危害。春季用糖醋敌百虫挂瓶诱杀成虫（糖醋液配比为糖∶醋∶酒∶清水＝1∶1∶1∶5，在200mL糖醋液中加入1g敌百虫），诱到地老虎成虫时，7~10d后，地面喷施500倍毒死蜱，连喷2~3次，隔7~10d喷1次。

卷叶虫、红蜘蛛卷叶虫幼虫危害后可造成卷叶，影响果实生长，甚至使果实脱落；红蜘蛛主要危害植株嫩梢、叶。防治：用50%辛硫磷1500倍液或40%乐果1000倍液、80%敌百虫1500倍液喷杀，注意不要用磷胺等高毒、高残留农药。

4. 采收与加工

黑老虎全年均可采挖，9月下旬至11月上旬为最佳采收时间，果实随熟随采。手工采摘，掘起根部，洗净泥沙，采摘时要轻拿轻放，以保障商品质量。采后将藤茎切成小段或割取老藤茎，刮去栓皮，切段，晒干。加工时可日晒或烘干；烘干时，开始时室温控制在60℃左右，当黑老虎达半干时，将温度降到40~50℃，达到八成干时挪到室外日晒至全干，搓去果柄，挑出黑粒即可入库贮藏。

5.1.63 山荔枝

山荔枝 [*Dendrobenthamia japonica* (DC.) Fang *var. chinensis* (Osborn.) Fang] 为山茱萸科四照花属植物四照花的叶、花，具有清热解毒，收敛止血之功效。常用于痢疾，肝炎，水火烫伤，外伤出血。

1. 形态特征

山荔枝高可达9m，小枝细，绿色，后变褐色，光滑。叶纸质，对生，卵形或卵状椭圆形，表面浓绿色，疏生白柔毛，叶背粉绿色，有白柔毛，并在脉腋簇生黄色或白色毛，叶脉羽状，作弧形向上弯曲，表面凹下，背面突起。花两性，小，集合成一圆球状的头状花序，生于小枝顶端，具20~30朵花；有大形、白色的总苞片4枚；花瓣状，卵形或卵状披针形；5~6月开花，光彩四照，所以名曰"四照花"。核果聚为球形的聚合果，肉质，9~10月成熟后变为紫红色，俗称"鸡素果"。

山荔枝花　　　　　　　　　　山荔枝果

2. 生态习性

性喜光，亦耐半阴，喜温暖气候和阴湿环境，适生于肥沃而排水良好的砂质土壤。适应性强，能耐一定程度的寒、旱、瘠薄，耐-15℃低温，在江南一带能露地栽植。多生于海拔600~2200m 的林内及山谷、溪流旁。产于长江流域诸省及河南、陕西、甘肃等地。

3. 栽培技术

（1）选地与整地

①选地：山地栽植应选择在半阳坡中下部，以疏松深厚砂壤土或壤土为宜。

②整地：成片栽植在荒坡地实行按等高线反坡梯田整地，田面宽 1m，间距 4m。零星栽培实行块状整地，坡地挖鱼鳞坑长 1m，宽 0.7m，坑距 2~3m；平底挖直径 0.7m，深 0.5m 的穴。

（2）育苗技术

播种育苗：播种时间春季或秋季均可。但以春播为好，一般在春季的春分或清明前后，即 3 月下旬至 4 月上旬，进行播种。播种方法，一般采用条播，即按 15~20cm 行距，开宽 5~10cm，深 2~3cm 沟，将种子均匀地撒入沟内，用细砂、砂土覆满播种沟，踩实保墒，上面覆盖草。播种量为每平方米 250 粒。种子发芽前后要保持地面湿润，以保证出苗整齐，出苗后可揭去覆草，改为荫棚。

（3）栽植技术

春秋两季均可栽培，春季在芽萌动前 3~4 月进行；秋季可在落叶后 10~11 月进行。栽培时幼苗一定要带好土球，培土要高于根际 1~2cm，根系要自然舒展，扶正踏实，切忌用铁锹背敲打。栽培株行距为 3m×4m。

（4）林间管理

栽植后 2~3 年，每年要松土锄草 2~3 次，并做好补苗工作。每年在发芽前，开花前，结果前按树木大小进行松土，施追肥，灌好水。每年定期施肥 3~4 次，浇水 5~6 次，这样有利于生长良好，开花时间长，花大而美丽，结果累累。

整形修剪在每年落叶后冬季或到春发芽前进行。以枝条分布均匀，生长健壮为原则。主要对枝条进行短剪，刺激形成完美的树冠；还要将枯枝、内膛枝、纤细枝、病虫枝及生长不良枝剪除，有利于养分集中供应，形成良好树冠。

(5) 病虫害防治

①病害防治：角斑病主要危害叶片，可在 5 月份连续喷洒 3 次 1∶2∶200 波尔多液，每次间隔 10~15d；或于发病初期连续喷 2~3 次 5%可湿性利菌特 800~1000 倍液及 75%百菌清可湿粉剂 500~800 倍液，每次间隔 7~10d 进行喷杀。

②虫害防治：蚜类危害嫩叶、枝捎、花和幼芽等，可用 40%乐果乳剂 1500 倍液，70%可湿性灭蚜灵粉剂 800~1000 倍液，50%可湿性抗蚜成粉剂或 50%抗蚜威水溶液 1000~2000 倍液喷杀。

4. 采收与加工

秋季采摘，晒干。

5.1.64 百部

直立百部 [*Stemona sessilifolia* (Miq.) Miq]、蔓生百部 [*Stemona japonica* (Bi.) Miq] 或对叶百部 (*Stemona tuberosa* Lour.) 为百部科百部植物，块根入药，具有润肺下气止咳，杀虫灭虱之功效。常用于新久咳嗽，肺痨咳嗽，顿咳；外用于头虱，体虱，蛲虫病，阴痒。蜜百部润肺止咳，用于阴虚劳嗽。

1. 形态特征

草本，块根肉质，成簇，常长圆状纺锤形，粗 1~1.5cm。茎长达 1m，常有少数分枝，下部直立，上部攀缘状。叶 2~4（~5）枚轮生，纸质或薄革质。花序柄贴生于叶片中脉上，花单生或数朵排成聚伞状花序；蒴果卵形、扁的，赤褐色。种子椭圆形，稍扁平。花期 5~7 月，果期 7~10 月。

百部花

百部果

2. 生态习性

喜荫蔽和湿润环境，怕旱、耐寒。土壤以排灌方便、土层深厚、疏松肥沃、富含腐殖质壤土、砂壤土、夹砂土为好。

①直立百部：常生于林下，也见于药圃栽培。产于浙江、江苏、安徽、江西、山东、河南等地。

②蔓生百部：生于海拔 300~400m 的山坡草丛、路旁和林下。产于浙江、江苏、安徽、江西等地。

③对叶百部：生于海拔 370~2240m 的山坡丛林下、溪边、路旁以及山谷和阴湿岩石中。

中南半岛、菲律宾和印度北部也有分布。产于长江流域以南各地。

3. 栽培技术

（1）选地与整地

百部块根多分布于30cm的深土层中，因此要选择土层深厚、疏松肥沃的砂壤土。秋季，于前作收获后，深翻30~33cm，整细整平。栽前每亩施入堆肥或土杂肥1500kg、过磷酸钙20kg、草木灰10kg，翻入土中作基肥。然后耙细整平，做宽130cm的高畦，畦沟宽40cm，四周开好排水沟。

（2）育苗技术

①播种育苗：采种与种子处理 3年生百部才能开花结果。于7~9月当茎叶枯黄、蒴果变为黄褐色、种子近暗紫色时，即可采集，果实采后置通风干燥处晾干数日，待果壳开裂后种子自行脱出。然后，收集种子，筛去杂质，晒干贮藏备用。播种、育苗南方宜秋播，北方宜春播。春播于3月上旬至4月初进行。在整好的苗床畦面上，按行距25cm开横沟条播，沟深7~9cm，然后，均匀地将种子撒入沟内。播后浇施腐熟人粪尿，再覆盖细土，厚约1cm，上盖草保湿。齐苗后，揭去盖草。6月进行第1次松土、间苗，并结合追肥1次，每亩施稀薄腐熟人畜粪尿1500kg。培育1年，于当年秋季即可移栽。秋季于9~10月进行，方法同春播，第2年春季出苗，当年秋后移栽。

②分株育苗：每年收获时，剪下大块根供药用，将小块根按上部根芽多少，分割成数株，每株留壮芽1~2个，并带有小块根2~3个。栽时，按行株距25cm×25cm挖穴，每穴栽1株，使根芽向上，垂直栽下。秋栽后于翌年2月下旬出苗，以后按常规加强田间管理，当年秋、冬季即可移栽大田。

（3）栽植技术

于秋、冬季或翌年早春未萌芽前进行。分株苗至少要有3个以上块根，移栽才能成活。栽植密度：按行株距40cm×30cm挖穴，穴深15cm左右，穴底平整，每穴栽苗1株。栽时将小块根平铺于穴底，向四周散开，然后覆土稍镇压，浇1次透水，最后覆土耧平畦面。

（4）林间管理

中耕、除草、追肥：4月齐苗后，进行第1次中耕、除草，结合追肥，每亩施人畜粪水1500kg；第2次于6月花果期，中耕、除草后，每亩施人畜粪水2000kg；第3次于7~8月中耕、除草，不再追肥；第4次于冬季倒苗后，每亩用土杂肥2000kg与过磷酸钙50kg混合拌匀后，撒施于土面，在中耕除草后，将肥料压入土中，并结合培土，以利百部安全越冬。同时还要清理和疏通排水沟，防止积水烂根。设立支柱：直立百部苗小株高，于株旁设立支柱，以防倒伏；蔓生百部为草质藤本，当株高15cm时，于株旁立1细竹竿，牵引藤蔓攀缘生长，使株间通风透光，生长发育良好，有利于增产。

（5）病虫害防治

蜗牛：5~6月多雨时发生，危害幼苗。防治方法：于每天清晨在田间撒生石灰或茶籽饼粉防治。

红蜘蛛：7~8月发生，密集于叶背部或嫩茎上，吸取汁液，使叶片枯萎，严重时使幼苗全部枯死。防治方法：用0.2°Bé石硫合剂或20%三氯杀螨砜600倍液喷杀。

4. 采收与加工

（1）采收

一般于块根栽后 2~3 年采收。每年于秋、冬季倒苗后至早春萌芽前均可进行挖取。

（2）加工

挖取块根后，洗净，剪去细根，投入沸水中烫至无白心时，立即捞出，晒干或炕干后即成商品。以身干、条粗壮、质坚实者为佳。一般每亩产鲜品 1000kg，折干率 15% 左右。

5.1.65 黄花远志

黄花远志（*Polygala fallax* Hemsl.）为远志科远志属植物。别名黄花倒水莲，其根入药，功能主治祛风除湿，补虚消肿，调经活血，治感冒，风湿疼痛，肺痨，水肿，产后虚弱，月经不调，跌打损伤。

1. 形态特征

落叶灌木或小乔木，高 1~5m。根木质，外皮淡褐色，肉质，内面淡黄色。茎直立，圆柱形，少分枝。单叶互生；叶片披针形、倒卵状披针形或长椭圆形，长 7~10cm，宽 2~3cm，先端渐尖，基部楔形至圆形，全缘，常有皱波，侧脉约 6 对，在下面突出；有柄。总状或圆锥状花序，下垂，长达 15cm；花黄色，有红晕；花萼 2 轮，外轮 3，甚小，内轮 2，花瓣状；花瓣 3，中间龙骨瓣背面顶部有细裂成 8 条鸡冠状的附属物，两侧的花瓣 2/3 部分与花丝贴生；雄蕊 8，花丝下部 3/4 合生成鞘。果扁平。成熟时红褐色，两瓣开裂。种子 2 枚，黑色。花期夏、秋季。

黄花远志花

黄花远志果

2. 生态习性

喜阴忌阳光直射，通风、湿润、有散射光的地块最适合黄花远志生长。生于山谷林下水旁阴湿处。

产于湖南、江西、福建、广东、广西和云南。

3. 栽培技术

（1）选地与整地

土壤质地宜选砂土或砂壤土，土壤肥力适中，以富含腐殖质，排水性良好的地块，黏土和低湿地不适宜种植。对选好的地块进行翻耕耙细，整平起垄作畦，每亩施腐熟的厩肥 3000kg，捣细撒匀，整成垄高 35cm，畦宽 1m，株行距 50cm×50cm，以便于排灌。

(2) 育苗技术

立春后用多菌灵喷洒整垄作畦后的苗床，3d后选择阴天进行剪插，选用当年木化的母本，用锋利刀具按斜向45°角切割，尽量减少伤口暴露面积；每节至少保留3~5个芽眼长度，扦插时应将芽本的2/3部分斜插入土中，插入后应及时用细土夯实芽4周，以利于保水保湿；扦插后2周内每天都要适量浇水，使床土经常保持湿润状态，以促进生根发芽，浇水时间一般在9:00或15:00左右进行，床土含腐殖质较多的苗床，可以减少浇水次数，适当增加每次的浇水量。

(3) 栽植技术

黄花远志喜阴忌阳光直射，通风、湿润、有散射光的地块最适合黄花远志生长。每年4~5月，阴雨天气最适宜移栽，扦插一年后的苗林即可移栽，移栽种植应首选林下套种的栽培方式，也可林药、果药间作。移栽前苗床要用水灌透，移栽时尽量做到不伤根；每亩林地套种250~300株，起垄做畦，垄高35cm，株行距50cm×40cm。移栽时要以堆肥或腐熟的畜粪作基肥，生长中期追肥也宜选用有机肥，做到薄施、勤施。2年后进入盛长期，3年即可采收，在植株生长缓慢的休眠期，地下部分的根充实肥大，达到药用要求时采收。

(4) 林间管理

黄花远志是一种根系发达的浅根植物，生长在30~50cm的土层中，为避免伤根宜采用浅中耕，只要消灭杂草，使土壤空气流通即可。培土可与中耕除草结合进行，培土厚度随植株增长而逐渐增厚。每年春季与冬季各追肥1次，以磷肥为主，每公顷可施饼肥300~365kg，或过磷酸钙187.5~262.5kg。每年6月中旬至7月上旬是远志生长旺季，此时期每公顷喷1%硫酸钾溶液750~900kg，或0.3%磷酸二氢钾溶液1200~1500kg，每10d喷1次，连续3次。早晨露水未干或傍晚17:00时进行，增强抗病能力，使根膨大。

黄花远志喜阴耐旱，除种子萌发期和幼苗期适当浇水外，生长后期不需要经常浇水。1年生的苗松土除草后或2~3年生的植株，在追肥浇水后，每公顷盖稻草或锯末1200~1500kg，顺着行盖，中间不需翻动直到收获。盖草可加强土壤中微生物的分解，保持水分，减少杂草，为黄花远志生长创造良好生长条件。

(5) 病虫害防治

黄花远志的抗虫、抗病能力极强，一般无虫害。一旦发现远志叶尖被虫咬掉，可用"3911"杀虫剂配成300倍液喷施，喷施时应把远志叶的正面及背面都喷到，隔3d再喷1次。

病害防治：病害目前发现的只有枯萎病，若叶、根茎地上部分有干枯萎缩情况时，可用"退菌特"可湿性粉剂配成300倍液连喷3~4次，或在移栽种植前用"退菌特"700~800倍液先在穴坑面喷施杀菌，效果也很好。

4. 采收与加工

可加工制作成保健茶。

5.1.66 青牛胆

青牛胆 [*Tinospora sagittata* (Oliv.) Gagnep.] 为防己科青牛胆属草质藤本植物。其块根入药，味苦性寒，具有清热解毒、利咽、止痛之功效。

1. 形态特征

草质藤本植物，连珠状块根，膨大部分常为不规则球形，黄色；枝纤细，有条纹，叶纸质至薄革质，叶片披针状箭形或有时披针状戟形，很少卵状或椭圆状箭形，脉上被短硬毛，掌状脉连同网脉均在下面凸起；叶柄有条纹，花序腋生，常数个或多个簇生，聚伞花序或分枝成疏花的圆锥状花序，小苞片紧贴花萼；萼片常大小不等，最外面的小，常卵形或披针形，花瓣肉质，常有爪，瓣片近圆形或阔倒卵形，雄蕊与花瓣近等长或稍长；雌花萼片与雄花相似；花瓣楔形，核果红色，近球形；果核近半球形。4月开花，秋季结果。

青牛胆花

青牛胆块根

2. 生态习性

常散生于林下、林缘、竹林及草地上。

分布于湖南、湖北、陕西、四川、西藏、贵州、江西、福建、广东北部和西部、广西东北部和海南北部。

3. 栽培技术

（1）选地与整地

选定地块后，适当修剪树枝，剪去过密枝、1m以下的细枝、下垂枝及病虫枯枝；清除林下杂草杂木、机械损伤枝；除尽杂草，深翻地约30cm，打碎土块，耙平并拣出树根、草根、石块等杂物。做畦，畦高20cm~25cm，畦宽60~80cm，畦长视地块和方便作业而定。撒施腐熟半年以上农家肥 15000kg/hm², 硫酸钾 300kg/hm²、钙镁磷肥 700kg/hm²、草木灰 22.5~30.0t/hm² 作为基肥。

（2）育苗技术

青牛胆培养基为 MS+1.0mg/L 6-BA+0.5mg/L KT+0.1mg/L 2，4-D，其中 6-BA 和 KT 为腋芽诱导的主要因素；青牛胆茎段增殖的最佳培养基为 MS+0.5mg/L 6-BA+0.2mg/L GA+0.2113g/NAA L，生根的最佳培养基为 1/2MS+0.2mg/L IBA+0.4mg/NAA L，接种21d后可开始生根，30d时生根率为85.4%，可边炼苗边生根，10d后移栽。30d后移栽成活率可达87.3%以上在青牛胆继代增殖中，在 6-BA 浓度一定的情况下，添加 GA 可大幅度提高芽的增殖系数；添加 NAA 对芽的增殖和芽体生长有一定的改善作用 6-BA 虽是决定芽增殖系数的主要因素，但每一种植物都有合适自身分化和生长的浓度。浓度过高会抑制芽的分化和生长组培苗生产的关键是瓶苗的移栽成活率，因为瓶苗在培养室内有人工提供的适宜温度、丰富的养分和充足的水分，组培苗一旦脱离这些优越的条件，接受外界自然生长环境，外界环境的温度、湿度变化较大，因此移栽措施不当就会造成组培苗的死亡。

（3）栽植技术

炼苗、移栽基质和光照度对瓶苗移栽成活率都有很大影响，青牛胆苗高约5cm时开始炼苗。移栽前先闭瓶炼苗6d。再将培养瓶盖打开，放到全天自然光照，温度25℃的通风条件下炼苗3d，移栽时用镊子将试管苗从培养瓶中取出，洗干净根部培养基，放入添加了2mL/lNAA的无菌水中浸泡10min，移栽入已灭菌过的基质中（塘泥和河沙按3∶1体积比），移栽后7~10d用塑料薄膜保湿，上面再覆盖一层报纸，保持光照度以遮光率为60%左右为宜，空气湿度85%以上，每天喷雾1次，10d左右长出新根。移栽成活率达87.3%以上。

（4）林间管理

苗高30cm的时候及时搭架、除草。6月中旬可施肥：腐熟肥、复合肥混合，8~9月底是根茎肥大期，可叶面喷施根大灵。

（5）病虫害防治

最常见的病害是白粉病，可在发病前后喷施甲基托布津可湿性粉剂和多菌灵，每周1次；虫害主要为蚜虫，可利用黄板诱杀或50%抗蚜威可湿性粉剂进行防治。

4. 采收与加工

青牛胆生长至一定年龄后，全年都可以采收，以11月较好。采收后切片烘干。

5.1.67 叶下珠

叶下珠（*Phyllanthus urinaria* Linn.）为大戟科叶下珠属植物，其带根全草入药，具有清热解毒、利水消肿、明目、消积之功效。用于痢疾、泄泻、黄疸、水肿、热淋、石淋、目赤、夜盲、疳积、痈肿、毒蛇咬伤。

1. 形态特征

1年生草本，高10~60cm，茎通常直立，基部多分枝，枝倾卧而后上升；枝具翅状纵棱，上部被纵列疏短柔毛。叶片纸质，因叶柄扭转而呈羽状排列，长圆形或倒卵形，长4~10mm，宽2~5mm，顶端圆、钝或急尖而有小尖头，下面灰绿色，近边缘或边缘有1~3列短粗毛；侧脉每边4~5条，明显；叶柄极短；托叶卵状披针形，长约1.5mm。花雌雄同株，直径约4mm；雄花：2~4朵簇生于叶腋，通常仅上面1朵开花，下面的很小；花梗长约0.5mm，基部有苞片1~2枚；萼片6，倒卵形，长约0.6mm，顶端钝；雄蕊3，花丝全部合生成柱状；花粉粒长球形，通常具5孔沟，少数3、4、6孔沟，内孔横长椭圆形；花盘腺体6，分离，与萼片互生；雌花：单生于小枝中下部的叶腋内；花梗长约0.5mm；萼片6，近相等，卵状披针

叶下珠花

叶下珠果

形，长约 1mm，边缘膜质，黄白色；花盘圆盘状，边全缘；子房卵状，有鳞片状凸起，花柱分离，顶端 2 裂，裂片弯卷。蒴果圆球状，直径 1~2mm，红色，表面具一小凸刺，有宿存的花柱和萼片，开裂后轴柱宿存；种子长 1.2mm，橙黄色。花期 4~6 月，果期 7~11 月。

2. 生态习性

叶下珠多生长在温暖湿润，土壤疏松的地域，稍耐阴，生长地土质以森林棕壤和沙质土为主，土壤 pH 值 5.8~7.0。生于海拔 200~1000m 的山地灌木丛中或稀疏林下。分布于湖南、四川、云南、贵州、广东、广西、江苏、江西、福建、浙江、安徽等省区。

3. 栽培技术

（1）选地与整地

①选地：选择交通方便，周围 1km 范围内无产生污染的工、矿企业，无垃圾场等污染源，空气质量符合《大气环境质量标准》（GB 3095—2012/XG1—2018），土壤质量符合《土壤环境质量 农用地土壤污染风险管控标准（试行）》（GB 15618—2018）二级以上，灌溉水源水质达到国家《农田灌溉水质标准》（GB 5084—2005）的地区。要求地块土壤疏松透气，较肥沃，土质以森林棕壤和沙质壤土为好。土壤 pH 值 5.8~7。要求地块距公路 30m 以上，坡度 0~15°。

②整地：要求在选好的地块上整高畦，畦面宽 1.2m，畦长根据地形而定，畦面利于排水和便于干旱时灌溉。操作道宽 40cm，深 25cm。整地前在选好的地块上每公顷施入经腐熟无害化处理的农家肥 45000kg，过磷酸钙 750kg，尿素 225kg，深翻混匀后整地做畦。

（2）育苗技术

①播种育苗：播种时间在清明过后 4 月中旬进行。据测定叶下珠先年收获种子千粒重 0.52kg，发芽率 63%，每公顷用种量 7.5kg。播种方法以条播为好，在畦面每隔 20cm 开深 2cm 的细沟，将种子与细土拌匀后撒入沟内，即可。

②移栽：叶下珠种子较小，出芽较慢，4 月中旬播种后需 25d 左右出苗，出苗后定期查苗，当苗高 5cm 的时候进行定苗，株距以 5~7cm 为宜，发现缺苗应及时移栽补苗，叶下珠移栽应在下午进行，成活率极高。

（3）栽植技术

人工栽培条件下，在 4~5 月，当气温升至 30℃ 以上，播种后 5~15d 出苗，15d 左右出齐。1 个月后植株快速增高，分枝逐渐增多，而后开始开花、结果，花果期约持续 4~5 个月，直至枯萎死亡结束。采用种子繁育幼苗，人工幼苗移栽种植；水肥条件是：播种前多施底肥，移栽后施苗肥，干旱时适当浇水，保持土壤墒分。

（4）林间管理

一般每年集中除草 3 次，5 月底拔草 1 次，6 月下旬和 8 月中旬集中用小锄除草各 1 次，深度 3cm，平时视杂草情况随时拔除。严格禁镓止使用除草剂。长期干旱时应沟灌，让水沿操作道渗锌入畦内；雨季前应清理排水沟，确保田块不积水。追肥：7~8 月是叶下珠旺盛生长期，结合除草每公顷可施入磷酸二铵复合肥 300kg，尿素 150kg。

（5）病虫害防治

叶下珠花的抗病虫能力较强，少有病虫害的发生。常见的病害为褐斑病。褐斑病主要危害老叶、新叶及幼苗，发现病株及时防治是防治叶褐斑病的根本方法，可用 70% 甲基托布津 800~1000 倍液或 150 倍波尔多液喷雾，每隔 5d 喷 1 次，连喷 3~4 次。

4. 采收与加工

叶下珠应在9月下旬或10月上旬采收，10月中旬后随气温降低叶片很快变黄脱落，影响药材质量和品质。叶下珠药用部分为全草，且根系较浅，生长地土壤疏松，用手从基部连根拔出，抖净根部泥土后晾干。据试验测算，叶下珠每公顷产鲜草24282kg，每4.13kg鲜草可产1kg药材，大田每公顷产药材5879kg。注意在晾干药材过程中，叶下珠成熟果实大量脱落，收起药材后将底脱落层果实收集除去杂质，燥处保存。

5.1.68 文殊兰

文殊兰［Crinum asiaticum Linn. var. sinicum（Roxb. ex Herb.）Baker］为石蒜科文殊兰属植物，其叶或鳞茎入药，具有行血散瘀、消肿止痛之功效。主治咽喉炎，跌打损伤，痈疖肿毒，蛇咬伤。

1. 形态特征

为多年生粗壮草本。鳞茎长柱形。叶20~30枚，多列，带状披针形，长可达1m，宽7~12cm或更宽，顶端渐尖，具1急尖的尖头，边缘波状，暗绿色。花茎直立，几与叶等长，伞形花序有花10~24朵，佛焰苞状总苞片披针形，长6~10cm，膜质，小苞片狭线形，长3~7cm；花梗长0.5~2.5cm；花高脚碟状，芳香；花被管纤细，伸直，长10cm，直径1.5~2mm，绿白色，花被裂片线形，长4.5~9cm，宽6~9mm，向顶端渐狭，白色；雄蕊淡红色，花丝长4~5cm，花药线形，顶端渐尖，长1.5cm或更长；子房纺锤形，长不及2cm。蒴果近球形，直径3~5cm；通常种子1枚。花期夏季。

文殊兰叶

文殊兰鳞茎

2. 生态习性

性喜温暖、湿润、光照充足、肥沃沙质壤土环境，不耐寒，耐盐碱土，但在幼苗期忌强直射光照，生长适宜温度15~20℃，冬季鳞茎休眠期，适宜贮藏温度为8℃左右。产于湖南、四川、福建、台湾、广东、广西、云南等地。

3. 栽培技术

（1）选地与整地

文殊兰对土质要求不严，以疏松肥沃、通透性强的沙质培养土为宜。盆栽可用园土泥、木糠、腐熟鸡粪按5:3:0.5的比例拌匀即可使用。

（2）育苗技术

①分株繁殖：把文殊兰的假鳞茎和鳞茎基部发出的腋芽，在春秋两季翻盆时切下，进行离体培养，繁殖出一棵新株。

栽培小苗前，对切口要涂抹草木灰，以防植株体内液汁外流和伤口感染腐烂。上盆栽培要选通透性好的泥炭土和沙质土混合（严格消毒），栽培深度以埋住子株的假鳞茎、能稳固植株体为准。上盆时要注意幼苗根茎和土壤的密贴，对因浇水后倾倒的幼苗，要随时扶直，必要时插上竹签，把小苗轻轻地捆在竹签上，一般25~30d后能顺利长出新根。

②播种繁殖：文殊兰用人工授粉即可获得种子。文殊兰果实大如核桃，种子饱满，有的重达50g，每个果实有种子几粒至数十粒。种子长扁圆形，成熟的种子很硬实，表皮为淡绿色，种子胚芽在种子平放的下部2/3处，这是文殊兰发芽时间长的主要原因。播种前对种子要进行技术处理。用35℃的温水浸种子48h，捞起后用湿毛巾包裹，放在25℃的温暖处催芽。文殊兰种子在适宜的温度条件下，很容易萌发，一般15~20d胚芽萌发，便可播种。

播种时可根据种子的多少，选用土陶花盆或木箱。基质可用腐熟的锯末、马粪、河沙、炉灰渣等，使用前严格消毒，按照要求上盆。文殊兰种子颗粒大，操作时可用点播的方法，芽眼向上，覆土1.5cm。文殊兰的种子萌发需要水分，已经发芽的种子没有水分，不会继续发育。播后要用浸盆法把水浇透，苗床覆盖玻璃，置于温暖处，室温控制在22~25℃，大约15~20d，种子向下便生出豆芽状的根，40d后就能长出扁平叶片，刚出土的小苗不宜进行强阳光照射，可放在阴棚处，当小苗长出3~4片小叶后，便可分盆移栽。

（3）栽植技术

当小苗长出3~4片真叶时可移植上盆，移植一般在阴天或16：00以后为宜。栽种时选盆要选较大些，上盆时栽植要稍深一些，以将叶子接近盆土面为好。栽后要浇透定根水，刚定植的植株用遮阳网遮光，以提高成活率。由于文殊兰属长日照花卉，喜光照充足的环境，兑水肥比较敏感，所以在栽培管理上要根据生长特性做好浇水、施肥、光照、温度、湿度、修剪等技术工作。

（4）林间管理

文殊兰生长适温15~20℃。不耐烈日暴晒，而稍耐阴。夏季需置阴棚下，生长期需大肥大水，特别是在开花前后以及开花期更需充足的肥水。夏季充足供水，保持盆土湿润；每周追施稀薄液肥1次，花葶抽出前宜施过磷酸钙1次，花后要及时剪去花梗。9月上旬或10月下旬将盆花移入室内，放在温度为10℃左右的干燥处，不需浇水，终止施肥。于3~4月将鳞茎栽于20~25cm的盆中，不能过浅，以不见鳞茎为准，栽后充分浇水，置于阴处。地栽文殊兰每2~3年要分栽1次，以保持植株健壮，开花繁茂，否则生长不旺，开花稀少。

（5）病虫害防治

在高温潮湿时，叶片和叶基部易发生叶斑病和叶枯病，应加强管理，及时清除病叶，保持通风。发病初期可用化学方法防治。

4. 采收与加工

以叶和鳞茎入药。全年可采，多用鲜品或洗净晒干备用。

5.1.69 血党

血党（*Ardisia lindleyana* Lindl.）为报春花科紫金牛属植物。其根或全株血党，其具有祛风湿、活血调经、消肿止痛之功效。常用于风湿痹痛、痛经、经闭、跌打损伤、咽喉肿痛、无名肿痛。

1. 形态特征

灌木或小灌木，高1~2m；茎幼时被细微柔毛，无皱纹，除侧生特殊花枝外，无分枝。叶片革质或近坚纸质，亚伞形花序，单生或稀为复伞形花序，着生于侧生特殊花枝顶端；果球形，直径约6mm，深红色，微肉质，具疏腺点。花期5~7月，少数于4、8、11月，果期10~12月，有时有的植株上部枝条开花，下部枝条果熟。

血党花　　　　　　　　　　　　　　血党果

2. 生态习性

阴性植物，喜阴怕阳，生于海拔270~1150m的山谷、山坡林下阴湿处。产于湖南、广东、浙江、江西、福建、广西等地。

3. 栽培技术

（1）选地与整地

①选地：在靠山临水交通方便的地方，有利于夏季防风降温、冬季防寒保温。

②整地：遮阴是生产山血丹的必备条件。遮阴度对山血丹质量影响较大。建苗床，要求床面平实、床体均衡、床缘牢固，保证排水良好。

（2）育苗技术

播种育苗。山血丹种子是一种顽拗性种子，室温条件下贮藏容易丧失发芽力。在25~30℃发芽率较高且发芽较快。常温贮藏下种子的含水量不断下降，随着贮藏时间延长，发芽率也随之降低，因此成熟种子建议随采随播。

黄土是一种保水性能和透气性好的土壤基质，适合于播种。

（3）栽植技术

①地栽：在整理好的地里进行定植，拔小苗时注意小心慢拔，如拔不动说明根系发达，就要用竹签戳动基质，然后再拔。定植株行距为20cm×15cm，栽苗时不要栽得太深，然后把植株周围土压紧，浇透水，并要遮阴。

②上盆：小苗应选小号盆，在装盆土前，盆底部排水孔垫上瓦片，再在盆底垫 2cm 厚的碎石或煤渣、粗砂，便于排水，然后再把营养土装在盆内。盆土不要装得太满，要离盆口 1.5cm 为好。把拔出的小苗轻轻地栽在盆中间，不要栽得太深。再把周围的土压紧，浇透水，放在搭好的阴棚内养护。换盆宜每年进行一次。

(4) 林间管理

遮阴大棚中光照弱，温度也相对较低，基质失水慢，除连续晴天外，一般可以不用喷水。水分管理的原则是看苗看土看天看容器。看苗，即根据苗木大小和是否有缺水表现进行把握。看土，即根据基质的水分状况，表层基质见干即喷。看天，即根据天气情况，高温晴天要增加喷水频度，幼苗初期，苗木小、气温低、雨水多，很少需要喷水；春末夏初苗木渐大、气温渐高，在少雨时段需根据苗木及基质水分状况适时浇水；在夏季高温晴天，一般每 2~3d 喷 1 次；秋季晴日，每 4~6d 喷 1 次。看容器，即容器大，喷水间隔期长，反之则短。养分管理可从幼苗有 2~3 张真叶开始，采用基质补肥和根外施肥，基质补肥选用全素营养复合肥撒施基质表面，宜少量多次，根外追肥可用 0.1%尿素+0.1%KH_2PO_4 结合病虫害防治进行。

(5) 病虫害防治

病虫害防治的主要对象是茎腐病、食叶蛾类、蜗牛。目前防治山血丹茎腐病的特效药剂有 2.5%悬浮种衣剂——适乐时，为瑞士先进达作物保护有限公司生产的种子处理杀菌剂。其使用方法：在茎腐病初发生时期，用 1200~1500 倍液喷洒植株中、下部；每隔 10d 喷洒 1 次，连续喷洒 2~3 次即可达理想的防治效果。食叶蛾类可用 25%灭幼脲 3 号 1500 倍液，或 36%苦参碱水剂 1000 倍液喷洒。防治蜗牛的有效药剂 3%g 蜗净 wp170 倍液喷洒。

①病害防治：一种是茎腐病，另一种是叶片褐斑病，主要发生在夏季高温多雨季节。如夏季苗期管理措施不当，易发生此类病害。防治方法为每隔 30d 喷洒甲基托布津 800~1000 倍液，每隔 20d 喷洒 50%多菌灵 600~800 倍液 1 次，防病效果很好。

②虫害防治：主要是造桥虫危害叶片，钻心虫危害果实。

4. 采收与加工

全年均可采，洗净，切段，鲜用或晒干。

5.2 林菌种植技术

5.2.1 黑木耳

黑木耳 [*Auricularia auricula* (L. Ex Hook.)] 为真菌学分类属担子菌纲木耳目木耳科植物，别名光木耳、云耳，是木耳类最有名的一种食用菌。黑木耳色泽黑褐，质地柔软，味道鲜美，营养丰富，可素可荤，是家庭常备菜品，并可防治缺铁性贫血及其他药用功效。黑木耳自然生长于栎、杨、榕、槐等 120 多种阔叶树的腐木上，单生或群生。分布广泛，全国各地均有野生或人工种植产品。

1. 林地选择

自然生长在林间的木耳，一般在阔叶树枯萎树干或砍伐后的树桩上，因此，选择的林下栽培地点，应使黑木耳的生长环境达到类似野生状态的适宜条件。黑木耳属于恒温结实性菌类，菌丝最适生长温度 22~32℃，原基分化温度为 15~27℃，子实体生长发育温度为 20~

24℃；子实体在分化及生长阶段要求空气相对湿度为90%~95%；菌丝在黑暗中能正常生长，子实体生长期需250~1000Lux的光照强度。为好气性真菌，pH5~5.6最适宜。黑木耳喜阴暗潮湿，所以选地要避开干旱的风口地，选择在半阳半阴的阔叶树林，最好不要选择重茬地，用水可选用清澈无污染的山涧水或是用深井水直接浇灌都可以。林地要求夏季平均气温约为25℃、空气湿度较大、有一定量散射光线的环境。

2. 林地处理

黑木耳为好气性真菌，林地出菇主要是利用阔叶树的遮阴、林地的空间及森林的增湿造氧能力。本文采用代料袋栽，在林间挂袋出耳，对林地无需整地，相邻树之间可用铁丝相连，用来挂袋。高处建蓄水池和石灰池，连接好喷水管道。

3. 林菌间栽培模式

目前黑木耳栽培方法有段木栽培与代料栽培等多种，段木栽培需要较多的林木资源，而代料栽培原料来源广，易于扩大规模，出菇周期短，是当前黑木耳栽培的主流方式。采用代料栽培黑木耳技术，利用林下环境挂带出耳，是一种可行而环保的栽培模式。

4. 栽培技术

（1）培养料配方

以本地区资源和实际情况，培养基多以阔叶树木屑为主，常用的配方有：①木屑86.5%、麸皮10%、豆饼粉2%、生石灰0.5%、磷肥1%。②木屑78%、稻糠18.5%、黄豆粉2%、石灰0.5%、磷肥1%。

（2）培养料的配制

按配方比例称取各种原料，先将磷肥、石灰粉碎混拌，再与豆饼粉、麦麸或稻糠等精料混拌均匀，最后与木屑混拌，拌匀后按1∶1.3比例加水，拌料2~3遍，然后焖堆2~4h，使含水量达60%左右，即可装袋。

（3）装袋灭菌

现在都采用机械装袋，要选择优质菌袋装袋，装袋要做到上紧下松，料面平整，无散料，袋面光滑无褶皱，装袋后的料面高为17~18cm，每袋重约1.1kg，装完料的栽培袋应放入蒸汽灭菌锅进行灭菌，一般多采用常压蒸汽灭菌。常压锅的温度一般可达到100~108℃左右，首先加火升温、排尽冷空气，2~3h升温至100℃时开始计时，保持5~6h再焖锅1~2h。

（4）接种培养

灭菌后的栽培袋搬到室内冷却，当袋内温度至30℃左右时，要及时抢温接种，接种质量直接关系到木耳产量和质量，接种时要进行严格的无菌操作。

①接种室消毒：接种室在使用前2d用高锰酸钾、甲醛或其他烟雾消毒剂进行熏蒸。

②将待接菌的栽培袋搬入接菌室，将原种和接种工具等放在工作台上，用熏蒸剂再进行一次消毒并打开紫外线半小时后进入室内接种。

③一般一瓶菌种可接栽培袋30~40袋，接种后立即复原封盖，做到无菌操作。

5. 管理

（1）发菌管理

养菌要保证培养室内空气清新、环境清洁，接种后的菌袋放于25℃的培养室内，培养一周左右，菌丝全部封盖后，把温度降至20~24℃，当菌体长到2/3时，可挑出部分杂菌。并上、下、里、外对菌袋互换位跲，使其发菌均匀，平时要勤检查室内、袋内温度，坚决不能出现高温，否则会直接影响木耳产量。培养过程要注意前期防低温，后期防高温。经过40d左右培养，菌丝长满菌袋，即进入出耳管理。

（2）出耳管理

林地挂袋：将树与树之间用10号铁丝每隔20cm拉一根作挂袋用。先除去菌袋口棉塞和颈圈，用绳子扎住袋口，用14号铁丝制成"S"形挂钩，将袋吊挂到栽培架的铁丝上。

划口：以"V"形口为最佳，其优点一是口形小，与空间接触少避免露空，营养成份散失；二是口形上大下小，由于木耳形成翘起，培养阶段喷水时起到保护伞作用，避免喷水时水直接透到口内，引起杂菌污染；三是"V"形口下言三角尖部位小，正好让水分保留一小点于尖口，有利于穴口保湿出耳；四是木耳形成时，划口处两条余角连接，木耳顶起塑料膜，使它自然向上翘起。

（3）水分管理（在不同时期应掌握不同的喷水方法）：

①子实体分化期：此时像珊瑚状的耳芽刚刚形成，相当细嫩，既需要水分，又不能浇大水，此时期要做到少喷勤喷。

②子实体生长期：此时耳片分化向外伸展、划口处彻底封住，应加大浇水量。如气温在20℃以下，可在10：00~16：00之间喷水，温度在20℃以上，要早晚喷水，避免高温天气浇水，以免形成高温高湿。喷水应总体掌握"干干湿湿"的原则，即要根据天气情况，在连续浇水5~7d时，应安排2~3d晒袋，干的时候菌丝得到休息，进一步积聚养分，湿的时候积聚的养分得以释放，化成耳片，促使其快速生长。

（4）采收

已长大成熟的木耳，应及时采取做到勤采、细采，以达到高产优质的目的。木耳的最佳采收期是耳片应在八九分熟，此时耳片质量好，而且有重量，木耳成熟的标准是颜色转淡，耳根由大变小，耳片直立。待木耳充分展开，边缘起褶变簿，耳根收缩，耳背后面呈现浅白色，孢子即将弹射之前采收，采收前应停止浇水。采耳原则是及时采收，采大留小，耳片未展开没有商品价值，可留着下茬采收。采收方法：可用刀片在耳基处割下不要带锯沫，保持耳片的清洁度，也可手握住耳片贴根基处拧下。

5.2.2 茶树菇

茶树菇（Agrocybe aegerita）为伞菌目粪伞科田蘑属菌类，别名茶菇、油茶菇、神菇，是一种珍稀食用菌和药用菌。目前已人工驯化栽培成功，在我国南方各地均有栽培。

1. 形态特征

子实体单生、双生或丛生，菌盖直径5~10cm，表面平滑，初暗红褐色，有浅皱纹，菌肉（除表面和菌柄基部之外）白色，有纤维状条纹，中实。菌柄中实，长4~12cm，淡黄褐色，附暗淡黏状物；菌环残留在菌柄上或附于菌盖边缘自动脱落。内表面常长满孢子而呈绣褐色孢子呈椭圆形，淡褐色。菌褶与菌柄成直生或不明显隔生，初褐色，后浅褐色。

2. 生物学特性

(1) 营养

对营养物质的要求，可分为碳源、氮源、无机盐类以及生长素物质。茶树菇的碳源主要来自于各种植物性原料，如：杂木屑、棉籽壳、玉米芯、茶饼粉等。菌丝又利用纤维素、半纤维素，利用木质素能力较差，利用蛋白质能力极强，茶树菇所吸收的碳素大约只有20%左右被用于合成细胞物质，80%被用以维持生命活动所需的能量而被氧化分解，因此在茶树菇的生命活动中，对碳素营养物质的需求量最大。

(2) 温度

茶树菇属中温型食用菌。在PDA培养基上，在26℃条件下孢子经24小时就能萌发，经48h后，肉眼可见到微细的菌丝。菌丝生长的最适温度23~28℃，超过34℃停止生长，在-4℃可保存3个月。子实体原基分化的温度范围是12~26℃，最适温度为18~24℃，较低或较高温度都会推迟原基分化。温度较低，子实体生长缓慢，但组织结实，菇形较大，质量好；温度较高，易开伞和形成长柄薄盖菇。

(3) 水分

茶树菇栽培的培养基含水量应掌握在60%~65%，即用手抓一把培养基，用劲捏，指缝间湿润，稍有水滴但不流下，手指松开成块，落地后散开为宜。但不同种类的木屑及粗细不同略有差别，应灵活掌握。菌丝生长时，空气相对湿度要求在70%以下；子实体形成发育期为85%~95%，生长期适当降低，以延长产品保鲜期。

(4) 空气

茶树菇属好气性大型真菌，对二氧化碳十分敏感，通气不良二氧化碳浓度过高，易造成菌丝生长缓慢、子实体菌柄粗长、菌盖细小、早开伞、畸形菇等现象。

(5) 光线

茶树菇是需光性真菌，子实体具有趋光生长特性，适宜的漫射光是完成正常生活史的必要条件。菌丝体培养期间，在无光条件下仍然生长，但不形成子实体。子实体没有光照不易分化，适宜光照强度为50~300Lux。

(6) 酸碱度

茶树菇菌丝喜弱酸性环境，最适pH值5.5~6.5，pH值4以下或6.5以上菌丝生长稀疏、缓慢。

3. 林下栽培技术

(1) 林地选择

选择10年以上树冠基本郁闭，遮荫度为70%~80%，凉爽、湿润、氧气充足的油茶山或果树园地为栽培场所。要求交通便利，缓坡，靠近水源，雨季不积水，远离污染源，土壤肥沃，质地疏松不易板结。菌棒长满前做畦，先清除林地石块及枯枝烂叶，撒上石灰进行消毒灭菌，并将土壤耕深15cm左右。四周开好排水沟，以防雨季积水。畦宽100cm，沟宽30~35cm，畦长不限。

(2) 配方及菌棒制作

配方1：杂木屑9%、棉籽壳70%、麸皮20%、石膏1%；配方2：杂木屑30%、棉籽壳30%、玉米芯20%、麸皮或米糠19%、石膏粉1%；配方3：杂木屑60%、玉米芯20%、麸皮或米糠19%、石膏粉1%。

上述配方含水量为60%，自然酸碱度，秋季栽培应加入0.1~0.2%的多菌灵；油茶栽培地区可加10%的茶籽壳粉，能有效提高产量。按照选定的栽培料配方，称取各种原料，将木屑、麸皮、玉米粉、石膏粉或石灰粉依次撒在棉籽壳堆上混拌均匀（棉籽壳需提前预湿），接着加入所需的清水，使含水量达60%左右。采用发酵料栽培，可提高菌丝生长速度，且污染率低。发酵料制作同平菇生产，发酵好的料选用15cm×30cm×0.005cm的低压聚乙烯袋用装袋机分装，装好后松紧一致，料面平整，装料高度在20cm左右。装袋完成后要立即进灶灭菌，袋间及四周要有空隙，以利蒸气流通。开始采取旺火快速升温，尽量在4~6h内将温度升到90℃左右，此时要打开排气孔，放出灶内冷气，直至冒出很烫的热气为止。继续升温达100℃时开始记录时间，保持100℃灭菌14h以上，即可停火，闷过夜。灭菌结束后，待锅内温度降至60~70℃时，方可趁热搬运料袋到接种室。因塑料袋受热变软易被木屑刺破，所以搬运要轻拿轻放。茶树菇菌丝抗杂力较弱，因此灭菌要彻底，灭菌是否彻底是茶树菇栽培成败的关键因素之一。

（3）菇房（棚）的消毒

菇房（棚）要求干净、干燥、通风、避光，远离作坊、仓库及禽畜栏舍，调温和透光性能良好。栽培前须进行全面杀虫和消毒，首先打扫清洗干净后用杀虫剂喷洒杀虫，隔3~5d后，再用甲醛熏蒸消毒，以防治杂菌滋生。培养期间，每隔1周进行1次消毒。

（4）接种及发菌管理

茶树菇栽培按季节分春栽和秋栽。春栽一般在2~3月生产，6月后开始出菇，秋栽一般9~11月生产，翌年4月份后开始出菇。

待料温降到30℃以下方可接种。春栽时气温较低，一般白天接种，但秋栽时气温较高，就要利用早晚和夜间凉爽时接种。接种箱或接种室需提前消毒，每立方米用1包雾气消毒剂熏蒸，接种一般两人一组，解开袋口，每袋接入一块菌种后捆扎叠堆。菌种尽量成块状，避免过碎以防死种。选用的栽培种菌丝要浓白、健壮、无病虫害，菌龄以满瓶后10d左右，待菌丝吃透料后，再用于接种，这样的菌种发菌有力，吃料快。将接种后的菌袋竖立排放在室内的层架上，在25℃左右条件下培养45~55d，菌丝即可发满全袋。发菌期间，室内尽量保持黑暗。

（5）林间管理

菌袋长满菌丝后，再过10d左右，即可搬入事先经消毒灭虫的林地畦床内，将菌袋用刀片在接种口即菌袋顶部割开3cm左右小口，盖上薄膜，保持温度在20~28℃左右，相对空气湿度85%~90%以内，开口后十几天，不能直接喷水，以免感染杂菌，开口5d后，湿度过高，早晚通风可长一点，一般10~15min，湿度过低，可在旁边喷水提高湿度。菌丝从营养生长转入生殖阶段料面颜色起变化，初期出现黄水，表面有深褐色的斑块。接着出小菇蕾，只要温度湿度适合，一般开袋后15~20d内开始出菇。

（6）采收

从菇蕾出现到采收一般需要5~7d。采收时应抓住基部一次性将整丛大小菇一起拔下，以利下茬菇发生。采收后清理菌袋料面，合拢袋口，让菌丝休养生息2~3d，然后又重喷水，连喷2~3d又出现原基，第二茬菇开始生长，以后重复上述管理，整个周期一般可收5~7茬菇，生物转化率一般在50%~70%。当采收2茬菇后，袋内培养料的营养和水分消耗较多，这时培养袋明显变轻，必须及时进行补水。催菇前为最佳补水时期。补水的方法很多，一般采用浸水法或注水法。浸水法是将菌袋中央用 8 号铁丝打 2~3 个洞，然后将菌袋码进浸水池，用木板和石块压紧，然后灌进清水或营养液，至淹没菌袋，达到补水的重量后捞起菌袋，沥干菌袋表层水分进行排场催蕾。注水法是将清水或营养液用注水器直接注进菌袋，注水结束打开门窗通风，沥干菌袋表层水分。

5.2.3 鸡枞菌

鸡枞 [*Termitornyces albuminosus* (Berk) Heim] 为担子菌亚门层菌纲伞菌目口蘑科菌类植物，是菌族中的上品，因其内部纤维结构、色泽似鸡肉，食用时又有鸡肉的特殊香味，加之生长形式为一丛一丛的，故得名鸡枞菌，分布于热带、亚热带地区，是我国著名的名贵食用菌之一，现已发现的品种有 12 个品种及亚种，唯一突破人工栽培的只有黑皮鸡枞。

1. 形态特征

子实体在阔叶林，混交林或竹林、茶林地上单生或散生，菌盖直径 7~15cm，圆形，中部微凸起呈脐状，并有辐射状皱折，光滑，湿时强粘性，表面淡褐色、茶褐色、棕黑色。盖缘全缘，菌肉白色。菌褶直生至弯生，较厚，白色，稀疏排列，长短不一，成熟后往往在褶缘处呈黄褐色。菌柄中生，菌柄长 10~20cm，粗 1~3cm，圆形，中实，灰褐色，表面有细毛鳞，基部较膨大，有细长假根向下延伸；肉质白色。

2. 生物学特性

（1）营养

鸡枞菌属典型的土生木腐菌，对碳氮比没有严格的要求，凡含有木质素，纤维素的原材料（如棉籽壳、木屑、稻草等）都可栽培鸡枞菌。

（2）环境条件

①温度：菌丝生长适宜温度 12~30℃，最适温度 20~25℃，子实体分化和生长温度 15~28℃，最适温度 25℃左右。

②湿度：在菌丝培养期间要求培养料含水量 65% 左右，空气相对湿度 70% 左右，生长期要求空气相对湿度 85%~95%。

③空气：生长发育期间要求空气清新，二氧化碳浓度在 0.03% 以下。

④光线：对光线基本不敏感，30~500Lux 范围内均可正常生长。

⑤酸碱度：要求 pH 值为 5.5~7.3。

3. 林下栽培技术要点

（1）林地选择

菌袋长满前，需要做畦晒土。应选取透气性良好的菜园土先晒干晒透备用。若遇长期处于潮湿状态的菜园土，则应先晒干，后喷 0.5% 的甲醛溶液，拌匀后用塑料布闷 1d，然后打开塑料布，将菜园土摊开，消除气味。

（2）栽培季节

长根菇属中高温型菌类，出菇温度为 15~28℃，出菇期一般为 4~10 月，加之它的成熟周期要求适温下菌龄达 60d 以上才能出菇，根据我地的气候条件，长根菇栽培接种一般应安排在秋末冬初,主要是一可提高单产,二可提早出菇(在气温更低条件下出菇),三因为那时气候更适于菌丝生长,同时,养菌温度适合可大大降低污染率。

(3) 栽培料配方

①棉籽壳 35%、阔叶树木屑 38%、麸皮 25%、碳酸钙、过磷酸钙各 1%;②木屑 70%、麦麸 20%、玉米粉 5%、磷酸二氢钾 1%、白糖 2%、过磷酸钙 1%、石膏 0.5%、尿素 0.5%;③棉籽壳 40%、稻草 20%、杂木糠 18%、麦麸 20%、石膏 1%、糖 1%;④棉籽壳 50%、杂木屑 30%、麸皮 18%、糖 1%、石膏粉 1%;⑤棉籽壳 40%、干稻草 20%(切碎)、杂木屑 20%、麸皮 18%、石膏粉 1%、糖 1%;⑥木屑 48%、棉籽壳 35%、麸皮 15%、糖和碳酸钙各 1%;⑦木屑 48%、棉籽壳 25%、麸皮 25%、糖、碳酸钙各 1%;⑧木屑 65%、棉籽壳 20%、麸皮 12%、石膏 2%、过磷酸钙 1%;⑨棉籽壳 78%、麸皮 20%、碳酸钙 1%、过磷酸钙 1%。

(4) 培养料的调制

先将棉籽壳预湿,在夏季预湿棉籽壳需加 1% 的石灰,预湿的棉籽壳不可堆放,只能摊开,以免发酵,第 2d 按配方把预湿的棉籽壳,木屑、麸皮、糖水和碳酸钙混合拌均匀,含水量调至 65% 左右,即手握培养料现水但没有水下滴为宜。

(5) 装袋

将调制好培养料装入塑料袋内,塑料袋一般采用 18cm×36cm×0.03cm 聚乙烯塑料袋,料高 20cm,干料重约 0.35kg。

(6) 灭菌

将装好培养料的塑料袋放入高压锅或灭菌灶内进行消毒灭菌,高压灭菌,在 $1.5kg/cm^2$ 压力下消毒 150min,常压灭菌温度上升到 100℃ 后,保持 12~14h。

(7) 接种

将消毒的栽培袋、菌种、接种器械搬入接种室(箱),用 15mL 甲醛加入 8g 高锰酸钾/m^3 熏蒸(2~4g 气雾消毒剂)0.5h,即可接种,接种时要严格按照无菌操作进行,动作迅速准确。

(8) 培养管理

接种后,将菌袋搬入发菌室排放于光洁的地面或层架上进行培养发菌,为确保培养室干燥和防鼠害,可在地面上撒石灰粉,门窗尽可能用纱窗纱门,既有利于通风又可防虫害,培养期间,检查有否杂菌污染,并清除污染袋,室内温度不宜过高,以 25℃ 左右为宜,空气相对湿度 70%,保持培养室通风洁净,避光培养。一般经过 30~45d 菌丝长满袋,继续培养 25d 左右,培养料表面出现黑褐色菌皮或菌丝组织时,标志菌丝已达生理成熟。

(9) 开袋覆土

当菌丝已达生理成熟后,即可搬入出菇房进行开袋覆土出菇。若发现菌袋料面有革质菌皮,则是菌丝在培养期遇到高温产生黄水,由黄水长期浸泡料面菌丝形成的,革质菌皮在开袋时应被耙掉。准备工作做好后把生理成熟的长根菇菌袋选出来,拔去套环,并把袋口折下,折成边缘比料面高 3~4cm,再把晒好的菜园土略调湿,覆在长根菇菌袋料面厚约 1~2cm,然后在靠近料面的塑料袋在不同侧面割 2~3 个渗水口,以防积水于袋内。开好的菌袋排放于地板或层架上,由于夏季炎热,袋与袋之间最好有 2cm 的距离,并喷重水一次。

(10) 出菇管理

当气温回升,夜间温度开始达 10℃,白天温度达 20℃ 以上,即可开始喷水,经常保持覆土湿润，注意应勤喷水，喷轻水，以防泥土太湿或结块。当有菇蕾出现时，加大对整个出菇环境的喷水量，保持空气相对湿度在80%~90%。在温度适合时，15~30d 就可现蕾。在子实体生长期间，喷水应掌握"干干湿湿"，因为长期高湿菇蝇和螨虫极易繁殖，容易招来虫害，长期干燥自然不利于子实体的生长。另外，喷水还应喷雾状水，以免泥土溅到子实体上影响商品价值。

（11）采收

当菌盖开始开展，六、七成熟，菌柄未充分伸长时即可采收，这样有利于包装运输销售。采收时手指捏住菇柄基部，轻轻旋转拔起即可，采收后及时削去柄基部的泥土，并上市销售。采收第一潮菇后要清理料面，养菌3~5d，然后喷重水1次，管理方法同第1潮菇的管理方法，约15d后可采收第2潮菇。一般可出3~4潮菇。

（12）病虫害防治

①长根菇的病害主要有细菌，粘菌和真菌中的木霉。细菌主要由袋内积水和土壤没处理有关。粘菌则主要是长期在高湿度环境下发生的，只要经常通风控干就可控制住，或者用草木灰溶液喷于感染处，木霉则是在长根菇菌丝生活力较弱的情况下覆土时发生的，所以要注意长根菇接种后培养期间的温度，并确保在菌丝未老化前开袋。

②长根菇的虫害主要有螨虫、菇蝇和蛞蝓，它的虫害主要靠综合防治。首先注意环境卫生，排袋前地面喷杀虫剂或撒石灰，栽培过程注意隔断四周的虫源，一发现有烂菇应及时清理掉，待到长螨虫和菇蝇时只好分别喷施虫螨净和菇虫净。

5.2.4 金针菇

金针菇［*Flammulina velutiper* (Fr.) Sing］为口蘑科金钱菌属植物。林地套种金针菇是充分利用林地资源，提高林地经济、生态、社会总体效益的一个新途径，近年来在我国已逐渐引起重视。符合条件的阔叶林、果园等都可作为套种场地，根据具体情况，可分别采用畦栽、室内养菌林下套种等栽培模式。

1. 场地设计

选择地势高、周围清洁、靠近水源的林荫地，挖东西向畦，畦宽1m，深40cm，长度视场地而定。将畦底整平，使用前撒石灰粉消毒。

2. 季节安排及栽培菌株

采用金针菇菌株为三明一号，浓色品系007、008等。金针菇为低温型菌类，菌丝生长适宜温度为25℃左右，子实体形成发育温度为5~16℃。主要栽培品种为三明一号、浓色品系007、008等，9月上旬至10月中旬，气温在20~25，适于金针菇的制袋接种，经一个月的发菌，气温降至16℃以下，正好适合子实体生长发育。

3. 制作菌袋

培养料配方为棉籽壳78%、麸皮20%、白糖和石膏粉各1%，调含水量为65%~70%；棉子壳97%、尿素1%、石膏粉1%、过磷酸钙1%；玉米芯73%、麸皮25%、石膏1%、红糖或白糖1%；棉籽壳65%、麸皮20%、玉米粉10%、黄豆粉3%、石膏粉1%、石灰粉1%等。栽培规格为17cm×33cm的聚丙烯塑料袋或17cm×40cm低压聚丙烯塑料袋，可装料折干料200~250g。培养料装至袋深的1/2（利于出菇），料面要压平，封口后，常压灭菌8~10h，料温冷至30℃以下接种，每瓶原种接种20袋，置室内床架上培养，在20~25℃下，约35d菌丝体长满袋。

4. 放袋催蕾

将长满菌丝菌袋移到林下，解开袋口，用消毒工具刮去表面菌种及老菌丝，目的是刺激菌丝比较早的出菇，并且使子实体生长整齐健壮。工具要用0.2%~0.3%的来苏尔溶液消毒，以刮到新菌丝层为适度。将袋口拉直呈套筒状，依次排放到畦床内，袋口上用报纸覆盖，然后用竹片在畦床上架小拱棚，加盖黑色塑料薄膜。每天揭膜向报纸上喷水2~3次，使棚内相对湿度保持在90%左右，10d左右即可现蕾。当金针菇长到袋口翻卷处时，就可以将袋口捋直长菇了。在此期间，报纸上不能有积水，以防止漏到菇蕾上导致幼蕾腐烂。

5. 出菇管理

现蕾后，应当使菇床的温度控制在5~16℃，空气相度湿度控制在95%左右，直到采收一直保持这样的湿度，以使同一批菇的生理成熟度一致，出菇整齐健壮，促进子实体生长。为保持畦床温度，可加盖草帘。喷水应该在早晚进行，掌握勤喷少量多次，做到高温不喷水，注意应当向空间喷水，不能向菇体上直接喷水。否则菇体基部颜色会变成黄棕色或咖啡色，影响菇的品质。出菇期见，早晚应通风20min左右。当菌柄长到3~4cm时，及时将卷下的塑料袋折扣往上提，一般情况下分两次提高，注意，提高的塑料袋口应当高于子实体5cm左右，这样，一方面可以抑制开散促进菌柄生长，另外可以防止菌盖碰到覆盖薄膜上的水，而发生腐烂或产生病害。

6. 采收

林地套种金针菇从接种到采收结束，一般需要110d左右。当菌盖直径为1~2cm，菇柄长至15cm以上时，要及时采收。采收时，一手拿着菌袋，一手握紧菌柄基部，将金针菇整丛采下。金针菇一般可采3~4潮菇，每潮菇的采收时间间隔15d左右。产菇量一般集中在前两潮，采菇后要进行搔菌。林地套种金针菇每亩林地按有效利用面积180m^2计，可投料4000kg，生物学效率为100%以上，可产鲜菇4000~5000kg。

5.2.5 平菇

平菇（*Pleurotus ostreatus*）属担子菌纲伞菌目口蘑（侧耳）科侧耳属植物，别名侧耳，是世界三大食用菌之一。目前栽培的主要种类有：糙皮侧耳、美味侧耳、晚生侧耳、白黄侧耳、凤尾菇等。

1. 林地选择

选择地势平坦、水源方便、种植3年以上或胸径5cm以上、行距3~4m、郁闭度0.7~0.9的速生丰产林地。

2. 林地处理

清理林间地面，除去杂草、碎石等，用农药喷洒消毒，在林间用竹子搭拱架，棚宽1.5m、高0.8m、长度根据林地而定（最长不超过30m），每隔2m用竹子拱起，摆放菌袋需在棚内离地25cm左右纵向拉7~8排铁丝，棚外用棚膜覆盖，冬季还需加盖草帘等。

3. 栽培技术

（1）栽培原料

栽培平菇的原料非常广泛，稻草、甘蔗渣、杂木屑（指除松、杉、柏、樟等之外的绝大多数阔叶树的木屑，有异味的木屑，如苦楝树、槐树、黄连木的木屑不宜直接使用）玉米杆、玉米芯、废棉、棉籽壳、谷壳等农作物秸秆都是栽培平菇的原料，但都要求新鲜、无霉变、无虫蛀，不含农药或其他有害化学药品。此外，适当配以麦麸或米糠、玉米粉、花生藤粉等含氮丰富的辅料，同时添加适量的石灰、石膏、过磷酸钙、磷酸二氢钾、食盐等提供钙、硫磷、钾等元素、调解酸碱度、促进菌丝生长。

（2）科学设计配方

原料合理配方调配应遵循以下原则：第一，选择来源广、价格便宜的原料，如稻草、杂木屑等；第二，一般要求所配制的培养料的C/N比为40∶1~60∶1左右。

平菇原料配方：

①杂木屑或稻草（切碎）78%、麸皮或米糠15%，玉米粉3%、过磷酸钙1%、石膏1%、石灰粉2%；

②玉米芯68%、棉籽壳20%、麸皮或米糠8%、过磷酸钙1%、石膏1%、石灰粉2%；

③甘蔗渣40%、杂木屑34%、米糠20%、石灰3%、石膏1%、过磷酸钙1%、磷酸二氢钾1%。

上述配方原料的含水量要求65%，pH值7.5~8.5。

原料配制：

①称样：按照所选配方准确称取配方中的各种原料。

②混合、搅拌均匀、调节培养料含水量和酸碱度。

原料调配好，调节好原料水分65%左右，酸碱度pH7.5~8。

（3）栽培品种的选择与菌种的准备

应根据栽培时间和规模有计划地准备菌种：自己制菌种的，根据栽培时间、规模及各级菌种生长时间安排菌种生产即可；需要想外面买种，则需提前订种。一般来说，栽培种提前15~20d，原种提前25d左右订种。

（4）菌袋制作

①塑料袋准备：采用直径23~25cm的聚乙烯或聚丙烯塑料薄膜筒料，将其裁成42~50cm长的筒袋。

②装袋：两头装袋。

（5）灭菌

灭菌锅温度达到100℃，10~12h，停火，闷锅6~8h，再出锅。

（6）接种

接种前要严格检查菌种是否污染。

①接种室设计：约10~15m²，石灰墙壁，水泥地面，四周能密封的房间即可。若无房间，亦可以用简易的接种帐进行接种。

②接种房消毒：菌袋灭菌的同时需对接种房进行消毒。

方法一：按照甲醛10mL+高锰酸钾5g进行混合，两者反应产生气体对整个空间消毒。

方法二：采用食用菌专用的烟雾剂进行消毒。如必洁仕、烟雾王。

③接种方法：两头接种，每袋菌种可接13~18袋菌袋。接完种后马上套上直径为5cm

的环圈，并用报纸封口。环圈孔用包装带自焊接而成，环圈和报纸均事先灭菌。

（7）发菌管理

发菌期管理的主要任务是创造适宜平菇丝生长的温度、湿度、光照、空气等生活条件，促使平菇菌丝顺利萌发、定植、健壮生长，为出菇打下基础。

①菌袋的堆放：菌袋的摆放的层数可列状摆放，也可"井"摆放，一般摆层数为4~6。

②管理要点：一是注意温度变化，保持温度（24~28℃）。二是经常通风换气，保持空气新鲜。三是保持干燥，不要喷水。四是黑暗培养。五是翻堆检查。接种后10d内要勤检查，发现污染的要及时拣出处理，15d后把上下料调堆，检查菌丝生长情况。六是预防鼠害和虫害：防止老鼠咬破料袋和害虫危害，以免影响菌丝生长和引发杂菌感染。

温度适宜，菌丝生长正常，从接种到菌丝长满袋后一周内，应将菌袋移到出菇场地进行出菇管理。

（8）出菇管理

①拉大温差：刺激出菇平菇是变温性结实菌类，变温刺激有利于平菇子实体的形成。低温和较大的温差，利于刺激平菇原基分化。

②加强水分管理：适宜的空气相对湿度是子实体形成和正常发育获得高产的重要条件。每天喷水的次数和数量应看天气干燥情况、气温高低姬菇朵生长情况灵活掌握，空气干燥时多喷，高温多喷（过高温度中午不喷），反之少喷。子实体形成初期以空间喷雾加湿为主，以少量多次为宜，保持地面湿润，切忌向菇蕾上直接喷水，只有当菇蕾分化出菇盖、菇柄时才可以少喷、细喷、勤喷雾状水。当平菇菌盖大多长至直径3cm以上时，可直接喷在菇体上。出菇期空气相对湿度最好不要低于80%，以85~90%为最佳。采完一潮菇后，停止喷水3d左右，然后重新喷水，刺激新一潮菇的形成。

③加强通风换气：一般的出菇场地适当打开窗即可，阴雨天可全天通风，但通风换气必须缓慢进行，不可过大过猛，应避免风直接吹到菇体上，以免造成幼小菇蕾失水死亡，中大菇体因菌盖表皮失水形成"花菇"，严重时导致萎缩死亡。

④控制光照：平菇子实体的形成必须有光线的刺激，散射光可以诱导早出菇、多出菇，但不能阳光直射以免把菇体晒死。通常以能看报纸的光线即可。

一般从接种到子实体原基的形成需要35d左右。

（9）采收

一般七成熟即菌盖边缘尚未完全展开，孢子未弹射时采收最好，此时菇体柔软、柔嫩、味美可口，产量和营养价值都高。采摘时一手按住培养料，一手抓住菌柄，将整丛菇旋转拧下，将菌柄基部的培养料去掉，注意轻拿轻放，防止损伤菇体，不要把基质带起。一潮菇采完后，应及时清理料面，将死菇、残根清除干净，同时打扫卫生。

5.2.6 丝毛菌

丝毛菌（*Lactarius deliciosus*）为伞菌目铆钉菇科铆钉菇属植物，别名松树菌或枞菌，是生长在松树林区的一种名贵食用菌，深受人们的喜爱，主要分布在湖南、湖北、云南、江西、四川、贵州等地区。丝毛菌按菌盖颜色分，丝毛菌分为红色丝毛菌和乌丝毛菌两类，以红色丝毛菌最普遍，乌丝毛菌品质最佳。因丝毛菌的生长离不开松树林，菌丝须与松树树根形成共生菌根，目前不能人工栽培，仅可实行仿生栽培。

1. 林地选择

丝毛菌在湖南主要分布于西北部雪峰山区，该地区是我国马尾松和杉木主要产区，最适合丝毛菌生长繁殖。选择的林下栽培地点，应使丝毛菌的生长环境达到类似野生状态的适宜条件。从每年出菇季节在农历4月和9月来看，丝毛菌属于中温变温结实性菌类，子实体在分化及生长阶段要求温度为15~22℃，空气相对湿度为85%~95%，此外适度的散射光照射是子实体分化及生长的必要条件。因此，在进行林下仿生栽培时，应选择在海拔500~700m、空气湿度较大、土壤保湿性好、偏酸性、有一定量散射光线环境的针叶树等混交林地。其中以幼马尾松树林（树龄7~8年）最佳，乌丝毛菌比例较高，而在10年以上树龄的老松树林里生长，数量较幼松树林长得少，产量低，长出来的菌以红丝毛菌为主。

2. 林地处理

（1）开沟建池

为防涝抗旱，保持土壤含水量，需在林地水源便利的高处建蓄水池，并连接喷水管道，蓄水池即可作储水用，也可用来浸泡原料用；同时，在林地边缘挖好排水沟，以暴雨后不积水为宜。

（2）整地晒土

选择冬春天晴时刻，先对松树林进行林地清理，清除灌木草丛及碎石等杂物，然后翻地松土。可采用机械或人工翻地，将表土层约10cm厚翻开，把枯枝落叶及断草压在土下，表面可撒少量石灰以防虫及调pH值。

3. 林菌间栽培模式

因丝毛菌菌丝必须与松、杉等树形成外生菌根，才能产生子实体原基，所以人工栽培难度极大，目前无法离开天然松杉林地进行栽培，仅能进行仿生学栽培。即通过孢子繁殖法和基质菌丝移植法相结合，将丝毛菌孢子自然弹射到出菇林地，同时把长过丝毛菌的土壤移植到出菇林地，利用自然条件，结合人工科学管理，实现早出菇、多出菇、久出菇的栽培模式。

4. 栽培技术

（1）菌种资源准备

可于每年农历9月到产丝毛菌林区收集朵形优美、成熟度适中的野生丝毛菌，制作孢子收集装置收集孢子。

（2）原料准备及处理

天然林地出菇量一般较少，这与营养物资相对不足有关，因此，仿生栽培需强化养料供给。将收集的松针、松枝和松木屑放入石灰池（蓄水池加石灰），浸泡48~72h，捞出沥干，均匀撒在处理后的林地。一般每亩用量不低于1000kg。

（3）接种覆膜

待林地翻土松土后，春季日最低气温不低于10℃时，用水稀释喷雾，确保孢子液接种点在林地分布均匀。接种后喷液出覆盖黑色地膜，保温以促进孢子萌发；一周后可撤去地膜。

（4）补种移土

待农历四月初，气温回升，降雨增加，原林区长过丝毛菌，即有子实体出现；如果以前未长过丝毛菌,可将其它林地长出的子实体连同基质土壤一起移植到林地松软处。这样,子实体弹出的孢子和基质中的菌丝皆可繁殖,为下一出菇季做准备。

5. 管理

(1) 菌丝生长阶段

丝毛菌菌丝生长的最适温度是 22~25℃。所以温度管理应尽可能达到或接近这个范围。在春季阶段,宜采取覆盖地膜的方式促进升温,以达到早出菇的目的。

空气相对湿度要求控制在 80% 以下,如果长时间不下雨,土壤干裂,可用水管对地面喷水增加土壤含水量。

菌丝生长阶段,光照对菌丝生长不利,郁闭度高于 50% 的林地不需遮阴,郁闭度低于 50% 的林地则可考虑加盖遮阳网或树叶。

杂草会与菌丝竞争养料和影响出菇,定期进行除草。

(2) 子实体生长阶段

丝毛菌子实体原基分化需要低温,尤其是原基分化更需要低温刺激和较大的温差。所以在一旦有子实体原基出现,则需将地膜和其它覆盖物撤去,增加光照和温差。秋季出菇后期,因气温持续下降,菌丝生长缓慢,可覆盖地膜以延长出菇周期。

子实体发育阶段的水份管理尤为重要。信号菇出现后要浇一次出菇水,让土壤含水量接近饱和,以满足出菇兑水分的需要。另外,出菇水还起到降低料温、刺激出菇的作用。同时可向空中喷雾增加空气湿度,把空气相对湿度提高到 90% 左右,保持表层土湿润,便持续出菇。

出菇阶段不能除草,以免伤害菌丝,造成死菇现象。出菇阶段灰分消耗较大,可适当撒施少量草木灰以利增产。

丝毛菌必须适时采收,既可保证质量也可保证产量。当菌盖生长至直径 3cm 左右,外缘尚未完全展开时,即可采收。采收过迟,菌盖边缘向上翻卷,孢子散放,菌柄纤维度增高,品质下降。且菌体变轻,影响产量。为便于林地丝毛菌生产永续利用,每次采菇都要预留种菇不采,待孢子散尽再清除。

(3) 间歇期的管理

当秋季出菇结束,林地散落有许多孢子,此时应保持土壤干燥,以利于孢子休眠。冬季管理可参照林地处理,第 2 年春天气温回升即可准备出菇。

5.2.7 竹荪

竹荪 [*Dictyophora indusiata* (Vent. ex Pers) Fisch.] 隶属于真菌门,担子菌亚门,腹菌纲,鬼笔目,鬼笔科,竹荪属。它是我国名贵山珍,形态优美,营养丰富,香味浓郁,滋味鲜美,在我国多地均有分布,但以我国西南各地出产的最为名贵。目前供人工栽培的主要有 4 种,为长裙竹荪、短裙竹荪、红托竹荪和棘托竹荪,以棘托竹荪产量最高。

1. 形态特征

竹荪菌丝体为白色、细长、分枝状丝状体;由索状菌丝分化生长形成的菌蕾呈圆球形,具三层包被:外包被薄,光滑,灰白色或淡褐红色;中层胶质;内包被坚韧肉质。成熟时包被裂开，菌柄将菌盖顶出，柄中空，一般长 8~20cm，白色，外表由海绵状小孔组成；包被遗留于柄下部形成菌托，不同种类竹荪菌托特征差异明显，长裙竹荪为白色或淡紫，短裙竹荪为粉红色，红托竹荪为红色，棘托竹荪为白色或浅灰色，粗糙有突起物；菌盖生于柄顶端呈钟形，盖表凹凸不平呈网格，凹部分密布担孢子；盖下有白色网状菌幕，下垂如裙，长达 8cm 以上；孢子光滑，透明，椭圆形。

2. 生物学特性

竹荪对生活条件的要求主要包括营养、温度、湿度、空气、光照、酸碱度和生物因素等 7 个方面：

（1）营养

竹荪属腐生真菌，对营养没有严格的选择性，可广泛利用多种有机质作为养料。野生竹荪发生的主要场所有：楠竹、平竹、苦竹、慈竹、孟宗竹、绿竹、麻竹、刚竹、金竹等竹林；也常发生在青杠栎，甜楮等阔叶树混交林内，在农作物秸杆堆上甚至草屋顶上也能采集到竹荪，据试验除了用竹子及其加工废料，还可大量利用阔叶树木段及基废料和农作物秸杆作栽培竹荪的培养料，以满足竹荪生长发育对碳素营养的需要。

培养基中的含氮量以 0.5%~1% 为宜，氮素过高反而影响子实体的生长发育，在氮素含量不足的培养基中，可以用蛋白胨或尿素来补充。

除了碳和氮外，竹荪还需要磷、钾、镁、硫等矿物质元素及其他微量元素，也需要微量的维生素，不过这些元素和维生素在一般培养基和水中的含量就已基本满足竹荪生长发育需要了，一般不必另外添加。

（2）温度

自然生长的竹荪发生时间是 4~7 月和 9~11 月，据研究表明，竹荪是典型的中温性菌类，其菌丝生长范围在 5~30℃ 之间，16~18℃ 时生长显著加快，以 23℃ 为最佳。超过 26℃ 生长速度又明显下降。子实体形成最适温度范围在 16~27℃ 之间，生长最适温度为 22℃。不同的竹荪品种对温度适应范围差异较大，如棘托荪对夏季的高温就具有较强的适应能力，子实体适温范围在 28~33℃ 之间。

（3）湿度

自然生长的竹荪一般是雨后 2~3d 内大量发生，可见湿度对竹荪的生长发育影响较大。菌丝生长阶段，培养基的含水量要求控制在 60%~70% 之间；菌蕾处于球形和卵形期空气相对湿度以 80% 左右为宜；破口期应提高到 85% 左右，菌柄伸长期以 90% 为佳；菌裙开张空气相对湿度提高到 94% 以上。

（4）空气

竹荪是好气性真菌，其菌丝和子实体生长均需要足够的氧气，在含水量偏高和土壤通透性差的情况下菌丝生长不良甚至窒息死亡。子实体生长阶段如缺氧则子实体原基很难形成。空气对竹荪栽培的成败和产量的高低影响极大。

（5）光照

竹荪属于异养作物，不需要直射阳光，对光照不太敏感，菌丝在没有光线的情况下生长良好，在强光下生长缓慢、产生色素，容易衰老，在直射阳光下还会死亡。菌蕾的分化和发育也不需要光刺激。在子实体发育阶段允许有微弱散射光照。

(6) 酸碱度

自然界里，竹荪生长的土壤 pH 值多在 6.5 以下，长过竹荪的基质 pH 值都在 5 以下，证明竹荪菌丝生长的培养料 pH 值在 5.5~6 为好，而生长过程中基质的酸化，子实体生长时 pH 值达 4.6~5 为好。

(7) 生物因素

在自然条件下，竹荪的孢子传播有赖于蜂、蝇之类昆虫媒介。在菌丝生长过程中，菌丝体能穿过许多微生物拮抗线而正常生长发育并照常形成子实体。这样的抗杂能力是其它食用菌难以达到的。由此推论，这些与竹荪同生共处的微生物能同时参与有机物的分解，而起到如像耳友菌丝对银耳所起的有益作用。这一现象在竹荪栽培实践中具有很大的意义。

3. 林下栽培技术

湖南省竹林资源丰富，在树林或竹林下，利用竹木加工后的废竹、木屑、农副产物（如甘蔗渣、作物秸秆）等均可进行竹荪栽培。将原材料进行堆料发酵腐熟，在林间作床，经消毒、播种、发菌、出菇管理即可收获产品，这种方法具有应用范围广、投资省、用工少、管理方便、成本低、效益好等优点。

(1) 场地选择

选择 4~5 年树冠基本郁闭，遮荫度为 70%~80%，凉爽、湿润、氧气充足的毛竹山或果树园地为栽培场所。要求交通便利，缓坡，靠近水源，雨季不积水，远离污染源，土壤肥沃，质地疏松不易板结，按播种要求开沟建畦。

(2) 配方及原料处理

以栽培面积每亩所需干料计算，需要原料竹屑 200kg，粗杂木屑 1400kg，谷壳 200kg。尿素 50kg，碳酸钙或过磷酸钙 25kg，石膏 50kg，多菌灵 1kg。原料建堆时，最底层铺谷壳和粗杂木屑，接着铺竹屑，然后撒上尿素、碳酸钙、石膏粉并浇清水，多菌灵需要先加水稀释后边泼洒边拌匀培养料，使培养料含水量达 60%~70%。如此反复，堆 3~4 层，使堆料高 1m 左右。以后每 10d 翻堆 1 次，共翻 3 次。翻堆时要求做到上下、里外的料位置互换，使培养料发酵均匀，并散尽培养料中的氨气。

(3) 播种时间及方法

根据当地气象资料找出日平均气温稳定在 20℃ 再向前推 80d 左右即为播种期，一般为惊蛰前后。根据地形、地势，可采取畦床式栽培方法。做畦前清除林地石块及枯枝烂叶，撒上石灰进行消毒灭菌，并将土壤耕深 15cm 左右。四周开好排水沟，以防雨季积水。畦宽 100cm，沟宽 30~35cm，畦长不限。按畦堆好腐熟的培养料，料厚 15~20cm。播种时按横梅花形每隔 25~30cm 播穴，每穴放入菌种 35g 左右，每亩用种量 700~800 袋。播后覆土，土层厚 4~5cm，然后再盖 1-2cm 厚稻草或竹叶，2d 后覆盖物吸湿变软时再盖地膜。

(4) 林间管理

竹荪菌丝既喜湿又怕涝，发菌阶段关键在于控制好培养料及覆土的湿度，一般含水量控制在 60%~70% 之间为宜，实际操作中用手使劲捏料有小水珠挤出即可。林间栽培竹荪，只要场地选择恰当，一般不需搭棚即可遮荫。当气温高于 28℃ 时，要及时揭膜通风、降温；低于 17℃时，采取午后揭膜半小时，其它时间盖严以保温。竹荪栽培十分讲究喷水，具体要求"四看"：即一看盖面物，竹叶或秆、草变干时，就要喷水；二看覆土，覆土发白，要多喷、勤喷；三看菌蕾，菌蕾小、轻喷、雾喷，菌蕾大多喷、重喷；四看天气，晴天、干燥天蒸发量大要多喷，阴雨天不喷；这样才能长好蕾，出好菇，朵形美。从播种算起，约 50d 畦面就会长出半粒大小的菌蕾，此时需经常浇水，此阶段若严重缺水，菌蕾会因分化不成而死亡，即使能长出菌蕾，也形不成菌裙。菌蕾出现至子实体采收需 10~15d，每潮采收结束，应及时清理畦面，铲除表层菌索，并用 10kg 复合肥兑水 300kg 喷施，补充营养，以利于再次出菇。

（5）采收与加工

①采收时期：当菌裙完全开张达到最大粗度，产孢体尚未自溶时即可采收，此时竹荪子实体形态完整，菌体洁白，过早或过迟采收均影响竹荪的商品价值。

②采收方法：采摘时，用一只手扶住菌托，另一支手用小刀将菌托下的菌索切断，轻轻取出，放入篮内。决不能用手扯断。采后及时将菌盖和菌托削除，保留菌裙、菌柄。

③加工：竹荪当天采收，当天用机械脱水烘干，烘干采用二次烘干法，隔夜加工会变质。干品反潮力极强，应及时用双层、密封透明的塑料袋包装，并扎牢袋口，放在阴凉、干燥的地方保存，防止受潮变质。

5.3 林蔬种植技术

5.3.1 蕨菜

蕨菜 [*Pteridium aquilinum* (L.) Kuhn var. *latiusculum* (Desv.) Under. ex Heller] 为蕨科蕨属欧洲蕨的一个变种，别名蕨薹、拳菜、龙须菜等，是一种具有较高经济价值的野生蔬菜。鲜蕨全草入药，有清热滑肠，降气化痰，利水安神，降压、抗惊厥、恢复脑细胞功能等功效。蕨富含 γ-氨基丁酸，在临床上用于治疗高血压、头昏失眠等症。荚果蕨还具有治疗蛲虫病、虫积腹痛、赤痢便血、子宫出血、湿热肿痛等功效。

1. 形态特征

多年生宿根草本植物。植株高可达 1m。根状茎长而横走，密被锈黄色柔毛，以后逐渐脱落。叶远生；柄长 20~80cm，基部粗 3~6mm，褐棕色或棕禾秆色，略有光泽，光滑，上

蕨菜叶

蕨菜茎干

面有浅纵沟1条；叶片阔三角形或长圆三角形，长30~60cm，宽20~45cm，先端渐尖，基部圆楔形，三回羽状；羽片4~6对，对生或近对生，斜展，基部一对最大（向上几对略变小），三角形，长15~25cm，宽14~18cm，柄长约3~5cm，二回羽状；小羽片约10对，互生，斜展，披针形，长6~10cm，宽1.5~2.5cm，先端尾状渐尖（尾尖头的基部略呈楔形收缩），基部近平截，具短柄，一回羽状；裂片10~15对，平展，彼此接近，长圆形，长约14mm，宽约5mm，钝头或近圆头，基部不与小羽轴合生，分离，全缘；中部以上的羽片逐渐变为一回羽状，长圆披针形，基部较宽，对称，先端尾状，小羽片与下部羽片的裂片同形，部分小羽片的下部具1~3对浅裂片或边缘具波状圆齿。叶脉稠密，仅下面明显。

叶干后近革质或革质，暗绿色，上面无毛，下面在裂片主脉上多少被棕色或灰白色的疏毛或近无毛。叶轴及羽轴均光滑，小羽轴上面光滑，下面被疏毛，少有密毛，各回羽轴上面均有深纵沟1条，沟内无毛。

2. 生态习性

蕨菜多生长在向阳山坡，山的坡度较缓，一般在20°以下。植被是以阔叶林或针阔混交林为主，林中郁闭度为0.5以下，在林间空地阳光充足的地方蕨菜长势旺盛；土壤为山地暗棕壤，酸性，pH值4~6，腐殖质层一般在10cm以上，要求土壤湿润、通气性好。全国各地均有分布。

3. 栽培技术

（1）选地与整地

①选地：选择富含腐殖质的向阳坡地，也可选择幼林地的间隙空地，要土层深厚，土质疏松，保水保肥，土壤湿度大。以豆科茬口最佳，以微酸性砂壤土为宜，如果所选地酸度不够，可结合整地加入泥炭土、松针土或硫酸铝、硫黄等增加土壤酸度。

②整地：蕨菜人工栽培必须施用腐熟的有机肥，少施化肥。施有机肥60~70t/hm²做基肥，可适量添加少量化肥及草木灰，肥料一定要翻倒细碎，结合整地均匀施入土壤中。深耕25~30cm，整平耙细，畦作时南北向作畦，畦宽1.2~1.5m，垄作时，垄宽60~80cm。

（2）育苗技术

①根茎育苗：秋后蕨菜地上部分枯死后或春天大地化冻后蕨菜萌芽前，采挖蕨菜根茎。挖取直径在0.5~0.8cm，节间长8~20cm的根茎。采挖时避免伤根碰芽。挖出后用土埋好避免失水，以利成活。采挖后选择粗壮、无病害、无伤口的根茎，每个节剪成一段，每段长8~10cm，剪好后即可栽植。

②孢子繁殖育苗：孢子繁殖一般于春季2~3月在阳畦、大棚或温室中进行，也可以在秋季8~9月播种。播种孢子最好采用野生蕨菜生长区的土壤，也可采用偏酸性的腐殖质土或草炭土。先在阳光下晒干灭菌，然后用细筛筛好。为了防止病菌和绿藻，可用0.1%~0.2%的福美双或土菌硝进行土壤灭菌，然后填入通风而不漏水的播种床内，厚约8~10cm，平整后浇透水，使土壤湿润度在95%以上，pH值为6~6.5。将上年秋季采收的成熟孢子，用300mg/L浓度的赤霉素处理15min，促进孢子萌发。待床土水分渗透后，用毛笔或软质小毛刷将孢子粉均匀撒播在床面上，不覆土，可稍稍淋水，使孢子粉与土面相接。播种量大时，将处理过的孢子粉倒入盛水喷壶中，摇匀后喷在播种床上。播后在床面覆盖地膜，保温保湿。光照强度以散射光为宜，切忌暴晒。土壤和空气的相对湿度保持在85%~90%。孢子在

播种后 4~5d 萌发，开始出现原丝体，并逐渐发育成心形的配子体又称原叶体。经萌发后 1 个月左右，当原叶体成熟时，每天浇水或喷雾 1~2 次，最好使水沿床面流动，为受精创造条件。第 1 片孢子体叶展开后，随着叶位的提高，展叶速度加快，孢子体叶出齐后，停止浇水，以后逐渐生长出羽状叶片。当幼苗长到 4~5cm 时，应当结合间苗进行分苗，将幼苗育苗床移入分苗床中继续培育，株行距均为 8cm。移栽时要保持土壤湿润，并适当遮荫。分苗床的土壤条件要和育苗床相同，为满足幼苗生长的需要，或喷施 0.1%~0.2% 尿素液，或 0.1% 磷酸二氢钾液和 0.2% 过磷酸钙液。到 5 月中上旬，待叶片长到 10cm 以上，叶柄基本纤维化后，即可将育成的幼苗定植到整好的栽培田中。

(3) 栽植技术

蕨菜原本为野生蔬菜，人工栽培时应满足其基本生长发育条件，引种时应注意采用相似生态环境的种类；土壤应富含有机质，类似于林间土壤，最好是阴坡，光照较弱、空气湿润的地带。

①露地栽培：采集的蕨菜根茎可早春前直接移栽到田里，而晚秋采集的蕨菜根茎可在未上冻前直接栽植于事先准备好的栽培地里，也可假植于田间背风处或地窖中等温暖地方；来年当地冻土化 10~15cm 以后再栽植到田间。栽植时把蕨菜根茎切成 30~50cm 的段，株距 5cm，需根茎 $1.5~1.8kg/cm^2$。

②保护地栽培：上冻前，选择蕨菜园里的地块，在西北两侧，筑土墙。在翌年初春(3~4月)，根据蕨菜面积和生产条件设置拱棚，可以采取中棚套小棚或者单棚，单棚夜间棚上盖被子或草帘。注意棚内温度要控制在 17~20℃。在萌芽后，当中午温度到 30℃时，应适当通风，当下午温度在 20℃时，要关闭通风口。保持适宜的温度和墒情。扣棚后 30d 即可采收，每周可采一次，采收期可持续 1 个月。当室外温度达到 20℃时，撤掉拱棚，任其自然生长。

(4) 田间管理

第 1 年栽植后田间管理的任务是抓苗，做到苗齐、苗壮，土壤湿度必须保证在 55% 至 60%，浇完水后可覆盖树叶或麦草，干草起避光和保湿作用。生长发育期多中耕锄草，可少留一些长势较好的草为蕨菜遮阴，入冬上冻时浇 1 次透水，即灌冬水；第 2 年的任务是培育根系，使根系粗壮形成多芽，当土壤层融化 6cm 时，在行距中间开沟，深 8~10cm，亩施马、羊粪 2000kg 或掺入草木灰 1000kg，结合覆土，浇 1 次透水，其他管理同第 1 年；第 3 年在大地解冻后，用耙子将地表土松动，不可太深，一般为 3cm 左右，亩施鸡粪 2000kg 于地表，浇 1 次透水即可，其他管理同上一年；第 4 年以后的管理同第 3 年。

(5) 病虫害防治

①病害防治：蕨类植物常见病害主要有灰霉病和立枯病两种：灰霉病主要危害植株的茎和叶。发病茎叶呈水浸状腐烂，严重时整株枯死。防治方法是降低湿度，定期喷药，以预防为主。一旦发现病害，应立即用 50% 多菌灵 500 倍液或 70% 代森锰锌 500 倍液喷雾，7~10d 一次，连续两三次，注意交替用药，以防产生抗药性；立枯病病植株叶片绿色枯死，而茎干下部腐烂，呈立枯状。发病初期病株生长停顿，缺少生机。然后出现枯萎，叶片下垂，最后枯死。病株根茎处变细，出现褐色、水浸状腐烂。潮湿时，自然状态下病斑处也会产生蛛丝状褐色丝体。防治方法是作床时进行土壤消毒和用腐熟的肥料作为底肥，忌积水。发现死苗应及时清除。定植后出现立枯病时，每隔 10d 喷 20% 甲基立枯磷乳油 1500 倍液，或用 50%

克菌丹可湿性粉剂或 50%福美双可湿性粉剂 500 倍液浇灌。

②虫害防治：虫害主要有蛴螬和金针虫等。每亩可用 50%辛硫磷乳油或 25%辛硫磷缓释剂 0.1kg，兑水 1.5kg，拌细土或细沙 15kg 撒施后，随即翻耙使药剂均匀分散于耕作层，既能触杀地下害虫，又能兼治其他潜伏在土中的害虫。

4. 采收与加工

当蕨菜出土 20~30cm 以上，嫩叶处于卷曲未展开时及时采收，采大留小，保持完整的形状，采收后及时整理，把长短一致的菜挑放在一起扎成标准的小把，用刀切去不能食用的硬根。及时销售或盐渍。采收时注意不要碰伤地下根状茎，采后应将土填平，蕨菜的幼芽和嫩茎可随长随采，每年可采收多次，人工栽培的一般 7 月份以后不再采收，或保留一部分不采收使其形成植株，积累营养，到冬季时把干枯的地上部分烧光以利越冬和保证来年生长。供鲜食的要随用随采，加工腌渍品的要扎成 6cm 粗的小把，加工干菜的可不扎把。当日采收的要当日加工，还可加工成蕨菜罐头。

5.3.2 香椿

香椿 [*Toona sinensis*（A. Juss.）Roem.] 为楝科香椿属植物，别名椿芽、香桩头、大红椿树，原产于中国，分布广阔。香椿树的嫩芽被称为"树上蔬菜"，嫩芽幼叶营养丰富，含蛋白质、维生素、钾、钙等多种营养成分，香味可口，食用价值高，并具有清热解毒、健胃理气等药用价值，主治外感风寒、风湿痹痛、胃痛、痢疾等。香椿除供椿芽食用和药用外，也是园林绿化的优选树种，具有一定的经济价值和药用价值。

1. 形态特征

落叶乔木。树皮粗糙，深褐色，片状脱落。叶具长柄，偶数羽状复叶，长 30~50cm 或更长；小叶对生或互生，纸质，卵状披针形或卵状长椭圆形，长 9~15cm，宽 2.5~4cm，先端尾尖，基部一侧圆形，另一侧楔形，不对称，边全缘或有疏离的小锯齿，两面均无毛，无斑点，背面常呈粉绿色，侧脉每边 18~24 条，平展，与中脉几成直角开出，背面略凸起；小叶柄长 5~10mm。圆锥花序与叶等长或更长，被稀疏的锈色短柔毛或有时近无毛，小聚伞花序生于短的小枝上，多花；花长 4~5mm，具短花梗；花萼 5 齿裂或浅波状，外面被柔毛，且有睫毛；花瓣 5，白色，长圆形，先端钝，长 4~5mm，宽 2~3mm，无毛；雄蕊 10，其中 5 枚能育，5 枚退化；花盘无毛，近念珠状；子房圆锥形，有 5 条细沟纹，无毛，每室有胚珠 8 颗，花柱比子房长，柱头盘状。蒴果狭椭圆形，长 2~3.5cm，深褐色，有小而苍白色的皮孔，果瓣薄；种子基部通常钝，上端有膜质的长翅，下端无翅。花期 6~8 月，果期 10~12 月。

香椿嫩芽

香椿花

香椿果

2. 生态习性

喜阳光充足、温和湿润气候，适宜在平均气温 8~10℃ 的地区栽培，抗寒能力随苗树龄的增加而提高。用种子直播的 1 年生幼苗在 10℃ 左右可能受冻。较耐湿，适宜生长于河边、宅院周围肥沃湿润的土壤中，一般以砂壤土种植为好。适宜的土壤 pH 值为 5.5~8.0。

香椿原产地为中国，分布在海拔 1500m 以下的山地和平原地区，最高达海拔 1800m，耐寒区位 6~11。东北自辽宁南部，西至甘肃，北起内蒙古南部，南到广东、广西，西南至云南均有栽培。其中尤以山东，河南，河北栽植最多。

3. 栽培技术

（1）选地与整地

①选地：选择地势平坦、交通方便、光照充足、土层深厚，排水条件好，pH 值 6.5~7.5 的沙壤土地块。

②整地：在选好的圃地上施入农家肥或复合肥 1200~100kg/hm²，然后深耕 25~30cm. 旋耕前浇水 1 次，旋耕后捡出石块等杂物。苗床采用高床，床面宽度不超过 1m，厚度 15~20cm，中间留 30cm~35cm 宽的步道。平整床面，并在播种前喷洒 3.0%~5.0% 的硫酸亚铁溶液。

（2）育苗技术

①播种育苗：宜在 10 月中下旬根据天气情况采收种子，选留果粒饱满、颜色新鲜果穗作种，之后装入袋中，储存在 1~5℃ 的环境中，注意保持相对恒温。春播前 3~4d，对种子进行催芽。将饱满的种子置于甲醛溶液中消毒 20min，冲洗干净后转入 30~40℃ 温水中浸泡，其间不断搅拌，当温度降低到 25℃ 左右时轻轻搓洗种子，之后继续浸泡 12h；当种子充分吸水后捞出，转移到 20~25℃ 的环境中催芽，每日清晨和傍晚分别浇水 1 次，浇水的同时均匀翻动种子，超过 1/2 的种子露白时即可播种。

播种时根据具体情况选择条播或撒播方式：条播，先开 2~3cm 的沟，沟间距控制在 28cm 左右，浇适量的水湿沟即可，当水渗透到土壤中后将种子播入沟内，之后覆盖厚 2cm 左右的土，播种量 22.5~30.0kg/hm²；撒播，先在苗床上充分浇水，待水渗透土壤后直接播种，播量 45~60kg/hm²，之后覆盖厚 1cm 左右的土。

②扦插育苗：整地：用小木棍在苗圃地上扎眼，按株行距 10cm×10cm、深度 3cm 进行扦插。扦插时间及方法：2 月中下旬选取较高品质香椿的生长健壮的 1 年生嫩旺枝条，用利刃将枝条削成长约 12cm 的插穗，上端在高出顶芽 1~2cm 处剪成平口，下端向下剪成斜口。扦插前将插穗下端放入 200mg/L 萘乙酸溶液中浸泡 12h。插完后用清水浇透，覆盖塑料薄膜保温保湿。露天扦插扦插苗上方要盖防晒网进行遮阴，让土壤湿度保持在 80% 左右。

（3）栽植技术

①普通栽植：香椿苗育成后，多在早春发芽前定植。大片营造香椿园，行株距 7m×5m，植于河渠、宅后的都为单行，株距 5m。定植后要浇水 2~3 次，以提高成活率。

②矮化密植：育苗方法与普通栽植育苗方法相同，只是在栽植密度和树型修剪方面不同，一般为 600 株/亩。树型可分为：多层型，当苗高长至 2m 时摘除顶梢，促使侧芽萌发，形成 3 层骨干枝，第 1 层距地面 70cm，第 2 层距第 1 层 60cm，第 3 层距第 2 层 40cm，这种多层型树干较高，木质化充分，产量较稳定；B 丛生型，是苗高 1m 时即去顶梢，留新发枝，只采嫩叶不去顶芽，待枝 20~30cm 时再抹头，特点是树干较矮、主枝较多。

（4）林间管理

在早春椿芽苞没开裂前追肥浇水，然后在树下覆盖地膜，保温增墒，提前10~15d发芽。5月下旬至6月上旬，除去地膜，在树下覆盖10~15cm厚的麦秆、麦糠、稻草等物。在生长季节进行松土除草，结合除草施充分腐熟的有机肥或复合肥，并将覆盖物同时翻入土中。春天芽苞开裂前，每株幼树开沟穴施氮肥或复合肥100~200g，大树每株300~500g，然后浇1次透水；每次采芽前3~5d再追施1次氮肥并适量浇水；8月份以后要控制使用氮肥，每株施用1000~2000g有机肥或150~200g磷钾肥。

（5）病虫害防治

香椿较少发生病虫害，适当针对性防治即可。一般在采芽期不要施药，以免导致香椿芽中农残超标。香椿幼苗期容易发生根腐病、干枯病、白粉病、毛虫、红蜘蛛等，根腐病的防治可用50%多菌灵可湿性粉剂800倍液等对准根系喷洒，必要时灌根。干枯病防治，可选择10%氯氰菊酯乳油2800倍液喷雾。白粉病防治，可选择粉锈宁可湿性粉剂800倍液1500kg/hm^2对准病部进行喷施，每隔2周左右喷1次，连喷3次。毛虫防治，可选择10%氯氰菊酯2600倍液、90%敌百虫1000倍液等喷防。红蜘蛛防治，可选择25%三氯杀螨醇乳油1200倍液喷雾。对于日光温室香椿栽培中可能发生的其他根部病害，可在移栽前将苗浸在0.15%高锰酸钾200倍液中消毒，20min后捞出冲洗干净再进行移栽，并在每行香椿苗之间喷施波尔多液200倍液，有一定的预防效果；如果发现根部表现出一定的萎蔫发病情况，要及时挖除，并用石灰水对挖苗后留下的穴进行消毒处理。

4. 采收与加工

3月下旬~4月上旬是头茬香椿嫩梢的采摘适期。在晴天的早晨选择嫩梢长10~12cm采摘，采收期1个月左右。不同树龄采取不同的采收方法，头三年采收结合树体整形。第1年只采收主干的顶梢，以促进侧芽的生长；第2年可采收侧枝的顶梢，促进第2次侧枝的萌发；第3年后，枝干基本定型，所有顶梢，都可采摘。采后低温贮藏、运输，薄膜包装保鲜。

5.4 林粮种植技术

5.4.1 大豆

大豆［*Glycine max*（Linn.）Merr.］为豆科大豆属植物，大豆在我国种植有着数千年历史，起源于我国，也是我国农民最早种植的粮食作物之一。大豆所含的营养物质极其丰富，包括蛋白质、脂肪酸、维生素、异黄酮等，是我国主要的粮食作物和油料作物。大豆最常用来做各种豆制品、榨取豆油、酿造酱油和提取蛋白质。豆渣或磨成粗粉的大豆也常用于禽畜饲料。

1. 形态特征

1年生草本，高30~90cm。茎粗壮，直立，或上部近缠绕状，上部多少具棱，密被褐色长硬毛。叶通常具3小叶；托叶宽卵形，渐尖，长3~7mm，具脉纹，被黄色柔毛；叶柄长2~20cm，幼嫩时散生疏柔毛或具棱并被长硬毛；小叶纸质，宽卵形，近圆形或椭圆状披针形，顶生一枚较大，长5~12cm，宽2.5~8cm，先端渐尖或近圆形，稀有钝形，具小尖凸，基部宽楔形或圆形，侧生小叶较小，斜卵形，通常两面散生糙毛或下面无毛；侧脉每边5条；小托叶铍针形，长1~2mm；小叶柄长1.5~4mm，被黄褐色长硬毛。总状花序短的少花，长的多花；总花梗长10~35mm或更长，通常有5~8朵无柄、紧挤的花，植株下部的花有时单生或成对生于叶腋间；苞片披针形，长2~3mm，被糙伏毛；小苞片披针形，长2~3mm，被伏贴的刚毛；花萼长4~6mm，密被长硬毛或糙伏毛，常深裂成二唇形，裂片5，披针形，上部2裂片常合生至中部以上，下部3裂片分离，均密被白色长柔毛，花紫色、淡紫色或白色，长4.5~8（~10）mm，旗瓣倒卵状近圆形，先端微凹并通常外反，基部具瓣柄，翼瓣篦状，基部狭，具瓣柄和耳，龙骨瓣斜倒卵形，具短瓣柄；雄蕊二体；子房基部有不发达的腺体，被毛。荚果肥大，长圆形，稍弯，下垂，黄绿色，长4~7.5cm，宽8~15mm，密被褐黄色长毛；种子2~5颗，椭圆形、近球形、卵圆形至长圆形，长约1cm，宽约5~8mm，种皮光滑，淡绿、黄、褐和黑色等多样，因品种而异，种脐明显，椭圆形。花期6~7月，果期7~9月。

大豆种子

大豆豆荚

2. 生态习性

大豆性喜暖，种子在10~12℃开始发芽，以15~20℃最适，生长适温20~25℃，开花结荚期适温20~28℃，种子发芽要求较多水分，开花期要求土壤含水量在70%~80%，否则花蕾脱落率增加。大豆在开花前吸肥量不到总量的15%，而开花结荚期占总吸肥量的80%以上。

中国各地均有栽培，以黑龙江大豆最为著名，亦广泛栽培于世界各地。

3. 栽培技术

（1）选地与整地

①选地：在选择地块时要选择土壤深度好、排灌性能好，含氧量高的地块，以促进大豆健康生长。同时要注意地块的肥力，肥沃度过高或过低都会影响大豆正常生长。

②整地：实行与非豆科作物的三年轮作，避免重茬和迎茬。秋翻深度一般要在20~50cm，要求深浅一致，扣垄均匀严实，不漏耕。在大豆种植过程中，土壤中有机物质含量在1%左右最为合适，而速效氮、速效磷、速效钾含量分别为65~80mg/kg、15~25mg/kg、90~100mg/kg为宜，同时要保证田地灌溉便利，才能保证大豆正常生长。

（2）育苗技术

大豆的适播期一般较长，5月下旬至6月下旬均可播种，但应尽早播种，并确保墒情良好。上一茬作物收割完成后，应及时进行灭茬处理，此时如果墒情匮乏，应先造墒再播种。

另外，种植户还应做好清沟排渍工作，依据实际情况选择合适的播种技术，同时要保证株距、行距合理，通常株距在25cm左右，行距为33~50cm，或者（50+33）cm宽窄行播种，保证大豆种植密度科学合理。需要注意的是，如果土壤肥沃，种植密度控制在1.5万~1.8万株/亩才能保证光照充足，避免出现徒长、倒伏或者减产现象；如果土壤较为贫瘠，种植密度控制在2.0万株/亩，才能保证产量。此外，在播种过程中，还要对播种深度进行控制，保证播种深度的合理性，播种较深或者较浅均会对出苗率造成影响，一般播种深度控制在3cm左右为宜。播种完成以后，应及时做好田间排水工作，保证不会聚集大量积水，避免出现烂种现象。如果天气持续干旱，种植户应及时进行灌溉，避免出现脱水问题。但需要注意的是，需要合理控制灌溉量，防止过量灌溉。

（3）栽植技术

①窄行密植栽培技术：窄行密植栽培技术主要适用于矮秆的大豆品种，栽培特点是大垄宽台进行密植，在垄底进行深松，在垄侧进行施肥，在垄上进行点播。此种栽培方法在缩小植株行间距的基础上增加了绿色面积，从而实现了植株个体与整体的合理配置，可有效提高大豆产量。

②三垄栽培技术：三垄栽培技术是我国有自主知识产权后应用省份最多，应用面积最大的大豆栽培技术，在北方比较适用。主要特点是在一条垄上通过深松垄沟和垄体进行结合，实施分层施肥，以提高产量。

③等距穴播栽培技术：等距穴播栽培技术主要是以垄为大豆种植的基础，在合理密植的基础上实行穴播，目的是使穴间距增加，为大豆生长营造良好的通风和透光条件，以提高大豆生长过程中的光合作用，促进大豆植株健康均衡生长，以提高产量和质量。

④两垄一沟栽培技术：两垄一沟栽培技术利于干旱年度的大豆种植，能有效保持地块的温度和湿度，能提高大豆生长过程中的光合作用，帮助大豆根系吸收营养，增强大豆植株适应环境的能力。两垄一沟的栽培技术在窄行栽培技术基础上更利于机械化作业，能有效增加田间的绿色面积，通过内稀外密使植株之间的空隙足够大，避免植株之间争抢营养，在改善田间通风采光条件的基础上能提高大豆群体的营养均衡。

（4）田间管理

田间管理是大豆产生经济效益的最后一环。田间管理主要注意两个方面：一是及时施肥，供给足够营养成分，保证豆苗生长获取足够养分。如在大豆抽条期，观察叶片颜色，若发现叶片绿色变浅，就应该及时供给养料，保证豆苗营养所需。在豆苗开花期，施用氮尧磷尧钾肥料，保证花朵开放后能够继续结成豆荚。在鼓粒时期，也要重视营养元素供给，否则极易出现干瘪豆现象。二是控制水分供给，确保土壤水分含量适合豆苗成长。如在幼苗成长初期，植株不需要过多摄入水分，种植户要视天气变化情况控制水分供给量。出现强降雨后，要及时进行排水曰出现异常干旱后，要及时进行补水处理。在花期时植株需要大量水分，要加大灌溉力度，供给足够水分。鼓豆时期，虽然仍需要水分，但是应控制水量输出，改用滴灌方式进行补水。只有控制好肥料和水分供给，才能获得最大经济效益。

（5）病虫害防治

病虫害严重影响大豆生产效益，种植户要加强防治措施，防止病虫害威胁大豆种植而造成经济损失．注意对应病害种类做好针对性防治工作，以有效杜绝病害发生。大豆常见病虫害为大豆锈病和大豆食心虫。在大豆锈病发生初期，可以用15%粉锈灵可湿性粉剂进行喷洒。能有效阻碍病虫害进一步蔓延,并且改善大豆病情,让大豆恢复生机。为了保证彻底防治大豆锈病,应定期喷洒甲基硫菌灵稀释液,将病害灭杀在萌芽中,起到防患于未然作用。食心虫不仅会啃食大豆叶片,阻断大豆营养吸收通道,还会损伤豆粒,造成减产或绝收后果。因此,在发现虫害后要进行化学防治,防止害虫繁衍而危害大豆生长。

4. 采收与加工

大豆的最佳收获期是在黄熟期之后晚熟期之前,此时豆秆已成棕黄色,落叶达到90%时进行人工收割。若联合机械收割则需叶片全部落净,豆粒归圆时方才能进行。收割完毕后晾晒5~7d及时脱粒,做到同一品种单收、单运、单脱、单贮。

5.4.2 红薯

红薯 [*Ipomoea batatas* (L.) Lam.] 为旋花科番薯属作物,别名甘薯、蕃薯、地瓜等,既是一种粮食作物,也是一种饲料作物,以前在农村都有"一季红薯半年粮"说法。因为薯块淀粉含量较丰富,故可以用来制红薯粉、酿酒等,茎蔓可以做猪、牛、羊等牲畜的青饲料。

1. 形态特征

1年生草本,地下部分具圆形、椭圆形或纺锤形的块根,块根的形状、皮色和肉色因品种或土壤不同而异。茎平卧或上升,偶有缠绕,多分枝,圆柱形或具棱,绿或紫色,被疏柔毛或无毛,茎节易生不定根。叶片形状、颜色常因品种不同而异,也有时在同一植株上具有不同叶形,通常为宽卵形,长4~13cm,宽3~13cm,全缘或3~5(~7)裂,裂片宽卵形、三角状卵形或线状披针形,叶片基部心形或近于平截,顶端渐尖,两面被疏柔毛或近于无毛,叶色有浓绿、黄绿、紫绿等,顶叶的颜色为品种的特征之一;叶柄长短不一,长2.5~20cm,被疏柔毛或无毛。聚伞花序腋生,有1~3~7朵花聚集成伞形,花序梗长2~10.5cm,稍粗壮,无毛或有时被疏柔毛;苞片小,披针形,长2~4mm,顶端芒尖或骤尖,早落;花梗长2~10mm;萼片长圆形或椭圆形,不等长,外萼片长7~10mm,内萼片长8~11mm,顶端骤然成芒尖状,无毛或疏生缘毛;花冠粉红色、白色、淡紫色或紫色,钟状或漏斗状,长3~4cm,外面无毛;雄蕊及花柱内藏,花丝基部被毛;子房2~4室,被毛或有时无毛。开花习性随品种和生长条件而不同,有的品种容易开花,有的品种在气候干旱时会开花,在气温高、日照短的地区常见开花,温度较低的地区很少开花。蒴果卵形或扁圆形,有假隔膜分为4室。种子1~4粒,通常2粒,无毛。由于番薯属于异花授粉,自花授粉常不结实,所以有时只见开花不见结果。

红薯叶

红薯块根

2. 生态习性

喜温、怕冷、不耐寒,适宜的生长温度为22~30℃,温度低于15℃时停止生长。喜光,是短日照作物。植株生长过程中对光能要求高,属不耐阴的作物,耐旱适应性强。耐酸碱性好,土壤环境适应性强。中国大多数地区普遍栽培。

3. 栽培技术

(1) 选地与整地

①选地:种植红薯的土地需要具有良好的排水性能,最好是选用土壤偏沙性的农田。种植红薯尽量不要使用连作的方式,如果种植红薯的过程中红倒不开茬,则连作时间最多为3年。如果红薯的上茬为玉米茬口,选用的农田尽量不使用封闭除草剂。

②整地:在红薯的整地过程中,适当的深耕能够增加红薯种植的射角度,提高透气性,有利于红薯生长。通常情况下,深耕一般在30cm左右,同时采用起垄的栽培方式。农田的垄高25~30cm左右,对于土地墒情较差的沙地,可以适当降低垄高。

(2) 育苗技术

早熟品种宜采用大棚+小拱棚+地膜三层保温育苗,提早出苗后采用地膜覆盖栽培,提早供应市场;常规栽培可采用小拱棚+地膜两层保温育苗。苗床宽1.0m左右,深15~20cm,床底铺一层有机肥后浇水覆土。选择种薯要求具有本品种典型特征,无病虫害,薯块100~250g。排种密度为薯块间隔3cm左右,种薯排好之后覆土,厚度2~3cm,不能超过5cm,以免影响出苗。当60%薯块出芽后揭掉地膜。晴天气温20℃以上时,打开拱棚膜和大棚膜两端通风,防止高温烧苗,保持床温25~30℃,湿度以床土见干见湿为准。薯苗长20~25cm,有6~8张完整叶片时,可以剪苗栽种大田。

(3) 栽植技术

红薯栽培时间越早其产量越高,因此可以进行适当的早栽。通常在气温15℃以上时进行栽植,春薯的栽植一般在4月下旬,如果采用地膜覆盖栽培的方式,可以将栽植期提前至4月中旬,夏薯的栽植要抢时早栽。采用水平浅栽的方式有利于提高产量,但是不宜过浅,否则会导致成活率降低。在栽植春薯时需要在地上留5cm,2~3片叶,夏薯留1~2个叶,其他部分则需要全部埋入土壤中,栽种的深度约为5cm,埋入土壤的部分与垄同向,盖严封平。栽植后需要浇足水,确保成活。如果采用地膜覆盖栽培,则需要在起垄、喷洒除草剂、盖膜后,在土地中用锥形木棒斜打眼,插苗浇水,封严防风。

(4) 田间管理

前期(栽秧-封垄):栽后4~5d查苗,发现缺苗及早补栽。补栽后如天气干旱可浇一次追苗水,浇水不宜过大,浇后及时中耕。补栽后15~30d施硫酸铵120~150kg/hm²。中期(封垄-茎叶生长高峰):当田间持水量大于80%时,易发生硬心或腐烂,应注意适时、及时排水防涝。提蔓对控制茎叶徒长,促进薯块膨大有较好的效果,但要保护茎叶不翻蔓。喷施多效唑或缩节胺等生长抑制剂,可以控上促下。中期虫害主要有甘薯天蛾、斜纹夜蛾、造桥虫等,多发生于7月中旬至9月底,在幼虫三龄前用2.5%的敌百虫粉22.5~30kg/hm²,或90%晶体敌百虫1000~1500倍液叶面喷雾。后期(茎叶生长高峰-收获):后期用1%~3%的尿素溶液1.1t/hm²,或用0.2%的磷酸二氢钾溶液750~1100kg/hm²根外追肥或叶面喷肥。落黄较快者,以氮肥为主,地上部生长较旺者,以磷、钾肥为主。

（5）病虫害防治

影响红薯的病害主要有黑斑病、根腐病和薯瘟，具体防治措施为选用抗病能力强的品种，同时加强农田的合理轮作，当发现田间出现病株时应及时拔除，采用敌克松 1000 倍液淋兜。红薯种植过程中主要的虫害有蛴螬、造桥虫、斜纹夜蛾等，在栽苗时采用50%辛硫磷 1000~1500 倍液灌根可以有效的防治，将混合农药的药土撒于犁沟或撒到地面后进行旋耕。在种植的中后期出现甘薯天蛾、斜纹夜蛾、造桥虫等虫害时，可以施加菊酯类农药进行防治。在每年的麦收前后，还要对红薯农田中治红蜘蛛和蝗虫等食叶害虫进行防治。

4. 采收与加工

红薯没有明显的成熟标志，应根据市场情况安排采收。当地温降至 12~15℃ 时必须采收完毕，在采挖、装袋、运输过程中应避免人为和机械损伤。一般采用窖藏方法，将收获的红薯晒半天，选择无病伤的薯块进行储藏，窖温控制在 11~14℃ 之间，做好通气、排湿，并及时清除烂薯。

5.4.3 花生

花生（*Arachis hypogaea* Linn.）为豆科落花生属植物，别名"长生果""泥豆"等。在我国是一种重要且有发展前途的油料作物，营养价值很高，花生油为很好的食用油和工业用油；花生叶子和果皮以及榨油后的花生饼，都是很好的养猪饲料，花生的植株也可用作饲草，因而花生的各个部分都有相当高的经济价值。

1. 形态特征

1 年生草本。根部有丰富的根瘤；茎直立或匍匐，长 30~80cm，茎和分枝均有棱，被黄色长柔毛，后变无毛。叶通常具小叶 2 对；托叶长 2~4cm，具纵脉纹，被毛；叶柄基部抱茎，长 5~10cm，被毛；小叶纸质，卵状长圆形至倒卵形，长 2~4cm，宽 0.5~2cm，先端钝圆形，有时微凹，具小刺尖头，基部近圆形，全缘，两面被毛，边缘具睫毛；侧脉每边约 10 条；叶脉边缘互相联结成网状；小叶柄长 2~5mm，被黄棕色长毛；花长约 8mm；苞片 2，披针形；小苞片披针形，长约 5mm，具纵脉纹，被柔毛；萼管细，长 4~6cm；花冠黄色或金黄色，旗瓣直径 1.7cm，开展，先端凹入；翼瓣与龙骨瓣分离，翼瓣长圆形或斜卵形，细长；龙骨瓣长卵圆形，内弯，先端渐狭成喙状，较翼瓣短；花柱延伸于萼管咽部之外，柱头顶生，小，疏被柔毛。荚果长 2~5cm，宽 1~1.3cm，膨胀，荚厚，种子横径 0.5~1cm。花果期 6~8 月。

花生果实

花生花朵

2. 生态习性

花生宜气候温暖，生长季节较长，雨量适中的沙质土地区；在我国，山东生长最佳。分布范围广泛，但是由于其生长发育需要一定的温度、水分和适宜的生育期，因此生产布局又相对集中。2008—2012年种植面积达150万亩的省份有湖南、湖北、河南、山东、河北、广东、辽宁、四川、安徽、广西、江西、吉林、江苏、福建14个，它们的种植面积占全国的93.5%，总产占全国的96.0%，成为我国花生的主要产地。其中，南方9个省份的花生年种植面积超过150万亩，种植面积总计占全国的35.8%；总产占全国的30.3%。

3. 栽培技术

（1）选地与整地

①选地：选择3年以上未种过花生及豆科等油料作物的地块，适宜花生生长的土质是壤土或沙壤土，通透性好，具有良好的排水条件，实现高产还必须具有灌溉条件。

②整地：选定地块后，深翻30~35cm。整地前施优质农家肥5000kg或商品有机肥50kg。连作地块施生物菌肥50kg，缓解连作障碍。

（2）育苗技术

在脱粒前，选无风的晴天把荚果晒2~3d，然后剥皮选仁，晒种主要起到杀菌、提高种子活力的作用。剔除瘪粒、发芽、发霉、破损、混杂及变色的种仁，选留饱满、大小均匀的种仁作种。将选好的种子，在播种当天用种衣剂拌种，当天拌的种子，必须当天播完。其用量参照产品说明。拌种不能直接用手拌种，拌种或播种后，一定要将手清洗干净，避免中毒。麦收后立即整地播种，应于6月10日前播种结束。整地应先用还田机还田，然后旋耕8~10cm整平待播。

（3）栽植技术

①平地种植：在当地大部分都是平地种植，一般穴播为主，也可条播和机播。平地种植相对比较方便，省时省力，适合浇水条件不完善的区域，因为平地种植时有利于土壤保墒。

②起垄种植：适合在土地平整、有便利灌溉条件的地块。一般垄底宽80cm，垄面宽50cm，垄面上两行花生行距27cm，株距13cm左右，播深3~5cm。

（4）田间管理

①苗期管理：播种与出苗期，地膜覆盖的花生，在出苗期间，要及时引苗。引苗出膜时不要把膜口扯得太大。麦套花生在麦收后，应及时中耕培土，并用2%尿素液灌窝提苗，以促进根瘤发育和多开花，并及时中耕锄草。

②中期管理：开花下针结荚期，对长出的夹窝草，用双双会（花生田专用综防除草剂）兑水防除，凡过旺的高产地块，在盛花期末（即开花后30d）可选用矮壮饱（花生专用）兑水喷洒叶片矮化控旺。清棵是在出苗后对子叶瓣未出土的幼苗，用手指或竹片将泥土扒开，亮出子叶瓣。清棵有4个方面的作用：一是清除幼苗窝内周围的杂草；二是促进子叶瓣的养分供给幼苗生长；三是能有效的培育壮苗；四是能促进根系、根瘤的发育，为多结瘤、多开花、多结果打下良好的基础。

③中后期管理：在荚果膨大籽仁充实期，每亩可选用花大结（100+100+100）g/袋兑水30~50kg喷雾，抗病、控旺、防早衰，增产显著。

（5）病虫害防治

在虫害防治方面，一般地下害虫对花生产量、商品性的影响甚大。如蛴螬、地花生地上虫害主要有蚜虫、红蜘蛛、棉铃虫，地下害虫主要有地老虎、蛴螬、金针虫，病害主要有叶斑病。对于近几年危害严重的病虫害要尤其重点防治。棉铃虫选用1.8%阿维菌素乳油2000~3000倍液喷雾，20%氯虫苯甲酰胺悬浮剂3000倍，15%茚虫威乳油2500倍液，50%辛硫磷乳油1000~1500倍液喷雾，以上药剂交替使用。蛴螬苗期用粘虫板或诱光灯诱杀其成虫金龟子，以减少成虫基数。当花生结实层产卵较多时，用40%辛硫磷乳油1000倍液灌根。叶斑病防治要早，否则后期落叶严重，导致花生大幅减产。始花期用75%百菌清可湿性粉剂600倍液或50%可湿性粉剂1000倍液喷雾防治，每隔12d喷1次，连续喷3次。

4. 采收与加工

适收期是在花生植株下部叶片呈现枯黄叶或掉叶时，地下结成的荚果70%果壳坚硬、剥开后籽仁成粉红色（或品种籽仁本身的颜色）或按生育期计算。及时晒干、安全储藏：花生收获后要及时晒干，尤其是作种用的花生要晒至脱衣散瓣、咬食成脆响，再将秕果、黑头果、不完善果剔除，放在通风干燥的地方储藏。储藏切忌不要与农药、肥料同室同仓。

5.4.4 魔芋

魔芋（*Amorphophallus rivieri* Durieu）为天南星科魔芋多年生块茎草本植物总称，栽培的收获物主要是地下块茎。魔芋除含有丰富的淀粉外，还含有蛋白质、生物碱、18种氨基酸、多种不饱和脂肪酸、维生素等成分，同时还含有大量的葡甘聚糖。葡甘聚糖在食品、医药等行业上有广泛的用途，是一种可溶性的优质膳食纤维，占球茎成分50%~60%。魔芋食品具有减肥、治病、预防动脉硬化、降低胆固醇等功效。

1. 形态特征

多年生草本。块茎扁球形，直径7.5~25cm，顶部中央多少下凹，暗红褐色；颈部周围生多数肉质根及纤维状须根。叶柄长45~150cm，基部粗3~5cm，黄绿色，光滑，有绿褐色或白色斑块；基部膜质鳞叶2~3，披针形，内面的渐长大，长7.5~20cm。叶片绿色，3裂，次裂片具长50cm的柄，二歧分裂，二回羽状分裂或二回二歧分裂，小裂片互生，大小不等，基部的较小，向上渐大，长2~8cm，长圆状椭圆形，骤狭渐尖，基部宽楔形，外侧下延成翅状；侧脉多数，纤细，平行，近边缘联结为集合脉。花序柄长50~70cm，粗1.5~2cm，色泽同叶柄。佛焰苞漏斗形，长20~30cm，基部席卷，管部长6~8cm，宽3~4cm，苍绿色，杂以暗绿色斑块，边缘紫红色；檐部长15~20cm，宽约15cm，心状圆形，锐尖，边缘折波状，外面变绿色，内面深紫色。肉穗花序比佛焰苞长1倍，雌花序圆柱形，长约6cm，粗3cm，紫色；雄花序紧接（有时杂以少数两性花），长8cm，粗2~2.3cm；附属器伸长的圆锥形，长20~25cm，中空，明显具小薄片或具棱状长圆形的不育花遗垫，深紫色。花丝长1mm，宽2mm，花药长2mm。子房长约2mm，苍绿色或紫红色，2室，胚珠极短，无柄，花柱与子房近等长，柱头边缘3裂。浆果球形或扁球形，成熟时黄绿色。花期4~6月，果1~2月成熟。

魔芋种苗　　　　　　　　　魔芋花　　　　　　　　　魔芋块根

2. 生态习性

喜温暖湿润，但忌高温、强光，更怕干旱。原产于森林下层，长期在有机质含量较高的土壤中生长，形成了适宜有机质含量较高的土壤习性。

生于疏林下、林缘或溪谷两旁湿润地中，海拔 1700~2400m，分布于陕西、宁夏、甘肃至长江流域以南各地。湖南怀化及周边地区有大面积种植。

3. 栽培技术

（1）选地与整地

①选地：夏季应选择较阴凉湿润的地块，以利于魔芋生长，秋冬季宜较温暖干燥的地块。一般选山峦互相遮挡或有树木遮阴、半阴半阳、空气湿度较高的倾斜、背风地带，土壤不易被暴雨冲刷的地块；选择土层较深厚（30cm 以上）、肥沃、有机质丰富、土壤通透性能好，保水、保肥、排涝良好，土壤 pH 值 6.5 左右的土壤，一般以壤土或砂壤土为好；地块选择还应考虑前茬作物，避免选择种植茄科、蔬菜类作物的地块，宜选择种植玉米、小麦等作物的地块。

②整地：在前茬作物收获后应及时深翻土地，冬闲田在冬前深耕，利用冬季严寒冻死土中的病菌，深翻 30cm 左右。春季再进行深翻，耙平耙细、理墒，一般根据山形地势，由地势高处往地势低处开沟理墒，墒面一般宽 1.5~2.5m，根据不同种植地区而定，低海拔地区墒面宽 1.5~2m，高海拔地区墒面宽 2~2.5m；沟深 0.15~0.3m，便于雨季排涝。

（2）育苗技术

①播种育苗：选芽眼饱满、芽窝浅、无破损伤口和病虫危害、外观周正、表皮光滑的球茎作种芋，一般在 3 月中旬至 4 月中旬播种。根据不同种芋大小确定单行种植或双行种植。行距一般为 60~80cm，种植 2 行魔芋，摆放好魔芋种后，盖浅土，厚 4~5cm。两行魔芋间作 1 行玉米，玉米提倡单株密植，株距 20cm，每亩保证基本苗 2000 株，应选用双苞率高的品种。种植时在种植沟内先施用腐熟优质厩肥和复混肥，盖一层薄土后斜放种芋（倾斜 45°摆放），或复混肥沿种芋环状施，然后盖土，盖土厚度在 0.1~0.15m 即可。

②根状茎（地下茎段）育苗：清明前后，当宿留于土内的越冬魔芋开始长出新芽时，在头年肥水条件好，植株生长势旺盛的块茎四周挖取根状茎，分成若干段，每段有 2~3 节，芽眼饱满，具有品种色泽特征（花魔芋芽呈粉红色，白魔芋芽色洁白）的活芽 1~2 个。茎节切好后，晾晒 1~2d，然后用草木灰涂抹两端切口，按 27cm×17cm 行窝距插于苗床，每窝插

芽眼向上的根状茎节2~3段，再用草渣淬肥土盖好。亦可采用地膜覆盖，促苗早出。苗床土用疏松、透气性好，含有机质多的砂壤土，做成1.3~1.7m宽的厢，以利排水防渍。出苗后要防止人畜践踏。若需施肥，可追施适量的硫酸铵。促苗生长，但切忌追施碳酸氢铵和未腐熟的人粪尿。

（3）栽植技术

魔芋适宜种植在海拔1700~2400m区域，种植中宜选择周围森林覆盖率高、阳光直射时间短、半阴半阳、空气湿度相对较大、排水性能好的湿润小环境。

①轮作：轮作间隔期2~3年，种植中要注意避开十字花科作物和姜、马铃薯、辣椒、萝卜等易感软腐病的作物及易感白绢病的茄子，一般与禾本科作物接茬较为安全。有条件的地方，最好实行水旱轮作，即水稻收后放水翻耕晒田，更易截断病原菌的继续繁衍。应另选地块种植或套种玉米，实行换茬轮作。品种应选择优质、丰产的本地花魔芋品种。

②间套作：间套种的关键是布局要合理，密度要适当，荫蔽要适度，使魔芋与间套作物双方受益，单位面积总效益高于单作。间套作物最好是高秆作物或幼龄落叶经济林木，使高秆作物和林木在上层获得更充足的日照，而魔芋在下层得到适当荫蔽。间套作物必须专畦专垄，并在施基肥和追肥上保证其需要。9月以后，应减少其荫蔽度，以增加魔芋光照强度。

③垄作：垄作适宜旱地的平地和水田以及坡度较小的旱坡地，起垄的规格可依据种芋的大小，进行单起垄或双起垄。在商品芋栽培中，垄作间套玉米，玉米间作在垄边，魔芋种植在垄面。要求垄底宽30cm，根据带型确定垄面宽度。

④覆盖栽培：对于海拔2000m以上的魔芋种植地区，魔芋生长积温不够，直接影响到魔芋产量的形成，可采用地膜覆盖来增加土壤温度，抑制杂草生长，促进增产的作用。

（4）林间管理

魔芋的生长发育随着每年春后温度的回升和雨季的来临而发芽长根。魔芋生长期正是雨季，在正常年份大面积魔芋种植中不要求灌水，雨季要开沟排水，随时保持沟渠通畅。如遇5~6月干旱，雨水较晚年份，海拔1800m以下魔芋种植区应浇水。魔芋种植中要求尽量减少农事操作，以免对植株造成损伤而感病。在施足底肥的前提下，在魔芋出苗开始展叶封行前，于小雨天亩追施三元复合肥15kg，8月上旬亩追施硫酸钾肥20kg，肥料撒施在墒面上应提沟土盖严。魔芋播种时已在地表覆盖了松毛、秸秆，抑制了大量杂草的生长，但也还会有少量杂草出现，可在魔芋出苗后未展叶前亩用扑草净80g或克芜踪100g喷施除草，或人工除草。

（5）病虫害防治

魔芋主要病害有软腐病、根腐病、叶枯病和白绢病，其中以软腐病较为严重，其他病害零星发生。软腐病以预防为主，在70%魔芋出苗后，用1000万单位的农用链霉素1000倍液配合70%的甲基托布津800倍液喷施防治第1次，15d后再用20%的龙克菌乳剂500倍液喷施防治第2次；施药时使药液顺叶柄流入塘窝，要求魔芋生长期施药次数不少于2次。发现软腐病中心病株立即拔除销毁，并在病穴撒上生石灰200~300g或在病穴中浇施pH值为3.5的草酸稀释液消毒，以防病害蔓延。魔芋主要虫害是甘薯天蛾和豆天蛾。整地时亩施甲敌粉1~kg毒杀地下害虫；在幼虫3龄前用80%敌敌畏乳油800~1000倍液，40%乐果或氧化乐果乳油800倍液交替喷雾防治，还可用黑光灯或糖醋液诱杀甘薯天蛾、斜纹夜蛾成虫。6月下甸魔芋展叶虫害较重时，用敌杀死 800 倍液，或 80% 敌敌畏乳油 800~1000 倍液、或氧化乐果乳油 800 倍液交替喷雾防治，或早晚人工捕捉。

4. 采收与加工

（1）采收

为保证商品芋优良的内在品质和来年种芋的安全贮藏，以霜降节令后至 12 月底收挖魔芋较好，掌握 70% 的植株倒苗后 15d 收挖较好。收挖后的芋球 500g 以上的作为商品芋及时销售或烤片；种龄短、500g 以下的作为种芋存放，剔除烂芋后，先在干燥处晾晒 5~7d，水分干后（失水约 15% 左右）用 1:1 的草木灰和生石灰混合物拌种，将种芋大小分级后用干沙分层贮藏或芽眼向上置于室内，较小的种芋堆码厚度 15~20cm，大种芋码 2~3 层，期间注意检查翻动并及时捡出烂魔芋。如土地条件宽余，冬季温暖区可翌年 1~2 月收挖魔芋，降低球茎感病几率。

（2）加工

将收获的鲜芋用清水洗净，去掉须根和外皮，洗至无泥沙、无外皮、外表面白色干净为止，再晾干。之后将块茎切成厚薄一致，大小均匀（在 0.7~1cm 厚）的薄片，摊放在竹垫上或晒席上翻晒并含硫无烟煤明火烘干，烘干之后包装储，摊放在竹垫上或晒席上翻晒并含硫无烟煤明火烘干，烘干之后包装贮藏。贮藏包装袋要防潮，一般用聚丙烯袋盛装，扎紧袋口待售。

5.4.5 土豆

土豆（*Solanum tuberosum* L.）为茄科 1 年生草本植物，学名马铃薯，块茎可供食用，是全球第四大重要的粮食作物，仅次于小麦、稻谷和玉米。土豆块茎含有大量的淀粉，能为人体提供丰富的热量，且富含蛋白质、氨基酸及多种维生素、矿物质，尤其是其维生素含量是所有粮食作物中最全的，人工栽培历史最早可追溯到大约公元前 8000 年到 5000 年的秘鲁南部地区。土豆主要生产国有中国、俄罗斯、印度、美国等。中国是世界土豆总产最多的国家，全国均有种植。

1. 形态特征

1 年生草本植物，地上茎呈菱形，有毛。初生叶为单叶，全缘。随植株的生长，逐渐形成奇数不相等的羽状复叶。小叶常大小相间，长 10~20cm；叶柄长约 2.5~5cm；小叶，6~8 对，卵形至长圆形，最大者长可达 6cm，宽达 3.2cm，最小者长宽均不及 1cm，先端尖，基部稍不相等，全缘，两面均被白色疏柔毛，侧脉每边 6~7 条，先端略弯，小叶柄长约 1~8mm。伞房花序顶生，后侧生，花白色或蓝紫色；萼钟形，直径约 1cm，外面被疏柔毛，5 裂，裂片披针形，先端长渐尖；花冠辐状，直径约 2.5~3cm，花冠筒隐于萼内，长约 2mm，冠檐长约 1.5cm，裂片 5，三角形，长约 5mm；雄蕊长约 6mm，花药长为花丝长度的 5 倍；子房卵圆形，无毛，花柱长约 8mm，柱头头状。果实圆球状，光滑，绿或紫褐色，直径约 1.5cm。种子肾形，黄色。果实为茎块状，扁圆形或高 15~80cm，球形，无毛或被疏柔毛。茎分地上茎和地下茎两部分。长圆形，直径约 3~10cm，外皮白色、淡红色或紫色。薯皮的颜色为白、黄、粉红、红、紫色和黑色，薯肉为白、淡黄、黄色、黑色、青色、紫色及黑紫色。

土豆花　　　　　　　　　　　　　　土豆块茎

2. 生态习性

性喜冷凉，不耐高温，喜光，植株对土壤要求十分严格，以表土层深厚，结构疏松，排水通气良好和富含有机质的土壤最为适宜，特别是孔隙度大，通气度良好的土壤，更能满足根系发育和块茎增长对氧气的需要。全国各地均有栽培。

3. 栽培技术

（1）选地与整地

①选地：土豆对土壤的适应性很强，但是要想获得高产，最好选择种植在地势相对平整、土层较厚、土壤比较疏松且肥沃的地块。如果能选择上一年种过番茄、辣椒、茄子这些农作物的地块则更佳，因为可减少和防止病虫害的发生。

②整地：对种植地块进行翻耕，把大块的土打碎，翻耕最好选择比较晴朗的天气进行，以有效增加泥土中的含氧量，让土壤更加疏松和透气，这样种植的茎块也会生长得更快。

（2）育苗技术

①整薯育苗：秋季种植土豆多是整薯播种。在播种前20~25d对种薯进行催芽。整薯播种时选择的种薯质量应为30~50g。

②切块育苗：切块播种时，薯块的质量应为25g。切块一定要留有顶部的芽眼，以保证出苗整齐，各切块芽眼数量最少保留一个。等刀口晾干完全愈合后，在催芽床上或是在黑暗、潮湿条件下进行催芽，在催芽前，先在床内铺设一层沙，其厚度保持5cm，将种薯（块）紧密排列，厚度控制在5cm，并将5~7cm厚的沙铺设在上面，在催芽过程中，将床温控制在16~20℃之间，床土保持潮湿。等芽长到0.5~1cm后，摊开晾晒种薯；在播种之前，进行炼芽2~3d。春播时播种的株距为25~30cm、行距55~60cm，播种密度为3800~4200株/亩，进行秋播时采用的株距为20~25cm、行距55~60cm，播种密度为5000株/亩。

（3）栽植技术

①覆膜栽培：采用宽度为130cm的大垄，垄高为15cm，行距为40cm，株与株之间保持24cm为宜。在进行播种处理之后，可将垄面耧平，将地膜盖在其上方，或者在进行播种之前4~5d将地膜盖在其上方，在实施播种处理后，应当采用手铲行挖孔播种处理，在2d内用土将种植孔封住。在实施先种后覆膜的方式时，当土豆出苗之后需将地膜划开，确保苗能够

被引出，以免出现幼苗烫死的情况。当幼苗出现5~6片叶子时，即可将地膜全部撤除，并中耕培土。

②大垄栽培：采用大垄距机械开沟施肥、点种，沟深10~15cm，薯块保持在地平面或稍下方，做到种、肥分开；种肥位置保持在种薯稍下方2~5cm，覆土厚度10cm左右，播后及时镇压。机械播种，主要适宜大面积种植，方法是机械施肥播种一次成垄。垄距80~90cm，株距18~23cm，亩保苗4500~4800株。

（4）田间管理

科学有效的田间管理可以保证土豆的产量，要清除田间的杂草，并进行深翻整地工作，可以使用腐熟基肥对土壤进行肥力的补充，同时，在土豆种植的过程中，要遵守间种套作以及轮作的原则，这样可以使各种病残株在地下腐烂，通过及时的翻耕，可以将地下的害虫以及病菌等翻到地上，有效减少病虫害对土豆的影响，通过合理的使用化肥也能达到无公害土豆种植的目的。土豆种植过程中还要兑水分以及温度进行有效的控制，当遇到干旱天气，要及时对土豆进行浇水，当遇到强降雨天气，要及时进行排水，从而避免水涝灾害的出现，达到科学灌溉的效果。一般来说，要在播种后5~10d进行土壤处理，也就是说要对杂草进行处理，除草过程中不能使用药剂，通过人工或者机械除草的方式，可以有效避免药物的残留。在土豆的施肥中，其比例一般在氮、磷、钾为5∶2∶11，每公顷土地使用优质农肥30t，这样可以保证土豆得到充足的养分，还能有效避免对环境的污染。

（5）病虫害防治

危害土豆的病害最严重的是早疫病和晚疫病，以下为具体防治措施。现蕾初花期：使用75%拿敌稳水分散粒剂防治晚疫病。花期：使用70%安泰生可湿性粉剂预防晚疫病的发生，7~10d后，使用68.75%银法利悬浮剂防治晚疫病，在晚疫病已发生的地块可缩短喷药的间隔期，3~5d进行喷药。地下害虫有蛴螬、金针虫、地老虎等。每公顷用50%辛硫磷乳油750g拌谷米7.5kg制成毒饵直接撒入地表或拌入有机肥中，施入土中。地上害虫有28星瓢虫，采用高巧拌种可以防治虫害。

4. 采收与加工

土豆成熟的标志是叶色由绿逐渐变黄转枯，不需用力拉即与匍匐茎分开，块茎表皮韧性较大，皮层较厚、色泽正常。收获时要避开雨天，选择晴天。从收获的土豆中挑选剔除烂薯，入窖前要对土豆窖进行消毒，将收获的土豆块置于预贮棚内预贮2周左右，使块茎表面水分蒸发，机械伤口充分愈合，然后再转入贮藏窖内存放。

5.5 林茶种植技术

5.5.1 茅岩莓

茅岩莓（*Ampelopsis grossedentara*）为葡萄科蛇葡萄属的一种野生藤本植物，学名茅岩莓，别名藤茶、甘露茶。湖南省始发现于张家界市茅岩河沿岸300~1000m云雾弥漫的红砂岩土壤。它是土家族民间常用的一种食疗药物，具有清热解毒、抗菌消炎、止咳镇痛、降脂保肝、醒酒解酒和抗血栓、降血脂、抗氧化、抑肿瘤等一系列作用和功效。

1. 形态特征

木质藤本。小枝圆柱形，有显著纵棱纹，无毛。卷须 2 叉分枝，相隔 2 节间断与叶对生。叶为 1~2 回羽状复叶，2 回羽状复叶者基部一对为 3 小叶，小叶卵圆形、卵椭圆形或长椭圆形，长 2~5cm，宽 1~2.5cm，顶端急尖或渐尖，基部阔楔形或近圆形，边缘每侧有 2~5 个锯齿，上面绿色，下面浅绿色，两面均无毛；侧脉 3~5 对，网脉微突出，最后一级网脉不明显；叶柄长 1~2cm，无毛；托叶早落。花序为伞房状多歧聚伞花序，与叶对生；花序梗长 1.5~3.5cm，无毛；花梗长 1.5~2mm，无毛；花蕾卵圆形，高 1.5~2mm，顶端圆形，无毛；萼碟形，边缘波状浅裂，无毛；花瓣 5，卵椭圆形，高 1.2~1.7mm，无毛，雄蕊 5，花药卵圆形，长略甚于宽，花盘发达，波状浅裂；子房下部与花盘合生，花柱钻形，柱头不明显扩大。果近球形，直径 0.6~1cm，有种子 2~4 颗；种子倒卵圆形，顶端圆形，基部有短喙，种脐在种子背面中部呈椭圆形，上部棱脊突出，表面有钝肋纹突起，腹部中棱脊突出，两侧洼穴呈倒卵形，从基部向上达种子近中部。花期 5~8 月，果期 8~12 月。

茅岩莓果实　　　　　　　　　　茅岩莓嫩芽

2. 生态习性

野生茅岩莓主要分布于海拔 300~1300m，集中或散生于山坡的混杂林中，呈匍匐态生长，但可以通过攀缘茎可以爬上树木或悬崖。分布于湖南、江西、福建、湖北、广东、广西、贵州和云南等地。

3. 栽培技术

（1）选地与整地

①选地：选择避免太阳直射的阴坡地，土层深厚、肥沃、疏松、湿润，交通及管理方便，尤其以靠近河流或小溪的冲积土为佳。

②整地：于当年 10 月中旬至翌年 3 月，选择上坎高度大于 50cm 的水平带，清除水平带内侧 40cm 范围内所有杂草灌木枯枝等，同时，把清除坎上的杂草灌木地上部分。沿水平带内侧挖沟，规格为深 30cm，宽 30cm；沟内施肥，按每 100m 计，施腐熟农家肥 100kg，饼肥 50kg，磷肥 25kg，覆土做高垄备用。

（2）育苗技术

茅岩莓采用种子繁殖，投产时间长一些，因此，一般采用扦插育苗。选用茎粗 0.25cm

以上1年生健壮枝条，剪成长13~15cm的插条，每枝留节3~4个。枝顶端平口，枝下端斜口，两端口距节0.5~1.0cm。先用地膜将高垄全覆盖，覆盖时做到实、紧、严。按25~30cm间距用打孔器单行打孔，后循孔扦插，深度为扦插条长度的一半，并保证地上枝留1~2个节；插条边剪边插，勿需用生根类激素处理；手指压实插条四周，耙土将地膜全部覆盖，厚度1~2cm。插后检查覆土状况，确保地膜不露。扦插时间以3月上旬~4月上旬时间段为宜。土壤温度在5℃以上，雨前的晴天进行为好。插后恰遇降水或及时人工浇水，成苗率可在95%以上。30天左右可见新芽与根部愈伤组织，45天左右可见萌发新根。

（3）栽植技术

茅岩莓生长忌高温干旱和阳光直射，可与油茶山稻的复合栽植，种植茅岩莓要注意选择周边环境，应远离工厂、城市和居民点、公路主干道较远、土层较深厚、地表不积水的山坡地建园，有效土层达到50cm以上，坡度30°以下。按等高线筑好梯田，开好排水沟，达到能及时排除积水，蓄水保土，引水抗旱。清理好园地的乱石块、树根等杂物后，做好园地初垦与复垦工作。春季茅岩莓未萌动前，进行移栽定植。按行距50cm开好种植沟，施足基肥。基肥为3000~5000kg/亩经过沤制的土杂肥、农家肥，加施复合肥50kg。土肥混合后，填土至离地面15~25cm。

（4）林间管理

春季茅岩莓未萌动前，进行移栽定植。浇好定根水。用山青、玉米秸、稻草、油菜秆等覆盖莓园，促进成活，防止水土流失，增加土壤蓄水，保水抗旱，保暖防冻，增加土壤有机质，提高土壤肥力。从第2年起，每年应在秋季9~10月施用基肥。采用条施的办法，每亩施1500kg左右的猪牛栏粪、枯饼、农家肥作基肥，并视当年茅岩莓的生长势与产量，适当配施复合肥，促进根系生长，积累营养，为第2年高产打下物质基础。茅岩莓的生长旺季，用菜枯和人粪尿等农家肥兑水泼洒，且宜稀不宜浓，不使用除草剂和农药，确保茅岩莓的纯天然、无污染的绿色品质。扦插栽植当年，因有地膜覆盖，无需除草，但在冬季必须把地膜清除掉，结合山稻收割后的油茶抚育，对坎上的杂灌进行刈割（以后每年都要进行）。对成年茅岩莓，可结合山稻播种、中耕除草抚育时节一并完成。整形修剪是茅岩莓提高产量保证质量，提升采摘效率节约工时的重要环节。当茅岩莓新蔓长至30cm左右，要进行摘心打顶，留叶一半，让其萌发新芽，并顺势使其依坎攀附生长。7~8月进行第2次缩剪，防止其徒长。之后需看苗修剪，发现有开花结果现象时，及时缩剪，促发新芽，完成初形。对成林茅岩莓修剪，可通过采摘来完成类似修剪的目的。每年冬季施基肥前要进行1次重平剪，高度控制在40cm左右，并剪除匍地、半木质化等枝蔓。

（5）病虫害防治

茅岩莓与油茶、山稻三者共生，实行有机栽培，互惠互促，加上山地地形的多样化，形成良好的自然生长环境，促进生物多样性生长的平衡，有效地避免了病虫灾害的发生，无需进行人为干预。

4. 采收与加工

藤茶分嫩芽、嫩叶、成叶、老叶等不同品级，因而它的采摘时间也不尽相同，分享全年的春夏秋季。茅岩莓新芽长至25cm以上就可以打顶采摘，以后每隔10d左右打顶采摘1次。以4~6月采摘的藤茶质量为好。以前村民在茎叶较粗老的时候一次性采收，经切断炒干后销售。现在改为分批多次采摘幼嫩芽叶加工，不仅提高了茅岩莓产量，而且质量也显著改善，特别是黄褐色的枝梗含量减少。茅岩莓为藤本植物，多次采摘不仅有利于芽叶萌发茎叶生长，而且节间缩短，这样茅岩莓产品叶片的比例变大，枝梗的比例降低，提高了质量。

5.5.2 青钱柳

青钱柳［*Cyclocarya paliurus*（Batal.）Iljinsk.］为胡桃科青钱柳属植物，别名摇钱树、麻柳，青钱李、山麻柳、山化树等，我国南方各地均有发现，多以零星分布。青钱柳乃冰川四纪幸存下来的珍稀树种，仅存于中国。青钱柳被誉为植物界的大熊猫，医学界的第三棵树。青钱柳茶能够协助胰岛素发挥降血糖作用，并能改善糖耐量，树皮和叶主治清热消肿，止痛，用于顽癣。

1. 形态特征

乔木，高达 10~30m；树皮灰色；枝条黑褐色，具灰黄色皮孔。芽密被锈褐色盾状着生的腺体。奇数羽状复叶长约 20cm（有时达 25cm 以上），具 7~9（稀 5 或 11）小叶；叶轴密被短毛或有时脱落而成近于无毛；叶柄长约 3~5cm，密被短柔毛或逐渐脱落而无毛；小叶纸质；杞侧生小叶近于对生或互生，具 0.5~2mm 长的密被短柔毛的小叶柄，长椭圆状卵形至阔披针形，长约 5~14cm，宽约 2~6cm，基部歪斜，阔楔形至近圆形，顶端钝或急尖、稀渐尖；顶生小叶具长约 1cm 的小叶柄，长椭圆形至长椭圆状披针形，长约 5~12cm，宽约 4~6cm，基部楔形，顶端钝或急尖；叶缘具锐锯齿，侧脉 10~16 对，上面被有腺体，仅沿中脉及侧脉有短柔毛，下面网脉显明凸起，被有灰色细小鳞片及盾状着生的黄色腺体，沿中脉和侧脉生短柔毛，侧脉腋内具簇毛。雄性葇荑花序长 7~18cm，3 条或稀 2~4 条成一束生于长约 3~5mm 的总梗上，总梗自 1 年生枝条的叶痕腋内生出；花序轴密被短柔毛及盾状着生的腺体。雄花具长约 1mm 的花梗。雌性葇荑花序单独顶生，花序轴常密被短柔毛，老时毛常

青钱柳叶

青钱柳花

脱落而成无毛，在其下端不生雌花的部分常有 1 长约 1cm 的被锈褐色毛的鳞片。果序轴长 25~30cm，无毛或被柔毛。果实扁球形，径约 7mm，果梗长约 1~3mm，密被短柔毛，果实中部围有水平方向的径达 2.5~6cm 的革质圆盘状翅，顶端具 4 枚宿存的花被片及花柱，果实及果翅全部被有腺体，在基部及宿存的花柱上则被稀疏的短柔毛。花期 4~5 月，果期 7~9 月。

2. 生态习性

青钱柳树常生长于海拔 500~2500m 的山地湿润的森林中，各地人工种植在 800~1300m 之间山地均可种植，喜光，幼苗稍耐阴；要求土层深厚，喜风化岩湿润土质；耐旱，萌芽力强，生长中速。

产于湖南、湖北、安徽、江苏、浙江、江西、福建、台湾、四川、贵州、广西、广东和云南东南部。

3. 栽培技术

（1）选地与整地

①选地：选择在海拔 500m 以上的山区，以山坡中下部及山谷溪间为主；土壤厚度也以中至厚为最好，土壤质地以砂土、砂壤土和轻壤土最合适，立地条件以肥沃型和中等肥沃型合适，土壤 pH 值应在 5~7 之间。

②整地：整地之前，需清除残留木、杂灌木、树蔸等，10 月底之前完成。基地主要采用带垦的方式进行整地，按照等高线挖水平带。由上向下挖筑内侧低、外缘高的水平阶梯，内外高差 10~20cm。梯面宽 2.5m 以上。12 月底以前完成。

（2）育苗技术

①播种育苗。播种前进行种子催芽：选择 12 月，将沙藏种子取出。用 0.3%高锰酸钾溶液浸泡种子 15min，然后用清水冲洗干净，再用 45~55℃温水浸种 48h，每天需要换 2 次水，上午和下午各 1 次，再用赤霉素浸泡 1d，去掉浮于水面的轻粒种子，捞起藏于湿沙进行催芽，沙的湿度以手捏成团，手松即散为宜。沙上盖塑料薄膜进行保湿。播种：待种子刚露白即可撒播于已消毒的苗床上，盖 1cm 左右厚的黄心土，淋透水；播种量 225kg/hm²。采取条播的方式，行距 20cm，株距 5cm 左右，深度在 2~3cm，在种子表层覆盖的土不超过 1cm，太厚不利于幼苗发育。为了减少杂草，可喷洒相应的除草剂，以保证苗圃地的整洁。最后盖上一层稻草保温保湿。上面搭建塑料薄膜小拱棚，待小苗移植前 5~7d 撤除。幼苗移植：幼苗高 5~8cm 时，选择阴雨天移植到苗床上，株距 10~15cm、行距 20~25cm。移植后搭盖遮阴度 60%~70%的遮阳网，9 月份后撤除遮阳网。

②扦插育苗。选用当年生半木质化发育健壮的枝梢作插穗，带节切取 6~10cm 切口要平滑整齐，剪去下部叶片，只留顶端 3~4 片小叶。购买维生素 B12 针剂 1 支打开后，把扦插条在药液中蘸一下，取出晾一会即可扦插。插前，应在前一天用喷壶将盆内培养土喷潮，但不可喷得过多，到第二天正好湿润，最适合扦插。插的深度为 3~4cm。插时，先用筷子或竹扦在土中戳个洞，再将插穗插入，用手将土压实使盆土与插穗充分接触，然后浇一次透水。插好后，花盆最好用塑料袋罩上，袋口用带子扎好，需要浇水时再打开，浇湿后重新扎好。扦插过的花盆应放置在无阳光直晒处，扦插的盆土 10d 内除雨天每天都要喷水，气干燥时宜喷二次，但每天喷水量不宜过多。10d 后仍要保持土壤湿润。4~5 星期内要遮阴，直至萌芽以后才可逐渐让其接受一些阳光。一般约 2 个月才能生根。此后只需要在中午遮阴 2~3h，

其余时间可任其接受光照，以利在光合作用中制造养分。

（3）栽植技术

每年3~4月采挖移栽，原青钱柳小苗50~70cm截干，将主根10cm外的长度截掉。可用促根剂ABT 1号浸根后栽植，浸根用速蘸法，即在生根溶液里浸根5min后栽植。株行距为200cm×200cm，半坡地挖定植穴，穴径40cm、深30cm；地势较低的地域应作高垄，即沟深25cm以上，垄成覆瓦形（即中部高两侧低）；坡地造林可挖鱼鳞坑栽植。栽后要浇1次定根水，青钱柳为喜阴湿耐旱性，一般圃地地下水位应低于50cm。土质以弱酸性，疏松深厚的石灰石土质为佳。栽植第1年应注意灌溉及排水，既不能积水也不能过干。

（4）林间管理

造林后头3年每年松土除草培蔸2次，第一次在5~6月，第二次在8月下旬至9月。采用锄抚，铲除所有的杂草，保证树蔸清洁、干净，苗基外露时还从圈外铲些细土培于基部成馒头状。幼林抚育要做到不伤根、不伤皮、不伤枝、蔸边浅、冠外深、逐年深。结合抚育施用有机肥料，每株1kg，距树蔸40cm周围挖20cm×20cm环形坑，将肥料均匀施于坑中，复土，连续抚育3年。丰产林管理，两年垦复一次，冬季深挖，夏季浅锄。冬垦以扩穴为目的，以不伤根或少伤根为原则，穴深25cm左右。夏锄深度不超过10cm，以不伤根为准。结合垦复施用有机肥料，每株3kg，距树蔸1m周围挖20cm×20cm环形坑，将肥料均匀施于坑中，覆土。

（5）病虫害防治

青钱柳主要的病虫害是立枯病、蛴螬和地老虎。病害以预防为主，5月喷施0.5%~1%的波尔多液进行立枯病预防。或用百菌清可湿性粉剂800倍液或多菌灵可湿性粉剂600倍液防治。害虫危害时可用99%敌百虫晶体800倍液或2.5%溴氰菊酯乳油2000倍液浇苗间及根际土壤。

4. 采收与加工

青钱柳叶一般在清明前后根据新芽生长情况组织人工采摘，高海拨地区采摘时间推后15d左右，采摘后及时凉摊，竹萝装车，及时运送至加工企业。9月下旬至10月初，当果实由青变为黄褐色时，即可采摘青钱柳种子。采种可以利用高枝剪或竹竿敲打枝条，铺布收集。将采摘的种子除去果翅，净种后盛在竹箩里阴干后，袋装干藏于室内通风处；也可用湿沙混藏，进行春播，能提高发芽率。

5.5.3 藤茶

藤茶（*Vine tea*）为葡萄科蛇葡萄属多年生木质藤本植物，显齿蛇葡萄的幼嫩茎叶，俗称茅岩莓茶、神仙草、土甘草等。在湖南、湖北、贵州、广西、福建等地广有分布。其主要活性成分为黄酮类物质，具有降血压、抗氧化、抗癌、抗菌等多种药理活性。

1. 形态特征

木质藤本。小枝圆柱形，有显著纵棱纹，无毛。卷须2叉分枝，相隔2节间断与叶对生。叶为1~2回羽状复叶，2回羽状复叶者基部一对为3小叶，小叶卵圆形、卵椭圆形或长椭圆形，长2~5cm，宽1~2.5cm，顶端急尖或渐尖，基部阔楔形或近圆形，边缘每侧有2~5个锯齿，上面绿色，下面浅绿色，两面均无毛；侧脉3~5对，网脉微突出，最后一级网脉不明显；叶柄长 1~2cm，无毛；托叶早落。

新鲜藤茶

加工后藤茶

2. 生态习性

分布在海拔 400~1300m 的山地灌丛中、林中、石上、河边。尤其适应山间阴湿的环境中生长。

3. 栽培技术

（1）选地与整地

①选地：藤茶栽培必须选择阴蔽度中等的林间或灌木丛以及林间套作为主，土壤母质主要为沙质页岩，有机质要求在 1.0 以上，pH 值在 5.5 左右，海拔 500~1000m，湿度较好的地区进行栽培。

②整地：要求炼山、整地、打窝，每亩地按栽培密度打窝，平地可以抽槽，抽槽规格是 60cm 深，挖窝规格是 60cm×60cm，平均每亩地需 222 个。由于采用藤茶有机栽培，技术，故在整地打窝后，亩施有机肥 4500~5000kg（其中猪、牛粪 4500kg，其他枯饼或杂草 500~1000kg）。在施肥后必须进行回填，回填的要求是垒成瓦背形。

（2）育苗技术

根据藤茶生物学特性，育苗采用扦插育苗模式。育苗海拔在 1500m 以下，土壤排、灌水良好，土壤疏松、深厚、肥沃，交通便利。

选用茎粗 0.2~0.5cm 当年生健壮藤茶枝条作扦插材料，当年生绿枝繁殖力强，扦插易成活；选择的插条应以早晨采集为好，并要求粗壮，芽节充实，新梢上部节位的副芽刚萌动的插条成活后生长快。扦插气温不低于 10℃ 时开始扦插，大致时间为翌年 2 月下旬至 3 月为宜。扦插枝长 12~20cm，每枝需 2~3 个节；上部在节上 2cm 处剪成平口，枝下端斜口（45°左右），两端口距节 0.5~1.0cm；剪枝时要求修枝剪要快，剪口要平整，以避免造成组织损伤使枝条腐烂；插条要随剪随扦，并将基部浸入清水中遮阴待用。地上枝留 1~2 个节，扦插时先用木棍或竹签打孔缝，扦插后压实。扦插时直插与斜插均可，绿枝插入孔内深度 5cm 左右，地面留 5cm 左右。插后及时进行浇透水，并视温度情况加盖遮阴网或加棚覆盖以提高温度。绿枝扦插的关键是保持苗床的温度、湿度以及苗床土壤的通气性，忽视任何一项措施，将导致扦插失败。扦插株行距约（5~10）cm×（15~30）cm，扦插密度以 2 万~8 万株/亩为宜。

(3) 栽植技术

苗木处于休眠时期进行移栽，有利于成活。同时，还应该根据当地的气候条件，避免在干旱和严寒时期移栽。秋末冬初移栽有利于茶苗的成活，这是由于此时地上部虽然已经停止生长，而根系生长还在继续，藤茶苗越冬后，根系在翌年春天可较早进入正常生长。选在春初进行栽植，这时温度低、雨水足，栽后浇水数量和次数都可减少。

单条栽一般的种植约行距1m、株距0.5m，每亩用苗440株左右。双条栽在单条栽基础上发展起来的种植方式，每2条行距以50cm、株距50cm的小行距相邻种植，双条栽具有成园和投产较快，同时保持了日后生产管理的便利性。

从外地调运的茶苗，要注意包装与通气，并浇水提高其成活率。也可用黄泥浆蘸茶根来提高茶苗的成活率。实生苗的主根太长，可以剪短些；扦插苗在取苗前一天要浇湿圃地，以减少取根苗时伤根。茶根植入土中力求舒展，然后覆土踩紧，防止上紧下松，使泥土与茶根密切结合。移栽后若连续晴天，一般隔3~5d浇水一次，每次浇水要浇透，使根部土壤全部湿润。

(4) 林间管理

生长期间及时除草，尤其在6~7月生长旺季，一年大约锄草4~5次，然后对成叶及时采摘收获。保持土壤在整个生长期湿润，注意防涝抗旱。有条件的，在采摘后适当薄施用农家肥，切记不能追化肥。根据植株生长情况进行适当修剪，对生长势旺的每次留5~7芽头、生长势弱的每次留3~4个芽头，以促多发枝、发壮枝、早成园，便于藤茶枝条攀缘生长，在株行间用竹条搭棚。

(5) 病虫害防治

藤茶一般病虫害较少，对病、虫的抵抗力强，一般不用打农药。

4. 采收与加工

(1) 采收

一般藤茶4~8月采摘嫩茎叶，9~10月叶片普采。采摘嫩茎叶时采用提手采，采摘长度3~8cm，每隔10~12d采摘1次，保持芽叶完整、新鲜、匀净，剔除整梗和杂叶。鲜叶采摘后应放置在干净、透气、无异味的容器中，并及时收青。贮青时应做好薄摊、控温、保湿等管理措施，堆放时不可重压。

(2) 加工

①直接太阳晒干法：民间通常采用茎叶全株砍采，直接切成一寸左右的茶段，利用自然太阳晒干，这样加工生产的藤茶，全叶片状，表面无白色结晶体析出，成茶色淡绿色，味淡不醇，无回味。

②水煮杀青晒干法：同样采用茎叶全株砍采，切成一寸长的茶段，用沸水煮捞杀青后，晒干即为成品，这种加工方法生产的藤茶，半片状（好难看的外形），色淡黄绿且带白色结晶，味清淡无味且带略涩味。

③炒青摊晒法：选用藤茶的枝叶为原料，用热锅杀炒青，揉成条状，炒至五成干，然后太阳晒至全干，这种方法加工的藤茶，茶形条片状，黑白相间，白色结晶析出多枝，干较少，味淡甜，有回甘，且带一定的馊味，酸味较重。市场上流通的藤茶有一部分属这类方法加工出来的产品。

④炒青渥沤生产法：藤茶的这种加工法有点象红茶的常规生产，选材是藤茶泡开的藤茶底叶嫩枝叶，揉成条状后，进入渥沤间发酵一至二天，再散块入炒锅炒干至成品。这种方法加工的藤茶，茶形条片状，黑白相间，白色结晶全部析出，有效成份丢失也最多，味淡甜，有回甘，且带一定的馊涩味，酸味较重。市场上流通的藤茶产品大部分属这类方法加工出来的产品。

⑤物理生物工程制茶法：这种方法选用的藤茶嫩叶为原料，采用专用杀青锅在特定的温度，时间与环境下杀青，同时采用生物物理工程进行蛋白酶化转移技术进行有效转化。然后用炒干机2~3次分段炒至全干至成品。这种方法生产的藤茶，既保持了藤茶的原汁原味，又防止了藤茶结晶体的大量析出，且茶条好，色淡黄绿，略带少量藤茶结晶析出白点，茶味醇正甘甜，回味无穷，属藤茶上品。

5.6 林花种植技术

5.6.1 玫瑰

玫瑰（*Rosa rugosa* Thunb.）为蔷薇科蔷薇属落叶丛生灌木，是我国传统的观赏花卉，不仅花色艳丽，花姿优美，香气浓郁，还在医药、食品、香水、化妆品、茶叶等领域具有广泛的实用价值，同时还是城乡山区绿化，水土保持，生态恢复的重要花灌木。玫瑰是天然香精料植物，玫瑰精油被誉为"液体软黄金"。

1. 形态特征

直立灌木，高可达2m；茎粗壮，丛生；小枝密被绒毛，并有针刺和腺毛，有直立或弯曲、淡黄色的皮刺，皮刺外被绒毛。小叶5~9，连叶柄长5~13cm；小叶片椭圆形或椭圆状倒卵形，长1.5~4.5cm，宽1~2.5cm，先端急尖或圆钝，基部圆形或宽楔形，边缘有尖锐锯齿，上面深绿色，无毛，叶脉下陷，有褶皱，下面灰绿色，中脉突起，网脉明显，密被绒毛和腺毛，有时腺毛不明显；叶柄和叶轴密被绒毛和腺毛；托叶大部贴生于叶柄，离生部分卵形，边缘有带腺锯齿，下面被绒毛。花单生于叶腋，或数朵簇生，苞片卵形，边缘有腺毛，外被绒毛；花梗长5~22.5mm，密被绒毛和腺毛；花直径4~5.5cm；萼片卵状披针形，先端尾状渐尖，常有羽状裂片而扩展成叶状，上面有稀疏柔毛，下面密被柔毛和腺毛；花瓣倒卵形，重瓣至半重瓣，芳香，紫红色至白色；花柱离生，被毛，稍伸出萼筒口外，比雄蕊短很多。果扁球形，直径2~2.5cm，砖红色，肉质，平滑，萼片宿存。花期5~6月，果期1~2月。

玫瑰花

玫瑰果

2. 生态习性

玫瑰喜阳光充足，耐寒、耐旱，喜排水良好、疏松肥沃的壤土或轻壤土，在黏壤土中生长不良，开花不佳。宜栽植在通风良好、离墙壁较远的地方，以防日光反射，灼伤花苞，影响开花。

产于湖南、湖北、北京、江西、四川、云南、青海、陕西、新疆、河北、山东、广东、辽宁、江苏、甘肃、内蒙古、河南、山西、安徽和宁夏。

3. 栽培技术

（1）选地与整地

①选地：选择地下水位低、疏松透气的泥性壤土为佳，土壤需含有丰富的有机质。

②整地：在种植前要进行土壤改良，通过深翻并施用大量的有机肥，使土壤通透性和保水保肥性得到改善和长期维持，才能促进切花玫瑰根系长期的良好生长。改良土壤的有机肥种类可选用牛粪、猪粪、羊粪、鸡粪、骨粉、腐叶土、堆肥等。种植畦要求畦面宽90cm，走道底宽50cm，畦高50cm，畦面要平整。定植畦做好后，再安装好滴灌设施。

（2）育苗技术

①播种育苗：将秋季采收的种子装入盛有湿润砂土的塑料袋内，置于夜冻昼融的环境里，经过1个月左右后再逐渐加温至20℃左右，种子裂口发芽后即可以播种（或者砂藏到第2年春季播种），当幼苗长出3~5小叶时分栽。

②扦插育苗：带踵嫩枝插：即在早春选新萌发的枝，用利刀在其茎部带少许木质削下，用生长激素处理后插入扦插床或小盆中；半木质化枝扦插：此法是在6~9月，选择玫瑰花朵初谢的枝条，剪去花柄，削平其下部，以2~3节为一段，切除下面的一枚叶片，再剪去不健康及嫩叶，用生长刺激素处理后插于上法同样条件的床中；硬枝扦插：是将越冬前剪下的1年生充实枝条，2~3节为一段，每10枝成一捆，在低温温室内挖一个30cm的坑将插条倒埋在湿润砂土中，顶部覆土5~10cm（要保持不干），翌年早春，将插穗插入插床；硬枝水插法：选带1~2片叶的半木质化枝或硬枝，用利刀将基部削平，插入盛水容器中，枝条浸入水中1/2，放在15~20℃且能见到阳光的地方，使其长出根来。在促根期间，容器内的水每隔2~3d要更换一次，等枝上新根的表皮变浅黄或淡褐色时，即可取出细心栽入营养袋中培养。

③嫁接育苗：芽接法：每5~9日，在良种母株上选择饱满的芽眼削下，在白玉棠或蔷薇砧木上接1~2个芽，也可以在砧木的一根长枝上，每隔8~10cm接一个芽，接活后，将其一段段带一个接活芽的枝分段剪开，与一般扦插法一样，插入砂床或容器中。枝接法：每年春天可用切接、舌接、腹接法将良种枝条接在蔷薇、白玉棠砧木上。根接法：冬春玫瑰休眠期，在室内将接穗在蔷薇或白玉棠的一支根上，绑扎好后，将其假植于底、中温温室，保持湿润，待其接口愈合后再上盆或定植。

④压条育苗：地面压条法：在玫瑰生长期，将玫瑰枝条芽下刻伤，弯形埋入湿润的土中，枝条先端一段伸出土面，当压埋在土中的刻伤处长出新根，就可以切开分栽；空中压条法：在玫瑰枝条上，选一个合适部位，将枝条刻伤或把表皮环剥1~1.5cm，在剥皮处用竹筒或塑料布包一直径6~8cm的土球，经常保持湿润，约经1个月左右，伤口长出新根，剪下，栽植于苗床或花盆中。

(3) 栽植技术

①整形修剪：株型培养：苗期所有花头在豌豆大小时摘去，保留叶片；当枝条长度达50cm以上时将枝条压下，注意不要将枝条压断。新萌发出的粗枝作切花枝，过细的枝条压作营养枝；营养枝上发出的细弱枝条继续压枝。压枝时注意各株之间、枝条之间不能相互交叉，折枝数量以铺满畦侧面为宜，让叶片能得到充足的光照。压条一般应选在晴天下午操作。修剪营养枝的同时要清除根部10cm内的细弱枝、短枝，可增加下部光照，促其发芽；花期修剪：修剪总的原则是春夏季留低桩，秋冬季留高桩；粗枝往上抬，细枝往下压。枝条下部直径在0.5cm左右，保留2~3个芽眼，枝条下部直径在0.8cm左右，留3~5个芽眼；对长度不到50cm或盲花、畸形、直径在0.5cm以上的枝条及时剪除；对直径在0.5cm以下且发芽位置较高的枝条做剪枝处理；靠桩剪或回缩剪主枝均可，发芽位置低的枝条直接压为营养枝。

②定植："切花玫瑰"生产多采用折枝栽培法，栽培方式为单畦双行栽培，株距12cm，行距50cm，每亩定植5000~6000株。温室大棚栽培一年四季均可定植，种植时拉直线栽种，以确保种植行种苗笔直有利管理。定植深度略深过扦插深度，但土壤不可超过苗的主芽。定植后及时浇足定根水，在高温天气定植时注意遮荫降温并向叶面喷水。

(4) 田间管理

定植缓苗后及时中耕松土，当植株长到25cm左右时，开始压枝，压枝时间在晴天中午进行，否则易折断。玫瑰定植后一般需要5年时间，因此施肥要多、重，一般施有机肥60t/hm²左右，磷酸二氢铵750kg/hm²，过磷酸钙2250kg/hm²，有机肥要充分腐熟。栽苗前7d左右浇水，保护床土湿润。定植后及时浇水，定植水一定要浇足浇透，晴天12~16时，每天洒水1~2次，保持床面湿润。浇水追肥要根据土壤条件、气候条件和枝叶的生长状态进行。在玫瑰的栽培过程中，如果土壤水分不足，就会引起植株正叶脱落。地表见干时应及时浇水，保持地面湿润。

(5) 病虫害防治

定植当年，重点针对黑痘病和霜霉病进行预防和防治。在主梢长到50cm后，可以间隔15d左右喷施1:0.5:200倍波尔多液预防病害发生。如早期有黑痘病发生，可采用50%多菌灵可湿性粉剂600~800倍、70%甲基托布津可湿性粉剂600~800倍、25%施保功乳油600~800倍等进行防治；如生长期间有霜霉病发生，可使用20%烯酰吗啉悬浮剂800~1200倍、40%乙磷铝可湿性粉剂200~300倍等进行防治。防治病虫害可采用以下措施：①冬季修剪后全面清园，扫除枯枝落叶，集中烧毁，减少越冬菌源；②及时抹芽、摘心、修剪果枝，改善通风透光条件；③增施有机肥和磷、钾肥，控制氮肥，增强植株抗病力；④化学防治，萌芽前喷3°~5°Be石硫合剂。葡萄叶片充分展开后，喷70%甲基托布津可湿性粉剂800~1000倍加辛硫磷1000倍液，兼治害虫。雨季来临后，可选喷70%甲基托布津、80%代森锰锌、50%多菌灵可湿性粉剂或70%甲基托布津可湿性粉剂等，交替用药，以延缓病菌抗药性的产生。

4. 采收与加工

采收标准必须根据切花品种，运输距离与进入市场的时间等决定：①萼片略有松散，花瓣顶部紧抱，适宜长途运输与贮藏；②花萼松散，适合于远距离运输；③花瓣伸出萼片，可以兼做远距离和近距离运输；④外层花瓣开始松散，适合于近距离运输和就近批发出售。另外，根据品种特性和采收季节，采收标准可以适当调整，夏季气温高时适当早采，冬季气温低时采收成熟度要大些。过早或过晚采收都会影响切花的瓶插品质。

切花玫瑰最适宜在早上和下午采收。采收前必须将采花桶清洁干净后再加入保鲜液，置于采收棚中，以保证在采后尽快将切花插入保鲜液，并尽快将切花加工整理后运至冷库预冷，冷库温度保持在5℃。

5.6.2 牡丹

牡丹（*Paeonia suffruticosa* Andrews）为毛茛科芍药属植物，别名富贵花、洛阳花等。花大且花色丰富，是我国的国花以及十大传统名花之一，深受人们的喜爱。牡丹作为著名的特产名花。其不仅被广泛栽植于家庭院落中，还被广泛应用于城市园林绿化。牡丹常被设置为专类园，以供观赏。近年来，牡丹药用价值被进一步开发，其根皮可以入药、花瓣可以酿酒，油用牡丹具有油用价值等，牡丹的市场应用前景广阔。

1. 形态特征

落叶灌木。茎高达2m；分枝短而粗。叶通常为二回三出复叶，偶尔近枝顶的叶为3小叶；顶生小叶宽卵形，长7~8cm，宽5.5~7cm，3裂至中部，裂片不裂或2~3浅裂，表面绿色，无毛，背面淡绿色，有时具白粉，沿叶脉疏生短柔毛或近无毛，小叶柄长1.2~3cm；侧生小叶狭卵形或长圆状卵形，长4.5~6.5cm，宽2.5~4cm，不等2裂至3浅裂或不裂，近无柄；叶柄长5~11cm，和叶轴均无毛。花单生枝顶，直径10~17cm；花梗长4~6cm；苞片5，长椭圆形，大小不等；萼片5，绿色，宽卵形，大小不等；花瓣5，或为重瓣，玫瑰色、红紫色、粉红色至白色，通常变异很大，倒卵形，长5~8cm，宽4.2~6cm，顶端呈不规则的波状；雄蕊长1~1.7cm，花丝紫红色、粉红色，上部白色，长约1.3cm，花药长圆形，长4mm；花盘革质，杯状，紫红色，顶端有数个锐齿或裂片，完全包住心皮，在心皮成熟时开裂；心皮5，稀更多，密生柔毛。蓇葖长圆形，密生黄褐色硬毛。花期5月，果期6月。

牡丹花

牡丹树

2. 生态习性

性喜温暖、凉爽、干燥、阳光充足的环境。喜阳光，也耐半阴，耐寒，耐干旱，耐弱碱，忌积水，怕热，怕烈日直射。适宜在疏松、深厚、肥沃、地势高燥、排水良好的中性砂壤土中生长。酸性或黏重土壤中生长不良。

我国大部分地区均有牡丹种植。大体分野生种、半野生种及园艺栽培种几种类型。

3. 栽培技术

（1）选地与整地

①选地：选择地势高、排水良好、背风向阳的平缓山地，忌阴湿低洼积水地带，更不能选择在地下水位高的水田进行种植。

②整地：选定地块后，需深耕细作，耕翻3次，将杂物草根等除清干净，尤其注意除净白茅根。耕深60~75cm，充分风化后施入腐熟的基肥，整平、耙细、做畦，在周围开好灌排水沟。每亩施1500~2000kg商品有机肥，或种植时挖穴作基肥。牡丹最适pH值在7左右，而南方土壤偏酸，所以在深耕翻土时加入适量草木灰或每亩施用20kg生石灰，以中和土壤酸度。通过土壤改良，使土质疏松透气，增加土壤肥力，改善土壤结构，利于牡丹生长。

（2）育苗技术

①播种育苗：宜在"白露"前后的时间最为合适，在进行播种前要对牡丹种子进行三到四小时的杀菌处理，能提高种子的发芽率；之后用农药多菌灵液进行浸泡，在浸泡过程中捞出那些空的种子，之后晾干就可直接进行播种。种植土地应选用排水及通风良好的土壤，这样的土壤比较肥沃，更有利于种子的生长。在进行种子的耕种前，还要对土地进行翻耕，在翻耕时结合施肥，这样能把表层的养分和肥料一起带进土壤里。药用牡丹的播种一般是在已经精耕细作后的土壤里直接进行播种，把种子撒到沟里之后先盖一层细土，之后再盖一层麦草。第2年解冻后在雨水和惊蛰之间把麦草拿掉。

②嫁接育苗：时间一般选在白露前后，温度在21~25℃之间，这一时期牡丹嫁接之后的接口极易愈合。把价格低廉且易于成活的芍药根、牡丹根等作为基础的砧木，在生长良好的牡丹根部上取1个新枝，或者是在花龄1年以上的老枝干上取1个短粗花枝作为嫁接的枝穗。然后采用劈接法嫁接，即在作为砧木的芍药上侧面劈砍出1个细口，将牡丹接穗放进去，并滴入一定量的营养液；或者采用镶嵌接入法把接穗镶接在砧木上，并涂抹营养液。完成嫁接后，把嫁接后的牡丹放在恒温箱中，并设定温度在20~25℃之间，以便避免其在冬季因为温度落差导致嫁接失败。

（3）栽植技术

选三年生种苗，对其根部进行修剪，去掉坏根和断根，将其放置在0.1%硫酸铜或者纯度在5%左右的石灰水中进行浸泡消毒30min。然后在10月间起苗移栽。行株距应保持在25cm，穴深为20~35cm，标准为种苗放进穴内后不压弯根茎，将适量基肥施入穴中，每亩施用量约为150kg，每穴栽种3株细苗或2株粗苗，在放苗的过程中应让种苗呈扇形展开排列在穴中，当填土到1/2的时候，用手轻轻提拔一下种苗，之后再分层覆土、压实，确保根部舒展。

（4）林间管理

移栽后的次年春季萌芽后开始中耕除草，每年进行3~4次。7月进行第2次，9~10月进行第3次，中耕除草要和培土一同展开。将根际四周的泥土扒开，把根蔸亮出，光照2~3d后进行中耕除草，再培上肥土。牡丹喜肥，要施足基肥，在春、秋、冬3个季节应各追肥一次。春肥施腐熟人畜粪水，秋肥施人畜粪水加适量磷钾肥，冬肥施加腐熟厩肥、过磷酸钙、饼肥等，挖穴或开沟施肥后覆土。依据"春、秋轻施，冬季重施"和植株大小调节施肥量的原则进行施肥。若是生长期发生干旱，应在早晨或傍晚浇水。雨季应及时清沟排水，以防积水烂根。除留种或用作采籽榨油的植株外，春季现蕾后应立即摘除花蕾。要在晴天露水干后进行摘蕾，防止伤口感染病害。10~11月剪除徒长枝和枯枝，把落叶清除干净，集中烧毁。

（5）病虫害防治

牡丹常见的害虫有天牛、介壳虫等，应采用敌百虫进行防治，把稀释后的敌百虫喷洒在牡丹旁的垄沟底部，以便其形成一层保护膜且不会对牡丹根部产生影响。常见的牡丹病害主要有叶斑病、炭痕病、紫纹羽病、根瘤线虫害病等，这些病害多发期主要集中在夏至或者是立秋左右。防治这些病害，首先可以在立冬时期（即牡丹正处在休眠时期）对其进行敲震，使带有病害的枝叶落下，然后进行集中销毁；其次还可以采用比例为1∶1∶150的波尔多溶液喷洒牡丹的叶面，每7d喷1次；如果温度较高可以将波尔多溶液配比提高到1∶1∶200以上，即可以从根部上解决牡丹病害问题。

4. 采收与加工

牡丹在移植栽种后，会经过四年的漫长生长期，等到成长之后在9~10月进行采收。选择天气晴朗的时候，把根部全部挖出，将大小差不多的根部剪下进行加工，要把根部的须全部掐下来晒干，就成为了丹须。将剩下比较粗壮的部分用刀片刮去表面的皮进行晾晒，等到晒软时抽出里面的根茎，留下的即为牡丹皮。牡丹皮经过晒干可以直接进行药用，或者将晒干的牡丹根部刮掉表面的皮，成为粉丹皮，同样可以用于药用。每2.5kg的新鲜牡丹根可以直接加工成为1kg的干丹皮，丹皮如果没有木心且粗长，断面粉白色的粉末多、香气浓郁就是上好的丹皮。

5.6.3 凤丹

凤丹（*Paeonia suffruticosa* Andr T. Hong et J. X. Zhang）为毛茛科芍药属多年生落叶小灌木，其干燥的根皮具有清热凉血、活血散瘀之功效。其主要成分牡丹酚有抗炎、镇静、降温、解热、镇痛、解痉等中枢抑制作用及抗动脉粥样硬化、利尿、抗溃疡等作用。但用于油用牡丹栽培的主要是凤丹牡丹和紫斑牡丹两大类型。

1. 形态特征

落叶灌木，茎高2m，分枝短、较为粗狂，耐干旱、瘠薄、高寒。其在生长过程中叶片表面为绿色、背面为淡绿色。花单生枝顶，苞片数量为5片，呈现出长椭圆形，大小不等；花瓣的数量也是5片，呈现出白色或者粉红色。早春2月根开始萌动，3月展叶并现蕾，4月上旬开花（少数3月下旬即开花），花期约1周，群体花可持续20~30d。果期5~8月，6月前根生长缓慢，7~8月为地下部生长盛期，10月上旬植株枯萎，进入休眠期。

凤丹　　　　　　　　　　　　　　　凤丹花

2. 生态习性

凤丹属于典型的温带型植物，喜温和凉爽、阳光充足的环境，具有一定的耐寒性，稍耐半阴，宜高燥，忌湿热。产于山东、河南、陕西、安徽等地。

3. 栽培技术

（1）建园

①选地：选择向阳、排水良好、地势高、坡度在15°~25°的团粒砂壤（金砂土）或麻砂土、土层深厚的土地，前作以豆科植物为好，土地实行轮休轮换种植，忌连作。

②整地：生荒地在秋冬或初春，将杂草和荆棘、灌木砍倒，晒干后焚烧，熟地在7~8月将前茬作物残留的秸秆、杂草砍倒，进行焚烧。在夏季或秋季，将深翻过的土块打碎整细并整平，平地做成沟深30cm以上的高畦，畦宽2~3m，做成馒头状或屋脊状，保持沟底平整，排水畅通。平整过程中分别用50%辛硫磷和50%多菌灵对土壤进行杀虫、杀菌。

（2）育苗技术

凤丹的育苗方式有播种育苗、分株育苗两种方式。

①播种育苗：土地预处理，将土地上的杂草用除草机割除，打碎，自然平铺于土地里，待平整土地时翻耕入土中制肥。土地平整，将现有地块以南北方向开4条排水沟，宽度1.0m，深度1.0m；以东西方向开2条排水沟，宽度0.8m，深度0.8m；挖掘机深挖并及时打碎土块，平整；将平整后的土地以南北方向起垄，垄宽约4.0m，长度5.0~6.0m，垄高0.4m，并将土垄耕平耙细；将草木灰750kg/hm² 均匀撒入土垄中，按行距15~20cm、沟深5~7cm的标准开浅沟备用；在平整好的土垄中，以适宜浓度喷洒1遍除草剂封闭，以减少杂草的生长。种子预处理，将采收去荚壳的种子放入水中，搅拌，捞去干瘪的种子及杂质。选籽粒饱满、黑色光亮、无霉变的种子进行播种，将种子拌入湿沙中，放置15d，播种前将种子筛出，将种子放在40~45℃的温水中浸泡24~30h，然后用0.25mg/L赤霉素浸种3~4h。播种，1~2月采用条播方法将处理后的种子均匀播入浅沟中，用种量1125~1275kg/hm²。播种后覆土，视情况淋适量水，盖上秸秆。播种后30~40d开始生根，如地面干旱，可以浇1次透水，翌年（第1年）3月中旬，地温上升到4~5℃时，种子幼芽开始萌动，揭去覆盖物，并浅松表土。5月下旬至6月上旬，如果天气持续干旱，根据情况浇1次水，雨季要及时排除田间积水，并注意田间病虫害的安全防控。一般以二年生苗作为生产种苗，9~10月

幼苗地上部分枯萎，将种苗移栽到大田。

②分株育苗：9月下旬~10月中旬，种株以3年生的分株为宜。分株时先将预分株凤丹挖出，去泥土、病根和伤根，晾晒1~2d，待根部失水变软后再分株，分株时顺势将植株分成数丛，并带有部分细根和2~3个萌芽，伤口处用杀菌剂均匀涂抹，分株后可将根颈上部的老枝剪去，只保留萌蘖芽和当年萌蘖新枝。然后在整好的地块上按株距60~70cm挖穴，将小植株移入，栽种时注意保持根系舒展不可弯曲，栽植深度以根茎低于地面2cm为宜，填土压实，冬季封土呈土堆状，以安全越冬。

（3）栽植技术

①种苗选择：选用2年生粗壮无病虫害的种苗。

②土地平整：选择阳光充足、排水良好、地下水位低、土层深厚肥沃的砂质壤土及腐殖质土地块。选向阳缓坡无积水的砂壤土地，旋耕机翻地50~80cm，施腐熟的农家肥75t/hm^{2}和饼肥1500~3000kg/hm^2，土层深厚的山坡地，地表整成馒头形，中间稍高四周略低，并保持一定的坡度；土层较浅的山坡地，可先整出地坎，顺地形走势，整平做成宽2m左右的畦，畦面呈弧形；平地做成沟宽40cm、沟深30cm以上的高畦，并保持沟底平整，排水通畅。

③移栽：于9~10月移栽。移栽前，将不同规格苗分开，分别移栽。按株行距40cm×50cm打穴，穴深20cm左右，穴长25~30cm，每穴栽苗1株，栽植时向穴中填土，填至半穴时轻轻向上提苗并左右摇晃，栽后填土踏实。栽后的第1年可以间作芝麻，以遮阴防旱。

（4）林间管理

①中耕除草：凤丹生长期间应经常松土除草，尤其是雨后初晴要及时中耕松土，保持表土不板结。中耕时，切忌伤及凤丹根部，入冬后对外露的凤丹根部要加强培土，防止冻伤。

②肥水管理：移栽第2年开始，一般分3次进行追肥，主要是花肥、芽肥及冬肥。花肥主要是在土壤解冻之后至春季苗木抽芽之前，以速效性的氮肥为主，也可以施用有机肥，目的是为了给苗木补充养分，利于开花结果；芽肥是在开花之后的15d内追施，以复合肥为主，促进苗木的花芽分化及叶片生长；冬肥是在秋季凤丹落叶时施入，以饼肥及腐熟有机肥为主。育苗期和生长期如遇干旱，在早晚进行沟灌，待水足够渗透后，及时排除余水。刚植1年的苗地也可铺盖稻草等防止水分蒸发。雨季及时做好排涝工作。

③整形修剪：秋季落叶后，对3年生凤丹苗的地上部分5cm处鳞芽上方10cm处主干剪除进行平茬，然后堆土形成5~10cm的土埂，以促单株多产生粗壮新枝和新根，增加花量，提高产量；3年以后的修剪主要是去除土芽和回缩枝，整形措施可以根据枝叶分布空间在春季和秋季进行灵活修剪。

（5）病虫害防治

①病害防治：凤丹病害主要有猝倒病、根腐病、灰霉病、早疫病、炭疽病、白粉病等。猝倒病，田间发病时选用烯酰吗啉、精甲霜灵、嘧菌酯、百菌清等按规定倍数进行灌根或喷雾。根腐病，多发生雨季，发现病株，要及时清洁田园，清除病株，防止病菌蔓延，选用苯醚甲环唑·嘧菌酯、吡唑醚菌酯、肟菌酯·戊唑醇等按照规定的稀释倍数进行灌根或喷雾。早疫病，可喷施氟啶胺、百菌清等进行预防，发病初期选用吡唑·代森联、苯醚甲环唑·嘧菌酯、肟菌酯·戊唑醇等按照规定的稀释倍数叶面喷施防治。炭疽病，可喷施咪鲜胺、腐霉利、吡唑醚菌酯·代森联等防治。白粉病，发病初期可喷施嘧菌酯、氟啶胺、百菌清、苯醚

甲环唑等防治。

②虫害防治：虫害主要为蛴螬等。蛴螬防治要注意施用腐熟有机肥，防止招引成虫产卵；定植时用30%辛硫磷微胶囊缓释剂 22.5~30.0kg/hm² 兑水 225kg/hm²，充分搅匀后，对定植穴喷雾，每穴喷药液 5~6mL，喷后盖土；可用 50%辛硫磷乳油，拌细土做成毒土施用，或用 50%辛硫磷乳油 1000~1500 倍液浇注根部，也可用灯光诱杀成虫。

4. 采收与加工

（1）果实采收及初加工

种子一般在 7 月中下旬~8 月中下旬成熟，当蓇葖果呈蟹黄色且顶端果皮微裂时采收。将采摘的蓇葖果进行摊晒，果实堆放厚度不宜超过 20cm，每隔 1~2d 翻动 1 次，促进果皮开裂，爆出种子。将爆出的种子继续摊晒至水分 13% 左右时即可。

（2）根部采挖及初加工

移栽生长 3~5 年后方可采挖，采挖时间为 9~10 月，选择晴天进行，将鲜根置室内晾 2~3d，待根部水分挥发变软后，先去须根，再从支干根至主干根逐一抽去中间木芯后晒干。

5.7 林果栽培技术

5.7.1 橄榄

橄榄［*Canarium album*（Lour.）Raeusch.］为橄榄科橄榄属植物乔木。橄榄是很好的防风树种及行道树。木材可造船，作枕木，制家具、农具及建筑用材等。果可生食或渍制，药用治喉头炎、咳血、烦渴、肠炎腹泻。核供雕刻，兼药用，治鱼骨鲠喉有效。

1. 形态特征

乔木，高 10~25（~35）m，胸径可达 150cm。小枝粗 5~6mm，幼部被黄棕色绒毛，很快变无毛；髓部周围有柱状维管束，稀在中央亦有若干维管束。有托叶，仅芽时存在，着生于近叶柄基部的枝干上。小叶 3~6 对，纸质至革质，披针形或椭圆形（至卵形），长 6~14cm，宽 2~5.5cm，无毛或在背面叶脉上散生了的刚毛，背面有极细小疣状突起；先端渐尖至骤狭渐尖，尖头长约 2cm，钝；基部楔形至圆形，偏斜，全缘；侧脉 12~16 对，中脉发达。

花序腋生，微被绒毛至无毛；雄花序为聚伞圆锥花序，长 15~30cm，多花；雌花序为总状，长 3~6cm，具花 12 朵以下。花疏被绒毛至无毛，雄花长 5.5~8mm，雌花长约 7mm；花萼长 2.5~3mm，在雄花上具 3 浅齿，在雌花上近截平；雄蕊 6，无毛，花丝合生 1/2 以上（在雌花中几全长合生）；花盘在雄花中球形至圆柱形，高 1~1.5mm，微 6 裂，中央有穴或无，上部有少许刚毛；在雌花中环状，略具 3 波状齿，高 1mm，厚肉质，内面有疏柔毛。雌蕊密被短柔毛；在雄花中细小或缺。

果序长 1.5~15cm，具 1~6 果。果萼扁平，直径 0.5cm，萼齿外弯。果卵圆形至纺锤形，横切面近圆形，长 2.5~3.5cm，无毛，成熟时黄绿色；外果皮厚，干时有皱纹；果核渐尖，横切面圆形至六角形，在钝的肋角和核盖之间有浅沟槽，核盖有稍凸起的中肋，外面浅波状；核盖厚 1.5~2（~3）mm。种子 1~2，不育室稍退化。花期 4~5 月，果 10~12 月成熟。

橄榄树　　　　　　　　　　　　　橄榄果

2. 生态习性

橄榄喜温暖，生长期需适当高温才能生长旺盛，结果良好，年平均气温在20℃以上，冬季无严霜冻害地区最适其生长，冬天可忍受短时间的零下3℃的低温，但温度下降到4℃以下时就会发生严重冻害。降水量在1200~1400mm的地区可正常生长。对土壤适应性较广，江河沿岸，丘陵山地，红黄壤、石砾土均可栽培，只要土层深厚，排水良好都可生长良好。

3. 栽培技术

（1）选地与整地

①选地：橄榄属于热带、亚热带常绿果树，忌冻喜暖，适宜年平均气温20℃左右，冬季极端低温≥-2℃，海拔高度200m以下，坡度25°以内的地方种植。橄榄对土壤和水分要求不严格，要求pH值为4.5~6.5，凡是红黄壤的山坡地和江河沿岸的冲积地均能种植，以土层较深厚，土质肥沃的砂壤土栽培更为理想。

②整地：橄榄主要在山坡地种植。必须按等高开梯田，榄园的梯田宽度主要根据山地坡度的大小而定，坡度15°以下，5~6m较为适宜，很缓的坡地梯面宽可在10~12m；而15°以上以3~4m为适宜。橄榄主根发达，入土深，侧根分布广，必须挖大穴定植。根据果园的立地条件进行合理密植，株行距为4m×6m或5m×6m或6m×7m。植穴在栽培前2~3个月开挖完成，规格为宽、长各1m，深为0.8m，每穴分3~4层填入基肥。基肥一般用杂草、稻草、花生苗、绿肥、磨菇渣、堆肥和腐熟的人畜粪肥、花生麸等。每层按杂草等绿肥、石灰、回填土，腐熟人畜粪或花生麸、磷肥，分层回填，然后起墩种植，墩高为20~30cm。放置一段时间，待土墩沉实后方能定植。

（2）育苗技术

①实生苗：采种于"霜降"后，即核仁已充实饱满，完全成熟。采后置沸水中浸3~5min，使果肉与核易于分离，以除去果肉，将核取出。种核需用湿沙层积或湿苔藓层积处理，经60d，其发芽率可达70%~90%。翌年春天2~3月播种，圃地选排水良好的沙质壤土，多用条播，株行距20cm×30cm，覆土厚约2~3cm。出苗后，如一核多苗，即除弱株，留强壮的1株，经3、4个月后，施薄肥1次，以后每1.2个月施1次，冬季施堆肥，2年生苗高1~1.5m，行嫁接或直接定植。

②嫁接苗：多用劈接或嵌接，亦有用靠接法。接穗采自壮年丰产母树上的2年生枝条，削成10~15cm一段，下端两面斜削，大小与砧木削面一致，以便插入切面。砧木在离地面

60~100cm 处，用利刀截去先端，然后劈成劈接或嵌接（三角形）用的缺口，每一砧木上可接接穗 1~2 条，视砧木直径而定。接后用塑料薄膜带或麻皮等扎紧接合部，外面以稻秆作成筒状，中间填湿润的沙质壤土作保护物，填泥前接口部分应以木屑或树皮遮蔽，免沙泥漏下影响愈合，填土后再用稻草等物遮盖，免日晒，并注意保湿。嫁接期多在 5~6 月，气候温暖，亦可在 4 月下旬进行。接后月余，便发芽，芽长 30~60cm 时，除去包扎物。接后 3~4 年即可结果。靠接法是用 2~3 年生砧木苗（栽在花钵中），接穗选当年生粗壮枝条，一般接处就母本接穗的位置而定。4 月靠接的，8 月就可剪离母树；8 月靠接的，要待翌春剪离母树，再在苗圃培育，一年后即可定植。

（3）栽植技术

在起好的土墩上面挖穴，如果是袋苗去掉苗木外面的薄膜袋，将嫁接苗主根自 25~30cm 处剪掉，促使根系多发侧根和须根，有利树体矮化。将苗放入穴内，并在根系周围培上较肥沃的细土，压实（注意不要把营养土碰碎），浇足定根水。种植过程中防止根系与新鲜的人畜粪接触，以免引起新根腐烂。

（4）林间管理

①肥水管理：幼年树薄肥勤施，促进抽梢，施肥次数按放梢次数而定，分别在各梢期抽生前后施肥一次，一般施用经腐熟的人粪尿或花生麸水、尿素和复合肥等。一般在距树干 40~60cm 处或树冠滴水线处开环状沟施入，施后盖土。结果树每年施肥三次，第 1 次花前肥，一般在 2 月下旬至 3 月上旬施，以速效肥为主；第 2 次为壮果肥，一般在 6 月上中旬施，以速效肥为主；第 3 次为采果肥或花芽分化肥，一般在 10~11 月施，一般以速效肥和迟效肥结合。每次施肥是根据树冠大小、树势强弱和结果情况而定。

②土壤管理：榄园的土壤管理主要是进行深翻扩穴压绿改土和培土。一般从种植后次年开始，每年在定植穴边深翻扩穴压绿改土，每年末次秋梢老熟后或采果后进行。每次在原定植穴两边扩穴，分层埋入杂草、绿肥、土杂肥或人畜粪和石灰粉等，最后覆土，每年轮换方向扩一次，直至全园挖通为止。创造良好的土壤环境，及时适应逐渐扩大发达的根群，以利丰产稳产。

③整形修剪：橄榄树生长势强劲，容易造成营养生长过旺，影响生殖生长。一般采取削弱顶端优势，以轻剪、疏剪为主或适当短截，促使各级分枝形成均匀紧凑的树冠。橄榄开花结果具有外端优势特性和每年的结果枝大都是上年的夏秋梢发育而来的特点。采果后修剪时，注意培养树冠外围的夏秋梢，促使立春后至惊蛰前抽发的结果枝，其坐果率最好。生产上还结合控水、断根、环扎、化学调控等促花措施，环割处理应慎重操作，不宜提倡。

培养适时合理充分老熟健壮密节的结果母枝是做好控梢促花的基础。控梢促花一般可采用物理刻伤和植物生长调节剂等综合技术措施。具有方法有：控水断根；环割；螺旋环剥；用 14~16 号铁线环扎；喷 15%多效唑 300 倍 2~3 次。

能适时抽发春梢结果枝是橄榄丰产稳产的关键。一般春梢在 2 月中下旬~3 月中旬萌发的成花率较高。具体保花保果措施有：合理供应肥水；在谢花结束时，叶面喷 30~40mg/L 九二〇加 0.3%的磷酸二氢钾或核苷酸 1 次，连喷 2 次，隔 15~20d 喷 1 次。第 1 次生理落果结束后环割一次等。

（5）病虫害防治

橄榄相对柑桔、青枣等其他果树病害较轻，主要有炭疽病、流胶病、树瘿病等。病虫害近年来发展日益猖獗，疏于管理易造成害虫大量繁殖危害，导致橄榄树叶变黄、脱落、枝条干枯，有部分植株整株死亡，并逐渐影响到周围橄榄树的生长。主要害虫有星室木虱、小黄卷叶蛾、黑刺粉虱、圆蚧类、天牛类等。应采取"预防为主、综合防治"措施。

抓好清园工作，消灭病虫传染源；加强管理，增强树势，减少病虫害发生。针对病虫危害严重株树，进行回缩更新或矮化嫁接新品种及套种其他果树、农作物等。

掌握各种害虫生活习性和危害程度，进行药物防治。病害在新梢展叶或发病初期，可用70%甲基托布津1500倍液或50%多菌灵800倍液喷雾防治；虫害可用90%敌百虫1000倍液+10%蚜虱净2000倍液+40%乐斯本1500倍液，或5%锐劲特1500倍液+5%阿克泰12500倍液喷雾防治。天牛类结合人工捕杀，将蘸取药液的棉花塞入虫道熏杀。

梢展叶或发病初期，可用70%甲基托布津1500倍液或50%多菌灵800倍液喷雾防治；虫害可用90%敌百虫1000倍液+10%蚜虱净2000倍液+40%乐斯本1500倍液，或5%锐劲特1500倍液+5%阿克泰12500倍液喷雾防治。天牛类结合人工捕杀，将蘸取药液的棉花塞入虫道熏杀。

4. 采收与加工

一般橄榄果实成熟期在10~11月。早熟品种于10月上、中旬成熟，中熟品种于10月下旬至11月上旬成熟，晚熟品种于11月中、下旬成熟。果实因用途不同，各种品种的采收时间也不同。橄榄果实的采收时间大致分为早期采收、适期采收和晚期采收。早期采收用于加工蜜饯的果实可进行早期采收，有的甚至提前到7月中旬至8月上、中旬，即橄榄果实外形体积停止长大后，经15~20d的组织充实，即可进行采收。橄榄的早期收采，是克服橄榄大小年结果现象的最有效、最简单、最省工的办法。适期采收对于要贮藏的橄榄果实，要进行适期采收，因早采和晚采都不利于果实贮藏。一般，橄榄果实8~9成成熟时，最有利于长期贮藏。晚期采收用于鲜食的橄榄果实，必须晚采。将橄榄果实留到12月采收。晚期采收，果实细胞充分成熟，内含物丰富，风味佳，能充分地体现橄榄果实固有的色、香、味和形。

（1）采收方法

①竹竿敲打：在采果时，先清除树下的杂草，整平地面，在地面上铺蓬布。然后，用竹竿直接敲击树上的果实，使果实自然地下落到蓬布上，把果实收集起来即可。这种方法，只能用于采收后立即加工的果实。因为，直接敲击的果实，采收后容易腐烂。但这种方法劳动强度低、速度快、工效高，成本低。

②手工摘果：用7~8m长的竹制的梯子，靠上树冠，人登梯而上，用小竹篮对着果穗盛着，一粒一粒地采收，小竹篮装满后，倒进小竹篓；小竹篓装满后，用绳子它吊下到地面上，倒入大竹篓。这种方法，能有效地保护树体和果实免遭损害。

③化学催果：用40%的乙烯利300倍液喷洒果树。喷药时，加0.2%中性洗衣粉作为粘着剂。喷药4d后，振动枝干，果实催落率可达99%~100%。这种方法，只要化学药剂浓度控制得当，对橄榄的果实、枝叶、树梢和芽，均无不良影响。但如果浓度太稀，无作用；如浓度太浓，会造成落叶。所以，药剂的浓度，一定要控制好。

（2）果实包装

①包装容器的条件：首要条件，要利于保护果实的外观质量，防止在搬运中果实遭受机械损伤，防止果实污染和维护果实清洁卫生；其次，要利于贮运的环境条件；最后，要选择

经济实惠的。

②包装容器的类型：目前，在生产上应用的包装容器主要有编织袋内套薄膜袋、纸箱、竹篓等，以纸箱、竹篓等有固定形状的包装容器为宜，这种容器可避免在装放、搬运中果实受损伤。

5.7.2 香榧

香榧（*Torreya grandis* Fort. et Lindl. cv. Merrillii Hu）为红豆杉科榧树属常绿乔木，别名中国榧，俗称妃子树。中国原产树种，是世界上稀有的经济树种。主要生长在中国南方较为湿润的地区，生于海拔1400m以下，温暖多雨、黄壤、红壤、黄褐土地区，香榧的果实为坚果，营养价值极高。香榧种仁经炒制后食用，香酥可口，是营养丰富的上等干果。干果称"香榧子"，橄榄形，果壳较硬，内有黑色果衣包裹淡黄色果肉，可食用。香榧果营养丰富，风味香醇，具有保健、药用价值和综合开发利用价值。

1. 形态特征

香榧为常绿乔木，高达20m，干基高30~60cm，径达1m，其上有3~4个斜上伸展的树干；小枝下垂，1~2年生小枝绿色，3年生枝呈绿紫色或紫色；叶深绿色，质较软；种子连肉质假种皮宽矩圆形或倒卵圆形，长3~4cm，径1.5~2.5cm，有白粉，干后暗紫色，有光泽，顶端具短尖头；种子矩圆状倒卵形或圆柱形，长2.7~3.2cm，径1~1.6cm，微有纵浅凹槽，基部尖，胚乳微内皱。香榧生长成熟期为3年：第1年5月开花；第2年5月又开一批花，结一批果；第3年开花结果之后，第1年开花结的果实于处暑成熟。花期4月中、下旬，果熟翌年9月，其果实一簇一簇地长在枝条上，素有"三代果"之称，一棵树上，往往一年果、两年果同时存在。

香榧果实

炒制后香榧干果

2. 生态习性

香榧正常生长生育期年平均气温14~18℃，历年≥10℃平均活动积温7000℃以上，年极端最低气温在≥-15℃，最高气温≤43.0℃，无霜期日数≥210d，降水丰沛，年平均降水量≥1200mm。香榧为亚热带比较耐寒的树种，雌雄异株，浅根性、半阴性常绿大乔木，喜温湿润、弱光凉爽的气候环境下，朝夕多雾的溪流两旁和直射光较少而散射光较多的山腰谷地是它最佳栖息地，适宜在长江中下游以南地区，忌风口栽种。香榧生长对土壤要求不高，适应性较强，喜微酸性到中性的壤土，即pH值为4.5~8.5，耐干旱耐贫瘠，红壤、沙（石、砾）灰土都能适应、还可在裸露的岩石缝中扎根生长。一般情况下，香榧种植地应选择在土层深厚、疏松肥沃、通透性好、排灌设施齐全的区域为最佳。

3. 栽培技术

（1）选地与整地

①选地：根据香榧的生物学和生态学特性，选择海拔700m以下、坡度5°~15°、土壤疏松深厚肥沃（土层达80cm以上、腐殖质20cm以上）、排水良好、石砾含量小于20.0%、水分充足、交通方便的丘陵或低山。

②整地：根据香榧幼龄期需要庇荫的特性及水土保持的需要，在实施林地清理时，切忌全面劈山和全垦整地。以小块状（直径1m左右）或窄水平带状（带宽1m左右）进行劈山整地，然后挖大穴，这样做既能提高成活率，又可大大节省造林成本，也有利于水土保持。

（2）育苗技术

①种子育苗。9月上旬果实假种皮由青绿转成黄绿时，即可采收。去除假种皮，种子进行层积沙藏，保持适中的干湿度，沙藏种子11月下旬开始陆续发芽，至翌年3月底发芽率高的达90%以上，当胚根长0.5~1.5cm时即可播种。播种株竹距15cm×30cm，种子横放胚根向下，浅覆土（约种子横径的3倍），以柴草覆盖，保持床面疏松湿润。一般4月下旬~5月上旬出土。苗期不耐强光高温，需及时遮阳，阳棚高1.8m，透光度40%~50%；盛夏视干旱情况每隔10~15d浇透水1次；除草要及时，第1年尽量用手拔，第2年起可轻锄浅铲；适量施肥，以稀粪和0.1%尿素液较安全。虫害主要是地老虎，播前行土壤消毒，出苗后可行诱杀防治；霉季易发根腐病，须拔除烧毁病株，然后松土，用1%硫酸亚铁溶液喷洒，可控制蔓延。1年生苗高达15~25cm，2年生苗高35~50cm时即可供砧木用。

②嫁接育苗。接穗从优良、健壮、丰产、稳产的30~50年生的树冠中上部采取。嫁接2年生小砧木的接穗用1年生枝；嫁接大砧木的接穗，应采用粗壮、充实、顶芽健全、有3个分枝的2年生枝。嫁接时间为3月下旬至4月上旬，树液已经流动而芽尚未萌发时进行。嫁接方法：小砧接采用切接、劈接。大砧接适用于实生苗造林的，当粗生长达到3cm以上时应及时嫁接，截砧高20~30cm，用插皮接方法大砧低位嫁接，接后复土，复没接口部位。

（3）栽植技术

香榧种植一般选择秋末冬初冰冻前（每年的11月至12月上旬）或开春气温回暖后（2月初至3月中旬）进行；定植穴的规格大小视苗木大小而定，一般为80cm×80cm×60cm，如果用大规格（80cm以上）嫁接苗带土球栽种时定植穴应适当大些；定植穴挖好后必须施基肥，一般每穴施有机肥10~25kg（必须是经腐熟的，干的有机肥3~5kg就够了），然后覆土成馒头状备用；榧苗种前先解除嫁接部位的塑料薄膜；香榧种植时一定要掌握好栽种深度，原则是"浅种高覆土"，意思是香榧栽种时嫁接苗的接口部位略高于地表2~3cm，并用松土将接口盖除，栽种时根要舒展，覆土时做到下实上松（土压实要用脚轻轻踩实，不能用锄头背敲以免伤及香榧根系）、整体成馒头型。

香榧是雌雄异株，因此种植时要配置一定量的授粉雄树，雄树的比例为总株数的3%，且应种植在香榧园的上风口或山脚、山腰，切莫种在山冈上。

（4）林间管理

①抚育管理：栽后第1年重点是做好夏季高温天气的抗旱保苗。香榧树易遭日灼危害，因此需搭建荫棚进行遮阴。遮阴棚以网状材料为宜，即能保持遮阴，又有一定的透光度。搭

建时间在 4 月初进行。

冬季为了防止冻伤,在第 2 次抚育时可将杂草盖于苗木根部,以直到保温的作用。待严冬结束合,以及时将覆盖物埋入土中,防止病虫害感染,同时也可以起到绿肥作用。

造林前后:每年至少抚育 2 次,第 1 次在 5~6 月份,第 2 次在 1~2 月份,采用穴状挖抚的方法,即苗木根部周围实行浅挖,忌深挖防止伤根,其他地方采用砍抚,以防止水土流失。施肥可结合幼林抚育同时进行,施肥品种尽量选择有机肥,条件不足时也可用复合肥等。造林前,可适当进行林粮间种,但间种时要离根部稍远。

②水肥管理:每年 7~8 月进行一次全面抚育,抚育方法仍为穴抚结合砍抚,将砍抚的杂草盖于根部,减少夏季水量蒸发。有条件的地方可修建滴灌系统,同时将所需的肥料通过滴灌系统施入香榧根部。每年春季 1~2 月份可施一次有机肥,以农家肥为最好,将肥料埋于根部。

③整形修剪:整形修剪是提高香榧产量的重要措施。要实现香榧的高产稳产,必须控制树的高度和冠幅。树形过高,要求的营养量更高,同时也不利于香榧的采摘,但树形过低,有可能不能充分发挥产量优势,所以在造林 2 年后即可以进行适当修剪,具体要求:树冠的高度控制在 4~5m,冠幅要保持多干,圆头形。树冠定型后每年还要进行常规修剪,这时候只要剪去过密枝和病枯枝就可以了。

④松土除草:在冬季 12 月翌年 1 月,结合施肥,把榧树周围的土壤深翻一次,落叶埋入土中,林地套种豆类、草子等作物,改善土壤通气条件,增加收益。7~8 月浅翻一次,并割取杂草、嫩枝覆盖榧树的根际,以利降温保湿和采收。

(5) 病虫害防治

香榧总体来说病虫害相对较少,一旦发生当十分重视。但最根本的一条是加强肥水管理,促进幼树健壮生长,病虫害自然减少。目前香榧要关注的病虫害有螨类、蚧虫、根茎腐病和细菌性黄化病,一经发现用常规办法防治均能得到有效的控制。

①白蚁:白蚁危害根部和树身,用白蚁专用诱杀包在蚁路上诱杀。

②香榧小卷蛾:1 年 2 代,以幼虫危害新梢、叶片,4~11 月。一般在 5 月、11 月下旬入土化蛹。防治办法为第一代 3 月下旬~4 月上旬,新梢结果枝尚未完全展叶时,蛹 10% 吡虫啉可湿性剂 2500 倍液或毒死蜱乳剂 1000~1200 倍液喷杀;第二代从 6 月初起进行防治。

③瘿螨:症状为香榧枝叶失绿、失去光泽、下垂、叶背叶缘两侧成锈色带状物。防治方法可使用扫螨净(克螨达、菊酯类农药)3000 倍喷雾,重点喷雾叶背,隔 7~10d 再喷一次。喷雾时间在 15:00 后较为适宜,并正确掌握使用浓度。

④锈蜗:危害后榧叶边缘脱绿成黄褐色似铁锈。防治方法:用虫螨光 1.8% 乳油 2000 倍喷雾;或达螨灵 15% 乳油 3000 倍喷雾。

4. 采收与加工

(1) 采收

香榧假种皮由青绿转为黄色,有少量裂开时表示已经成熟,即可采收,该时段一般在 8 月下旬至 9 月中上旬,到 9 月中旬后大量种子自然脱落,鼠害严重,影响产量。因此,一旦榧实成熟,必须抓紧采收。香榧果实成熟的迟早与海拔高低、土壤条件有关,应视成熟先后及时安排劳力,做到适时采收。由于香榧果实成熟时已孕育幼果,为了保护幼果和树体,应该上树采摘，切忌用击落法采收。

（2）加工

①摊放脱皮：采种后将带假种皮的种子薄摊于通风室内，待假种皮开裂、干缩、变黑；或将种子堆放通风室内，厚度为20~30cm，上覆稻草，至假种皮软化此法如堆积过厚，通风不良，堆温过高，容易引起假种皮腐烂，假种皮中的香精原油与果胶汁液从种脐渗入种仁，使品味下降，炒食会有榧臭味，甚至不堪食用厘放脱度

②剥核处理：待假种皮开裂、干缩、变黑或软化时，用刀片手工剥去假种皮，剥出种核留待后熟处理。

③后轴处理：香榧种仁内含单宁，必须通过后熟处理才能食用。后熟处理常用堆积法，利用自身的呼吸作用放出热量，低温后熟。剥去假种皮的种核，群众称为"毛榧"，其种仁内单宁尚未转化，若立即洗净、晒开和炒食仍有涩味，须经种子后熟处理，促使单宁转化。具体方法是将不经清洗的"毛榧"在室内泥地上堆高30cm左右，上盖假种皮或湿稻草，堆沤15d左右。在堆沤期保持堆内温度35℃左右，温度过低脱涩效果差，过高则种核易变质。在堆沤期间，为调节堆的上下温差，常将种核上下翻动2~3次，至种壳上残留的假种皮由黄色转黑色，同时种衣由紫红转黑即后熟完成。

④洗净晒干：种核经后熟处理后，选晴天将其水洗，洗净后立即晒干。晒到种子重量为原鲜重的80%，种壳发白，手摇种核无响声时即可，太湿种仁易腐烂，太干核壳易破裂。晒干后种核用单丝麻袋包装出售、贮藏或加工。

5.7.3 蓝莓

蓝莓（*Vaccinium* Spp.）为杜鹃花科越橘属灌木。蓝莓果实为蓝色或红色，果肉细腻，种子极小，甜酸适口，并且具有清爽宜人的香气。蓝莓营养丰富，特别是其中富含花青素。花青素可以防治高血压，疏通毛细血管，增强心肌功能。还能软化血管、抗癌症、抗衰老、防止脑神经老化，有利于眼部毛细血管循环，进而保护视力。长期食用可减少斑点、减少皱纹，有美容作用。蓝莓栽培最早的国家是美国，但至今也不到百年的栽培史。因为其具有较高的保健价值所以风靡世界，是世界粮食及农业组织推荐的五大健康水果之一。

1. 形态特征

常绿或落叶，灌木丛生，蓝莓有常绿也有落叶。叶片为单叶互生，稀对生或轮生，全缘或有锯齿。蓝莓的花为总状花序。花序大部分侧生，有时顶生。通常由7~10朵花组成，花两性，为单生或双生在叶腋间，辐射对称或两侧对称。蓝莓的花芽一般着生在枝条顶部。春季花芽先萌动3~4周后到盛花期。当花芽萌发后，叶芽开始生长，到盛花期时叶芽才萌发生长到其应有的长度。花冠常呈坛形或铃形。花瓣基部联合，外缘4裂或5裂，白色或粉红色，雄蕊8~10枚，短于花柱，雄蕊为花冠裂片的2倍，花药孔裂，子房下位，中轴胎座，浆果，由昆虫或风媒授粉。蓝莓果实大小、颜色因种类而异。多数品种成熟时果实呈深蓝色或紫罗兰色，如兔眼蓝莓、高丛蓝莓和矮丛蓝莓等，少数品种为红色。果实有球形、椭圆形、扁圆形或梨形，平均单果重0.5~2.5g，直径0.8~1.5cm不等，兔眼蓝莓的单果重最大可达到25g。蓝莓果实一般在花后70~90d成熟。果肉细软，多浆汁。种子细小，食用时可随果肉食下而不影响口感。

蓝莓叶

蓝莓浆果

2. 生态习性

蓝莓主要分布在气候温凉阳光充足地区，酸性土壤为宜。种植区域冬季 7.2℃ 以下的累计低温时数（需冷量）要达到 150h 以上。原生于北美洲与东亚，分布于朝鲜、日本、蒙古、俄罗斯、欧洲、北美洲以及中国的黑龙江、内蒙古、吉林长白山等国家和地区，生长于海拔 900~2300m 的地区。北高丛蓝莓和一些半高丛蓝莓适宜在暖温带地区种植，兔眼蓝莓和南高丛蓝莓适宜在亚热带地区种植。

3. 栽培技术

（1）选地与整地

①选地：园地选择园址土壤 pH 值 4.0~5.5 的酸性土壤，最适土壤 pH 值为 4.0~4.8。土壤有机质含量 8%~12%，至少不低于 5%，土壤疏松，通气良好，湿润但不积水。如果当地降水量不足，需要有充足水源。

②整地：定植前挖定植穴称为整地，整地（定植穴）规格为 1.0m（长）×1.0m（宽）×0.5m（深），种植半高丛蓝莓和矮丛蓝莓可适当缩小整地规格，兔眼蓝莓可适当增大整地规格。定植穴挖好后，将取出的泥土掺入磨碎的松树皮和泥炭或松林下的腐殖土等，混合均匀后回填入穴内，回填土要高出地面 20~30cm 为宜，在土壤酸度不够的情况下可掺入适量硫黄粉。

（2）育苗技术

①播种育苗：要提前将种子放置在特制的消毒液里浸泡杀菌十多分钟，然后在放入温度适宜的水中清洗浸泡 2~3h 再捞出，这样可以提高蓝莓的出苗率。

②扦插育苗：从一些长势健壮的母株是哪个剪取下来一些健康没有病害的苗壮的枝条，然后再将这些枝条剪取成 5~6cm 长度的小段，再将断口处理一下避免感染，就可以直接栽种到地里去了。

③分株育苗：此方式是成活率最高但是适应面积最小的一种育苗方式，在每年的秋季，可以从长的健壮的母株周边挖取出一些新生的株芽，然后移送到温室里进行培育，在来年春天就可以直接栽种了。

（3）栽植技术

在冬季不很干旱的南方，以秋季至早春萌动前定植最好。1年生苗的定植深度在 15~

20cm，而且要扶土踩紧压实，做到"三扶两踩一提苗"。在秋冬季干旱的地方以雨季到来时定植为宜；有灌溉条件的地方，一年四季均可定植。兔眼蓝莓定植密度为200株/亩，南高丛蓝莓300株/亩，行株距1.5m×1.2m。

（4）林间管理

蓝莓根系分布较浅，而且纤细，没有根毛，因此要求疏松、通气良好的土壤条件。蓝莓施肥中提倡氮、磷、钾配比使用，肥料比例大多趋向于1∶1∶1。氮肥提倡使用硫酸铵等氨态氮肥，并且可降低土壤pH值。蓝莓对氯敏感，不要选用氯化铵、氯化钾等肥料。土壤施肥时期一般是在早春萌芽前进行，分2次施入，在果实采收结束后再施1次。蓝莓园杂草很难控制，使用除草剂往往会对蓝莓树体产生伤害，引起枯梢、叶片失绿等症状，不建议使用除草剂。可采用行内覆盖5~10cm锯末或松树针及松树皮等，具有控制杂草、降低土壤pH值、增加土壤有机质等优点。行间采用生草法抑制草害，保持土壤湿润，增加有机质。由于蓝莓根系分布浅，又喜湿润，干旱少雨地区栽培一定要有灌溉设备，滴灌最好。蓝莓灌水需要注意水源和水质。深井水往往pH值偏高，需要使用硫酸调节，湖塘水最好。适当遮荫对于蓝莓的产量影响不大，但可提高蓝莓果实的品质。

尽管矮丛蓝莓和半高丛蓝莓抗寒力强，但仍时有冻害发生。最主要表现为越冬抽条和花芽冻害，在特殊年份可使地上部全部冻死。因此，在寒冷地区蓝莓栽培中，越冬保护也是保证产量的重要措施。入冬前，将枝条压倒，覆盖浅土将枝条盖住即可。但蓝莓的枝条比较硬，容易折断，因此，采用埋土防寒的果园宜斜植。树体覆盖稻草、树叶、麻袋片、稻草编织袋等都可起到越冬保护的作用。

（5）病虫害防治

蓝莓在新种植区很少见病害，而害虫的种类较多，但在国内未见有大的危害报道。不过随着栽培规模的扩大，栽培时间的延长，其病虫害防治将成为蓝莓生产管理中的重要内容。蓝莓常见的病害主要有：白粉病、霜霉病、僵果病、茎干腐烂病。有时种植户往往把蓝莓树体缺素（缺铁、钾、镁等微量元素）而导致叶片变色而误认为是病害。蓝莓不同种类和品种对病害的抗性有明显差异。高丛蓝莓的抗性明显低于兔眼蓝莓。蓝莓的各种病害均可在生产管理季节用硫剂或其它杀菌剂进行防治。

蓝莓园常见虫害主要有：蚜虫、螨类、果蝇、毒蛾、刺蛾、大蚕蛾、天牛、蜡象、枝梢食心虫等危害叶、果、枝干。其中对蚜虫、螨类、毒蛾、刺蛾、大蚕蛾等叶部虫害，用杀虫剂均可防治；对天牛、食心虫等枝干虫害，了解其生活史后，可用杀虫剂喷杀幼虫；对果蝇等果实害虫及部分天牛可在5~7月用糖醋液诱杀成虫，特别是5月上旬开始诱杀第1~2代成虫，是对7~8月果实成熟盛期减少危害非常关键的防治措施，而且效果非常好。

4. 采收与加工

矮丛蓝莓果实成熟期较长。但先成熟的果实也不易脱落，所以可待全部成熟时一起采收。高丛蓝莓由于果实成熟期不一致，一般果树高效栽培技术采收需要持续3~4周，通常每隔1周采1次。采收后放入专用的保鲜盒内，避免挤压。

5.7.4 猕猴桃

猕猴桃（*Actinidia chinensis* Planch）为猕猴桃科猕猴桃属藤本果树，又称奇异果。中国是猕猴桃的原产地，20世纪早期被引入新西兰。猕猴桃的质地柔软，口感酸甜。味道被描述为草莓、香蕉、菠萝三者的混合。猕猴桃除含有猕猴桃碱、蛋白水解酶、单宁果胶和糖类等有机物，以及钙、钾、硒、锌、锗等微量元素和人体所需17种氨基酸外，还含有丰富的维生素C、葡萄酸、果糖、柠檬酸、苹果酸。长期食用可提高人体SOD活性，增强体质，延缓衰老，因此被誉为"中华水果之王"。

1. 形态特征

猕猴桃为雌雄异株的大型落叶木质藤本植物。雄株多毛叶小，雄株花也较早出现于雌花；雌株少毛或无毛，花叶均大于雄株。果实卵形呈长圆形，横截面半径约3cm，密被黄棕色有分枝的长柔毛。其大小和一个鸭蛋差不多（高约6cm、圆周约4.5~5.5cm），一般是椭圆形的。深褐色并带毛的表皮一般不食用。而其内则是呈亮绿色的果肉和多排黑色的种子。花期为5~6月，果熟期为8~10月。

猕猴桃花

猕猴桃果

2. 生态习性

猕猴桃大多数种要求温暖湿润的气候，即亚热带或温带湿润半湿润气候，主要分布在北纬18°~34°的广大地区。猕猴桃是需水又怕涝，属于生理耐旱性弱、耐湿性弱的果树，因此对土壤水分和空气湿度的要求比较严格，决定了猕猴桃最适宜在雨量充沛且分布均匀、空气湿度较高、湿润但不渍水的地区栽培。中国猕猴桃桃的自然分布区年降水量在800~2200mm，空气相对湿度为74.3%~85%。一般在土壤含水量减少到5%~6%时，导致水分不足，引起猕猴桃枝梢生长受阻，其叶片开始受旱，叶片下垂变小，叶缘枯萎。多数猕猴桃种类喜半阴环境，喜阳光但对强光照射比较敏感，属中等喜光性果树树种，要求日照时间为1300~2600h，喜漫射光，忌强光直射。结果株要求一定的光照，自然光照强度以42%~45%为宜。土壤以深厚肥沃、透气性好，地下水位在1m以下，有机质含量高，pH值5.5~6.5微酸性的沙质土壤为宜，强酸或碱性土壤需改良后再栽培。猕猴桃一般在800~1800m都能种植，但以海拔1000~1600m较为适宜。

3. 栽培技术

（1）选地与整地

①选地：猕猴桃是喜光果树，在山区选择园地时宜选择向阳的南坡、东南坡和西南坡，坡度一般不超过30°，以便于后期的整地及搭架，减少土壤水分及养分的流失。

②整地：面积较大的，尽可能起畦种植，留出施肥、管理、运输的通道。土壤深30cm，

黏性过重的土壤要适当掺沙改土。在砂土、石砾土上建园，要掺塘泥或潮泥，以加厚土层。坡地建园要求梯级化。缓坡地，尽可能把每层台地拓宽，减缓坡度；坡度较大的，水土容易流失，每层台地须用片石构筑护坡。坡内侧开集水沟，并根据山的高低、集雨量的多少，从上而下开设纵沟排水，以减轻雨水冲刷。种植面积较大的，还要开辟机耕道，分小区种植和管理。有条件的，应同时埋没滴灌用的网管，在高处建立蓄水池。干旱缺水的山坡，一般不提倡建果园，确因土地缺乏而需种植的，要设法开沟蓄水。

(2) 育苗技术

①播种育苗：猕猴桃播种一般在3月下旬至4月上旬，天气转暖后进行。层积处理后，选择沙质土壤的地块进行整地、施基肥、做苗床。猕猴桃种子较小因此不能播种太深，将种子条播至苗床上，上面覆盖一薄层沙土即可。播种后保持土壤湿润，同时可以搭设拱棚保温。另外，也可以选择穴盘育苗的方式进行播种，基质选择腐殖质和沙土混合。这种方式育苗可以避免土传病害以及虫害等，方便培育壮苗。当幼苗长到4~5片真叶时，移栽到大畦内。移栽前要在幼苗畦内灌水，以便在起苗时使幼苗带土。在大畦内整成"双行"栽植。即畦内整成两个垅，垅行距30cm，株距10cm，两垅间距50cm。移栽时要选阴天或毛毛细雨天，这样成活率高，容易缓苗。栽好后即搭上遮阳棚，遮阳棚高1m左右，以便于棚内操作管理。10或半月即可缓好苗，再除去大棚。大棚可用高粱秸搭制。

②育嫁接苗：猕猴桃的最佳嫁接期在6~7月，过早、过晚成活率都较低。可采用插皮舌接、劈接、腹接、芽接等方法，以芽接和插皮舌接成活率为最高。接芽萌发新叶展开后，在接口10cm以上处剪砧。过早剪砧则砧木上易抽生新条影响接芽的发育。嫁接较迟的，可待来年春季发芽后剪砧，接芽萌发抽生枝条后，应设立支柱绑缚，以免折断。

③嫩枝扦插育苗：嫩枝扦插的最佳时期为6月中旬和9月中旬，猕猴桃的生长高峰过后，应避开夏季高温天气。选择无病虫害的当年生半木质化取枝条作插条，每枝留2~3个芽，上部留1~2片叶，并将所留叶片剪去一半，插条下剪口要紧靠节间下平剪或斜剪，剪口一定要平滑，然后用ABT生根粉Ⅰ号处理液浸沾剪口。插床准备与插后管理。插床应选择在水源较好的地方，用筛过的沙土作床土，并用代森锌或高锰酸钾进行土壤消毒，土地整平后搭2m高的荫棚遮阴。插后要随时检查，使棚内湿度保持在90%，一般晴天上午、下午各喷水一次，插条20d后生根，25d后可喷0.2%的尿素或磷酸二氢钾进行根外追肥壮苗，扦插40d左右即可移栽。

④插根育苗。猕猴桃的根分蘖力较强，利用起苗或整地时，挖出的根段促萌育砧木苗，可节省大量种子和枝条。方法是将有铅笔粗的根切成10~15cm的根段，大头朝上，小头朝下进行扦插，小头要用修枝剪剪平，插后能萌芽生根长成植株，以4月上、中旬根插成活率较高，插床的准备及插后管理同嫩枝扦插。

(3) 栽植技术

猕猴桃株行距3m×3m，亩定植74株。雌雄株比例为8:1，雄株在园内要分布均匀。开定植沟或定植穴深度1m，宽度1m。每穴施用腐熟有机肥30~40kg，加过磷酸钙1kg。定植时解除嫁接膜，并理直根系盖好土，根颈略高于地面，踩紧，把果苗轻微上提，使根系与土壤紧密结合，定植后留3~5个饱满芽定杆。再浇透定根水，最后用稻草覆盖，保温、保湿、保成活。

（4）林间管理

猕猴桃是一种需肥量较多的果树，每年根据实际情况，最好应施一次基肥，二次追肥。基肥施肥时间应在秋季果实采收后至落叶前。秋施基肥有利于肥料充分腐熟，并为根系吸收，增加树体营养贮备，为来年春季抽梢和开花坐果打下基础。基肥应以农家肥为主，并混入适量氮、磷，每株施尿素四两，磷肥三两，采用环状沟施或条状沟施，沟距主干50cm，沟深50cm，宽20~30cm。幼年树在定植后第1年在生长季节，薄肥勤施，每月施尿素2次，浓度在0.3%~0.5%左右喷施。第2年在生长季节，间隔25d施一次，浓度在0.5%~1%左右喷施。第3年进入盛果期，成年树在一次是花前肥，每株施氮肥200g，磷肥150g，钾肥100g；二次是状果肥，疏果后施用，以人粪尿为主，配磷、钾肥施用。（追肥可结合中耕除草在树盘上撒施，也可以沟施，沟深20cm。因猕猴桃的根是肉质根，施用化肥不可直接与根接触，要将化肥与土壤充分混合，以免烧根。）土壤是猕猴桃良好生长的基础。猕猴桃根为肉质根，70%根系平行生长。在管理上要求小树留1m树盘，大树留2m树盘不间作作物。全园不间作高秆作物。树盘内要勤锄草、松土，保持土壤透气。施肥与锄草尽可能浅些，以免伤及主根。有条件的地方可在树盘或全园种植优质绿肥。夏季施肥，应"少食多餐"，原则上避免施用高浓度化学肥料。如遇高温干旱，应在11：00或16：00后地温较低时灌水，结合灌溉要用稻草、麦秸、杂草等覆盖，达到抗旱保湿的目的。

幼树要把主蔓引绑上架，一般用竹竿竖立在植株旁用绳呈"8"形引绑。结果母枝的引绑可根据生长势而定，使其占据合理空间。生长势强的徒长性结果母枝，采用水平引绑，使其上所有芽、枝都处于相同角度；生长势弱的结果母枝采用垂直引绑，促其由弱转强；生长势中庸的结果母枝，采用倾斜式引绑，促使其生长与结果达到相对平衡。

第1年主要培养主干，对栽植建园时经过剪截所萌发的新梢，选一强壮新梢引上架面，其余萌发的枝梢及时抹除。第2年培养中央主蔓，将主干在1.8m处剪截，选留2个强壮枝，分别沿铁丝走向延伸，培养成2个主蔓。第3年对2个主蔓上所发的分枝尽可能保留，与主蔓垂直绑在架面上，此时已基本完成树形。

夏季修剪主要是解决通风透光、留足预备枝。要及时抹除砧木萌蘖，主蔓和结果母枝上发出的徒长性发育枝，位置合适的留作结果枝，其余的一般在长出1~2个叶除去；及时疏除从基部抽生的徒长枝；对结果枝在果实以上留6~8片叶剪截，其上发出的副梢留2~3片叶摘心；对枝蔓进行牵引绑缚，使其均匀的分布在架面上。冬季修剪主要是在主蔓上每隔50cm留一结果母枝，在结果母枝上每隔30cm留一结果枝，冬剪时每枝留8~10个芽，一般每隔三年对结果枝更新一次。另外疏除各部位的细弱枝、枯死枝、病虫枝、下垂枝、过密枝、重叠枝，以及无利用价值的根蘖枝及无培养前途的发育枝。对结果母枝一般在结果部位上剪留3~4个芽，长果枝和中果枝在结果部位以上剪留2~3个芽，短果枝和短缩果枝一般不剪。雄株修剪在5~6月花后进行。每株留3~4个枝，每条枝留芽4~6个，当新梢长1m时摘心。

（5）病虫害防治

猕猴桃主要病虫害有溃疡病、根腐病、褐叶斑病、根颈腐烂病、日灼病、大青叶蝉、卷叶蛾、食叶金龟子、蚧壳虫等。

综合防治措施：冬季清园消毒。结合冬剪剪除病虫蔓，清除园地枯蔓、落叶、干草，集中处理，且在采果后和早春萌芽前用40%石硫合剂晶体200倍液各喷1次，春萌芽时用3%中生菌素200倍液涂抹病斑和800~1000倍液喷雾防治猕猴桃溃疡病；5~7月间隔15~20d连续用药3~4次，轮换选用50%多菌灵800~1000倍和70%甲基托布津1000~1200倍液。同时在5月下旬或6月上旬用10%吡虫啉可湿性粉剂2000倍液防治大青叶蝉，用92%石蜡油200倍液防治蚧壳虫。在多雨季节应及时排水。在园区发现叶片变黄树及时用300~400倍甲霜灵液灌根处理。

4. 采收与加工

猕猴桃的贮藏寿命和品质受其收获时的成熟度影响很大。猕猴桃果实采收过早或过迟都会影响果实的品质和风味，且必须通过品质形成期才能充分成熟。

确定果实成熟标准：种皮变黑，用利刀横或纵剖果实，发现种子变黑率达95%~100%，含糖>10%，果实生长期达130~160d。

按果实用途确定采收期：鲜食以市场销售情况适熟适量采收，贮藏加工应适当提前或推迟采收。

采收宜在无风的晴天进行，雨天、雨后以及露水未干的早晨都不宜采收。采摘时间以10：00前气温未升高时为佳。采收时，要轻采、轻放，小心装运，避免碰伤、堆压，最好随采随分级进行包装入库。

5.7.5 桑葚

桑葚（*Fructus mori*）为桑科桑属落叶乔木桑树的成熟果实，别名桑果、桑枣、桑子等。传统中医认为：桑葚味甘，性寒，具生津止渴、补肝益肾、滋阴补血、明目安神、利关节、去风湿、解酒等功效。现代医学研究表明，桑葚具有免疫促进作用，有增强脾脏功能作用，对溶血素反应有增强作用，可防止人体动脉硬化、骨骼关节硬化，能促进新陈代谢。桑葚可以加工成桑葚酒、桑葚果汁等各种营养保健食品，具有天然风味和滋补营养的功效。可用桑葚提取食用天然色素和果胶做食品添加剂，用桑葚籽提取食果树高效栽培技术用油和药用油等。此外，因其具有乌发、生发、滋养毛发的功能，桑葚可用于制造化妆品，如桑葚香波、发油、护发素等。

1. 形态特征

桑葚树高一般为2~15m，叶柄长为1.0~2.5cm，叶片呈宽卵形或卵形。桑葚树为雌雄异株，其花为单性，桑葚果为核果，是一种聚花果，果实密集，呈长圆形或卵圆形。桑葚果初熟时为绿色，长度约为1.0~2.5cm，成熟后为红色或黑紫色。

桑树

桑葚果

2. 生态习性

桑葚树在我国南北广泛分布，南方花期为 1~3 月，北方花期为 3~5 月，南方果期为 3~4 月，北方果期为 5~6 月。桑葚是桑葚树的果实，大多在温暖湿润的气候下生长。桑葚在 12℃ 左右开始萌芽，由小核果集合而成，直径为 0.5~1.0cm，长 1.5~2.0cm。

3. 栽培技术

（1）选地与整地

①选地：选择低海拔的丘陵地区，以及平原地区的各种土壤均可栽植，其中以排灌方便、pH 值 6.5 左右、土质肥沃的土壤为好。

②整地：深耕土壤，促进心土氧化，增强通气性和透水性。施足基肥，要求充分腐熟的猪牛粪及土杂肥 20~30 担作基肥，结合深耕将有机肥深埋土中。开挖排灌沟。整地要求精细，无杂草畦/垄面平整。整畦/垄宽度 1.3~1.6m，沟深 20~30cm。田块四周开挖排灌沟及田中间的十字沟，深度比厢沟深 10cm。

（2）育苗技术

①播种育苗：选好整好苗地是第一关，宜选土地肥沃疏松，排灌方便的砂壤土作苗圃，播种前 4~6d，最好用除草剂全面喷施，每亩地面还可结合撒 2~3g 氯丹粉农药，然后纵横耙地，视排水条件一般起高 4 寸宽 4 尺的畦，畦面要细碎平整为佳。

桑树种子尽量即买即播，每份种子混拌五份细泥土，（如土地未撒农药还应拌农药）。按畦分，厚度以隐约可见畦泥为宜，复盖后即进行第 1 次淋水，有条件的可先催芽后播种，方法是将桑树种子在清水中浸泡 24h，取出摊在箔内，厚度不超过 3cm，上盖湿布，放在比较暖和（23~30℃）的地方催芽，每天洒水翻动 1~2 次，经常保持湿润状态，待大部分桑树种子吐白（即露出幼根）后播种，不能让桑树幼芽过长，以免播种时损伤。播种后水份是命脉，特别是催芽种子，刚播下半个月之内，每天早晚都要淋水，经常保持土表湿润，播种后的管理是全苗壮苗的关键，当桑树苗高 3cm 左右，把过密的桑树拨去，株距 3cm，当苗为 6~10cm 时把间出的桑树补缺株，株距 3~5cm，间苗、补苗最好在雨后或淋水后进行，保证亩苗 8 万~15 万株左右，桑树苗长后视情况揭草。

②嫁接育苗：一般是利用本地品种的桑树种子繁殖的实生苗作砧木，利用产量高、叶质好的优良桑树品种枝条作接穗。在接后的 10~15d 检查是否成活，未活的需补接。还要注意防病虫，摘除砧芽，及时灌水、施肥等促进新梢生长。

③扦插育苗：硬枝扦插是利用春伐剪下的桑树新梢作穗条于 4 月初扦插，桑树绿枝扦插是利用夏伐剪下的新梢作穗条于 5 月下旬扦插。扦插前将枝条剪成 16~20cm 长，每枝上端剪口要横截，离剪口 1cm 处要有一个饱满的芽，下端的剪口要接近叶痕并剪成一个平滑的斜面，然后放在室内沙藏 15~20d。具体方法为：将沙藏后的枝条根一捆，放在 50mg/L 浓度的 ABT 生根粉液浸 35h，倒竖埋入细砂铺成的露天催根池中，上盖砂 15cm，再用尼龙薄膜覆盖，经天后取出枝条栽入苗床，栽后不露芽。

（3）栽植技术

种植时期一般以冬天和早春种植较好，要求土温稳定在 10~12℃ 左右。应选用良种桑的健壮苗木，不带病虫。夏秋季节种桑，起苗时尽可能不伤根，保全桑苗根系；冬春种桑，应轻度修剪过长的主根，促使侧根多发，种植前，用混有磷肥的泥浆蘸根，利于发根成活。一一般桑园适宜密植速成，杂交良种桑以每亩种植5000~7000株为宜，一般行距65~80cm，株距12~18cm。把桑苗根部埋入桑行线土中，盖土轻提使根伸展，踩实再壅一层松土，要求壅过根茎部3cm，淋足定根水，种后2d内进行植株剪定，留株高10~20cm，剪去梢端，达到统一高度。

（4）林间管理

①复盖：用稻草、杂草复盖地面或桑行，保水防旱，减轻植株失水，抑制杂草丛生，防止土壤板结，培肥土壤。

②及时淋水防旱，排除积水：保持土壤适宜的水分是新桑成活和生长的关键，土壤干旱及时淋水，多雨时及时排水。

③松土除草：经过一定时间后，特别是雨后土壤容易板结，结合除草进行松土，利于桑根生长。

④施肥：新桑发芽开叶后，施粪水或尿素水肥1次。以后根据新桑生长情况，追施肥1~2次。施肥量为每亩施尿素5~10kg或复合肥10~15kg。小树阶段每次施肥量不宜过多，应该少吃多餐。

⑤补植缺株：桑园缺株会影响产量，发现缺株应及时补种。在种桑时应留一些预备株或密植处间出部分植株，用来补缺。同时加强管理，促使其生长跟上。

（5）病虫害防治

危害桑葚的害虫主要有桑毛虫、桑尺蠖、菱纹叶蝉、桑天牛等，病害主要有褐斑病、炭疽病、白粉病、菌核病等。应采取综合防治的方法。每年冬季将修剪的枯枝落叶焚烧后结合深翻土壤及施肥深埋。萌芽前用3086的石硫合剂对枝条及全园进行消毒。始花期、盛花期、末花期分别喷1次75%百菌清800倍液或75%甲基托布津1200倍液，间隔7d。若桑葚感染菌核病，应摘除病果，带出果园焚烧并深埋。6月下旬至7月中旬对枝干半木质化和木质化的部位进行涂白，预防桑天牛；如发现桑天牛危害枝干，幼虫可采用蛀孔注药或药签塞入，发现成虫可人工捕捉。7~9月份高温多雨期，每隔10~15d（应勤观察，间隔天数和喷药次数根据具体情况灵活掌握），喷1次75%甲基托布津1200倍液，或新型植物素加75%百菌清800倍液，两种组合最好交替使用，以防止产生桑毛虫、褐斑病等病虫害。

4. 采收与加工

一般桑葚于5月上旬成熟，当桑葚刚刚由红变黑（白色品种果梗由青绿变黄白）、且晶莹明亮时表明桑葚已成熟，应及时于清晨采收。注意轻拿轻放，不要碰破表皮。先用小塑料盒包装，再装入纸箱（一般每箱重10~15kg），即可运往市场销售。

5.7.6 三叶木通

三叶木通 [*Akebia trifoliata* (Thunb.) Koidz.] 为木通科木通属落叶木质藤本植物，别名八月瓜。该种根、茎和果均入药，利尿、通乳，有舒筋活络之效，治风湿关节痛；果也可食及酿酒；种子中富含油脂类成分，可榨油，营养价值高。具有很好的药用价值，及观赏价值。

1. 形态特征

落叶木质藤本。茎皮灰褐色，有稀疏的皮孔及小疣点。掌状复叶互生或在短枝上的簇生；叶柄直，长7~11cm；小叶3片，纸质或薄革质，卵形至阔卵形，长4~7.5cm，宽2~6cm，先端通常钝或略凹入，具小凸尖，基部截平或圆形，边缘具波状齿或浅裂，上面深绿色，下面浅绿色；侧脉每边5~6条，与网脉同在两面略凸起；中央小叶柄长2~4cm，侧生小叶柄长6~12mm。总状花序自短枝上簇生叶中抽出，下部有1~2朵雌花，以上约有15~30朵雄花，长6~16cm；总花梗纤细，长约5cm。雄花：花梗丝状，长2~5mm；萼片3，淡紫色，阔椭圆形或椭圆形，长2.5~3mm；雄蕊6，离生，排列为杯状，花丝极短，药室在开花时内弯；退化心皮3，长圆状锥形。雌花：花梗稍较雄花的粗，长1.5~3cm；萼片3，紫褐色，近圆形，长约10~12mm，宽约10mm，先端圆而略凹入，开花时广展反折；退化雄蕊6枚或更多，小，长圆形，无花丝；心皮3~9枚，离生，圆柱形，直长4~6mm，柱头头状，具乳凸，橙黄色。果长圆形，长6~8cm，直径2~4cm，直或稍弯，成熟时灰白略带淡紫色；种子极多数，扁卵形，长5~7mm，宽4~5mm，种皮红褐色或黑褐色，稍有光泽。花期4~5月，果期7~8月。

三叶木通藤

三叶木通成熟果实

2. 生态习性

喜阴湿，耐寒，在微酸、多腐殖质的黄壤土中生长良好，也能适应中性土壤。生于海拔250~2000m的山地沟谷边疏林或丘陵灌丛中。

产于中国河北、山西、山东、河南、陕西南部、甘肃东南部至长江流域各地。日本有分布。

3. 栽培技术

（1）选地与整地

①选地：三叶木通果浅根性树种，无主根，侧根特别发达。土壤选择微酸至微碱，表土要求含较多的腐殖质。三叶木通果喜光，喜钙，一般选择地势开阔、背风向阳的砂壤土和中壤土为好，水渍地不宜，地势低洼不宜排水或狭小的山沟光照不足不宜建园。附近要有水源，以利干旱时抗旱。质地疏松，保水，保肥性强，透气良好，土层较厚的土壤栽植三叶木通生长快，产量高，质量好，生产成本也低。

②整地：宜挖大穴或壕沟，施足充分腐熟的基肥。

（2）育苗技术

①种子育苗：在9~10月三叶木通果实成熟时，摘下三叶木通果实，食用果肉，留下种

子及时秋播。种子先用碱水搓洗，用清水漂洗干净，沥干水分，晒干，农历约十一月沙藏 50~70d，翌年春季 2 月初及时撒播在已整理好的苗床内。种子繁殖简单易行，繁育出来的苗木结果迟，一般 3 年以后方能结果。生产上一般不采用。

②埋条育苗：三叶木通藤茎萌芽力强，选 1~2 年生枝蔓埋入土中，1 个月后即可生根，一年四季均可繁殖。一般定植后第 2 年即可开花结实。

③分根繁殖：分根繁殖在早春萌芽前进行。一兜多株的三叶木通用手从根部分成多株。在不剪断枝蔓的情况下，当年定植当前结果。

④扦插育苗：一年四季均可进行扦插。选择生长健壮，无病虫害的 1~2 年生枝蔓，剪成 10cm 长的枝条，扦插到已整理好的苗床内，注意水渍、遮阴、防旱。如有条件，可用 ABT 2 号生根粉浸枝蔓扦插，成活率提高到 100%。

（3）栽植技术

三叶木通属浅根性树种。有喜光特性，必须选择阳光充足的地方栽培，要求土层深厚，肥沃，排灌方便，才能获得高产，稳产，优质。土壤酸碱度选择微酸至微碱，表土要求含较多的腐殖质。每亩定植 300 株。整地规格为长 50cm，宽 50cm，深 40cm，每亩挖 300 穴，每穴施入 10kg 已经发酵腐熟的人畜堆肥，土肥混匀，苗木萌芽前必须定植完毕。

（4）林间管理

待幼苗长出新梢时，进行搭架绑蔓，促进幼苗生长。防止食草动物啃食。三叶木通目前尚未发现病害。虫害只发现有少量的螨类危害嫩叶，可用烟叶煎水喷雾防治。三叶木通开花、新叶、新梢生长同时进行，幼果第 1 次速长期在 5 月中旬至 6 月中旬，第 2 次速长期在 8 月。

在果实速长期前，增施磷钾肥，促进果实膨大、成熟。为保证三叶木通的品质，幼果第 1 次速长期前，每朵花留 2 个果，多余的掐掉。修剪主要以疏剪为主剪掉枯枝、瘦弱枝。果实成熟后，用手捏微软时，即可采收出售。7 月中旬也可采摘，其果实内富含的乙烯激素也能让其自动炸裂，口味也更加香甜。

（5）病虫害防治

三叶木通病害主要是炭疽病、角斑病、圆斑病和枯病等，虫害危害以三叶木通梢鹰夜蛾、茶黄毒蛾、金龟子、蛀干天牛、白吹绵蚧、蚜虫、红蜘蛛等为主。防治的方法是：冬季和早春剪除病虫枝，刮除病斑，清园烧毁落叶病枝，在萌芽前喷施石硫合剂，以防治炭疽病等。新梢抽发至花前用石硫合剂喷施 2~3 次。落花后幼果期可喷 5600 倍液波尔多液 1~2 次以防治圆斑病、角斑病等。果实生长期应根据气候情况喷药防治炭疽病和其他叶部病害。秋季应注意扫除落叶，去除病蒂，消除病菌残体。

4. 采收与加工

果实开裂后，不易采收、贮运，因而最好在未裂或微裂时采收。一般果实在 8 月下旬至 10 月上旬成熟，要及时采收。

5.7.7 五叶木通

五叶木通 [*Akebia quinata* (Thunb.) Decne] 为木通科木通属藤本植物，以根与藤茎入药。具有清热利湿，排脓，通乳，通经活络，镇痛之功效。主治小便不利，泌尿系统感染，月经不调,红崩,白带,乳汁不下,风湿关节痛。

1. 形态特征

植物五叶木通为落叶木质缠绕藤本,长 3~15m,全体无毛。幼枝灰绿色,有纵纹。掌状复叶,簇生于短枝顶端;叶柄细长。夏季开紫色花,短总状花序腋生。果肉质,浆果状,长椭圆形,略呈肾形,两端圆,长约 8cm,直径 2~3cm,熟后紫色,柔软,沿腹缝线开裂。种子多数,长卵形而稍扁,黑色或黑褐色。

五叶木通花与藤

五叶木通果实

2. 生态习性

耐水湿植物阴性植物,喜阴湿,较耐寒。常生长在低海拔生于山坡、山沟、溪旁等处的乔木与灌木林中。在微酸、多腐殖质的黄壤中生长良好,也能适应中性土壤。茎蔓常匍地生长。

产于陕西、山东、江苏、安徽、江西、河南、湖北、广东、四川、贵州等地。

3. 栽培技术

(1)选地与整地

①选地:选用山地或林地,进行播种育苗或穴播,能充分利用林地有机质含量、肥力、对温度和水分的缓冲能力及土壤理化性状比农田土壤要好些的优势。

②整地:伐林栽培应在播种前 1 年进行,让有机质充分分解,增加土壤的有效养分,对改良土壤理化性状,协调土壤固、液、气三相比例,消灭病源和害虫,促进生长都十分有利。选择朝东或朝南向阳坡,坡度 15°左右,以沙质壤土为好。挖沟撩壕做畦,畦宽 115cm,沟宽 40cm,沟深 60cm;用 70%代森锰锌粉剂进行土壤消毒处理,少量河沙或煤渣改良土壤,施腐熟的猪粪、牛粪、马粪、饼肥与土混合后灌沟。

(2)育苗技术

五叶木通多用种子繁殖,也可以扦插繁殖。从播种到收获需要 3 年时间,第 1 年为茎藤营养体生长,第 2~3 年开花结果。第 3 年年底及以后,每年采收茎藤和果实入药。

(3)栽植技术

选种与种子处理:五叶木通种子在 9 月底成熟,10 月上、中旬选择软熟或已经开口的果实采种。将采摘来的浆果及时水洗搓去果肉,用湿润河砂(种子:河砂=1:4,湿度以手捏成团,松手能散为度),在 10 月至 11 月室温条件下储藏 30~35d,让种子完成形态后熟作用和层积发芽。待种胚突破种皮能见种芽后,择晴天播种。

五叶木通是缠绕性攀缘藤本植物。选用缓生性明显的油茶、柑橘或小乔木树种做攀缘架，按3m行距，修剪活体攀缘物后间作五叶木通。人工攀缘支架可以用双排水泥柱（规格：10cm×10cm×250cm或10cm×15cm×270cm，两根水泥柱中有横条连接）或双排木材（直径10~15cm），每隔4~6m设1立排柱。排柱埋入地下50~70cm，每隔50cm高，拉一道横向镀锌铁丝构成高单篱架。4月底（小满前后），用50cm长的小竹竿，引茎藤上第一道镀锌铁丝；5月底（夏至前后），将茎藤绑在第二道铁丝上；7月下旬（立秋前后），剪掉超过第二道铁丝上已经相互缠绕打结的小茎藤。搭架要根据地势分段搭设，并留好作业道。

（4）林间管理

幼苗出土后，要及时撤除盖头草，并除草、间苗。第一片真叶全展后，按株距6cm定苗，并追肥1~2次，施尿素或复合肥。及时灌溉排水，干旱浇水，雨涝排水。全年除草2~3次，追肥2~3次，结合施肥再除草松土2~3次。2月9日施萌芽肥，3月30日施春梢肥，5月20日施夏梢肥；施纯氮、纯磷、纯钾（氮、磷、钾，其配比为3∶2∶4）。

五叶木通修剪能极显著地提高先年母茎的粗度和材积，提高当年木通药材产量和质量。结合新梢引上搭架第一道铁丝、绑在第二道铁丝和剪掉超过第二道铁丝相互缠绕结团的小茎等田间管理工作进行。5月中旬，每条先年母茎选留2~3个新梢，第4~8束幼叶时摘掉新梢茎尖，称为4/4修剪或2/8修剪。5月中、下旬间隔5d左右修剪1次。

（5）病虫害防治

主要病害有白粉锈病、短缩病、枯萎病、锈病和叶斑病；主要虫害有红体叶蝉、蚜虫、毛辣虫、尺蠖等。防治应采取农业综合措施与药剂防治并举方案，做好种子、种苗及土壤消毒工作，多雨季节注意及时清沟排涝，松土施肥，发现病株应及时清除，并用生石灰消毒病穴，控制传染。

4. 采收与加工

秋冬两季割取基部，去掉头尾和幼枝，刮去外表木柱质粗皮，晒干。干燥过程中，将藤茎理直，至七八成平时，按直径粗细分档扎捆，再继续干燥即成。

第六章
森林康养产业

林下经济是一个完整系统,是以林地资源和森林环境为依托,以可持续发展理念为指导的发展模式。而森林康养是指以森林生态环境为依托把优质的森林资源与现代医学和中医药等传统医学有机结合,开展疗养、养生、康复、休闲等一系列有益人类身心健康的活动,通过合理利用森林中富含的负氧离子,调节人的身体健康,同时以完整的经济发展模式来合理开发森林资源,实现经济的可持续发展。符合现阶段下林下经济以"十九大"主流精神及中国特色社会主义核心价值观为指导,发展"创新、协调、绿色、开放、共享"的理念,是对绿色环保、可持续发展理念的高度落实。以森林康养发展湖南林下经济是在全面推进林业产业化的总方针下,最大限度提升经济收入,维护生态平衡。

森林康养产业主要包括优质森林康养环境培育、森林养生、康复、健身、休闲和森林旅游、森林康养产品的研发和生产等新兴健康产业,是以林业为主体,涵盖农业、工业、旅游业、商业、医药、体育产业和健康服务业等相关产业的产业链,是保证林下经济可持续发展的健康产业。

6.1 湖南发展森林康养的机遇及优势

6.1.1 发展森林康养的机遇

习近平总书记指出"没有全民健康,就没有全面小康",提出必须把人民健康放在优先发展的战略地位,把"推进健康中国建设"摆到重要地位和工作日程,把以治病为中心转变为以人民健康为中心,树立"大健康"理念,将健康融入所有政策,努力全方位、全周期保障人民健康等一系列新思想、新要求,党和国家对卫生健康事业的高度重视为发展森林康养产业提供了巨大的发展动力。推动以治病为中心向以人民健康为中心转变,加快健康中国建设是我国政府新时期卫生和健康工作的重点,利用优质的森林资源开展养生保健、预防疾病,已成为国际社会维护人类健康的新潮流和新趋势。自19世纪40年代德国创立世界上第一个森林浴基地以来,优良的森林环境对人体健康的维护和促进作用日益受到国际社会和各国政府的高度重视。

国务院相继制定了《关于促进健康服务业发展的若干意见》等多项鼓励和支持以发展健康旅游和中医药健康服务为重点、带动健康服务业发展的政策和规划。国家也相继出台了促进旅游、健康服务业发展等的相关政策和规划,为推动森林康养发展提供了强有力的政策保障。同时我国经济的快速发展和老龄社会的到来,也为森林康养的未来发展提供了巨大的市场空间。森林康养作为融养老、养生保健、疾病预防、康复和治疗与生态旅游和休闲运动中的健康服务新业态，切合了我国不断升级的个人旅游康养消费理念和庞大的养老人群需求，具有无可限量的市场发展前景。

近年来相关部门对林业的保护工作及其经济类型做出详细的规定，明确指出要将保护生态作为第一目标，以绿色产业作为追求方向，从而实现林业向林区的平稳过渡。除科学引进种植作物进行林下种植、养殖，还可凭借自然地理优势，开辟林间休闲场所，发展林区旅游业，将健康生活与绿色旅游有机结合，增加经济收益的同时提升林区的生态价值，并将森林康养理念贯彻到具体的开发工作中，实现森林资源为经济建设工作提供持续发展的条件。在开发森林资源的过程中要注意林下经济不是单纯的对现有资源进行开发，要在开发的过程中对林业资源进行保护，除此之外，在发展过程中要最大限度减少对环境的破坏。由此看来，突破传统作物经济产业类型的限制，大力发展森林康养等林下旅游模式是林下经济发展的努力方向。

森林康养产业集聚了保健、康养、康复、治疗、观光、休闲、度假等产业，同时还涉及旅游、旅游地产、生态农业、交通、医疗、保险、文化、娱乐等多个行业，形成了一个庞大的泛大健康、泛旅游的产业集群。并由此转型发展成为一种具有生态经济发展的新业态，这种新业态建立在"定位创新+内容创新+模式创新"上，已升级为——"现代服务业"，将显现出其强大的生命力。这一"现代服务业"的新产业、新业态对于新常态下的中国经济而言，意义重大，它可快速地基地化、规模化，能够培育出相当大的产业规模，将成为我国新的国民经济支柱产业。

6.1.2 发展森林康养的优势

湖南省位于长江中游，地处云贵高原向江南丘陵和南岭山脉向江汉平原过渡的地带，地势呈三面环山、朝北开口的马蹄形地貌，由平原、盆地、丘陵地、山地、河湖构成，地跨长江、珠江两大水系，属亚热带季风气候，温湿度适宜，四季分明，森林类型多样。全省森林资源丰富优质，林地面积达 1300 万 hm^2，森林覆盖率 59.57%，远高于全国 21.66% 和全世界 31.8% 的平均水平。据统计，湖南有 208 个国有林场，有 130 个国家和省级森林公园，其中国家森林公园 59 个，有 191 个自然保护区，60 个国家湿地公园，发展森林康养具备明显资源优势。而且，湖南现有的 208 个国有林场已在全国率先基本完成改革，依托这些资源发展森林康养产业，不但可以避免林权纠纷，而且还具备相当好的人才优势，为发展森林康养产业提供了雄厚的人才资源库。

湖南的区位优势亦非常明显，省内外健康产业需求强劲。湖南省地处东部沿海地区和中西部地区过渡带、长江开放经济带和沿海开放经济带结合部，长沙高铁可直达全国 19 个省会城市，"3 小时高铁经济圈"覆盖的市场至少占全国总人口的一半。此外，湖南是开展森林康养行动早，为发展森林康养奠定了良好的工作基础。湖南是全国开展森林康养行动最早的省份之一，2009 年即开始倡导培育具有保健效益的优质森林资源。2013 年，湖南建立了全国首个由林业部门、著名企业和医院联合的森林康养基地——湖南林业森林康养中心。2016 年 2 月湖南省政府明确要大力发展以"走进森林、回归自然"为特点的森林康养产业。湖南林业正大力推进森林康养产业的快速发展，争取在 2020 年，达到建设 100 个森林康养基地，年吸聚康养人群 1000 万人次，培育 2 家以上年营业额超过 10 亿元的国内一流的森林康养企业集团的发展目标，使森林康养产业进入 1000 亿产业行业，打造湖南林业新业态。

由此可以预见，森林康养是未来林业经济的大趋势，社会需求也将会呈井喷式增长。

6.2 森林康养的目的与意义

森林康养以人为本，以林为基，以养为要，以康为宿，充分利用林下生态资源环境将优质的森林生态资源转化为优质的生态产品和公共服务，为社会提供多样化、多层次的康养服务，既极大提升人民群众的民生福祉，又有效扩大内需、增加就业、推动经济转型升级，利民利国，所以森林康养的快速发展将显示出生态林业、民生林业、经济林业巨大的综合效益。

6.2.1 服务民众健康、共享生态保护成果

世界卫生组织曾对全世界人类的健康状况作过调查：经医院诊断患各种疾病的占20%，处于亚健康状态的占75%，符合真正健康标准的人仅占5%。当下"亚健康"成为现代人的标签，健康问题俨然成为重大社会问题。面对如此之高比例的亚健康人群，我们应该怎么办？答案就是让他们走进森林，让优质的森林资源环境与现代医学及传统养生学有机结合，为人民群众的健康提供康养的平台。据调查通过森林疗养可以实现疗养者心理与生理的双重改善，满足公众健康需求，不仅如此，还能有效减少医疗支出。根据国务院发布数据，2018年全国财政医疗卫生支出15291亿元，占全国财政支出的比重达到7.3%，较上年增加840亿元，增幅高于全国财政支出2.5%。在人口老龄化日益严重的日本，2013年全国医疗支出创纪录达到39.3万亿日元，人均31万日元。医疗支比重的不断扩大，已成为财政的重大压力。而利用优质的森林资源、安全有效的森林康养技术和产品，在服务于民众不断增长的健康需求的同时，有效降低医疗成本，减少财政支出，在践行创新、协调、绿色、开放、共享的五大发展理念中，在共建共享中保卫全民健康。

6.2.2 契合时代需求，加快林业转型发展

森林康养不仅能为国民带来巨大福祉，而且产业前景也相当可观，逐渐成为国际林业发展新趋势。在国家《林业发展"十三五"规划》确定的林业发展目标有：国土生态安全屏障更加稳固，林业生态公共服务更趋完善，林业民生保障更为有力，林业治理能力明显提升。"十三五"规划目标中主要突出培育十大主导产业，其中就有森林旅游产业。规划中林业发展的指导思想有：加快转变林业发展方式、提升林业质量效益，加强森林经营，加快培育主导产业。发展森林康养产业，是国际林业发展的一个新趋势，是新常态下林业改革的创新模式，是"十三五"国家林业发展目标的最佳切入点。我国自2015年开始实施国有林场改革，截至2019年，我国已有4855个国有林场改革任务全面完成并通过国家验收，国有林场的改革以"发挥生态功能、维护生态安全"的战略定位，并将"提供生态服务、维护生态安全"确定为国有林区的基本职能。这4855个国有林场，其经营区内广泛分布着众多高品质的森林公园、湿地公园、自然保护区。这些林场拥有的丰富多彩的森林景观，沁人肺腑的自然环境，健康安全的森林食品，内涵浓郁的生态文化，是发展森林康养最具优势、最有潜力的理想之地。2020年是国有林场改革收官之年，利用森林康养是盘活林区资源，加快推进绿色林场、科技林场、文化林场、智慧林场建设的新途径。

另外，森林康养是经济发展达到一定水平的产物。在满足衣食住行之后，市民必然考虑

更高层次物质与精神需求，传统森林旅游逐渐回归理性，森林康养这一高端休闲方式契合时代需求。

6.2.3 带动山区农民脱贫致富、助推全面建成小康社会

森林康养是绿水青山变成金山银山最有效的载体，在助力林业精准扶贫、推动山区林区等连片特殊困难地区民众的脱贫致富、全面建成小康社会方面具有独特的战略地位和作用。发展森林康养可以带动带活市场经济，促进旅游、餐饮、住宿等第三产业的发展，为交通、保险、旅游、文化、体育、体验、休闲、娱乐等行业扩大就业缺口，增加就业岗位，缓解就业压力，同时有助于提高林区森林养护人员的收入，在促进地方经济发展的同时，也保护地方的环境，实现经济的转型，全面助推建成小康社会。

6.2.4 推动林业经济转型升级、促进绿色环保健康产业的形成和发展

森林康养是一种环境养生方式，是社会发展到一定阶段，公众享受生态产品和追求美好生活的必然需求和迫切需要。在人口老龄化和亚健康化背景下，森林康养应运而生。森林康养侧重于以较长时间的方式在森林环境中利用相关设施有针对性的开展游憩、度假、疗养、保健等活动，这可以起到让森林走进城市，走进人们的生活，走进人们的健康，并改善城市居民生活质量。时至今日，随着物质生活的极大改善，"康养"作为一项产业必将并将逐步发展，蓬勃兴起，成为一项大产业。

目前"森林康养"的先行先试，不仅是一个优化利用森林资源的新创举，而且对推动我国的大健康产业、旅游产业的发展，促进我国地方经济转型升级与生态经济可持续发展，提供了新的支撑，完全符合习总书记关于实行全面经济改革、优化产业结构、探索新业态新商业模式、促进经济发展的系列战略思想。

森林康养产业的生态经济模式十分可取，依托森林这一"人类最后一块净土"，集聚养老、养生、休闲、娱乐、旅游、文化、体育、保健等各个关联产业，快速地集群化、基地化、规模化，培育出相当大的产业规模，这一新业态、新产业对于新常态下的中国经济而言，是一次难得的转型机遇，可以培育出类似于我国房地产市场这么大的产业，成为我国新的国民经济支柱产业，产生强大的国家利益和社会利益。正因为森林康养产业的国家价值、民族价值、社会价值十分明显，因此森林康养可以成为我国新常态下经济发展的重要"创新驱动"举措，成为中国经济新引擎，成为又一个朝阳产业的风口。

6.3 森林康养发展的总体要求

通过建设绿色、生态、多样化的森林康养基地，打造产业品牌，优化产业结构，培育龙头企业，壮大产业集群，推进林业、旅游业、中医药等健康服务要素的融合发展，引领森林康养产业发展方向。加快节奏，尽快建立覆盖全省的森林康养服务网络，构建科学规范的森林康养技术体系，形成集旅游、疗养、养生、康复、保健、养老、教育、文化和扶贫于一体的森林康养产业，培育一支高素质的森林康养队伍，在满足民众不断增长的健康需求的同时，推动我省林业产业转型升级。

根据湖南省林下经济发展原则及指导思想，在森林康养的建设过程中应遵循以下基本原则：

6.3.1 坚持以人为本、以林为基

森林康养发展以服务人民群众不断增长的健康需求为出发点，按照绿色发展理念，坚持环境保护，严守生态保护红线，依靠优质的森林资源大力发展森林康养产业，促进全民健康。

6.3.2 坚持创新驱动、融合发展

深入实施创新驱动发展战略，强化科技创新引领，拓宽发展新模式，优化产业结构，培育发展新功能，坚持多学科、多产业融合和跨界发展，推动林业产业转型发展，发展特色产业、扶持新兴产业，延伸森林康养产业链，壮大森林康养产业集群。

6.3.3 坚持政府引导、市场主导

以市场性需求为导向，充分发挥市场配置资源的决定性作用，调动社会参与的积极性和主动性，同时发挥政府对森林康养产业的引导扶持作用，推动森林康养产业集聚，提高森林康养产业发展的效益和动力，增强市场竞争力，加快统筹协调发展。

6.3.4 坚持区域合作、互利共赢

依据省内外不同区域森林资源特点，结合区域优势，整合资源、优势互补，加快建设森林康养发展体系，逐步形成各具特色的区域发展格局，进一步加强国际交流与合作，增强自我发展能力，提升国际竞争力和可持续发展能力，实现互利共赢。

6.4 森林康养的作用

森林康养对人体健康的作用，主要是利用森林中有益于人体健康的因素，包括植物精气、空气负氧离子、森林可食用动植物资源以及森林环境等对人体生理、心理及内分泌、心血管系统、神经系统所产生的保健效果。

6.4.1 植物精气

植物精气又名植物杀菌素（phytoncide），是指植物的花、叶、木材、根、芽等油性细胞在自然状态下释放出的，可对其他有机体产生影响的挥发性或非挥发性的气态有机物。湖南常见具有植物精气的植物：马尾松、云南油杉、云南松、湿地松、火炬松等松科植物、黑核桃、桉树、悬铃木、紫薇、柑橘等。树木分泌挥发性油类如丁香酚、天竺葵油、肉桂油、柠檬油等，它们挥发到空气中，能杀死伤寒、白喉、肺炎、结核等病菌，因而具有广泛杀灭病原体的功效。

在建设森林康养基地时，可以根据不同植物释放的精气成分的差别和人们保健康复的不同需求，设置不同的区域，分别选择不同的植物进行组合配置栽培，形成特殊的森林小环境。可以在这些不同的小区内设置一些运动、休憩、娱乐、散步的场地和设施。人们在这样的小区内休闲度假，沐浴于植物天然精气和负离子的清新空气中，不但可以放松身心，获得愉悦，而且能够取得保健康复的效果。

6.4.2 空气负氧离子

空气中的负离子又称负氧离子,它是自然界的放电(闪电)现象、光电效应、喷泉、瀑布等使周围空气电离所形成的。高浓度的负氧离子具有降尘、灭菌、提高人体血液氧含量以及强身健体、治疗疾病等多种功效。研究表明,空气中负氧离子浓度达到700个/cm^3以上时,对人体具有保健作用;达到10000个/cm^3以上时,具有治疗效果。

森林中负氧离子主要来自于植物光合作用过程的光电效应,森林水源中大量水分子分解,植物根系和土壤微生物等的释放,这些让森林相比于住宅区、城区不仅具有更高浓度的负氧离子,其高的空气质量和空气清洁度。森林康养基地建设在森林中,可以充分利用负氧离子粒度小,能进入人体捕获有害物质的本领改善人体呼吸功能,心血管系统功能,提高睡眠质量,改善痴呆症状,以及抗氧化功能,延缓衰老,使人体健康长寿。

6.4.3 森林环境

森林里鸟语花香、空气含氧量相对较高、空气污染少、清洁度高、环境辐射和噪音少,具有可调节的小气候等让森林环境对人体生理、心理都有积极的作用。森林中的康养基地利用植物的光合作用,可以自动调节氧气和二氧化碳在空气中的比例,这样的环境不仅可以显著提高人体的血氧含量和心肺负荷水平,还能使人们在进行有氧运动时不会产生过多的酸性物质,使人体处于"弱碱性环境",使癌症细胞无法生长,甚至无法生存,有效预防癌症。

森林康养基地让久处于嘈杂都市中的人们享受自然、享受更清洁的空气、更低的辐射、更美的风景、更安静舒适的环境,同时还能减少城市空气中的大量重金属、致癌物和细菌病毒、可吸入颗粒物在人体肺泡中的沉积所产生的危害,降低紫外线对人体皮肤的伤害和皮肤中因辐射而产生的色素沉积。森林中安静舒适的环境对中老年人尤其是心血管疾病患者、亚健康人群、失眠人群等有独特的保健康复作用。

游憩于森林中,人们的身体得以愉悦,心境状态也会产生积极影响,并且这种影响不受居民年龄、性别、身份等因素的限制,但与居民距离绿地的远近、享用次数和是否拥有私家花园等因素关系密切,享用公园次数越多、绿地离家越近或拥有私家花园的人,其心理压力明显要小,心境健康状况明显高。

6.5 森林康养基地建设

根据2019年国家林业和草原局联合多部委发布《关于促进森林康养产业发展的意见》(以下简称《意见》)可知,到2022年,我国建成区域性森林康养服务体系;到2035年,建成覆盖全国的森林康养服务体系;到2050年,森林康养服务体系更加健全,森林康养理念深入人心,人民群众享有更加充分的森林康养服务,《意见》描绘了森林康养产业发展的宏伟蓝图。2015年,我国在"中国(四川)召开首届森林康养年会"上首次对构建新业态、发展新产业、形成新的生态经济模式进行了探讨。近年来,各地政府逐渐重视森林康养基地建设,2019年,全国新增获批4个森林康养基地试点建设市,32个森林康养基地试点建设县(区、市),221个森林康养基地试点建设单位,61个中国森林康养人家。这批新获批的森林康养试点建设单位都基本符合森林资源质量本底好,交通方便、具有较好的经营能力和康养条件,试点单位已做森林康养基地建设规划或已经开展了不同形式、不同内容的森林康养基地建设。

6.5.1 森林康养基地分类

森林康养基地是以国有林场、森林公园、湿地公园、生态公园和自然保护区等为主体，依托现代医学、中医药等传统医学技术和手段，融合具有湖南特色的生态文化、历史文化和民族文化，构建集吃、住、行、游、娱和文化、体育、保健、医疗、养老、康复等于一体，适合不同人群多样化需求的森林康养基地。

根据开展森林康养活动的不同，可以将森林康养基地分为：以静态康养为主的森林浴场、以运动康养为主的森林康养基地、以疗养和康复为主的森林康养基地、以养生为主的森林康养基地、多功能森林康养步道。以静态康养为主的森林浴场，主要开展森林瑜伽、森林冥想等森林康养活动；以运动康养为主的森林康养基地，主要开展森林太极、森林夏令营、森林马拉松、森林越野行杖等活动；以疗养和康复为主的森林康养基地，依托温泉、地热资源丰富的国有林场、森林公园、湿地公园和自然保护区等开展服务活动；以养生为主的森林康养基地，以具有湖湘特色的祭舜寻祖、女书探秘、瑶族文化、理学文化、少数民族文化、孝德文化等为基础，以红军古道、茶马古道、商贾古道等森林古道为载体，开展养生游憩活动；森林康养步道，依托国有林场、森林公园、湿地公园和自然保护区等建设的带状空间，开展以徒步、慢跑为主，其他非机动车交通方式为辅的康养活动。

6.5.2 森林康养基地功能

通过将优质的森林资源与现代医学和中医等传统医学有机结合，能针对不同的人群完成森林休闲、体验、预防、保健、康复、治疗、养生等有益身心健康的系列（或单一）项目，通过对人体"五感（视觉、触觉、听觉、嗅觉、味觉）""体验于外，感受于内"，从而达到"五养（养眼、养身、养心、养性、养德）"的效果。

6.5.3 森林康养基地建设基本条件

森林康养基地一般是具有法人资格的国有、集体、民营或混合制经营权的森林公园、湿地公园、林场、生态公园、自然保护区、生态产业园区、风景名胜区及其管理运营实体；温泉度假村、养生、休闲、营地、拓展、户外体育、森林教育、中医药旅游基地及相关产业投资、管理、运营企业等。借鉴德国、瑞典、日本、韩国和我国台湾的先进经验，根据《森林康养基地质量评定标准》我们可以从场地选址、功能分区、康养基地设施等4个方面入手建立森林康养基地。

1. 场地选址

（1）森林质量

①森林面积：集中连片森林面积≥200hm²，集中连片区域内高含量植物精气树种的森林面积≥20hm²。

②森林覆盖率：基地区域内森林覆盖率大于70%。

③郁闭度：基地区域内森林平均郁闭度介于0.4以上。

④生物多样性：植被良好，动植物物种及生境类型多样。

⑤权属：基地权属清晰，无争议，能够作为森林康养基地长期使用。此外，区域内民众

有较强的参与意愿,政府有相应的支持政策和清晰的产业导向,经营主体或参与企业有良好的资金支撑和创新的运营模式,也是建立森林康养基地必不可少的条件。

⑥基地及其周边的森林生态系统健康,林分类型多为混交林,郁闭度≥0.6,树龄以中龄林、近熟林和成熟林为主,平均树高≥6m,森林康养林的林木登记达到《森林抚育规程》(GB/T 15781-2015)中规定的Ⅱ级木标准。

(2) 交通状况

基地具有良好的交通条件,交通便利。有主要公共交通工具站点,外部连接公路至少为三级标准,距离最近的机场、火车站、客运站或码头等交通枢纽距离不超过3h路程,且驾车可达。

(3) 环境质量

①基地边缘距离交通主干道或城镇规划区1km以上,距离离矿山、机场、工业区5km以上;距离对人体有害的植物检疫有害生物发生区、动物疫源疾病区和放射性污染源直线10km以上。

②主要地段空气负离子≥1500个/cm^3。

③精气度:森林植被季相变化明显,小气候温润,有益于身心健康。有针对性的营造、补植释放植物精气的具有保健性能植物,突出优质林分,提升康养林疗养功能。

④绿视率:绿视率是指人们眼睛所看到的物体中植物所占的比例,它强调立体的视觉效果。绿视率高的环境,会对人体的神经系统,特别是大脑皮层产生一种良好的刺激,使人的紧张情绪得到改善。森林康养基地要求绿视率达70%以上。在这种环境中,人的皮肤温度可降低1~2℃,能消除人的视觉疲劳,听力、脉搏和血压都相对稳定。

⑤光环境:基地区域范围内要求光照充足,光线适中,日照时间多于舒适康养期。森林康养基地的林分郁闭度为0.7时,阳光相对充足,但又不会直射到森林中,既能充分感受到森林环境,又能沐浴一定的阳光,并能使森林中的环境温度保持在合适的水平。

⑥声环境质量达到《环境空气质量标准》(GB 3096-2008)的1类标准。

⑦土壤质量达到《土壤环境质量标准》(GB 15618-2018)规定的一级标准。

(4) 景观资源

①森林风景资源质量等级达到《中国森林公园风景资源质量等级评定》(GB/T 18005-1999)规定的二级标准。

森林康养基地及周边的景观资源可分为地文景观资源、生物景观资源、水文景观资源、人文景观资源、天象景观资源等,应至少包括地文、水文、生物、天象、人文五类森林风景资源中的三类资源,且有助于开展森林康养活动。

②具有独特的自然景观、地理和气候资源,或名胜古迹〔包括古树名木、古屋、古桥、古道、古街(巷)〕、历史渊源、民族特色以及丰富的林下经济产品和中药材资源。

(5) 其他条件

①附近有急救资格的医疗机构和从业人员,并与其形成联动模式,能及时达到现场提供医疗急救服务。

②以中、低山地貌为主,有$4hm^2$以上的平地或坡度15°以下的缓坡地可作为建设用地,森林康养主题功能区海拔高度在100~1500m。

③森林康养主题功能区应有4种以上的、能释放有益于人身体健康的植物精气的乔灌木树种或植物群落，集中连片面积有 1hm² 以上的平地和缓坡地，可开发利用程度高。

④地表水环境质量和地下水质量达到《地面水环境质量标准》（GB 3838-2002）规定的Ⅲ类标准。

⑤具有舒适的独特森林小气候，森林康养舒适期≥150d，舒适期内平均气温在 16~28℃ 之间，空气相对湿度在 40%~85% 之间。

2. 功能分区

森林康养基地功能分区布局应科学合理，能够通过区域位置的划分形成综合服务区、森林康养区、体验教育区、森林康养步道等不同的功能分区，有效衔接基地各类基础、服务设施及康养活动。不同基地的森林资源、自然环境条件不同，分区略有差异，基地可根据当地资源特色、民族风俗文化、康养功能再分设其他功能区域。

目前我国获批试点的森林康养基地基本上是原来的林场、森林公园、植物园、郊区森林等，并无严格意义上的基地概念，因此在功能分区上并不完善，但从实用的角度出发，以森林资源为基础，以形成的良好森林环境为依托，康养功能与森林其他功能相协调，力求接待与服务结合、科普与教育结合、休闲与体验结合、检测与康养结合、动与静结合、远与近结合、难与易结合。

（1）综合服务区

综合服务区是集康养接待中心、基地管理、住宿、餐饮于一体的综合服务区域。一般选择地势平坦、集散方便、位置合理、视野开阔的地方，能够容纳较大规模的康养人群和车辆停放为宜，建设时需根据可容纳游客量设计具有数量充足、不同档次、不同类型、地理位置合理的餐饮、住宿、购物、接待管理和咨询服务。

（2）森林康养区

森林康养区是来访者的主要活动区域，应配置满足森林康养需要的保健、医疗等设施设备，如森林浴场、森林木屋、绿色餐厅、休闲座椅、森林教室、瑜伽馆、医疗保健中心、冥想空间、康养步道，具有中医传统养生的疗养服务站、坐观场所等。

一般康养区的康养项目对场地均有一定的要求，如森林冥想，森林 spa，森林瑜伽、森林太极等场所一般以实木平台为主，面积满足 10 人同时使用为宜，在场所周边或附近应设置置物处，既方便体验者物品存放，又可存贮康养辅助设施（如瑜伽垫等），最好结合置物处增加冷热饮水和冲洗设施，以满足体验者起身后及时补充水分和清洁。

特色康养区必须突出当地资源和环境特色以吸引顾客，同时兼顾养生与康复，服务于特定的康养需求群体。特色康养活动有森林夏令营、森林马拉松、森林越野行杖、特色温泉浴区、特色垂钓区、特色药疗区、特色森林树屋、特色林间滑草（滑雪）、DIY 创意制作区、DIY 园艺体验区、森林幼儿园（森林儿童游乐场）、森林攀岩、定向越野、丛林穿越、真人CS 等。不同的特色森林康养项目场地必须根据区域特点、项目特色、适宜人群等进行专业化设计与施工。

（3）体验教育区

体验教育区是为了满足森林康养游憩活动开展，以森林康养知识和自然认知为目的开展的科普宣传活动，如体验教育中心、森林多功能活动中心、森林文化创意坊等。

森林康养基地面对的是有一定康养和保健需求的访客，配备相应的科普宣教设施设备，为前来康养体验群体展示森林生态文明、林业文化、康养理念、发展成果、基地构成和基地康养特色项目等，能让来访者了解森林养眼的功能和作用，更配合也更适应基地活动，能根据自身需求自主选择不同康养活动。

（4）森林康养步道

森林康养步道既是森林康养的主要功能分区，又是串起森林中最佳康养资源的纽带，至少具备交通集散、森林布景、生态景观、空间分隔、安全保护、引导康养等功能，因此具有景观、文化、科教、体验、康养等价值。从不同角度森林步道可分为不同类型，如从型式可分为平地型、台阶型、爬梯型、栈桥型等；从材质可分为土质步道、木质步道、水泥步道、砖石步道；从保养类型可分为养生步道、养情步道、养智步道、养德步道、养心步道等。

3. 康养基地设施

（1）森林康养产品

针对不同的森林康养人群，设定森林康养目标，提供休闲、健身、养生、养老、疗养、认知。提供不同类别的森林康养产品方案以供来访者选择，开展与之适宜的活动、课程、节事等，丰富森林康养产品，提高产品成效。

根据康养活动内容提供产品以供来访者选择。例如，静态森林康养项目；运动森林康养项目；以疗养和康复为主的森林康养项目；以饮食、养生为主的森林康养项目；康养步道森林漫步项目。

（2）康养活动设施

一般包括开展森林静养、动养、以及与温泉、饮食、文化等结合的森林康养场所和相关设施。运动体验设施，例如运动、健身、登山、森林马拉松、攀岩、滑索、跳伞、蹦极、漂流、滑雪、冰雪运动等。休闲度假体验设施，例如温泉、自驾车宿营地、度假民宿木屋等。各项设施应保证安全性好，标识科学、简明、清晰，养护规，满足活动的正常开展。

森林浴场，选择在负离子含量高的针叶林中为最佳，如柏木林、松林、杉林等，要求林内空气流通。

森林冥想场所选择在安静、位置相对独立且浓荫的林分中，林木高大，地面灌木少，以铺设碎石为宜，根据可容纳人数设置舒服的木质躺椅。

森林多功能平台，选择在地势相对凹陷，周边有一定坡度的森林中，坡度在10°~20°搭建平台。

森林康养步道除遵循森林美学、园林美学、景观生态学、休闲经济学、旅游市场学等基本原理和原则外，需要综合考虑步道周边人体舒适度、空气PM2.5浓度、空气负氧离子含量、空气微生物浓度，合理串联多个主题康养产品，并合理避开山崖及地势较陡的坡地等一些危险区域。

（3）综合服务设施

康养接待中心（综合服务区）主要用于接待服务，是来访者报导、注册、登记的地方，接待设施数量与布局应与接待能力相匹配，可设置森林康养接待中心和若干服务点。接待中心与服务点之间应具有统一的服务信息平台，并配备咨询人员为来访者提供必要的咨询、指导和讲解服务，包括基地基本情况、康养活动、餐饮、住宿、出行等的讲解与引导。

基地管理处（综合服务区）的功能相对较多，包括交通、信息、卫生、安保、住宿、餐饮等，管理区的设置要综合考虑整个基地的情况，以管理、协调、服务为优质高效为宗旨。该区规模要求与基地需求（如一次接待人数 50 人以上）相适应，除相应功能的建筑外，还应考虑环境的绿化、美化、亮化，考虑辅助功能的协调、完整、配套等，如行李搬运、存取的便捷性和安全性，车辆停放、油品补充、维修养护的方便性和配套。

住宿（综合服务区）设施应根据康养人员规模、及淡旺季需求变化情况，确定客房的数量、规格和档次充分利用原有住宿设施，根据实际情况结合社区建设合理规划接待设施，避免过度开发，具体种类有休养所、森林木屋、休憩厅、露营地、树屋森林酒店、生态山庄、野外休息场所等。住宿区要求环境安静、空间私密，房间宜分为有无电视、网络的两个类型，空间分布上以少量集中和分散集中为主，尽量减少集中度高的宾馆式房间，满足不同人群需要，在条件许可的前提下可以与特色森林树屋等有机结合。房间装修和日用品均要求适当提高舒适性，以有一定芳香或挥发物的竹材、木材等天然材料为主，以暖色调为主，减少房间内颜色种类和跳跃程度，给体验者创造一种亲近自然、平和心态的环境。

餐饮（综合服务区）可设计绿色餐厅、休闲餐厅、餐饮服务点等。布局要合理，可达性好，舒适性好，总体规模应与基地接待能力相匹配，要充分利用森林素材，包括森林食材和森林环境，在条件具备的地方可以与特色药膳、手工作业疗法等有机结合。

其他设施（综合服务区），如售卖的商品应富于地方特色，考虑淡旺季需求变化，预留临时性娱乐购物设施场地。

（4）体验教育设施

如科普场馆、森林体验馆、森林文化创意坊、森林教室、自然观察径、动物观察台、探访道路、森林博物馆、标本馆、图书资料馆、森林作业体验场、特色植物收集场、登山路等都属于体验教育设施。各基地可根据自身需要选择不同形式，但建设时应明确科普宣教设施设备解说标识系统的功能、建设位置、数量和规格，科普宣教材料的内容、形式及数量等，满足开展森林体验教育的需求。例如森林教室选择在林木高大且树冠浓荫的林分中，座椅和讲台最好采用森林经营后的剩余物制作。森林文化创意坊一般选择在交通方便，容易获取森林剩余物的林分中。需配桌椅和制作工具。

（5）医疗设施

医疗设施一般是指健康中心、康养所、急救中心、康复中心等。

康养所、康复中心是给有疗养、复健需求的来访者提供的场所，可种植或养殖物产数量丰富、品质高，能够提供安全营养的绿色森林养生食品或具有养生、保养作用的中草药，为不同需求的来访者制定有针对性的食疗菜单。

急救中心应配备合理急救设备及医护人员，并且具备一定程度的急救处理能力。

健康检测中心是针对康养需求的人群进行生理和心理相关参数的测定，并根据检测结果制定个性化康养菜单。同时根据检测内容的不同设置不同的生理检测室和心理咨询室（健康面谈室）；可根据检测的难易设置可视化自助检测项目和专业人员辅助检测项目等。

（6）配套基础设施

基地应配套环境监测系统、道路系统、通信系统、森林防火、环境卫生、安全警示、标识标牌、停车场、无障碍设施、厕所、给排水及生活污水处理系统等。

环境监测具备必要的环境监测设备（负离子、温度、湿度、噪音、PM2.5等），设置一定数量的显示牌至于基地主要路口，实时显示更新监测数据。

道路系统，车行道路宜达到林区Ⅲ级道路标准，符合安全行车基本要求。登山步道宽度应1.0~1.5m，踏步宽度应>30cm，踏步高度应<16cm，台阶踏步数应>2级。徒步道宽度应1.5~2.0m，踏步宽度应>30cm，踏步高度应<16cm，台阶踏步数应>2级。在步道转弯或分道处设置步道系统指引图、步行线路及现处位置图。按平均距离400~500m设置解说牌，解说牌内容包括沿途地形地貌、步道线路及主要设施配置；现在位置点及溪流、桥、峡谷、池塘、悬崖、瀑布等目标位置；到达每一休息据点的距离与步程时间。步道每条线路以不同的颜色表示，并标明平均坡度。

通信系统应覆盖无线4G网络或宽带网络。

森林防火系统应有专业设备和专业人员，并能与上一级林火监控系统对接。

环境卫生系统要求合理配置垃圾收集点、垃圾箱（桶）、垃圾清运工具等，并有专人保洁，并杜绝随意倾倒和焚烧现象。

安全警示要有相应的警示牌、提示牌和相应安保措施，如建立安全预警机制、设置安全救助场所、应急疏散场所和设施、在显著位置设置通道逃生线路图、印发森林康养基地安全手册、配备一定专业安保人员、在危险区域设置必要的安全隔离带等。

厕所设置按照《旅游测试质量等级的划分与评定》（GB/T 18973-2016）的A级及以上要求，排放符合《粪便无害化卫生要求》（GB 7959-2012）标准。污水、固废等处理应按国家相关标准执行，固体废物回收率≥60%，污水处理综合利用率≥90%。餐饮场所卫生条件应按照《饭馆（餐厅）卫生标准》（GB16153-1996）执行，饮食业油烟排放应按照《饮食业油烟排放标准》（GB 18483-2001）执行。

标识标牌系统直指示、导向、教育作用等，如在康养基地内入口、服务中心、康养步道等需要做出方向选择的节点、分岔口等设置适当间隔的导向牌，设置概况解说牌或景点、步道或者观赏点设置解说牌，重要或主要树种识别牌，在康养项目场所设置独立、醒目的警示关怀牌以及紧急救援、安全避险等信息标识牌等。

（7）森林康养服务团队

森林康养涉及林学、医学、旅游、教育、心理、体育等方面，具有专业素养的人员是森林康养基地最根本的条件。森林康养服务团队应明确专业森林康养服务人员的类型和数量，保证服务能够满足基地内项目的顺利开展，有专业运营管理机构和相应人员，明确职责范围，形成管理体系。团队人员应具有良好的人际沟通、教学辅导、宣传教育、森林养生、野外急救、健康危险因素干预和指导等技能；具有良好的团结合作能力、组织管理能力、自我学习能力；具有为森林康养服务对象制订个性化森林康养方案与提供优质服务的能力。对于基地专业人员素质的监管制度要从人员专业背景、职业专项培训、定期考核考查、服务对象评估等方面综合考虑，要因岗施策，分类监管，才能有效保证基地专业人才的水平。

6.5.4 森林康养项目

森林康养项目的规划要因地制宜、投资规模适度、与自然环境协调一致。如果基地温泉资源丰富，则以"森林+温泉"为主要资源，设计以森林疗养为主的康养模式；如果基地宗教文化浓郁、中药材丰富，则以"森林+文化+中药材"为主要资源，设计森林养生为主的康养模式；如果基地地势适合于开展特色的森林运动，则以"森林+运动休闲"为主要资源，设计森林休闲的康养方式。依据不同森林康养基地特色、与基地所处区域的整体规划及来访人群需求，以常见康养活动为例对森林康养项目进行简单介绍。

1. 森林浴

森林浴又称森林疗法。它是利用森林中的良好环境条件、气候因素、净化空气、树木释放出的氧气及分泌出的多种芳香物质的功能，辅助防治人体疾病的一种自然治疗方法，能提高人体的免疫力，减少人体产生应激激素，降低炎症介质水平。进行森林浴时，可以在森林中悠闲散步、静思养神，可以跑步、做操、泡温泉，也可以攀高涉水，适当加大运动量。对健康最有益处的运动就是有氧运动，而散步是最有益健康的运动。它不但可以减脂减重，而且还能改善身体血液循环，增强人体的平衡性、灵活性，预防骨质疏松。

森林浴场所一般以实木为材料搭建平台，面积满足10人同时使用为宜，在场所周边或附近应设置置物处，既方便体验者物品存放，又可存贮康养辅助设施，最好结合置物处增加冷热饮水和冲洗设施，以满足体验者起身后及时补充水分和清洁需求。

森林浴步骤：首先，在林间漫步，在崎岖的林间小路上行进，要尽量出汗，以有轻微疲劳感为最好。其次，选择好步行目标里程，走完2km后可以快步行走，保持匀速。快步走是有氧锻炼的最佳方式，最好是边走边与人正常交谈，这样能掌握好节奏，又不至于感觉沉闷。最后，当到达目的地，置身于幽林深处，面对连接天际的壮美森林，仰望千年巨木，敬畏之心油然而生，神秘、喜悦等情感涌上心头。这是人与大自然无声的对话，这时候放松、自然的静思最舒松身心。

亚健康人群森林浴方案。亚健康状态人群康养每天在空气清新、富含负离子的森林康养地慢跑、骑车、爬山、打球或练气功、太极拳等有氧运动，每次30~60min，每日2次，这些疗法对亚健康状态具有良好的干预作用，对祛除疲劳、改善不适症状及调整心理状态有益。

高血压人群森林浴方案。高血压患者康养选择上午9:00~10:00和下午16:00~17:00在森林康养区林中步道散步，可以有效地吸收森林中的自然康养因子，要求速度适中，四肢放松自然摆动，行走从短距离慢速度开始，以后可逐渐延长距离并加至中速，一般不宜快速（每分钟多于100步），每日1~2次，每次15~20min，以后逐渐延长至40~60min；活动时最高心率保持在（170-年龄）次/min。

糖尿病患者森林浴方案：每天上午日出后和下午日落前在林中步道步行或在林区静息，每次30~60min，每天2次，步行的速度因人而异，快速为每分钟120~124步、中速为每分钟110~115步、慢速为每分钟90~100步，全身情况良好，病情较轻者可进行快速步行，其他患者视情况选用中、慢速步行。

慢阻肺患者森林浴方案：在适当季节，在9:00和16:00左右，在森林康养地设床榻或躺椅，以闲适的心情在林中坐卧0.5~1h；也可在林中平地上缓慢步行，每次10~30min，每天2次。

慢性心衰患者森林浴方案：森林浴时间宜选在夏、秋季的日出后、日落前，一般在9:00和16:00。在森林康养地设床榻或躺椅，以闲适的心情在林中坐卧0.5~1h；也可在森林中平坦地带慢步，注意坡度不能太大，每次10~30min，每天2次。

老年人群森林浴方案：一般宜在上午9:00~10:00和下午16:00~17:00，根据各自的情况在森林步道或平地上散步、步行或慢跑,每次 15~30min,每天 2 次。

癌症患者森林浴方案:每天 9:00~10:00 和 16:00,在林中步道上散步,根据病人的体质每次步行 30~60min,速度不宜过快,时间可以逐渐增加,每天 2 次。

2. 森林瑜伽

瑜伽是指运用一系列的修心养性的方法去改善人们生理、心理、情感和精神方面的能力,是一种达到身体、心灵与精神和谐统一的运动方式,包括调身的体位法、调息的呼吸法、调心的冥想法等,以达至身心的合一。

森林瑜伽是指在森林环境里进行瑜伽练习。森林里环境幽静、空气清新,更有各种保健因子。所以,森林瑜伽具有不可思议的保健作用。瑜伽能加速新陈代谢,去除体内废物,形体修复、调理养颜从内及外;瑜伽能带给你优雅气质、轻盈体态,提高人的内外在的气质;瑜伽能增强身体力量和肌体弹性,身体四肢均衡发展,使你变得越来越开朗、活力、身心愉悦;瑜伽能预防和治疗各种身心相关的疾病,背痛、肩痛、颈痛、头痛、关节痛、失眠、消化系统紊乱、痛经、脱发等都有显著疗效;瑜伽能调节身心系统,改善血液环境,促进内分泌平衡,内在充满能量。

森林瑜伽对场地没有太多限制,林下中的一块平坦的草地、一个木质栈道、一块空地,只要有瑜伽垫都能成为森林瑜伽活动场所。

3. 森林食疗

森林食疗即膳食疗法,包括森林菌疗,森林茶疗及森林药膳养生等。以科学搭配本地食材为原则的食物疗法,结合中医的辨证论治观点,制定适合不同亚健康个体生理需要的康养膳食,也可达到健脾益胃、静心养神的效果,有利于亚健康状态的缓解和恢复。

亚健康人群森林食疗方案。以科学搭配本地食材为原则的食物疗法,结合中医的辩证施治观点,制定适合不同亚健康个体生理需要的康养膳食,也可达到健脾益胃、静心养神的效果,有利于亚健康状态的缓解和恢复。

高血压人群森林食疗方案。宜予以低盐、低脂肪、低胆固醇、低糖、富含优质蛋白及高钾食物为主。多食蛋白较高、脂肪较少的禽类和鱼类,同时科学搭配林地的中药食材,药食同源,有针对性地进行食疗。

糖尿病患者森林食疗方案。膳食疗法为根据标准体重,在康养期间按轻体力劳动者计算食物总热量,给予每日总热量为每千克体重 125.5~146kJ(30~35kcal),肥胖者酌减;每日三餐按 1/5、2/5、2/5 分配,食物中糖、蛋白质、脂肪的比例大致可为 3:1:1,在控制总热量的基础上给予高碳水化合物、低脂肪、适量蛋白质、高纤维素饮食,碳水化合物约占饮食总热量的 50%~60%,提倡用粗制米、面和一定量的杂粮。配合森林中的食材药材,结合中医辨证施治的原则,给予相应的药膳。

慢阻肺患者森林食疗方案。饮食以清淡、易消化、富营养饮食为宜,限制钠盐、低盐、低脂、低胆固醇,多食蔬菜水果,同时科学搭配林地的中药食材,药食同源,有针对性地进行食疗。

慢性心衰患者森林食疗方案。饮食以清淡、易消化、富营养饮食为宜,限制钠盐、低盐、低脂、低胆固醇,多食蔬菜水果,同时科学搭配林地的中药食材,药食同源,有针对性地进行食疗。

老年人群森林食疗方案。为根据老年人健康情况及基础疾病的要求，有针对性地给予清淡、易消化、低热量、低蛋白质、富含维生素、纤维素饮食，再结合当地食材，根据药食同源原理，对老年人进行食疗。

4. 森林专类养生园

森林专类园养生即在保健植物园、芳香植物园、彩叶植物园、林果植物园、中药植物园、宠物园或动物角等开展养生活动。

游憩在优美的景观、适宜的森林气候、综合运用森林中，可以消除紧张、缓解心理矛盾、增强社会适应能力，改善人体各系统机能，促进新陈代谢和增强免疫力，使亚健康人群各种不适症状消失，亚健康状态基本控制，各项血液异常指标均有明显改善，表明森林康养对亚健康状态有很好的康复作用。

5. 森林幼儿园

儿童具有求知欲旺盛、好奇心强烈、精力充沛、渴望探索周边世界等特征，森林幼儿园是利用森林充足的自然要素，融合趣味性、参与性、多样性和知识性等为一体，能启迪孩子热爱生命、融入自然和集体，在森林的自然怀抱中快乐成长的好场所，是促进儿童的发散性思维的好课堂，应该通过舒适的环境、配套的设施、完善的管理、鲜艳的色彩、有趣的活动来产生足够的吸引力，创造一个符合幼儿生理、心理特点的环境空间。

森林幼儿园应建设在日照充足、交通方便、场地平整、干燥、排水通畅、环境优美、基础设施完善的地段；森林幼儿园面积不宜过大，以 1~4 个班的小型为宜，但在总平面布置仍应包括建筑物、室外活动场地、绿化、道路布置等内容；儿童活动的场地出入口只能设在同一处，且活动场地周围要用的围栏隔离，设施材料的选择要确保安全，大小要与儿童身材相适应。不论室内室外，需要充分重视健康和安全问题，孩童好动，如不能出现危险的凸出物（如钉子和螺栓等）、锋利的边缘、挤压点、尖角、可能卡主儿童头和脚手指的开孔、缝隙等，以免儿童在活动时发生意外。具体要求按住建部《托儿所、幼儿园建筑设计规范》（JGJ 39-2016）行业标准执行。

森林幼儿园的室外活动场地可以与其他特色项目共用场地，如森林滑草场、DIY 创新制作区、DIY 园艺体验区等，但更要强调孩童的安全性；设置项目要注重儿童的生理、心理特点。如设置自然课堂，孩子们在自然课堂里可以认识自然、亲近自然、探索大自然的神奇和美妙！比如观察蚂蚁筑巢过程、观察破茧成蝶的过程；在老师带领下饲养蚕宝宝、在老师指导下制作银杏叶书签。

6. DIY 创意制作区

DIY（Do It Yourself，自己动手）创意制作是作业疗法的一种，活动场地需要考虑主辅材料的易得性、制作的可能性等，场地既要考虑制作过程的互动性要求安排 10 人以上同时作业的较大空间，又要考虑体验者能独处思索、DIY 创作的个人空间。因此在空间布局上要设置材料贮存室，工具房、产品展示室、大小配套制作室等。由于森林制作过程中多为易燃物品，创意制作室必须增加相应的灭火器等消防器材。项目设置可以多种多样，如树叶书签、根桩竹雕、插花盆景、年轮拓画、养生茶饮、滋补药膳、开心玩具。

7. 林间滑草场

滑草是由冬季流行的运动滑雪延伸出来的，是借助工具在有一定倾斜度的草地滑行的运动。自由滑的基本动作与滑雪基本相近，具有能在春夏秋季节体会滑雪乐趣的独特魅力，许多人乐此不疲，目前已逐渐发展成为一项世界性的环保娱乐活动。滑草项目已发展衍生出许多类型，如自由滑（又可分为练习区、进阶区、挑战区等）、极限滑、天旋地转、草地热气球等。林间滑草场多利用林中空地因势利导开展不同的滑草项目，并不一定要将所有滑草有关的项目集中在一起，但不宜分隔太远，便于设备的管理与借用。

滑草场地长度在120~300m间不等，宽度30~80m间为佳，草地坡度因项目不同差异较大，一般场地的长度、宽度会根据坡度的大小和不同体验人群进行调整，既确保项目的新奇刺激，又以体验者安全为上。如衡东洣江滑草场的自由滑草区，滑道长120m，坡度为14°；极限滑草区，滑道长135m，坡度约为42°。草地悠波球的场地通常是在较为平坦又带有一定坡度的绿地，一般坡度在30°左右。草坪宜选用质地粗糙、直立性强、有较耐磨性的草种为佳，如狗牙根、百日达等。

自由滑草设施包括履带式滑草鞋、胶式滑草鞋、滑杖、头盔、护具、轮式滑草车、履带式滑草加等；极限滑草设施相对复杂，需要专用滑道、滑车提升机、运车索道及配套设施、发射机、控制室、工具室等；天旋地转设备主要是大型充气波波球和电动充气设备。辅助设施应包括更衣室、浴室、厕所、饮品部、门票室、医务室等。滑草场应安排专业教练、安保和管理人员。

8. 森林康养步道

森林康养步道是依托森林生态环境，以徒步、慢跑为主，其他非机动车交通方式为辅的带状康养空间。根据步道功能可分为养生、养心、养情、养智、养德五种功能类型。养生型步道：依托森林的气候环境及多样化地形地貌，在森林康养步道上通过运动达到身体机能改善的功效。在森林康养步道上进行散步、慢跑等体力活动通过"骨骼肌收缩"和"能量消耗"来达到心肺健康、强健筋骨的康体养生功效。结合呼吸森林释放的空气负离子和芬多精，使康养人群降低血压、消除疲劳，促进身体的新陈代谢而有益身心健康。养心型步道：依托森林及其周边生态资源，在步道节点上通过游憩活动达到缓解压力、提高注意力等利于心理健康并具有养心功效。康养人群可以通过视觉、味觉、听觉、嗅觉、触觉的感官刺激提高人的感知能力、活跃机体代谢能力及环境的适应能力来强化内心，从过去的高压生活环境中解脱，从而达到养心的康养效果。养情型步道：依托森林及其周边生态、社会和人文景观资源，主要通过森林景观游赏活动给人带来感官和行为体验，有效调节康养人群的心理状态，培育闲情逸致，以达到养情功效。长期处于这样的环境中，可以提高艺术审美，拥有一种由心而生的归属感和愉悦感，对舒缓情绪有很大帮助，从而康复人的情感世界。养情步道线路上的森林景观要求多样化组合，以展示森林的生态性、季节性和地域性特色。养智型步道：依托森林的自然资源及其相关人文资源，将森林的动植物、森林安全、环境保护、生态文明等有关知识，融入"场景式""体验式"的森林教育中，从而达到养智功效。科普性森林康养步道可以根据活动主题选择不同的线路而设置森林叙事性景观配合VR、全息投影等新兴技术，在漫步森林的过程中通过开展自然教育、森林安全教育、森林消防活动演练活动和森林科研活动考察等活动以及自身冥想活动达到内外兼修的养智功效。养德型步道：依托森林及其周边生态、社会和人文景观资源，通过人群在森林中产生对森林植物个体及森林整体的事件联想或品德比拟，升华到植物个体对人的道德观树立，或者森林整体对环保理念和低碳生活方式的传递，从而达到养德功效。

步道长度设置考虑"以人为本",宜设置有无障碍通道、方便残疾人、小孩及老年人使用的短步道,结合不同康养人群的运动量进行合理搭配,如一般人群长度在 3km 以内;老年体弱以及腿脚需复健的人群应设置散步路线小于 2km 为宜,步道平均坡度不超过 3°;亚健康人群应设置 2~8km 的距离路线,平均坡度 5~7°;健康及运动爱好者即可设置 10km 以上供自由选择多样化路线搭配体验。一般森林步道应较为平缓,一般控制在 7°以内,特殊地形地势情况下最大坡度不大于 15°,尽量少设置台阶,设计台阶时考虑人体力学因素,踏步高度不高于 10~15cm,路面宽度不低于 1.5m,若保证两台轮椅对行通过不低于 1.8m。路面因地制宜选择软质铺装材料简易铺装为主,最大程度减少对森林的破坏,形式宜丰富,质感宜多样,尽可能避免单一,如刨花、厚刨片、树皮、粉碎后的树枝、沙土等,软质铺装不少于 50%,尽量减少水泥、砖石步道。步道要有专人维护,及时清除小石子、落花、落果等杂物,方便光脚者体验。对于个别坡度较大或老年人使用的康养步道两侧以加装扶手为宜。

后记
湖南林下经济发展趋势展望

当前，林下经济产业发展和研究方兴未艾，发展势头强劲，对国计民生意义重大。本书概略地介绍了我国林下经济尤其是湖南林下经济发展简史，总结了湖南省林下经济实践的主要方面，对促进湖南林下经济技术发展和湖南林下经济实践具有较高的实用价值和指导意义。本书未对林下经济研究当前存在的问题和未来的趋势做详细地表述和展望，在此将编者自己对林下经济的思考内容做一个简略地说明，以期为未来林下经济研究抛砖引玉。

传统的林下经济概念是一个跨学科，涉及自然科学、社会学科乃至人文学科的综合性概念，其研究内容和研究对象亦繁复芜杂。这样一个包罗万象的学科概念，其研究的广度自然是足够，但是研究之深度则远未达到成熟的程度，浮于表面应用和技术层次。一方面，是因为林下经济的应用虽然广泛，但林下经济的研究尚处于初级阶段，还来不及深入；另一方面，由于林下经济涉及范围广，研究人员尚无足够精力深入进行研究和探索。

对林下经济发展的远期效应研究与探讨，当前虽有涉及，但其评估不系统，仍然是散点式讨论。在全球变化背景下，林下经济的研究应该以生态学为核心，尤其是站在系统的高度上进行。对此，编者借鉴任继周院士的"草地农业生态系统"概念，提出"林地农业生态系统"的概念，以专门囊括林下经济生产中与林下农业种植和养殖以及森林生态系统演变的所有相关过程。林地农业生态系统概念仍包含在林下经济范畴中，但其着重点在于系统地看待在林下从事的任何农业生产活动，一方面，方便从林业系统与农业系统耦合的角度设计新的林下经济发展模式，为林下经济的创新提供视角；另一方面，林地农业生态系统的运作，强调与环境的平衡与协调，尤其在全球暖化的背景下，林下经济的发展应该有助于增加森林生态系统碳库，其经营应该减少温室气体的排放而不是相反。

林地农业生态系统的生产，包含四个系统耦合层次或子系统，分别是前植物生产层，包括森林旅游、森林康养等；植物生产层，包括林下中药材、林下蔬菜、林下牧草以及木材等；动物生产层，包括林下养鸡、养鸭、养兔等；后动物生产层，包括植物生产层和动物生产层所有产品的加工生产。林地农业生态系统的研究，既要分别研究四个子系统各自的规律及其与环境的协调关系，又要研究四个子系统之间的耦合途径和作为整体的林地农业生态系统服务功能的实现效果。通过研究林地农业生态系统，我们可以充分认识林下经济中涉及自然科学的方方面面，还能为林下经济中的社会学科与人文学科研究提供分析的素材。因此，未来的林下经济研究应当首先以林地农业生态系统的研究为主，进行深入地探索，提高研究深度和系统性。

参考文献

[1] 张东升, 于小飞. 基于生态经济学的林下经济探究 [J]. 林产工业, 2011, 38 (3): 50-52.

[2] 陈科灶. 林业多元立体生态开发与林下经济发展 [J]. 林产工业, 2010, 37 (6): 50-53.

[3] 张维祥, 张碧, 黄睿, 等. 大邑县林下经济调查及发展建议 [J]. 四川林业科技, 2011, 32 (6): 106-109.

[4] 郭宏伟, 江机生. 林下经济——充满生机和活力的朝阳产业 [J]. 林业经济, 2011, (9): 6-9.

[5] 翟明普. 关于林下经济若干问题的思考 [J]. 林产工业, 2011, 38 (3): 47-49.

[6] 王焕义, 李春梅, 杜发金. 发展林下经济对林木生长环境的影响 [J]. 中国林业, 2012, (10): 35.

[7] 姜国清. 安徽省林下经济发展现状及对策——以青阳县为例 [J]. 安徽农业科学, 2012, 40 (21): 11108-11110.

[8] 邹杰, 兰张丽, 覃惠莉等. 广西柳州市林下经济发展模式及对策研究 [J]. 绿色科技, 2013, (1): 104-106.

[9] 李娅, 陈波. 云南省林下经济典型案例研究 [J]. 林业经济, 2013, (3): 67-71.

[10] 范远江, 袁淑清. 民族地区林下经济发展模式解析——以三峡库区石柱县为例 [J]. 黑龙江民族丛刊, 2011, (3): 50-55.

[11] 李金海. 北京林下经济特征与重点发展趋势研究 [J]. 林业经济, 2013, (3): 28-30.

[12] 杜德鱼. 陕西省林下经济发展模式研究 [J]. 西北林学院学报, 2013, 28 (5): 264-268.

[13] 李娅, 韩长志. 基于农户意愿的云南省林下经济发展路径研究 [C] //中国西部生态林业和民生林业与科技创新学术研讨会论文集. 贵阳: 中国林学会: 2013: 1-5.

[14] 周云珂, 刘凯. 四川省林下经济产业的空间结构和产业结构研究 [J]. 四川林业科技, 2010, 34 (1): 89-93, 75.

[15] 于小飞. 林下经济产业现状及发展重点分析 [J]. 林产工业, 2010, 37 (4): 57-59, 62.

[16] 王虎. 河北省林下经济产业规划布局研究 [J]. 安徽农业科学, 2010, 38 (13): 7041-7043.

[17] 贾治邦. 壮大林下经济实现兴林富民全面推动集体林权制度改革深入发展 [J]. 林业经济, 2011, (11): 6-10.

[18] 李彧挥. 影响林农发展林下经济的因素分析——以湖南省安化县为例 [J]. 林业经济, 2011, (9): 76-82.

[19] 廖灵芝, 李显华. 林下经济发展的制约因素及对策建议——基于云南省大关县的调查 [J]. 中国林业经济, 2012, (1): 10-12.

[20] 张坤. 林下经济农户问卷调查结果与分析——以云南省永胜县三个村为例 [J]. 林业经济, 2013, (3): 62-66.

[21] 韩杏容, 黄易, 夏自谦. 林下经济建设项目可持续性评价研究——以贵州省桐梓县为例 [J]. 林业经济, 2011, (4): 85-90.

[22] 张连刚, 支玲, 郭小年. 林业专业合作组织发展的理论基础分析 [J]. 林业经济问题, 2013, 33 (2): 104-108, 173.

[23] 罗彦卿. 与林下经济发展相关的林产化工研究述评 [J]. 林业经济问题, 2013, 33 (1): 92-96.

[24] 王纪杰. 不同林龄巨尾桉人工林土壤养分变化 [J]. 森林与环境学报, 2016, 36 (1): 8-14.

[25] 秦华军. 西南山地林下经济模式对土壤养分和土壤微生物数量的影响 [J]. 水土保持通报, 2014, 34 (1): 113-117.

[26] RADHAKRISHNAN S, VARADHARAJAN M. Status of microbial diversity in agroforestry systems in Tamil Nadu, India [J]. J Basic Microbiol, 2016, 56 (6): 662-669.

[27] 王会利, 蒋焱, 曹继钊, 等. 桉树复合经营模式的水土保持效益分析 [J]. 中国水土保持科学, 2012, 10 (4): 104-107.

[28] ALLEN S C, JOSE S, NAIR P K R, Brecke B J, Nkedi-Kizza P, Ramsey C L. Safety-net role of tree roots: evidence from a pecan (Carya illinoensis, K. Koch) – cotton (Gossypium hirsutum, L.) alley cropping system in the southern United States [J]. Forest Ecology & Management, 2004, 192 (2): 395-407.

[29] 张鸿雁, 薛泉宏, 唐明, 等. 不同种植年限人参地土壤放线菌生态研究 [J]. 西北农林科技大学学报: 自然科学版, 2010, 38 (8): 151-159.

[30] 孙海, 王蒎霞, 张亚玉, 等. 不同生产模式下人参土壤肥力评价 [J]. 吉林农业大学学报, 2015, 37 (3): 323-331.

[31] PANG J, CHEN M, TANG J, GUO X M, ZENG R. The Dynamics of plant growth and soil moisture and nutrient in the rubber plantation and rubber-Flemingia macrophylla agroforestry system in Xishuangbanna, Southwest China [J]. Journal of Mountain Science, 2009, 27 (4): 433-441.

[32] 夏江宝, 许景伟, 李传荣, 等. 黄河三角洲退化刺槐林不同改造方式对土壤酶活性及理化性质的影响 [J]. 水土保持通报, 2012, 32 (5): 171-175.

[33] 马晓刚, 张东, 史东梅, 等. 丘陵区不同土地利用类型紫色土入渗特征研究 [J]. 水土保持学报, 2007, 21 (5): 25-29.

[34] 赵斯, 赵西森, 王林, 等. 东北黑土区农林复合土壤效应 [J]. 东北林业大学学报, 2010, 38 (5): 68-70.

[35] ZOMER R J, TRABUCCO A, WANG M, LAN R, CHEN H F, Metzger M J, Smajgl A, Beckschäfer P, XU J C. Environmental stratification to model climate change impacts on biodiversity and rubber production in Xishuangbanna, Yunnan, China [J]. Biological Conservation, 2014, 170 (10): 264-273.

[36] JIANG X J, LIU W, WU J, Jiang X. J, Liu W, Wu J, Wang P, Liu C, Yuan Z Q. Land degradation controlled and mitigated by rubber-based agroforestry systems through optimizing soil physical conditions and water supply mechanisms: A case study inXishuangbanna, China [J]. Land Degradation & Development, 2017, 28 (7): 2277-2289.

[37] 韦铄星, 刘晓蔚, 顾克荣, 等. 桉-草经营模式的土壤物理性质及养分含量分析 [J]. 广西林业科学, 2013, 42 (4): 324-328.

[38] 王来, 高鹏翔, 刘滨, 等. 农田向农林复合系统转变过程中土壤物理性质的变化 [J]. 应用生态学报, 2017, 28 (1): 96-104.

[39] SAGGER S, HEDLEY C B, SALT G J. Soil microbial biomass, metabolic quotient, and carbon and nitrogen-mineralisation in 25-yearold Pinus radiata agroforestry regimes [J]. Australian Journal of Soil Research, 2001, 39 (3): 491-504.

[40] 杨灿, 李建军, 黄静, 等. 洞庭湖洲滩人工林林农复合经营模式与综合效益研究 [J]. 中南林业科技大学学报, 2017, 37 (5): 106-112.

[41] TANG C X, RENGEL Z. Role of plantcation/anion uptake ratio in soil acidification//Rengel Z, editor. Handbook of soil acidity [M]. New York: Marcel Dekker: 2002, 57-81.

[42] 康伟静, 肖兴翠, 宋杰, 等. 郁闭后杨树林下养鸡效益分析 [J]. 湖南林业科技, 2013, 40 (4): 22-24.

[43] LAL R. Managing Soils and ecosystems for mitigating anthropogenic carbon emissions and advancing global food security [J]. Bioscience, 2010, 60 (8): 708-721.

[44] 王晟强, 郑子成, 李轩廷, 等. 四川茶园土壤微团聚体组成及其分形特征 [J]. 林业科学, 2004, 50

(9): 11-17.

[45] 兰铁. 毛竹林套种姜黄的经济效益与生态作用分析 [J]. 黑龙江生态工程职业学院学报, 2017, 30 (5): 16-17.

[46] SCHEU S, SCHAUERMANN J. Decomposition of roots and twigs: Effects of wood type (beech and ash), diameter, site of exposure andmacrofauna exclusion [J]. Plant & Soil, 1994, 163 (1): 13-24.

[47] RASSE D P, RUMPEL C, DIGNAC M F. Is soil carbon mostly root carbon Mechanisms for a specificstabilisation [J]. Plant & Soil, 2005, 269 (1/2): 341-356.

[48] KELL D B. Large-scale sequestration of atmospheric carbon via plant roots in natural and agricultural ecosystems: why and how [J]. Philosophical Transactions of the Royal Society of London, 2012, 367 (1595): 1589.

[49] SOTOPINTO L, ANZUETO M, MENDOZA J, et al. Carbon sequestration through agroforestry in indigenous communities of Chiapas, Mexico [J]. Agroforestry Systems, 2010, 78 (1): 39-51.

[50] HAILE S G, NAIR V D, NAIR P K R. Contribution of trees to carbon storage in soils ofsilvopastoral systems in Florida, USA [J]. Global Change Biology, 2010, 16 (1): 427-438.

[51] SAHA S K, NAIR P K R, NAIR V D, et al. Soil carbon stock in relation to plant diversity ofhomegardens in Kerala, India [J]. Agroforestry Systems, 2009, 76 (1): 53-65.

[52] MUñOZ-ROJAS M, JORDáN A, ZAVALA L M, et al. Impact of land use and land cover changes on organic carbon stocks in mediterranean soils (1956-2007) [J]. Land Degradation & Development, 2015, 26 (2): 168-179.

[53] HOMBEGOWDA H C, VAN S O, KöHLER M, et al. On the rebound: soil organic carbon stocks can bounce back to near forest levels when agroforests replace agriculture in southern India [J]. Soil, 2016, 2 (2): 871-902.

[54] ST R A AT EN O V, COR R E M D, WLOF K, et al. Conversion of lowland tropical forests to tree cash crop plantations loses up to one-half of stored soil organic carbon [J]. Proceedings of the National Academy of Sciences of the United States of America, 2015, 112 (32): 9956-60.

[55] SIBYLLE S, HOLGER B, CHRISTOF E, et al. Plant diversity positively affects short-term soil carbon storage in experimental grasslands [J]. Global Change Biology, 2008, 14 (12): 2937-2949.

[56] CHITI T, GRIECO E, PERUGINI L, et al. Effect of the replacement of tropical forests with tree plantations on soil organic carbon levels in theJomoro district, Ghana [J]. Plant & Soil, 2014, 375 (1/2): 47-59.

[57] MITCHELL R J, CAMPBELL C D, CHAPMAN S J, et al. The ecological engineering impact of a single tree species on the soil microbial community [J]. Journal of Ecology, 2010, 98 (1): 50 – 61.

[58] RAMACHRAN N P K, MOHAN K B, NAIR V D. Agroforestry as a strategy for carbon sequestration [J]. Journal of Plant Nutrition and Soil Science, 2010, 172 (1): 10-23.

[59] ARAUJO A S F, LEITE L F C, IWATA B D F, et al. Microbiological process in agroforestry systems. A review [J]. Agronomy for Sustainable Development, 2012, 32 (1): 215-226.

[60] RIVEST D, LORENTE M, OLIVIER A, et al. Soil biochemical properties and microbial resilience in agroforestry systems: Effectsonwheat growth under controlled drought and flooding conditions [J]. Science of the Total Environment, 2013, 463-464 (5): 51.

[61] 李海玲, 陈乐蓓, 方升佐. 不同杨农复合经营模式土壤有机碳和全氮含量垂直分布及储量研究 [J]. 南京林业大学学报 (自然科学版), 2010, 34 (2): 125-128.

[62] 贾树海, 李明, 邢兆凯, 等. 不同农林复合模式对土壤理化性质及酶活性的影响 [J]. 土壤通报, 2014, (3): 648-653.

[63] 廖文超, 毕华兴, 赵云杰, 等. 晋西苹果与大豆间作系统土壤养分分布特征 [J]. 水土保持通报,

2014, 34 (3): 252-256.

[64] 章铁, 刘秀清, 孙晓莉. 栗茶间作模式对土壤酶活性和土壤养分的影响 [J]. 中国农学通报, 2008, 24 (4): 265-268.

[65] 王群, 夏江宝, 张金池, 等. 黄河三角洲退化刺槐林地不同改造模式下土壤酶活性及养分特征 [J]. 水土保持学报, 2012, 26 (4): 133-137.

[66] 刘宁, 余雪标, 林培群, 等. 桉树-甘蔗复合经营土壤化学性状及酶活性研究 [J]. 安徽农业科学, 2009, 37 (27): 13192-13195, 13204.

[67] 崔翠. 渭北黄土区农林复合系统核桃根际土壤及根系分泌物化感作用研究 [D]. 杨凌: 西北农林科技大学, 2012.

[68] 高祥斌, 刘增文, 潘开文, 等. 岷江上游典型森林生态系统土壤酶活性初步研究 [J]. 西北林学院学报, 2005, 20 (3): 1-5.

[69] LYNCH M D, NEUFELD J D. Ecology and exploration of the rare biosphere [J]. Nature Reviews Microbiology, 2015, 13 (4): 217.

[70] 曾祥艳, 廖健明, 韦凤英, 等. 林下养鸡对林地土壤特性的影响 [J]. 广西林业科学, 2014, 43 (3): 292-296.

[71] 李伟, 崔丽娟, 赵欣胜, 等. 太湖岸带湿地土壤动物群落结构与多样性 [J]. 生态学报, 2015, 35 (4): 944-955.

[72] 程贵文. 探究林下经济的现状及主要模式 [J]. 现代园艺, 2019, (20): 25-26.

[73] 池清湖. 林业生态建设与林下经济产业发展探析 [J]. 现代农业科技, 2019, (18): 117.

[74] 韦文骅. 广西林下经济产业发展现状及经营模式 [J]. 绿色科技, 2019, (17): 247-248+250.

[75] 寇永军. 林下经济模式研究及其产业发展对策 [J]. 种子科技, 2019, 37 (16): 139+141.

[76] 彭育红, 晏志珍. 林下中草药种植技术及产业发展现状 [J]. 现代园艺 2019, (19): 59-60.

[77] 马成军. 辽宁省林下经济发展模式及建议 [J]. 现代农业科技, 2019, (23): 137+144.

[78] 寇永军. 林下经济模式研究及其产业发展对策 [J]. 种子科技, 2019, 37 (16): 139+141.

[79] 程贵文. 探究林下经济的现状及主要模式 [J]. 现代园艺, 2019, (20): 25-26.

[80] 张文杰. 基于自然教育的湖南黄家垅森林公园规划设计研究 [D]. 中南林业科技大学, 2019.

[81] 姜振喜. 大蒜高产优质栽培技术 [J]. 种子科技, 2019, 37 (18): 70-71.

[82] 罗家俊, 崔晓东, 倪闪闪, 罗家传. 小麦绿色栽培技术初探 [J]. 农业科技通讯, 2019, (12): 203-206.

[83] 孙明涛. 优质小麦高产栽培及病虫绿色防控技术研究 [J]. 农业与技术, 2019, 39 (23): 92-93+126.

[84] 张秀蕊, 刘建杰. 小麦高产关键栽培技术 [J]. 现代农村科技, 2019, (11): 19-20.

[85] 张艳华. 花生高产栽培技术 [J]. 河南农业, 2019, (31): 53-54.

[86] 王凤娟. 油茶高产高效栽培技术及经济效益分析 [J]. 绿色科技, 2019, (19): 217-218.

[87] 宋来梅. 浅析小麦栽培技术及病虫害防治措施 [J]. 农业与技术, 2019, 39 (17): 119-120.

[88] 李继宁. 优质绿色花生高产高效栽培技术 [J]. 农家参谋, 2019, (18): 53.

[89] 董祯艳, 魏保荣. 论无公害西瓜栽培技术 [J]. 农家参谋, 2019, (18): 75.

[90] 杜青林. 温室香椿高效栽培技术 [J]. 现代农业科技, 2019, (17): 93-94.

[91] 曾建国, 刘爱忠, 王国华, 等. 湖南省常德市油茶优质高产栽培技术分析 [J]. 南方农业, 2019, 13 (24): 32-33.

[92] 刘媛莉, 贾彦磊, 王晓东, 等. 油用牡丹高产栽培技术浅谈 [J]. 南方农业, 2019, 13 (23): 8-9.

[93] 何宪江. 青钱柳及其扦插育苗栽培技术 [J]. 现代园艺, 2019, (13): 47-48.

[94] 章承林, 付秋生, 陈前余, 等. 菜用香椿丰产栽培技术规程 [J]. 湖北林业科技, 2019, 48 (03): 88-90.

[95] 张腾飞. 香椿播种育苗和栽培技术 [J]. 山西林业科技, 2019, 48 (02): 46-47.

[96] 郑艾宝. 地膜生姜安全高产栽培技术 [J]. 河北农业, 2019, (05): 23-25.

[97] 王洪浪, 朱业斌, 辛洪伟, 等. 生姜露地绿色高效栽培技术探讨 [J]. 现代园艺, 2019, (09): 70-71.

[98] 柴文武. 花生高产高效栽培技术 [J]. 新农业, 2019, (09): 13-14.

[99] 刘定华, 刘光雯. 辣椒高产栽培技术及其推广策略 [J]. 乡村科技, 2019, (10): 90-91.

[100] 任晨阳. 湖南省特色农产品品牌——茅岩莓茶 [J]. 湖南农业, 2019, (04): 45.

[101] 李红春. 魔芋无公害高效栽培技术要点 [J]. 南方农业, 2019, 13 (09): 18+21.

[102] 王先位. 魔芋栽培技术 [J]. 云南农业, 2019, (01): 68-70.

[103] 王辉. 小拱棚西瓜栽培技术 [J]. 河南农业, 2019, (01): 48.

[104] 王永强. 大棚早熟西瓜栽培技术重点环节分析 [J]. 南方业, 2018, 12 (36): 30-31+33.

[105] 宗晓琴, 温变英, 张晓鹏, 等. 辣椒标准化栽培技术 [J]. 农业技术与装备, 2018, (12): 80-81+84.

[106] 甘汉英, 梁绍煜, 陆广潮, 等. 青钱柳特性分析与栽培技术要点研究 [J]. 农业与技术, 2018, 38 (23): 67-68.

[107] 高树育, 刁春妍, 武文琳, 王怀志. 大豆高产栽培技术探析 [J]. 农业与技术, 2018, 38 (20): 91.

[108] 陶珊. 大拱棚生姜无公害高产栽培技术 [J]. 农业与技术, 2018, 38 (14): 73.

[109] 杨文. 魔芋优质高产栽培技术 [J]. 云南农业, 2018, (04): 60-62.

[110] 李宪红. 油用牡丹栽培技术 [J]. 河南农业, 2018, (10): 14-15.

[111] 李岩. 保护地早熟西瓜栽培技术解析 [J]. 现代园艺, 2018, (06): 28.

[112] 武洲. 优质大豆高产栽培技术 [J]. 农业与技术, 2018, 38 (04): 118.

[113] 陈国仁. 浅谈生姜高产栽培技术 [J]. 农业与技术, 2017, 37 (22): 132.

[114] 王俊平. 土豆地膜覆盖高产栽培新技术 [J]. 农业与技术, 2017, 37 (20): 120.

[115] 陈明, 吴建设. 大蒜的种植栽培与管理技术 [J]. 农业与技术, 2017, 37 (20): 125.

[116] 梁雄荣. 南方生姜种植高产栽培方法 [J]. 农业与技术, 2017, 37 (16): 124.

[117] 赵华林. 红薯高产高效栽培及深加工技术 [J]. 南方农业, 2017, 11 (02): 11-12.

[118] 田雨, 孙洪会. 籽用南瓜栽培技术探讨 [J]. 现代园艺, 2017, (12): 32.

[119] 文桂喜. 青钱柳的繁育与栽培技术探究 [J]. 南方农业, 2017, 11 (12): 108-109.

[120] 顾媛媛. 红薯高产栽培技术 [J]. 河南农业, 2016, (31): 43-44.

[121] 赵洪颜, 钱选民. 西瓜栽培技术 [J]. 农业与技术, 2016, 36 (15): 95-96.

[122] 刘家胜. 无患子育苗栽培与管理 [J]. 南方农业, 2016, 10 (21): 123+125.

[123] 张冰. 玫瑰栽培管理技术 [J]. 河南农业, 2016, (11): 47-48.

[124] 揭桂元, 符慧琴, 燕道首, 等. 双季高粱连作冬季芥菜栽培技术 [J]. 湖南农业科学, 2016, (03): 30-33.

[125] 王玲. 芥菜高产栽培技术 [J]. 农业与技术, 2015, 35 (22): 107+134.

[126] 罗勇. 葛根实用栽培技术及开发利用前景 [J]. 南方农业, 2015, 9 (27): 16-19.

[127] 刘惠芳. 葛根高产优质栽培技术要点 [J]. 现代园艺, 2015, (09): 54.

[128] 何卫华. 无公害大蒜高产栽培技术 [J]. 河南农业, 2015, (07): 55.

[129] 曾玉清. 玫瑰及其扦插苗大棚高产栽培技术 [J]. 现代园艺, 2015, (03): 22-23.

[130] 于秀英. 蕨菜人工栽培技术 [J]. 种子世界, 2014, (02): 54.

[131] 彭福元, 白华中, 李宗功, 等. 茅岩莓的利用现状与扦插栽培技术 [J]. 中国野生植物资源, 2011, 30 (05): 75-77.

[132] 王海燕, 张建强. 无患子种植栽培技术 [J]. 农业科技与信息, 2011, (08): 31.

[133] 庞瑞杰. 玫瑰的栽培与田间管理技术 [J]. 河南农业, 2010, (23): 33.

[134] 周德芝，王崇君，杨光佳. 山苍子栽培技术［J］. 中国林业，2010，（10）：54.
[135] 陈贵善. 把好"六关"栽培加工山苍子［J］. 云南林业，2008，（04）：29.
[136] 艾文胜，汤腾方，杨建胜，等. 箬竹利用现状及叶用园营建技术［J］. 林业科技开发，（01）：2006，69-71.
[137] 魏大伟，唐薇薇，李茂宁，等. 制约竹鼠养殖发展的原因及对策［J］. 上海畜牧兽医通讯，2019，（04）：56-57.
[138] 封星文，敖廷荣. 竹鼠高产养殖技术要点［J］. 农业开发与装备，2019，（06）：235.
[139] 付军. 竹鼠各时期的饲养管理［J］. 农村新技术，2019，（06）：31-32.
[140] 班博等. 竹鼠的生物学特征与饲养管理［J/OL］. 经济动物学报：1-7［2020-01-09］.
[141] 邓冬霞. 解析竹鼠养殖技术要点［J］. 中国畜禽种业，2019，15（04）：132.
[142] 郭荣. 野猪养殖的饲养管理要点及示范要求［J］. 当代畜禽养殖业，2019，（04）：14-15.
[143] 秦建有. 竹鼠人工养殖技术［J］. 养殖与饲料，2019，（03）：49-50.
[144] 张平. 野猪饲养技术要点［J］. 农村新技术，2019，（02）：31.
[145] 李宏刚，赵玲，张飞燕，等. 豪猪的疾病防治研究［J］. 当代畜牧，2018，（33）：12-14.
[146] 汪自华. 野猪养殖技术措施及疫病防治研究［J］. 今日畜牧兽医，2018，34（11）：51.
[147] 赖炳群，贺增荣，王胜萍，等. 豪猪人工标准化养殖技术探究［J］. 江西畜牧兽医杂志，2018，（05）：32-33.
[148] 姚德标. 豪猪养殖技术［J］. 养猪，2018，（04）：86-88.
[149] 程金良. 豪猪人工养殖技术［J］. 安徽农学通报，2018，24（06）：110-112.
[150] 林雅书. 结合生活习性简析豪猪的人工养殖技术要点［J］. 福建畜牧兽医，2018，40（01）：37-38.
[151] 杨金生，刘云志，宫江，袁陆，李琳. 特种野猪的养殖技术［J］. 畜禽业，2017，28（05）：36+38.
[152] 崔岚. 豪猪生长特性与繁殖研究［J］. 畜牧兽医科技信息，2016，（12）：104-105.
[153] 周廉让，刘如，崔小东，等. 豪猪规模养殖场的建设原则［J］. 畜禽业，2016，（03）：26.
[154] 邓培华. 浅谈发展野猪养殖的优点和措施［J］. 畜禽业，2016，（02）：38-39.
[155] 李艳芳，任爱萍，徐匋，等. 黄粉虫的应用现状及展望［J］. 安徽农业科学，2015，43（36）：99-101.
[156] 张馨丹. 特种野猪养殖技术探讨［J］. 吉林畜牧兽医，2015，36（08）：30-31.
[157] 王卫东. 黄粉虫的养殖及应用［J］. 中国畜牧兽医文摘，2014，30（08）：86.
[158] 马先有. 黄粉虫养殖工艺［J］. 养殖技术顾问，2014，（01）：181.
[159] 程艳青. 黄粉虫的养殖要点［J］. 农村百事通，2013，（21）：51-52.
[160] 杨金禄，沈晓昆，姜哲，等. 黄粉虫的养殖设施与器具［J］. 农业装备技术，2010，36（05）：57-58.
[161] 罗厚强，段龙川，王清艳，涂国众，严加本. 黄粉虫的人工饲养技术［J］. 农村经济与科技，2012，23（05）：30-31.
[162]《热带林业》编辑部. 大健康产业新模式——森林康养［J］. 热带林业，2018，46（03）：42-43.
[163] 温全平，宋婉. 森林康养步道设计理论探讨［J］. 工业设计，2019，（11）：79-81.
[164] 马宏俊. 森林康养发展模式及康养要素浅析［J］. 林业调查规划，2017，42（05）：124-127.
[165] 赵英力，尚榕. 广西大明山康养基地建设条件分析［J］. 绿色科技，2019，（20）：48-49.
[166] 孙小明，陈翊. 发展森林康养产业对策及建议［J］. 现代园艺，2019，（22）：15-16.
[167] 李荣和，于景华. 林下经济作物种植新模式［M］. 北京：科学技术文献出版社，2010.